영유아를 위한

놀이지도

Play and Early Childhood Education

원계선 · 고선영 공저

학지사

머리말

놀이행위는 삶의 즐거움을 가장 순수하게 표현하는 형식이다. 오늘날 인간의 삶에서 실제 놀이가 차지하는 부분은 점점 작아지고, 반대로 놀이의 가치와 필요성에 대한 인식은 점점 높아지고 있다. 가시적인 성과를 중요시하는 사회 안에서 많은 시간을 일에 할애하는 현대인에게 '놀이'라는 단어는 '불성실함' '나태함'을 연상시킨다. 현대인의 병리학적 증상들은 사회생활에서 경험하는 스트레스를 적절하게 해소하지 못하는 것에서 비롯된다고 말하기도 한다. 이미 오래전부터 많은 학자는 놀이가 인간의 정서적 긴장 해소에 유익하다고 주장해 왔다.

놀이는 유아기 삶에서 더욱더 중요한 역할을 한다. 유아는 아침에 깨어나서 저녁에 잠이 드는 순간까지 삶의 즐거움을 추구하기 위한 놀이행위에 몰두한다. 유아교육은 '놀이학습'이라는 용어를 사용하면서 놀이를 매개로 하는 교육활동을 지향한다. 그러므로 유아교사가 되기 위해서는 놀이가 가지는 가치와 함께 유아교육을 위해 놀이를 어떻게 활용해야 할 것인가를 이해해야 한다.

이 책은 유아교사 양성 과정에서 영유아놀이지도 교과목을 가르치기 위한 교재로 활용할 것을 목적으로 총 4부, 16장으로 구성하였다. 제1부는 놀이에 대한 기본적 이해를 다루었다. 제1장에서는 놀이와 인간 문화의 연관성을 살펴보고, 제2장에서는 고전적 놀이 이론과 현대 놀이 이론을 학습하도록 구성하였다.

제2부는 놀이와 유아발달과의 관계를 다루었다. 제3장에서는 유아발달에 놀이가 어떠한 영향을 미치는가를 다루었다. 제4장에서는 유아의 놀이발달에 영향을 미치는 요인을 개인적 요인과 환경적 요인으로 구분하여 살펴보았다. 제5장에서는 유

아발달에 적절한 놀잇감의 종류와 유아에게 적절한 놀잇감을 선정하기 위한 기준을 학습할 수 있도록 하였다. 제6장과 제7장에서는 실내외 자유놀이 운영방법과 교사의 지도방법을 소개하였다. 제8장에서는 전통놀이의 유형과 놀이방법, 교육적 가치를 이해할 수 있도록 다루었다. 제9장에서는 유아놀이에 영향을 미치는 교사의 역할을 놀이 준비, 실행, 평가 과정으로 구분하여 설명하였다. 그리고 제10장에서는 놀이와 교육(학습)의 관계, 자유놀이와 제한규칙, 21세기 디지털 테크놀로지와 유아놀이 매체, 영유아 건강과 실외놀이, 유아놀이에 대한 교사의 역할 재조명 등 유아놀이에 대한 최신 쟁점을 살펴봄으로써 예비유아교사의 놀이에 대한 인식의 폭을 넓히고 비판적 사고력을 기를 수 있도록 구성하였다.

제3부는 게임과 유아발달을 다루었다. 제11장에서 게임의 역사에 대한 이해를 통해 인류 문화와 게임의 관계를 학습하고 게임이 지니고 있는 문화적 가치 및 교육적 가치를 인식하도록 구성하였다. 제12장에서 유아에게 적절한 게임의 선정과 지도방법을 학습할 수 있도록 하였다.

제4부는 유아놀이 활동의 실제편으로 구성하였다. 실제편은 앞의 이론편 목차와의 일관성을 고려하여 제13장 실내 자유놀이 활동, 제14장 실외 자유놀이 활동, 제15장 전통놀이 활동, 제16장 규칙이 있는 대집단 게임 활동으로 구성하였다. 판 게임, 카드 게임과 같은 소그룹 게임 활동은 제13장 실내 자유놀이 활동에 포함하여 구성하였으며, 제16장은 대집단 게임 활동을 중심으로 구성하였다. 실제편의 내용은 활동목표, 교육과정 관련 요소, 대상연령, 교수자료, 활동방법, 활동 시 유의점과 확장활동으로 구성하여 예비유아교사가 실기수업을 준비할 때 참고할 수 있도록 제시하였다.

마지막으로 출판을 허락해 주신 학지사 김진환 사장님과 오랜 시간 기다려 주신 한승희 부장님, 마지막 과정을 꼼꼼하게 챙겨 주신 편집부 박선민 선생님 그리고 영유아를 위한 교구 사진 자료를 사용할 수 있도록 허락해 주신 제주한라대학교 유아교육과 학생들과 영유아 활동 관련 사진을 사용할 수 있도록 허락해 주신 제주 우리들어린이집, 해든어린이집 원장님과 원아들 그리고 보민에게 고마운 마음을 전한다.

2019년 3월

저자 일동

차례

제1부 놀이에 대한 이해

놀이의 정의

1. 인간 문화와 놀이

문화적 측면에서 놀이를 연구하는 사람들은 놀이를 사회맥락적인 요인들이 역동적이고 상호적으로 영향을 주고받으면서 형성된다고 본다. 놀이란 유아가 존재하는 현실과 동떨어질 수 없으며 문화 자체가 놀이적인 성격을 가지고 있다는 것이다. 어떤 연구자들은 놀이가 일어난 역사적인 시대나 장소와 관련지어 정의된다고 한다. 즉, 한 시대, 한 장소에서는 놀이로 정의될 수 있는 것이 다른 시대, 다른 장소에서는 놀이보다는 관습적이거나 종교적인 것이 될 수 있고, 시시한 일이나 기술적인 것이 될 수 있다는 것이다(김소양, 현정희, 조연실, 2005).

시대를 거슬러 올라가 살펴보면 하위징아(Huizinga)는 1938년에 출간한 그의 저서『호모루덴스: 놀이하는 인간(Homo Ludens: A study of the play)』에서 놀이의 기본적인 성격을 분석하였고 인간 문명 발전에서 놀이가 지니는 역할의 중요성을 언급하였다. 그에 따르면, 놀이는 예술과 철학, 시와 법률제도, 전쟁의 의례적인 측면에 이르기까지 모든 문화의 본질과 연관되어 있다(Caillois, 2012).

놀이는 그것이 실제로 행해지는 문화에 크게 의존하는 만큼 문화의 선호를 두드러지게 나타내며, 그 관습을 오래 지속시키는 도구로서의 역할을 한다. 그러므로 인기 있는 놀이를 통해서 하나의 문명에 대해 진단할 수 있다(Caillois, 2012).

서턴스미스(Sutton-Smith) 역시 그의 저서 『문화로서의 놀잇감(Toys as culture)』(1986)에서 놀잇감은 영유아가 단순히 놀이를 할 때 가지고 노는 매체로서의 의미를 초월하여 문화적으로 중요한 의미를 갖는데, 다음의 네 가지 측면에서 문화와 관련된다고 하였다. 즉, 놀잇감은 가족 측면에서는 선물, 교환, 결속, 위로와 유대감 등의 의미를 지니며, 기술 산업 측면에서는 기계 작동, 컴퓨터, 비디오 게임과 연계된다. 또한 교육적 맥락에서는 자극, 탐색, 학습, 인지 등의 의미를 함축하고, 시장 경제 측면에서는 소비, 판매, 대량 생산, 오락, 광고 등의 의미를 지닌다(이숙재, 2016).

한편 카유아(Caillois, 2012)는 인간의 놀이를 4가지 유형으로 분류하면서 인류 사회의 진화가 놀이 유형 변화와 연계된다고 하였다. 카유아는 놀이의 네 가지 요소인 경쟁, 우연, 모방, 현기증 중 어떤 것이 우위에 있는가에 따라 놀이를 네 가지로 구분하였다.

〈표 1-1〉 놀이의 주요 요소

주요 요소	의미	대표적인 놀이	사회 응집
아곤(Agon)	시합, 경기	축구, 구슬치기, 체스	문명사회 집단 응집 강화
알레아(Alea)	요행, 우연	룰렛, 제비뽑기	
미미크리(Mimicry)	흉내, 모방	역할놀이	원시사회 집단 응집 강화
일링크스(Ilinx)	현기증	청룡열차, 자이로드롭	

출처: Caillois(2012).

• 아곤(Agon): 시합, 경기

놀이의 한 유형은 경쟁이라는 형태를 취한다. 경쟁이란 이긴 자의 승리에 명확하고 이론의 여지가 없는 가치를 줄 수 있는 이상적인 조건 하에서 경쟁자들이 서로 싸우도록 기회의 평등이 인위적으로 설정된 투쟁이다. 이는 스피드, 인내력, 체력, 기억력, 솜씨 등 하나의 자질을 대상으로 하는 적대관계로서, 일정한 한계 내에서 외부의 도움을 전혀 받지 않고 행해진다. 체스, 당구 등이 전형적인 아곤 놀이이다.

이 놀이의 원동력은 인정받고자 하는 욕구이다. 놀이자는 지속적인 주의, 적절한 연습, 부단한 노력, 승리에 대한 강한 의지에 따라 능력이 계발될 수 있다.

• 알레아(Alea): 요행, 우연

알레아는 라틴어로 주사위 놀이를 의미한다. 아곤과 정반대로 승패가 놀이자에게 달려 있지 않은 모든 놀이를 지칭한다. 결국 여기서는 상대방을 이기기보다는 운명을 이기는 것이 문제이다. 승자는 패자보다 운이 더 좋았을 뿐이다. 이 범주의 놀이의 예는 주사위 놀이, 룰렛, 바카라, 제비뽑기 등이 있다.

알레아는 운명의 영향을 받는다. 놀이자는 수동적이며, 자신의 자질이나 능력, 기량, 근육, 지능이라는 수단을 발휘하지 못한다. 기대와 두려움 속에서 운명의 판결을 기다릴 뿐이다. 아곤과 달리 놀이자의 전문적인 능력, 규칙성, 훈련은 무용지물이다.

• 미미크리(Mimicry): 흉내, 모방

어떠한 놀이에서는 놀이자가 자신의 인격을 일시적으로 잊고 다른 인격을 가장한다. 이러한 놀이를 미미크리라고 한다. 척추동물의 모방 경향은 하품, 미소 등의 저항할 수 없는 육체적 전염으로 알 수 있다. 유아의 경우에는 성인 흉내를 낸다. 그래서 성인이 사용하는 도구를 본뜬 놀잇감이 매우 인기 있다. 성인의 경우 역시 가면을 쓰거나 가장하는 놀이를 하는데, 대표적인 것이 연극이라고 할 수 있다.

• 일링크스(Ilinx): 현기증

마지막 유형의 놀이는 현기증을 추구하는 놀이이다. 일시적으로 지각의 안정을 파괴하고 기분 좋은 패닉(공포)상태를 일으키려는 시도로 이루어진다.

인간 지각의 혼란을 유발하는 행위는 인류 문화에서 여러 가지 예를 찾아볼 수 있다. 하나의 예를 들면, 이슬람교 수도승의 예배는 점차 빨라지는 북소리에 맞춰 도는 것을 빨리하면서 황홀상태를 추구한다. 이때 광란적인 회전이 주위 사람들에게도 전염되어 절정에 달하면 의식은 패닉상태와 최면상태에 이르게 된다. 이처럼 유아가 몸을 빙빙 돌면서 비틀거리거나 때로는 쓰러지면서도 즐거워하는 모습은 흔히 볼 수 있는 장면이다. 유아는 이러한 안정의 파괴(비틀거림)를 즐기는 것이다. 유아들이 즐기는 비탈길 뛰어 내려가기 놀이나 달팽이 미끄럼틀, 회전목마, 그네 등과 같은 놀잇감은 이와 유사한 감각을 제공한다.

원시사회와 문명사회의 대립을 놀이 측면에서 기술하면, 원시사회는 오스트레일리아 사회이든, 아메리카 사회이든, 아프리카 사회이든 모두 가면과 홀림, 즉 미미크리와 일링크스가 지배하는 사회이다. 이에 비해 잉카, 아시리아, 중국, 로마와 같은 국가는 관청, 직업, 법규 등이 정비된 질서 있는 사회였다. 이러한 사회에서는 아곤과 알레아, 즉 여기서는 능력과 출생(가문)이 상호보완적 역할을 하면서 사회적 활동의 가장 중요한 요소가 되는 것이다. 원시사회는 가면(모방)과 홀림(현기증)이 집단의 응집력을 굳건히 해 주는데 반해서, 문명사회에서는 사회계약이 일종의 우연인 유전(출신 가문)과 비교 및 경쟁을 전제로 하는 능력 간의 타협으로 이루어진다(Caillois, 2012).

원시사회에서 문명사회로의 발달에 따른 인간 놀이의 변화에 대한 카유아의 통찰은 피아제의 유아놀이 발달단계와 유사한 측면이 있다. 원시사회의 가면과 홀림은 감각적 자극을 추구하는 감각운동놀이 단계와 상징놀이 단계를, 문명사회의 우연이나 개인의 능력을 통한 경쟁은 규칙이 있는 게임 놀이 단계와 통한다.

놀이가 드러내는 문화적 특성은 오늘날 각국의 문화적 특성을 전수하기 위한 기능적 측면에 대한 고려와 함께 변화하는 시대에 적합하게 세계화 시대에 걸맞은 다문화 사회의 다양성을 반영해야 함을 시사한다. 다문화 사회에서 영유아의 모든 놀잇감은 성 역할, 인종, 외모, 직업, 가족, 장애 등의 측면에서 다양성을 갖추어야 한다. 고정된 성 역할 개념을 강조하는 놀잇감, 공격성을 자극하는 놀잇감, 가족, 인종 등 사회문화적 배경에 부적합한 놀잇감 등은 바람직하지 않다(이숙재, 2016). 우리나라 놀잇감 중에는 영유아가 성 역할에 대해 고정관념을 갖도록 부추기는 요소가 많다. 예를 들어, 여자 인형은 주로 화려한 의상을 입은 모습이나 아기 모습으로 표현되거나 엄마, 가수, 선생님 등으로 표현되었다. 반면에 남자 인형은 우주탐사대원, 경찰, 119구조대원, 자동차 정비공, 의사 등과 같이 다양한 인물로 표현되었다. 따라서 영유아가 어려서부터 이런 놀잇감을 가지고 놀면서 성 역할에 대한 편견이 생길 가능성이 크므로 주의해야 한다(이숙재, 1997). 그밖에도 최근에는 다문화 가정, 한부모 가정, 조부모 가정 등 여러 가족의 형태가 공존하므로 놀잇감 제작이나 선택에서 사회문화적 편견을 심어 주지 않도록 주의해야 한다(이숙재, 2016).

2. 놀이의 정의와 특성

1) 놀이의 정의

플라톤에서 칸트, 프뢰벨에서 피아제로 이어지는 철학자, 역사가, 생물학자, 심리학자, 그리고 교육학자들은 인간이 왜, 어떻게 놀이하는가를 밝히기 위해 놀이를 연구해 왔다(Hirsh-Pasek & Golinkoff, 2008).

놀이의 사전적 의미는 '현실을 위한 현실적응적 행동이나 다른 목적을 위한 수단적 · 도구적인 일이나 공부, 노동과는 구별되는 비효용적 · 비생산적인 여분의 행동이고, 행동 자체의 즐거움을 위한 자유롭고 자발적인 행동(한국유아교육학회, 2000)'이다. 사전적 정의에서 드러나듯이, 놀이를 정의하기 위해서는 놀이가 아닌 무엇과 비교(일이나 공부, 노동과는 구별되는)하거나 놀이의 특성을 열거(비생산성, 즐거움, 자발성)하게 된다.

오랫동안 학자들은 아동 행동의 본질을 이해하기 위해 노력해 왔으며, 각자 다양하게 놀이를 정의 내렸다. 그중 가장 잘 알려진 정의는 다음과 같다(Saracho & Spodek, 1995).

〈표 1-2〉 놀이의 정의

학자	정의
시쇼어(Seashore)	표현의 즐거움을 위해 자유롭게 자기를 표현하는 것
프뢰벨(Fröbel)	아동기 발아의(타고난 본성의) 자연적 개화
홀(Hall)	현대까지 남아 있는 과거의 습관과 정신
그로스(Groos)	후의 삶에 필수적인 행동에 대한 진지한 의도가 없는 본능적 연습
듀이(Dewey)	어떤 결과를 위해 의식적으로 수행하는 것이 아닌 행동 자체가 목적인 활동
실러(Schiller)	무목적적인 에너지 소비
스펜서(Spencer)	본능적으로 일어나는 불필요한 행동으로서 이득을 고려하지 않고 즉각적인 만족을 위해 행해지는 활동
라자루스(Lazarus)	자유롭고, 무목적적이고, 재미있는 활동
섄드(Shand)	즐거움을 유지하기 위한 일종의 놀이

듈스(Dulles)	자기 표현과 정서적 탈출 가치의 본능적 형태
커티(Curti)	갈등으로부터 자유롭기 때문에 일반적으로 고도의 동기화된 즐거운 활동

출처: Saracho & Spodek(1995).

이와 같이 놀이 연구자들은 놀이의 특성은 무엇이며, 놀이와 대비되는 개념으로 일 또는 탐색과 비교·설명하여 놀이를 개념화하려 하였다(정진, 성원경, 2011). 이 책에서는 놀이와 탐색, 놀이와 놀이가 아닌 행동으로 비교하여 살펴보기로 한다.

2) 놀이와 탐색

놀이와 유사한 행동으로 자주 언급되는 탐색(exploration)에 대하여 허트(Hutt, 1971)는 다음과 같이 구분하였다. 탐색은 '이 물건의 속성은 무엇인가?'라는 의문을 풀기 위한 행동이고, 놀이는 '이 물건으로 무엇을 할 수 있을까?'의 의문과 연관된 행동이다. 허트는 탐색 행동을 특정 탐색(specific exploration)과 다각적 탐색(diverse exploration)으로 세분하였다. 특정 탐색은 새로운 자극물을 접할 때 그 자극물을 만져 보고 조작하여 시험해 보는 반응을 의미하고, 다각적 탐색은 자극물의 특징을 파악한 후에 좀 더 내적으로 동기화되고 오랜 시간 지속하는 탐색이다. 그러므로 특정 탐색보다는 다각적 탐색이 놀이에 더 가깝다고 할 수 있다.

존슨(Johnson et al., 1999)이 비교·정리한 탐색 행동과 놀이 행동의 특성은 다음과 같다.

〈표 1-3〉 탐색 행동과 놀이 행동의 특성

구분	탐색 행동	놀이 행동
시간관계	놀이 이전에 나타남	탐색 이후에 나타남
대상(상황)	낯선 사물이나 상황	익숙한 사물이나 상황
목적	정보 수집	만족 자극 창조
행위	정형화된 행위	다양한 행위
분위기	진지함	즐거움
심장박동	작은 변화	큰 변화

출처: Johnson, Christie, & Yawkey(1999).

3) 놀이와 놀이가 아닌 행동

놀이를 개념화하기 위해 어떤 학자들은 놀이와 놀이가 아닌 행동을 서로 대비시켜 살펴봄으로써 놀이의 특성을 밝히려고 하였다. 레비(Levy, 1978)는 놀이 행동을 인간의 창의적이고 심오한 특성을 계발시키는 역동적인 과정이라고 정의하면서 놀이가 아닌 행동과의 차이를 [그림 1-1]과 같이 설명하였다.

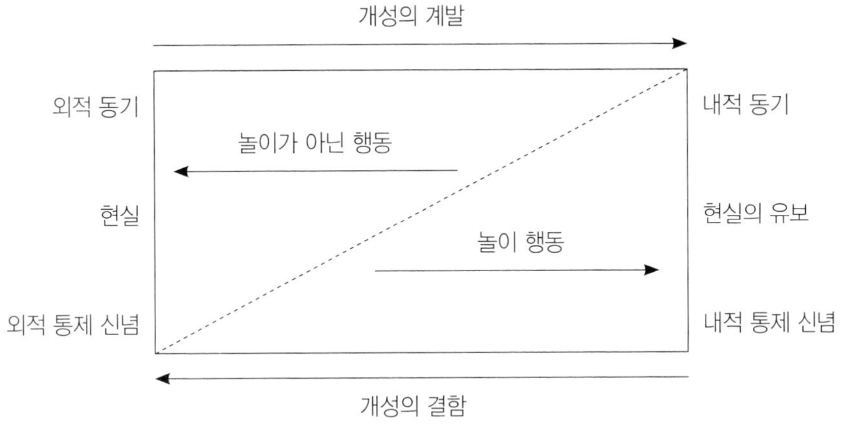

[그림 1-1] 놀이 행동: 개성의 계발(Levy, 1978)

[그림 1-1]을 살펴보면 인간의 행동은 가로선의 어느 지점에 놓이게 되는데, 우측으로 가까이 갈수록 놀이 행동이라고 할 수 있으며, 좌측으로 가까이 갈수록 놀이가 아닌 행동이라고 할 수 있다. 레비(Levy)에 따르면, 놀이가 아닌 행동은 외적으로 동기화되고 현실에 기초하며 외적 통제 신념을 갖는다는 특성이 있는 반면에, 놀이 행동은 내적 동기, 현실의 유보, 내적 통제 신념에 기초한다는 특성이 있다.

(1) 내적 동기(intrinsic motivation)

동기란 어떤 일이나 행동을 일으키게 하거나 마음을 먹게 하는 원인이나 계기를 말한다. 외적 동기는 행동의 원인이 개인 외부에 있고, 내적 동기는 행동의 원인이 개인 내부에 있다. 다시 말해서 외적 동기는 행동의 결과로 발생한 것에 대해 만족을 느끼는 것이라면, 내적 동기는 행동 자체에서 만족을 얻는 것을 의미한다.

(2) 현실의 유보(suspension of reality)

현실의 유보란 놀이 활동 중에 현실적 자아를 잊고 잠시 동안 '환상적 자아' '상상적 자아'를 수용하는 것이다. 현실의 유보를 통해 영유아는 작고 힘이 약한 존재가 아닌 성인이나 환상적 요소를 내포하는 초현실적인 가공의 인물이 되기도 한다.

(3) 내적 통제 신념(internal locus of control)

내적 통제 신념이란 인간이 자신의 행동과 행동의 결과를 스스로 통제하고 있다고 지각하는 정도를 말한다. 영유아는 놀이 행동의 선택, 진행, 종료에 대해 외부의 타자에 의해서가 아니라 스스로 통제한다고 믿는다.

4) 놀이의 특성

1980년대의 발달심리학자들은 놀이의 6가지 특성에 기초하여 놀이를 다음과 같이 정의하였다. 놀이는 항상 내적으로 동기화되고, 즐겁고, 규칙은 놀이자 간에 만들어지며, 목적이 없고 결과보다는 과정에 가치를 두며, 몰입하는 특성과 상상적 요소가 있다(Rubin, Fein, & Vandenberg, 1983).

(1) 내적 동기화

내적 동기화란 경쟁, 보상과 같은 외적 요인이 아닌 흥미, 욕구, 호기심 등과 같은 내적 요인에 의해 놀이 행동이 일어나는 것을 의미한다. 일은 매월 받게 되는 월급이라는 외적 요인에 의해 동기화된 행동이고, 공부는 좋은 성적이라는 외적 요인에 의해 동기화된 행동인 반면에 놀이는 내적으로 동기화된 자연스럽고 자발적인 행동이다. 내적 동기화는 영유아가 놀이를 자발적으로 시작하거나 참여하도록 하고, 외부의 명령과 지시 없이도 놀이 활동에 기꺼이 몰입하게 한다.

(2) 즐거움(긍정적 정서)

놀이의 가장 큰 특징은 놀이자에게 즐거움을 준다는 것이다. 영유아는 놀이를 하면서 때로는 부정적 정서를 경험하기도 하지만(곽승주, 2016; 신유림, 2000), 놀이 중에 가장 지배적으로 나타나는 정서 경험은 흥미와 재미라는 긍정적 정서라고 할 수 있다. 신경심리학적 측면에서 긍정적 정서는 전두엽 피질 활성화와 관련된다. 레모닉(Lemonick, 2005)는 전두엽이 세로토닌이나 도파민 같은 정서전달 신경물질 분비에 관여한다고 지적하면서, 특히 좌측 전두엽이 안정적으로 활성화된 사람은 화가 날 때 보다 빨리 긍정적 정서로 회복된다. 그러므로 놀이는 긍정적 정서를 더 쉽게 경험하고 정서 조절을 잘하는 아이로 자라는 데 도움을 준다(송하나, 2010).

(3) 놀이자 간 합의에 의한 규칙

모든 놀이는 고유의 놀이방법과 규칙을 갖는다. 놀이는 외부의 현실 세계에서 부과된 규칙으로부터 자유롭다. 놀이방법과 놀이에 필요한 규칙은 대부분 놀이 참여자가 함께 정한다. 유아교육기관에서 규칙 있는 게임을 할 때에도 교사가 규칙을 일방적으로 정하고 영유아는 따르도록 하기보다는 참여자들이 협의해서 규칙을 만들도록 지도한다. 이를 통해 영유아는 규칙이 구성원의 합의에 의해 만들어지는 것임을 학습한다.

(4) 무목적성과 과정 중심

놀이는 특별히 정한 목적이 없는 행동이다. 영유아의 놀이는 사전에 목표를 정하지 않으며, 치밀한 계획도 없다. 그렇기 때문에 놀이의 시작과 과정이 즉흥적이며 수시로 변화가 일어난다. 이와 같은 놀이의 무목적성과 과정 중심이라는 특성은 결과에 대한 부담감을 없애 주고 즐겁게 다양한 변화나 탐색을 시도하게 한다.

(5) 몰입

놀이는 내적으로 동기화되기 때문에 유아가 자발적으로 선택하고 활동에 대한 몰입도 매우 강하다. 영유아는 체력이 고갈된 순간에도 놀이 활동에 몰입하는 현상을 보이곤 한다. 유아교육 현장에서는 화장실에 가고 싶은 생리적인 욕구를 참으면서 놀이 활동에 몰입하다가 실수하는 영유아를 흔히 볼 수 있다. 이와 같은 이유로 유아교육기관에서는 영유아의 휴식을 고려한 일과 계획을 해야 한다.

(6) 상상적 요소

놀이는 비현실성에 바탕을 둔다. 놀이에는 가작화요소가 내포되어 있어 '~인 척' 가상하는 놀이가 많다.

참고문헌

곽승주(2016). 역할놀이 영역에서 나타나는 유아의 또래 간 정서적 경험 탐구. **유아교육연구, 36**(1), 79-109.

김소양, 현정희, 조연실(2005). **NCS기반 영유아놀이지도.** 경기: 공동체

송하나(2010). 신경심리학적 관점에서 본 놀이와 학습. **한국육아지원학회 추계학술대회자료집.** 35-44.

신유림(2000). 유아의 상상놀이에서 부정적 정서 표현에 대한 연구. **아동학회지, 21**(3), 133-142.

이숙재(1997). 우리나라 놀잇감의 실태 및 어린이와 어머니의 인식조사. **아동학회지, 18**(2), 87-103.

이숙재(2016). **영유아놀이의 이론과 실제.** 서울: 창지사.

정진, 성원경(2011). **유아놀이지도 이론과 실제.** 서울: 학지사.

한국유아교육학회(2000). **유아교육사전(용어편).** 한국사전연구사.

Caillois, R. (2012). **놀이와 인간**(*Man, Play and games*). (이상률 역). 서울: 문예출판사. (원저는 1958년에 출판)

Hirsh-Pasek, K., & Golinkoff, R. M. (2008). *Why play=learning. Encyclopedia on Early Childhood Development*. Montreal, Quebec: CEECD(Centre of Excellence for Early Childhood Development).

Hutt, C. (1971). Exploration and play in children. In R. E. Herron & B. Sutton-Smith (Eds.), *Child's play* (pp. 231-251). New York: John Wiley & Sons.

Johnson, J. E., Christie, J. F., & Yawkey, T. D. (1999). *Play and early childhood development*. New York: Addison Wesley Longman, Inc.

Lemonick, M. D. (2005). The biology of joy. *Time International, 165*(3), 50-53.

Levy, J. (1978). *Play behavior*. New York: John Wiley & Sons.

Saracho, O. N., & Spodek, B. (1995). Children's play and early childhood education: Insights from history and theory.

Rubin, K., Fein, G., & Vandenberg, B. (1983). 'Play' in Hetherington, E. (Ed.), *Manual of Child Psychology: Socialization, Personality and Social Development* (vol. 4), New York: Wiley.

놀이의 이론

놀이 이론이란 놀이에 대한 개념적 시각으로서 놀이가 무엇인지와 놀이를 유발하는 것을 예측하는 이론적 틀을 제공해 주는 것이다(Beyer & Bloch, 1997). 놀이 이론은 놀이의 본질과 동기를 기준으로 분류한 고전적 이론과 놀이의 역할과 현상을 기준으로 분류한 현대적 이론으로 나뉜다. 멜루(Mellou, 1994)는 놀이 이론을 고전적 이론과 현대적 이론의 두 유형으로 분류하였다. 고전적 이론은 19세기와 20세기 초에 형성된 이론이고, 현대적 이론은 1920년대 이후에 형성된 이론이다.

1. 고전적 놀이 이론

고전적 놀이 이론은 19세기와 20세기 초에 형성된 이론으로, 놀이의 존재 이유와 목적, 놀이의 기능을 철학적 사고에 기초하여 설명한다. 고전적 놀이 이론에는 잉여 에너지 이론, 휴식 이론, 연습 이론, 반복 이론이 있다(Mellou, 1994).

고전적 놀이 이론은 놀이를 하는 동기와 목적 측면에서 두 가지 유형으로 나눌 수 있다. 첫째는 잉여에너지 이론과 휴식 이론으로, 놀이를 에너지 조절의 수단으로 보는 관점이다. 둘째는 반복 이론과 연습 이론으로, 놀이를 인간 본능의 기제로 설명하는 관점이다.

〈표 2-1〉 고전적 놀이 이론

고전적 이론	대표 학자	기능	동기와 목적	설명의 한계점
잉여에너지 이론	Schiller/Spencer	에너지 발산	에너지 조절 수단	유아가 피로할 때에도 놀이를 한다는 점
휴식 이론	Lazarus	에너지 재충전		성인보다 유아가 더 많은 놀이를 한다는 점
반복 이론	Hall	원시적 본능의 제거	인간의 본능적 기제	유아의 현대적 놀이 설명이 어렵다는 점
연습 이론	Groos	성인 생활 준비		성인기 및 노년기 놀이 설명이 어렵다는 점

출처: Mellou(1994)

1) 잉여에너지 이론

잉여에너지 이론(surplus energy theory)은 카타르시스에 대한 아리스토텔리스 학파 철학에서 찾아볼 수 있으며, 후대에는 실러(Schiller, 1759~1805)에 의해 주장되었다. 18세기 독일의 시인이자 철학자인 실러는 놀이를 '무목적적인 잉여에너지의 소비'로 해석하였다. 잉여에너지 이론에 따르면, 모든 생물은 최소한 생존을 유지하는 데 필요한 에너지를 생산한다. 생존 유지에 필요한 에너지보다 더 많은 에너지를 생산하게 되면 남는 에너지를 놀이를 통해 제거한다. 이 이론에 따르면, 놀이는 기본적인 생존 욕구가 충족된 이후에 남게 되는 '과잉에너지'를 제거하는 데 기여한다.

19세기 영국의 철학자 스펜서(Spencer) 또한 놀이를 '잉여에너지의 발산'이라고 하였다. 그는 유아기 동안 유기체는 통제 불능의 놀이 욕구를 갖는다고 믿었는데, 이것을 불필요한 활동이라고 보았다. 그는 잉여에너지와 놀이를 진화의 맥락에서 보았다. 즉, 고등동물은 하등동물보다 더 많은 시간을 놀이로 보낸다. 더 높은 종의 새끼는 더 긴 시간 동안 부모에게 의존하기 때문에 잉여에너지가 많다. 다시 말하면 부모의 양육기간이 길어지므로 상대적으로 유아는 생존에 필요한 에너지가 적어도 된다. 결과적으로 많은 에너지를 놀이에 사용할 수 있는 것이다. 스펜서의 잉여에너지 이론은 인간의 놀이와 생존을 결합시킴으로써 '잉여에너지' 와 다윈의 진화론을 관련 지었다(Saracho & Spodek, 1995).

루빈(Rubin, 1982)에 따르면, 스펜서는 놀이를 '불필요한 행동'이라고 보았고, 실러는 놀이를 '잉여에너지의 소비'로 설명하였다. 두 사람 모두 놀이를 발달에 필수적인 요소로 본 것이 아니라 유기체가 일종의 에너지 평형을 이루기 위한 기제라고 보았다. 이와 대조적으로 20세기 철학자인 벌린(Berlyne, 1969)은 자신의 각성 이론에 스펜서의 잉여에너지에 대한 가정 일부를 활용하였는데, 놀이가 유아발달에 유의미한 기능을 하는 것으로 보았다. 각성이 없다면 감각 시스템을 통해 얻게 되는 정보가 적을 것이다. 그러므로 각성은 인지발달에 필수적이다. 벌린은 놀이를 통해서 감각 시스템 기제가 유지될 수 있다고 생각했다.

이 이론은 하등동물에 비해 더 많이 놀이에 참여하는 고등동물의 놀이현상을 잘 설명할 수 있다. 더욱이 유아는 성인보다 생존을 위해 일을 할 필요가 거의 없기 때문에 더 많은 잉여에너지를 가지게 되고, 이를 발산하기 위해 성인보다 더 많은 시간동안 놀이를 한다고 설명할 수 있다. 그러나 이 이론은 유아가 에너지 과잉 상태가 아닌 때, 즉 많은 놀이 활동을 한 후에 피로한 상태임에도 불구하고 놀이 활동에 계속해서 참여하는 것을 설명하는 데 한계가 있다.

2) 휴식 이론

독일의 시인 라자루스(Lazarus)는 휴식 또는 이완 이론(relaxation theory)을 설명하였다. 이 이론은 잉여에너지 이론과 완전히 정반대로 놀이를 설명한다. 휴식 이론에서 놀이는 유기체에게 에너지가 부족할 때 필요한 활동이다. 놀이는 일을 통해 소모된 에너지를 소생시키거나 보충하는 데 기여하는 것이지 과잉에너지를 없애는 것이 아니나. 따라서 놀이가 일의 정반대이기 때문에 일로 인해 소모된 에너지를 쉽게 대체할 수 있다. 이 이론에서 놀이는 휴식활동이나 이완의 필요에 따라 행해지는 행동 양식으로 인식된다(Saracho & Spodek, 1995). 패트릭(Patrick) 역시 인간이 일을 함으로써 생긴 피로감을 풀고 휴식하기 위해 놀이를 한다고 주장하였다. 즉, 인간이 일이나 어떤 활동을 하게 되면 에너지를 소모하게 되어 에너지 결핍 상태가 된다. 이때 놀이는 새로운 에너지를 재생하는 역할을 한다.

현대 사회에서 노동은 육체적인 노동뿐 아니라 사고와 집중을 필요로 하는 정신적인 노동이 많이 요구된다. 노동으로 발생한 피로는 등산, 골프 등과 같은 놀이를 통해 회복되고 에너지를 재충전할 수 있다고 본다. 이와 같이 휴식 이론은 성인이 퇴근 이후나 주말에 다양한 여가활동을 함으로써 일을 하면서 쌓였던 스트레스를 풀고 기분 전환을 하는 것을 잘 설명해 주고 있다. 그러나 성인과 달리 생존을 위한 일을 거의 하지 않는 유아가 성인보다 놀이 활동에 더 많이 참여하는 현상을 설명하지 못하는 한계점을 지닌다.

3) 반복 이론

미국의 심리학자인 홀(Hall, 1844~1924)은 반복 이론(recapitulation theory)을 설명하였다. 이 이론은 개체 발생이 계통 발생을 반복한다고 강조한다. 홀은 다윈의 진화론으로 유아의 발달 패턴을 설명하였다. 홀은 인간이 배아 단계에서 시작하여 인류의 진화 과정에서 일어난 것과 평행한 단계를 거쳐 발달한다고 믿었다. 그 과정 안에서 유아는 놀이를 통해 인류의 발달단계(동물, 원시인, 문명인)를 보여 준다. 이러한 일련의 놀이 활동은 유아가 현대 사회에는 부적절한 원시적 본능을 정화하도록 돕는다(Saracho & Spodek, 1995). 즉, 이 이론에 의하면 원시시대로부터 인간의 생존과 관련된 행동이 현대에 이르러서는 더 이상 필요하지 않은 행동이지만 본능적으로 유아놀이를 통해 계승되어 행해진다고 본다. 이는 마치 인간 종의 진화 역사에서 수중 생물이었던 역사를 모체의 양수 속 태아기로 반복하여 보여 주듯이, 원시시대 인간의 경험이 현대에는 유아기 놀이로 반복하여 나타남으로써 더 이상 필요 없어진 행동을 하나씩 제거해 나간다는 것이다.

한편 홀은 놀이의 주요 기능으로 정화 기능을 언급하였다. 즉, 유아기에 놀이를 통해 종의 본능을 모두 발산시켜 버림으로써 타고난 본능이 약화되고 좀 더 복잡한 형태의 행동으로 발전될 수 있다는 것이다. 이러한 의미에서 볼 때 홀의 이론은 프로이트의 정신분석 이론과 밀접하게 연관된다.

지역, 문화와 무관하게 영유아가 보편적으로 물놀이를 즐기는 시기와 나무타기와 같이 기어오르기를 즐기는 시기가 있다는 점은 놀이가 인간 종의 본능 제거 과정이라는 반복 이론을 지지하는 사례라고 할 수 있다. 그러나 반복 이론은 유아가 즐기는 현대적 놀이, 즉 컴퓨터 게임과 같은 전자 매체 놀이를 설명하지 못하는 제한점이 있다.

4) 연습 이론

그로스(Groos)는 놀이에 대한 연습 이론(practice theory)을 개발했다. 그로스는 아동연구 운동이 활발하던 시기에 놀이연구를 수행하였다. 아동 관찰과 아동 행동에 대한 이해가 아동을 좀 더 과학적으로 연구하려고 시도하는 새로운 아동연구 분야에서 중요하게 되었다(Saracho & Spodek, 1995).

놀이에 대한 정의에 그로스는 성인 게임, 의식, 경쟁을 포함시켰다. 그로스는 유아놀이의 기능과 형태에 대한 유목화 체계를 만들었다. 즉, 실험적 놀이(규칙 있는 게임), 거친 놀이, 상상적 · 사회적 놀이(극놀이)의 세 가지로 유목화하였다. 놀이는 유아가 성인의 역할을 모방하고 연습하도록 장려하기 때문에 그로스는 유아가 미래를 준비하게 하는 본능을 강화하는 것으로서 유아기에 놀이가 꼭 필요하다고 생각했다. 예를 들면, 극놀이에서 유아는 부모 역할을 가정하면서 성인이 되었을 때 필요한 행동을 시연하게 된다. 브루너(Bruner), 실바(Sylva)와 같은 현대 발달이론가들은 그로스의 관점을 지지한다. 놀이에 대한 이러한 관점은 놀이가 유아의 인지 기능 발달에 중요하다고 보는 구성주의 이론과도 연계된다(Saracho & Spodek, 1995).

연습 이론은 하등동물에 비해 고등동물이 놀이를 많이 하는 이유를 잘 설명한다. 인간과 같은 고등동물은 더욱 불완전한 능력을 가지고 태어나며, 높은 수준의 기술이 요구되는 성인 생활을 위해 능력과 기술을 연습해야 하기 때문에 더 많은 시간 놀이를 한다. 반면, 곤충과 같은 하등동물은 생존을 위한 기본적인 능력만으로도 성인기를 지낼 수 있기 때문에 특별히 놀이를 통해 준비할 필요가 없는 것이다. 그러나 연습 이론은 이미 성인의 삶에 필요한 기술이 숙달된 후에도 놀이를 계속하는 성인기 놀이와 노년기 놀이를 설명하는 데 한계가 있다.

요약하면 고전적 놀이 이론은 두 쌍의 이론으로 구성되었다고 볼 수 있다. 잉여에너지 이론과 휴식 이론, 그리고 연습 이론과 반복 이론이다. 즉, 잉여에너지 이론과 휴식 이론은 에너지 측면에서 놀이에 대한 해석이 대조되며, 연습 이론과 반복 이론은 본능 측면에서 놀이에 대한 해석이 대조된다. 잉여에너지 이론과 휴식 이론은 놀이를 에너지 조절 수단으로 정의한다. 전자는 과잉에너지를 조절하기 위한 것으로 보고, 후자는 필요한 에너지를 생성하는 수단으로 본다. 연습 이론과 반복 이론은 놀이를 본능과 관련하여 정의한다. 전자는 성인기에 필요한 기능을 연습하는 수단으로 보고, 후자는 역기능적인 원시적 본능을 제거하기 위한 수단으로 본다.

고전적 놀이 이론은 연구가 아닌 철학적 사고에 기초한다. 에너지, 본능, 진화, 발달에 대한 오늘날의 지식 때문에 이러한 고전적 이론은 결정적인 결함이 있는 것으로 평가된다(Johnson, Christie, & Yawkey, 1987). 그럼에도 불구하고 고전적 놀이 이론은 놀이를 하는 이유를 이해하는 데 도움을 주었으며, 현대적 놀이 이론 형성에 기초를 제공했다는 데 의미가 있다(Rubin, 1982).

2. 현대 놀이 이론

현대 놀이 이론은 고전적 놀이 이론과 달리 놀이의 존재 이유를 설명할 뿐 아니라 유아발달에 있어 놀이의 기능을 이해하도록 도와준다. 어떤 면에서 이러한 이론들은 유아의 현재 놀이 행동을 야기하는 유아의 이전 삶의 조건들을 명시한다. 많은 놀이 관련 연구를 통해 지지된 현대 이론은 신뢰성과 타당성을 확보하였으며, 놀이를 인지의 형태 혹은 상징의 형태로 이해하도록 하였다. 현대 이론에는 정신분석 이론, 인지 이론, 각성 조절/자극 추구 이론, 상위의사소통 이론이 있다(Mellou, 1994).

1) 정신분석 이론

정신분석 이론은 프로이트(Freud)가 개발하고 에릭슨(Erikson)에 의해 체계화되었다. 프로이트는 인간의 무의식을 탐구한 결과, 얻어진 지식에 기초하여 심리성적 발달단계를 정립하였다. 프로이트는 놀이가 유아의 부정적 정서를 제거하고 긍정적 정서로 대체하도록 정화의 기능을 한다고 하였다. 유아는 충격적 사건이나 개인적 갈등 때문에 생긴 부정적 감정으로부터 해방하기 위해 놀이하며, 이에 따라 정서적 안정을 높일 수 있다. 놀이를 통한 감정 정화가 없다면 유아는 일생 동안 부정적 정서와 외상의 영향을 받을지도 모른다(Saracho & Spodek, 1995).

수많은 이론은 프로이트 이론을 수정한 것이다. 그들은 정신분석 이론을 다양하게 해석하였는데, 놀이가 발달에 미치는 영향에 대해 서로 다른 관점을 제시하였다. 많은 정신분석학자가 놀이를 욕구 충족, 불안, 자아 과정과 연관시켰다(Takhvar, 1988).

에릭슨은 프로이트의 심리성적 발달단계 이론을 확대 · 수정하여 인간의 출생에서부터 전 생애를 거친 심리사회적 발달단계 개념으로 설명하였다(Erikson, 1950). 에릭슨은 유아가 놀이를 통해 과거와 현재, 미래를 극화함으로써 발달의 각 단계에서 경험하는 갈등을 해결한다고 믿었다. 프로이트의 또 다른 추종자인 펠러(Peller, 1952)는 유아가 놀이에서 삶을 모방하는 것은 그들의 사랑, 존경, 두려움, 공격성 때문이라고 생각했다(Saracho & Spodek, 1995).

정신분석학자에 따르면, 유아는 성인의 역할을 해 봄으로써 실제 상황에 대처할 수 있는 숙달된 느낌을 얻기 위해 환상놀이를 사용한다. 유아는 개인적으로 고통스러운 사건을 연기하는 놀이 상황을 통해 그러한 상황에 직면함으로써 고통을 숙달시킨다. 예를 들면, 유아가 갑자기 병이 들면 치료를 하기 위해 급히 병원에 가게 될 것이다. 이때 유아는 의료적인 치료 과정을 통해 일종의 부정적 정서를 경험하게 된다. 유아는 마스크를 착용하고, 장갑을 끼고, 유니폼을 입고, 무시무시한 장비를 가지고 오는 낯선 사람들로 둘러 쌓인 낯선 환경에 놓이게 된다. 즉, 질병에서 오는 고통에 더하여 정서적 충격이 일어날 수 있다. 그 결과, 유아는 병원 경험에 초점을 맞춘 극놀이 이야기를 창안할 수 있게 된다.

놀이를 통해 제공되는 숙달 기회는 더 긍정적인 사건으로 발생하는 정서를 다루도록 돕기도 한다. 유아가 극놀이에 자신이 경험한 것을 연기함으로써 그 경험을 더 잘 이해할 수 있게 된다. 유아는 스스로 놀이상황을 통제할 수 있기 때문에 이해가 필요한 두려움이나 어려움은 자신이 그것을 다룰 수 있을 때까지 포함하지 않는다.

그러므로 정신분석 이론에 따르면 놀이는 유아가 부정적 정서를 표현하도록 도움으로써 혹은 단순히 부정적 감정을 이해하도록 도움으로써 세계를 이해하고 받아들이도록 돕는 대처기제로서의 기능을 한다(Saracho & Spodek, 1995).

놀이 치료는 정신분석 이론을 임상에 적용한 사례로서 정서적 문제가 있는 유아에게 집중적으로 사용된다. 놀이 치료는 유아가 그들 자신을 자연스럽게 표현하고 긴장, 두려움, 불안의 감정을 드러내도록 허용한다. 놀이 치료사의 책임은 유아의 수준에서 소통하는 동안에 유아의 감정을 끌어내는 것이다. 유아의 놀이 관찰을 통해 얻는 통찰은 치료사가 유아의 어려움을 해석하고 유아 자신의 어려움을 잘 다룰 수 있도록 돕기 위한 기회를 계획할 수 있도록 한다. 이러한 치료는 유아의 감정 조절과 감정 안정을 도울 수 있다(Saracho & Spodek, 1995).

2) 인지 이론

1960년대의 인지 이론이 유아교육계에 관심이 집중되면서 놀이가 인지발달에 미치는 영향에 관심을 갖기 시작하였다. 아동발달 이론가들과 연구자들은 놀이와 인지발달 간의 정확한 관계를 이해하려 노력해 왔다. 즉, 유아의 인지 · 사고 발달에 대한 놀이의 영향을 설명하기 위해 노력하였다. 인지 이론에는 피아제(Piaget), 비고츠키(Vygotsky), 브루너(Bruner), 서턴스미스(Sutton-Smith), 싱어(Singer) 등의 이론이 있다.

(1) 피아제(Piaget)

유아의 놀이에 대한 피아제의 관점을 이해하기 위해서는 먼저 그의 전반적인 인지발달 이론을 이해할 필요가 있다. 피아제에 따르면, 유아는 동화와 조절이라는 두 개의 과정을 통해 지식을 습득한다. 동화는 유아가 외부 세계(현실)에서 경험을 통해 지식을 습득하는 것이다. 그들은 기존의 인지적 구조에 맞춰 정보를 동화 · 통합시킨다. 그러나 때로는 현재의 인지구조가 새로운 정보를 포함하기에 부적절하다. 이럴 경우 이미 알고 있는 것과 모순되는 새로운 정보를 받아들이기 위해서 인지구조를 변화시키거나 수정해야 한다. 이와 같이 상반되는 특성을 가진 동화와 조절은 인지적 평형상태에 도달하기 위해 작동한다.

그러나 즉흥적인 놀이에서는 동화가 조절보다 우위를 차지한다. 유아는 세계를 자신에게 맞추지만, 자신을 세계에 맞추지는 않는다. 실제 세계에서 유아는 실재성에 매달리지 않는다. 세계를 자신의 인지구조에 맞추어 적용한다. 놀이에서 유아는 당면한 문제를 해결하기 위해 현재의 인지적 도식과 행동 패턴을 사용한다. 왜냐하면 유아는 실제 세계를 다른 세계인 척 할 수 있기 때문이다(Saracho & Spodek, 1995).

피아제에 따르면, 놀이는 유아의 인지발달에 매우 중요한 역할을 하면서 ① 감각운동 놀이, ② 상징놀이, ③ 규칙 있는 게임 놀이의 세 단계를 거쳐 발달한다. 이러한 단계들은 일련의 순서로 발달하는 놀이 유형과 유아가 성장함에 따라 한 단계에서 다음 단계로 통합되는 인지구조를 보여 준다.

첫 번째 단계인 감각운동 놀이에서 유아는 신체적 활동을 중심으로 반복적 행동을 한다. 유아가 반복적 행동을 하면서 사물을 자유롭게 탐색할 때 사물은 다양한 특성을 가지고 있기 때문에 상당히 많은 조절 작용이 일어난다. 두 번째 단계에서는 가상놀이, 상징놀이가 발달한다. 상징 능력은 유아가 '~인척' 하는 것을 가능하게 하여 이야기를 만들고 연기할 수 있게 한다. 유아는 상징놀이를 할 때 무엇인가를 표현하기 위해 실제 사물을 필요로 하지 않는다. 그 대신 어떤 사물이라도 가상하는 것의 특성을 나타낼 수 있다. 예를 들면, 나무상자는 자동차나 트럭을 대표할 수 있고, 블록 영역은 도시나 거리가 될 수도 있다. 상징놀이는 유아가 18개월경이 되면 시작되어 약 7세까지 지속된다. 7세가 되면 다른 국면으로 변화한다. 유아는 더 이상 극놀이에 열중하지 않는다. 그 대신 그들은 연기가 아니라 가공의 이야기를 글로 쓰는 일에 몰두하기 시작한다. 즉, 유아의 문해 활동은 초기 극놀이 속 이야기의 발달된 형식으로 볼 수 있다(Saracho & Spodek, 1995). 피아제 놀이 발달의 마지막 단계는 규칙 있는 게임 단계인데, 사회적 관습과 상호작용에 기초한다. 이런 형식의 놀이는 피아제 발달단계 중 만 6, 7세 경에 시작되는 구체적 조작 단계 동안에 발달한다. 게임은 2명 이상의 유아의 참여가 요구된다. 규칙 있는 게임의 예로는 체커, 체스, 카드게임이 있나. 규칙 게임이 형성되면 감각운동 놀이와 상징놀이는 점차 줄어든다(Saracho & Spodek, 1995).

피아제의 관점에서 인지발달에서의 변화는 놀이 변화의 기초를 제공한다. 유아가 몰입하는 특정 유형의 놀이는 특정 수준의 인지 능력을 요구한다. 그러나 피아제에 따르면 놀이는 인지발달을 이끌지는 않는다. 그것은 단지 이미 습득된 인지발달 수준을 반영하는 것이다. 놀이와 발달의 관계에 대한 이러한 관점은 비고츠키와의 유의한 차이점이다.

(2) 비고츠키(Vygotsky)

러시아 심리학자인 비고츠키는 놀이를 단지 인지발달의 부산물이 아닌 유아의 인지발달을 직접적으로 지지하는 활동으로 보았다. 비고츠키의 놀이에 대한 관점은 프로이트와도 다르다. 프로이트와 달리 비고츠키는 유아가 경험하는 극도의 비정상적인 긴장이 아니라 정상적인 긴장에 더 중점을 두었다(Saracho & Spodek, 1995).

비고츠키는 상징놀이와 극놀이가 유아의 추상적 사고를 촉진한다고 주장했다. 비고츠키에 따르면, 유아의 가상놀이는 유아의 극놀이에서 그들이 표현하는 사물을 해석하도록 돕는다. 유아가 처음으로 극놀이에 몰입할 때에는 사물의 적절함이 매우 중요하지만 후기 발달에서는 적절함이 그렇게 중요하지 않다. 다시 말하면 18개월 경에 극놀이를 처음 시작할 때에는 놀이에 사용되는 자료가 표현하고자 하는 것과 유사해야 한다. 그러나 이후에는 유아가 자료를 어떻게 사용할 것인지, 무엇을 표현할 것인지에 있어 더 융통성이 생긴다. 비고츠키는 놀이가 유아의 실제 세계의 불안에 기초한 가상 사건이라고 말하였다(Saracho & Spodek, 1995).

가상놀이에 대한 비고츠키의 관점은 19세기 독일의 괴테(Goethe)와 실러(Schiller)의 관점에 기초한다. 19세기부터 유아기를 인간발달의 특별한 시기로 인식하기 시작했고, 유아의 놀이는 성인의 예술과 문학에서 발견되는 상상적 경험과 관련이 있다고 생각했다. 괴테와 실러는 유아놀이에는 상상적 요소가 있으며, 이는 후의 성인 행동에 영향을 준다고 주장하였다(Saracho & Spodek, 1995).

그러나 비고츠키는 이와 같은 19세기의 관점을 넘어서 유아의 놀이 경험이 인지발달에 영향을 미치고, 인지발달의 문화적 측면이 발생하는 것은 사회적 맥락 안에서만 일어난다고 주장하였다. 사회극놀이는 사회적 상황을 가장하는 맥락에서 다른 유아와 놀이하는 것을 포함한다. 비고츠키에 따르면, 놀이는 유아의 인지발달을 확장하는 것에 기여한다(Saracho & Spodek, 1995).

(3) 서턴스미스(Sutton-Smith)와 브루너(Bruner)의 이론

서턴스미스와 브루너는 놀이가 유기체의 적응 능력을 신장시킨다는 점에서 놀이의 중요성을 강조하였다. 이 관점에서 유아는 놀이라는 안전한 지역 안에서 새로운 행동과 아이디어의 연합을 무수히 실험함으로써 융통성을 발달시키고, 결과적으로 실제 생활에 대한 적응 능력을 기르게 된다.

서턴스미스는 놀이를 적응 잠재성(adaptive potentiation), 적응 가변성(adaptive variability)의 개념으로 설명하였다. 놀이가 가능성의 수행, 즉 놀이를 통해 유아는 다양한 선택권이나 대안책을 더 잘 고려할 수 있게 되며, 그 결과로 융통성을 가지게 된다는 것이다(Johnson, Christie, & Yawkey, 1999). 유아의 상징놀이 속에서 나무토막은 컵이 되기고 하고, 자동차가 되기도 한다. 서턴스미스는 이와 같이 유아가 가상놀이를 할 때 일어나는 상징적인 변형 경험은 유아의 정신적 융통성을 확장시킨다고 하였다. 그러므로 상징놀이에서 '가상'의 성질은 매우 중요하며, 유아는 놀이를 통해 대안적이고 상징적 구성을 발달시킬 수 있다. 유아는 상징 변형을 경험함으로써 관습적인 정신적 연합으로부터 자유롭게 되고 새롭고 독특한 방법으로 아이디어를 결합할 수 있게 된다. 결과적으로 가상놀이에서 유아가 경험하는 가작화는 기존의 사고방식에서 벗어나 독특한 방식으로 사고하도록 하며 창의력을 증진시킨다.

브루너 역시 놀이가 유기체의 적응 능력 신장에 기여한다는 점을 중요시하고 놀이에 의해서 창의성 및 융통성을 증진시킬 수 있다고 하였다. 유아는 놀이를 하면서 목표 성취에 대한 부담 없이 새롭고 독특한 행동들을 연합해 볼 수 있다(Johnson et al., 1999). 즉, 안전한 지역 내에서의 놀이를 통하여 새로운 행동과 사고를 실험해 볼 수 있다. 유아는 놀이를 통해서 실행하면서 탐색한 새로운 연합적 행동을 일상생활의 문제를 해결하는 데에도 적용한다. 즉, 놀이를 하면서 유아는 활용 가능한 다양한 방법과 행동을 시도해 봄으로써 사고의 융통성을 증진시킨다(채종옥 외, 2010).

(4) 싱어(Singer) 이론

싱어(Singer, 1973)는 놀이의 중요성은 내재적·외재적 자극 비율을 조절하는 기능에 있다고 하였다. 다시 말해서 놀이는 외부 세계로부터의 자극과 경험을 계속 재현하고 기억하는 활동과 내부 세계로부터 오는 자극의 비율을 조절하는 방법을 제공한다. 유아는 놀이를 통하여 내적·외적 자극의 유입을 적절하게 조절할 수 있다. 그 결과로 과잉 자극에 의한 놀람이나 자극 결핍으로 인한 지루함과는 다른 즐거운 정서 경험을 하게 된다. 싱어는 유아기의 가상놀이를 특히 강조하였으며, 이러한 놀이가 확산적 사고, 감정이입과 자극 통제 등의 인지와 정서 발달에 기여한다고 하였다(Johnson & Christie, 2001 재인용).

3) 각성 조절 / 자극 추구 이론

각성 조절 이론은 벌린(Berlyne, 1969)에 의해 개발되었다. 그는 적정 수준으로 각성을 유지하려는 욕구와 충동이 유아의 중추신경시스템에 존재한다고 가정하였다. 놀이는 유기체가 특정 정보/자극을 제공하는 각성의 자원을 찾도록 한다. 자극에 대한 접근(예를 들면, 낯선 사물의 출현)은 불안할 정도로 높은 수준의 각성을 일으킨다. 이것은 유아가 자극을 감소시킬 수 있는 활동(예를 들면, 낯선 사물에 친숙해지기 위해서 사물을 살펴보는 것)에 참여하도록 한다. 반면에 자극이 불충분할 때 각성이 낮은 수준으로 떨어지게 되고 문제가 발생한다. 그러면 유기체는 자극을 찾으려고 시도한다.

두 번째 자극 추구 이론은 엘리스(Ellis, 1973)에 의해 제안되었다. 이 이론에서 놀이는 유아가 사물과 행동을 새로운 방식으로 조작해 볼 기회를 제공하는 자극 추구 행동이다. 그는 놀이가 자극 수준과 각성 수준을 모두 높인다고 믿었다. 엘리스는 인간이 지속적으로 감각적 다양함을 얻으려고 노력한다고 믿었다. 연구에 따르면, 만약 감각 입력이 계속되면 유기체는 오랫동안 그 감각에 집중하지 않는다. 유기체는 적절한 자극을 얻기 위해 부가적인 정보원을 찾을 것이다. 반면에 지나치게 많은 정보가 있을 때에는 그 정보들 중 일부분에는 집중하지 않는 방식으로 자극을 피할 것이다. 이러한 이론은 유기체가 적절한 수준의 신기함, 불확실성, 복잡한 상황에서 가장 잘 사고한다고 주장한다. 놀이는 유아가 조절할 수 있기 때문에 이와 같은 적정 수준을 유지할 수 있게 만든다. 다시 말해 유아는 놀이를 통해 충분하지만 과하지 않도록 자극을 조절한다.

4) 상위의사소통 이론

베이트슨(Bateson)은 놀이와 상위의사소통의 관계에 초점을 맞추어 설명하였다. 상위의사소통이란 놀이의 여러 상황, 행동, 사물 등을 놀이하는 상대방에게 설명해 주어 이해시킴으로써 의미를 공유하기 위한 의사소통을 말한다(이숙재, 2016). 가상놀이에 참여하는 유아는 친구들에게 그 사건들이 현실 그 자체가 아니라 현실을 모방한 것이라고 알려 준다. 유아는 가상세계와 현실세계라는 두 가지 수준에서 동시에 기능하는 법을 학습하게 된다. 베이트슨은 놀이 내용과 경험은 그들의 맥락(놀이환경)과 관련하여 끊임없이 해석된다고 주장하였다. 놀이는 현실 텍스트(현재의 실제 내용)에 대한 상위의사소통적 맥락이다. 그러므로 이 이론에 따르면 놀이와 환상은 유아의 인지발달에 중요한 기능을 한다(Saracho & Spodek, 1995).

베이트슨의 이론은 여러 학자가 놀이와 인지의 관계를 탐색하도록 이끌었다. 울프와 그롤먼(Wolf & Grollman, 1982)은 유아놀이의 이야기 구성 수준을 탐색하였는데, 유아놀이의 이야기 구성의 질이 연령에 따라 발달함을 발견하였다. 즉, 연령에 따라 쉐마(도식) 수준, 사건 수준, 에피소드 수준의 이야기 구성으로 발달해 나간다.

5) 문화 이론

문화 이론은 놀이의 본질에 대해 생물학적 · 정신분석학적 · 심리학적 차원에서 이해하려는 노력은 불충분하다고 보며 놀이를 인간 문화와의 관계 측면에서 이해하려는 관점이다. 이은화 등(2000)은 문화와 놀이의 관계에 대한 세 가지 모델을 제시하였다.

첫 번째는 문화가 놀이의 성격을 갖는다는 하위징아(Huizinga, 1993)의 주장이다. 놀이는 문화 현상이고, 역으로 문화는 놀이의 한 형태이다. 카플란과 카플란(Caplan

& Caplan, 1989)은 하위징아의 의견에 찬성하면서 인간 문화의 초기형태가 놀이의 모습과 양식을 띄고 있다고 보았다.

두 번째는 놀이를 문화화의 한 형태로 보는 유형이다. 슈왈츠먼(Schwatzman, 1978)은 놀이를 발달의 지표인 동시에 문화 학습과 전파에 있어 중요한 배경 또는 매개물이라고 하였다. 즉, 놀이가 문화를 전승하는 역할을 한다는 것이다.

세 번째는 서턴스미스(Sutton-Smith, 1978)가 제안한 변증법적 모델이다. 문화는 놀이로부터 생겨나며, 일단 문화가 창조되면 문화는 놀이에 영향을 미치고, 놀이는 문화의 나머지 부분을 변화시키게 된다. 유아의 놀이는 성인 사회를 모방, 표현하는 것을 넘어 독자적인 해석의 과정을 통해 사회를 재생산한다(Corsaro, 2012). 즉, 유아는 문화를 수동적으로 받아들이기만 하는 존재가 아니라 변형 · 발전시키는 존재이다.

이상을 요약하면, 유아의 놀이는 문화의 산물이며 동시에 문화의 변화에 영향을 미친다.

참고문헌

이숙재(2016). **영유아놀이의 이론과 실제.** 서울: 창지사.

이은화, 정진, 박현주, 김현정(2000). **문화와 놀이의 관계. 유아교육연구, 20**(1), 43-58.

채종옥, 이경화, 김소양, 김연진(2010). **영유아를 위한 놀이지도.** 경기: 양서원.

Berlyne, D. (1969). Laughter, humor, and play. In G. Lindzey & E. Aronson (Eds.), *Handbook of social psychology, Vol. 3* (2nd ed.). 795-852.

Beyer, L., & Bloch, M. N. (1997). Theory: an analysis (part 1). In J. Chafel & S. Reifel (Eds.), *Advances in early education and day care(vol. 8) theory and practice in early childhood teaching* (pp. 1-40). Greenwich, CT: JAI Press.

Corsaro, W. A. (2012). Interpretive reproduction in children's play. *American Journal of Play, 4*(4), 488-504.

Ellis, M. J. (1973). *Why people play?* Englewood Cliffs, NJ: Prentice-Hall.

Erikson, E. (1950). *Childhood and Society.* New York: Norton.

Caplan, F., & Caplan, T. (1989). 놀이와 아동(*The power of play*). (강문희 역). 서울: 교육과학사. (원저는 1974년에 출판)

Huizinga, J. (1993). 호모루덴스. 김윤수 역. 서울: 까치.

Johnson, J. E., & Christie, J. F. (2001). 놀이와 유아교육[*Play and early childhood development* (2nd ed.)]. (신은수, 김은정, 안부금, 유영의 역). 서울: 학지사. (원저는 1999년에 출판)

Johnson, J. E., Christie, J. F., & Yawkey, T. D. (1987). *Play and early childhood development*. Glenview, IL: Scott, Foresman.

Johnson, J. E., Christie, J. F., & Yawkey, T. D. (1999). *Play and early childhood development* (2nd ed). New York: Addison Wesley Longman, Inc.

Mellou, E. (1994). Play theories: A contemporary view. *Early Child Development and Care, 102*, 91-100.

Peller, L. E. (1952). Models of Children's play. *Mental Hygiene. 36*, 66-83.

Rubin, K. H. (1982). Early play theories revisited: Contributions to contemporary research and theory. In D. J. Pepler & K. H. Rubin (Eds.), *The play of children: Current theory and research, contribution to human development.* Basel: Karger.

Saracho, O. N., & Spodek, B. (1995). Children's play and early childhood education: Insights from history and theory. *Journal of Education. 177*(3), 129-148.

Schwatzman, H. B. (1978). *Transformations: The anthropology of children's play.* New York: Plenum Press.

Singer, J. L. (1973). *The child's world of make-believe: Experimental studies of imaginative play.* New York: Academic Press.

Sutton-Smith, B. (1978). The Dialectics of Play. In: F. Landry and W. Orban (Eds.). *Physical Activity and Human Well-being.* Miami: Symposia Specialists.

Takhvar, M. (1988). Play and theories of play: A review of the literature. *Early Child Development and Care, 39*, 221-244.

Wolf. D., & Grollman, S. H. (1982). Ways of playing: Individual differences in imaginative play. *Contributions to Human Development, 6*, 46-63.

제2부

놀이와 유아발달

유아발달에 미치는 놀이의 영향

놀이가 영유아기의 전인 발달에 영향을 준다는 것은 부인하지 않을 것이다. 모든 유아는 자발적인 놀이 욕구를 갖고 있다. 이 장에서는 놀이의 중요성과 놀이 발달단계, 연령에 따른 놀이 발달에 대해 알아보고자 한다.

1. 놀이의 중요성

놀이가 인간의 기본적이고 필수적인 기질이라는 생각은 오래전부터 있었다. 철학자 실러(Schiller)는 놀이를 인간 경험의 결정적 요소로 여겼다. 실러에 의하면, 인간은 놀이를 통해 자신의 최고 열망과 이상을 깨닫는다. 또한 놀이를 언어학, 문학, 게임 이론의 주요 동력으로 규정한 저술가들도 있다. 그러나 이들은 놀이를 사랑이나 일과는 분리된, 특히 유아발달과는 별 상관없는 것으로 생각했다. 심리학자와 교육자 역시 다른 기질과 연관시키지 않은 상태로 놀이만을 따로 연구하고 그에 관한 책을 집필했다(Elkind, 2011).

엘카인드(Elkind, 2011)는 놀이가 지닌 힘을 완전히 이해하려면 놀이가 어떤 식으로 사랑, 일과 관계를 맺고 발전해 나가는가를 먼저 살펴볼 필요가 있다고 하였다. 그는 인간발달의 단계 구분에 있어 전통적인 발달단계 구분 방식과 달리 놀이, 사랑, 일의 상호작용이라는 관점에서 단계를 구분하였다. 놀이, 사랑, 일은 일생 동안 작용하지만 각 기질의 상대적인 기여도는 단계에 따라 달라진다. 첫째 단계는 유아기와 아동초기로, 놀이가 행동양식을 주로 지배하는 한편 사랑과 일은 부차적 기질로 작용한다. 두 번째 단계인 만 6, 7세 이후의 아동기에는 일이 중심을 차지하고 놀이와 사랑이 보완 역할을 한다. 그 후 청년기에 진입하면 사랑이 행동을 결정짓는 최우선 요소로 떠오르고 일과 놀이는 부수적인 역할을 맡는다. 마지막으로 성인기에는 놀이, 사랑, 일이 완전히 개별화되지만 한두 가지 결합한 형태로 나타나기도 한다(Elkind, 2011).

이와 같이 유아기와 아동초기에는 놀이가 삶의 중심이다. 교육적인 측면에서 살펴보면, 놀이는 유아의 전인적 발달에 영향을 미치기 때문에 매우 중요하다. 영유아 발달과 교육적인 측면에서 놀이의 중요성은 다음과 같다.

- 놀이는 유아의 신체발달을 돕는다.
  대부분의 유아놀이는 신체활동을 동반한다. 기기, 구르기, 뛰기 등의 신체를 주로 활용하는 놀이만이 아니라 실뜨기 놀이, 퍼즐놀이 등과 같이 소근육 사용을 필요로 하는 놀이 등을 통해 균형 잡힌 신체발달을 이룰 수 있다.
- 놀이는 유아의 언어 능력을 길러 준다.
  유아는 놀이를 하면서 다양한 어휘를 습득하게 되고 연습할 기회를 갖게 된다. 또래와 함께하는 놀이 활동을 통해 다양한 상황에 적합한 언어를 사용하는 능력과 타인의 말을 경청하는 능력을 기를 수 있다. 병원놀이와 같은 역할놀이를 할 때 자연스럽게 진료 기록하기, 처방전 쓰기 등을 경험하게 됨으로써 문해 능력이 길러진다.
- 놀이는 유아의 심리치료에 도움을 준다.
  유아의 놀이는 성인의 언어에 해당한다. 기회가 주어진다면 유아는 놀이를 통해 자신의 느낌과 욕구를 표현하는데, 이는 성인이 언어로 자신의 느낌과 욕구를 표현하는 과정이나 방법과 유사하다. 유아는 자신이 경험한 것에 대한 느낌을 말로 표현하는 일이 상당히 어렵다. 그러나 사려 깊고 민감하고 공감적인 성인이 함께한다면 유아는 자신이 선택한 놀잇감, 자료를 활용하여 그들이 느낀 것을 표현하면서 이야기를 전개한다(Landreth, 1991). 유아는 자신의 실제 경험을 상상놀이 속에서 다시 체험하면서 문제를 해결하거나 특정 두려움을 극복할 수 있고 궁극적으로 자신의 고통을 완화시킬 수 있다(Weissbourd, 1986).

• 놀이를 통해 유아는 욕구와 소망을 표현한다.

놀이는 유아에게 욕구와 소망을 표현할 기회를 제공한다. 예를 들어, 현실세계에서는 새로 태어난 동생에 대한 질투심을 공격적인 행동으로 표현할 수 없다. 그러나 역할놀이 상황에서는 동생을 상징하는 아기 인형에게 주사를 아프게 놓거나 엉덩이를 두드리는 행동으로 욕구를 표현할 수 있다. 자유놀이 시간에 미술 영역에서 가족이 함께 다정하게 놀이하고 있는 모습을 그려 봄으로써 유아의 희망, 바람을 표현하기도 한다. 이와 같이 놀이는 유아의 정서를 정화하는 효과가 있다. 결과적으로 놀이는 유아의 욕구와 소망을 표현할 기회를 제공함으로써 정서적 안정감을 느끼도록 도움을 준다.

• 놀이를 통해 학습의 효과를 높일 수 있다.

학습이 긍정적 정서와 연합될 때, 학습자의 자발성에 기초할 때, 연습을 많이 할 때 학습의 효과가 높다. 놀이는 긍정적 정서, 학습자의 내적 동기에 기초한 자발성, 반복의 특성을 가지고 있으므로 효율적 학습을 위한 조건을 갖추고 있다.

• 놀이는 유아의 창의력 및 사회적 능력을 촉진한다.

미술놀이, 역할놀이, 쌓기놀이 등을 통해 유아는 동일한 자료를 사용하여 다양한 방식으로 놀이를 구성해 나가는 경험을 하게 된다. 놀이를 통해 다양한 생각을 시도해 보는 경험은 유아의 창의력 발달에 도움이 된다.

출생 후 유아는 발달단계에 따라 양육자와의 사회적 관계 맺기를 시작으로 하여 친구, 이웃, 교사 등 다양한 사람과 사회적 관계를 확장시키게 된다. 부모, 또래, 교사와의 놀이 활동은 이러한 사회적 상호작용의 기회를 풍부하게 제공함과 동시에 결과적으로 질서 지키기, 협력하기, 놀잇감 공유하기 등의 사회적 기술 습득에 도움을 준다.

• 놀이를 통해 유아의 전반적인 발달 수준을 평가할 수 있다.

마지막으로 유아의 자연스러운 놀이 행동을 관찰함으로써 전반적인 발달 수준을 평가할 수 있다. 그러므로 놀이는 유아를 위한 교육 계획 수립을 위한 기초 자료 수집 측면에서 중요하다.

2. 놀이의 발단단계

놀이의 유형은 연령과 발달 수준, 놀이 행동 특성, 놀이 자료 등 다양한 기준과 포괄적인 범주로 나누어 사회적 관점과 인지적 관점에서 분류하고 있다.

사회적 관점에서 에릭슨(Erikson)은 자기 세계 놀이, 미시영역놀이, 거시영역놀이로 구분하였고, 파튼(Parten)은 비참여행동, 방관자적 행동, 혼자놀이, 병행놀이, 연합놀이, 협동놀이 6가지 유형으로 구분하였다.

인지적 관점에서 피아제(Piaget)는 유아의 놀이를 연습놀이, 상징놀이, 규칙 있는 게임으로 구분하고, 스밀란스키(Smilansky)는 기능놀이, 구성놀이, 극놀이, 규칙 있는 게임으로 구분하였다.

유아의 인지 및 사회적 발달단계에 따른 놀이 유형과 발달에 대해 알아보기로 한다.

1) 사회적 놀이의 발달단계

유아의 성장 발달과 함께 사회적 상호작용과 놀이 형태도 달라진다. 사회적 놀이 단계는 유아가 또래와 상호작용하는 양상에 따라 놀이를 분류하여 발달에 따른 단계를 나타낸 것으로, 1932년 파튼(Parten)이 제시한 6가지의 발달단계는 다음과 같다.

(1) 비참여 행동(unoccupied behavior, 0~1.5세)

비참여 행동은 사회적 참여가 전혀 이루어지지 않는 행동으로 순간적인 관심과 흥미에 따라 잠시 바라보는 형태의 모습을 말한다. 예를 들어, 방을 둘러보거나 가만히 서 있거나 목적 없이 움직이는 행동, 선생님을 졸졸 따라다니거나, 장난감을 가지고 놀지 않고 만지작거리는 행동이 해당된다.

이러한 비참여 행동은 무엇인가를 탐색하기 위해 바라보는 탐색행동과는 구별해야 한다. 유아가 새로운 놀이실에 들어갔을 때 환경을 탐색하기 위해 놀이실의 카메라, 시계, 그림 등을 바라보는 것은 탐색행동으로 보아야 한다.

비참여 행동은 놀이라고 하기 어렵지만 사회적 놀이발달 과정에서 대부분의 유아가 겪게 되는 단계라는 데 의미가 있다.

(2) 방관자적 행동(onlooker behavior, 1.5~2세)

놀이에 참여하지 않고 다른 유아의 놀이를 지켜보는 행동으로 가끔 말을 걸기도 하고 조언을 하고 함께 웃기도 하지만 자신이 직접 놀이에 참여하지는 않는다. 한 유아가 블록으로 기찻길을 만들고 있는 유아들을 바라보며 "야, 너희 뭐해?" "기찻길은 네모난 블록으로 만들어야지."라고 말한다면 방관자적 행동이라 할 수 있다. 비참여 행동과의 차이점은 우연히, 순간적인 흥미에 의해 쳐다보는 것이 아닌 특정 놀이집단을 지켜보는 것으로 방관자적 행동 자체가 타인의 존재에 대해 의식하고 주의를 기울인다는 측면에서 사회적 능력이 조금 더 발달된 형태로 볼 수 있다.

놀이 환경 혹은 대상이 낯설거나 새롭게 흥미로운 놀이를 찾고자 할 때, 놀이집단에 새로운 구성원으로 들어가는 것이 어려운 유아에게 나타난다.

(3) 혼자놀이(solitary play, 2~2.5세)

혼자놀이는 놀이에 참여하지만 혼자서 놀이하는 것으로 주변에 있는 친구와 서로 다른 놀잇감을 가지고 독립적으로 놀이하는 것이다. 또래 유아가 다른 놀잇감을 가지고 옆에서 놀아도 별 관심을 가지지 않고 자신의 놀이에만 몰두하고, 다른 유아가 가까이에서 놀아도 같이 놀이하고자 하지 않고 대화가 거의 없는 것이 특징이다.

파튼(Parten)은 혼자놀이를 사회적 참여의 비중이 높은 놀이에 비해 미성숙한 놀이의 형태로 보았지만, 최근 연구에 의하면 유아의 연령과 놀이 상황에 따라 혼자놀이가 여러 형태로 나타나는 것으로 비판적인 견해를 나타내기도 한다. 즉, 혼자놀이가 유아들로 하여금 자기에게 맞는 적절한 속도와 자신만의 방법으로 사물에 익숙해지는 기회를 제공함으로써 독립심과 문제해결력을 길러 주고 자기 통제에 대한 신뢰를 형성하도록 돕는다고 보는 것이다(이순형 외, 2014). 또한 낮은 출산율로 인한 외동이 가정 형태인 경우에도 혼자놀이가 이루어지는 환경이며, 이웃간의 교류가 줄어들고 TV와 스마트폰 등 각종 미디어의 영향으로 혼자놀이는 2.5세 이후에도 나타날 수 있다.

(4) 병행놀이(parallel play, 2.5~3.5세)

병행놀이는 주변 또래 유아들과 같은 장난감 혹은 비슷한 장난감을 가지고 놀이하지만 자기가 하고 싶은 놀이를 하면서 자신의 놀이에 몰두하는 것이다. 주변 유아를 인식하며 관심도 갖고 그들의 놀이에 자신의 생각을 언어적으로 표현하지만 서로 교류하는 모습은 보이지 않는다. 예를 들어, 쌓기 영역에서 여러 명의 유아가 둘러앉아 레고 블록으로 각자 자동차를 만들고 있는 모습이다.

파튼(Parten)은 병행놀이도 혼자놀이처럼 사회적 참여 비중이 낮아 미성숙한 놀이로 보았지만 베이커맨(Bakerman)과 브라운리(Brownlee)는 병행놀이에서 유아들은 다른 유아들이 진행하는 놀이에 함께하고 싶을 때, 다른 유아를 자신의 놀이로 이끌어 오고 싶을 때 관찰되는 것으로 상황에 따라 사회성이 높은 놀이 유형으로 표현 될 수 있다고 하였다(Bskeman & Brownlee, 1980).

(5) 연합놀이(associative play, 3.5~4.5세)

연합놀이는 여러 명의 유아가 함께 비슷한 종류의 놀이를 하는 것으로 공통의 관심사를 갖고 대화를 나누거나 놀잇감을 빌려 주지만 놀이에 리더가 없고 역할을 분담하거나 놀이 내용이 조직적이지 않은 단계이다. 각 유아가 별개의 놀이를 한다는 점에서 병행놀이와 비슷하지만 놀잇감을 공유하거나 빌려 주기, 차례 지키기, 친구의 활동에 참여하여 의사소통이 이루어진다는 점에서 사회성이 발달된 놀이로 볼 수 있다(이순복 외, 2013). 집단에 대한 관심보다는 자기가 원하는 대로 놀이하면서 친구들과 함께 어울려 노는 데 관심이 많다(정진, 성원경, 2006). 연합놀이의 형태는 팽이치기, 제기차기, 그림그리기 등이 해당된다. 제기차기를 예로 들면, 여러 명의 유아가 모여 제기차기를 할 때 한 개의 제기를 가지고 여러 명이 돌아가며 놀이를 진행한다. 잘 차는 유아에게 칭찬과 응원도 해 준다. 그러나 제기차기 놀이는 같은 활동을 하기 때문에 역할 분담이 필요 없고, 중심이 되어 놀이를 이끌어 가는 리더가 있는 것도 아니다(이순형 외, 2014).

(6) 협동놀이(cooperative play, 4.5세 이후)

협동놀이는 놀이 구성원에게 공동의 목표가 있고, 역할을 서로 분담하여 조직적으로 놀이가 진행되고 집단 안에서 놀이가 이루어지기 때문에 중심이 되어 놀이를 이끌어 가는 리더가 존재하는 놀이 형태이다. 함께 놀면서 놀이 역할, 놀잇감, 놀이 주제를 공유하며, 놀이의 목표는 구조물을 완성시키기, 극화 활동하기, 게임 등의 활동으로 이루어진다. 엄마아빠놀이, 병원놀이, 가게놀이 등의 극놀이와 대형 로봇 만들기, 도로 만들기와 같이 협력하여 만들기 놀이 등이 협동놀이에 해당한다.

파튼(Parten)의 사회적 놀이의 특성을 비교하면 다음과 같다.

〈표 3-1〉 사회적 놀이의 특성 비교

특성	혼자놀이	병행놀이	연합놀이	협동놀이
놀이 상대	×	×	○	○
언어적 상호작용	×	×	○	○
놀잇감 동질성	×	○	○	○
놀이 리더	×	×	×	○
놀이 역할 분담	×	×	×	○

출처: 이순형 외(2014).

파튼(Parten)은 협동놀이를 높은 수준의 사회적 놀이로 보고 영아들에게는 나타나지 않는 놀이 형태로 보았으나 이후의 연구로 걸음마기 영아들도 숨바꼭질을 할 때 누가 술래를 할지 결정하고 순서를 지켜 술래를 하는 협동놀이 형태가 가능하다는 것이 밝혀졌다(김수영 외, 2009).

유아의 사회적 수준에 따른 놀이 참여, 즉 놀이집단에 속하여 놀이한다는 것은 유아들에게 큰 관심사이며, 유아의 사회성 발달 및 발달의 전반에 영향을 미친다. 그러므로 유아의 사회적 놀이발달에 대한 부모와 교사의 적절한 관심과 지도가 필요하다.

2) 인지적 놀이의 발달단계

피아제(Paiget)의 인지발달 이론에 따르면, 놀이는 그 자체로 인지발달을 의미한다고 보았다. 유아의 인지가 감각운동기, 전조작기, 구체적 조작기, 형식적 조작기로 변화하면서 놀이도 감각적이고 기능적인 연습의 수준에서 전조작기 특유의 상징적인 놀이 시기를 거쳐 규칙이 있는 높은 수준의 놀이로 변화한다고 하였다(이은해, 지혜련, 이숙재, 1993). 피아제(Paiget)는 인지적 수준에 따라 연습놀이, 상징놀이, 규칙있는 게임 단계를 거쳐 놀이 발달을 한다고 보았으며, 스밀란스키(Smilansky)는 기능놀이, 구성놀이, 극놀이, 규칙 있는 게임의 4단계로 발달한다고 했다.

피아제(Paiget)와 스밀란스키(Smilansky)의 인지적 놀이발달단계를 정리하면 다음과 같다.

〈표 3-2〉 피아제(Paiget)와 스밀란스키(Smilansky)의 인지적 놀이발달단계

발달시기	인지적 놀이발달단계		인지발달단계
	피아제(Paiget)	스밀란스키(Smilansky)	
0~2세 미만	연습놀이	기능놀이	감각운동기
2~7세 미만	상징놀이	구성놀이	전조작기
		극놀이	
7세 이후	규칙 있는 게임	규칙 있는 게임	구체적 조작기

출처: 이순형 외(2014).

(1) 피아제(Paiget)의 인지적 놀이 유형

① **연습놀이**(practice play, 0~2세)

연습놀이는 출생 후 일생 동안 발생하며, 감각과 대・소근육을 통하여 주변 세계를 탐색한다. 영아가 신체를 이용하여 외부 세계를 탐색하는 것으로 기능놀이와 비슷하고, 자신이 경험한 행동에서 오는 쾌감을 얻기 위해 즐거움이 수반된 목적 없는 단순한 반복놀이를 말한다. 빨기, 불기, 손 쥐었다 펴기, 까꿍놀이와 같은 단순한 반복 행동이 연습놀이에 해당된다. 2세까지의 영아는 감각운동기의 연습놀이를 통

하여 운동조절능력을 획득하고 움직임과 그에 대한 지각 협응을 배운다(지성애 외, 2015).

② 상징놀이(symbolic play, 2~7세)

상징놀이는 인지발달단계 중 전조작기의 놀이 유형으로 유아 내적인 사고와 생각을 가상 형태를 통하여 표현하는 놀이 형태이다(지성애 외, 2015). 상징놀이와 환상놀이를 즐기며 새로운 것을 기존의 친숙한 물체로 동화시키는 과정에서 놀이가 발생한다(강숙현 외, 2016). 유아가 끼적거리기를 통하여 원을 그리고, 사람 및 사물을 그리면서 내면의 사고와 생각을 상징하여 매체를 표현 할 수 있기까지 인지능력 및 표상능력이 발달해야 한다. 3~4세까지 또래 친구와 함께 역할놀이를 통하여 사고와 상상을 표상하는 상징놀이가 많이 발생한다.

③ 규칙 있는 게임(game with rules, 7~15세)

규칙 있는 게임은 인지발달단계 중 구체적 조작기와 형식적 조작기의 놀이 유형으로 정해진 규칙을 인식하고 수용하면서 진행하는 놀이이다. 규칙 있는 게임은 기능의 우열, 성공과 실패로 승부가 결정되며, 고누놀이나 바둑, 야구 등과 같은 스포츠 게임이 해당된다.

(2) 스밀란스키(Smilansky)의 인지적 놀이 유형

① 기능놀이(funtional play)

유아의 최초 놀이로 감각운동기에 나타나고, 기능적인 즐거움을 위해 반복적으로 되풀이하는 단순한 놀이이다. 놀잇감이 있거나 없이 반복적인 근육운동으로 달리기, 뛰어오르기, 모으기와 버리기, 나란히 줄 세우기, 자동차 굴리기, 공 튀기기 놀이가 해당된다.

② 구성놀이(constructive play)

놀잇감을 이용하여 새로운 사물을 만들어 보는 창조적인 활동이다. 블록, 점토,

모래, 폐품 등을 이용하여 만들기, 쌓기, 붙이기 등의 활동으로 무언가를 창조해 내는 것으로 구성놀이가 나타난다. 이 단계에서 유아는 놀잇감을 다양하게 사용하는 것을 배우며 주의집중 시간이 증가하고, 어떤 주제를 정해서 놀 수 있으며, 스스로 설정한 놀이 목표를 성취하기도 한다(지성애 외, 2015).

구성놀이와 기능놀이가 구별되는 것은 놀이를 하는 목표의 차이에 있다. 예를 들어, 한 유아가 점토반죽을 꾹꾹 누르며 감각적 경험을 하고 있다면 기능놀이에 해당되지만 케이크를 만들기 위해 점토반죽을 누르는 것은 구성놀이에 해당된다.

루빈, 페인과 반덴버그(Rubin, Fein & Vandenberg, 1983)의 연구에 의하면, 3~4세 전체 놀이 활동 중 약 40%, 4~6세는 약 50%가 구성놀이 활동을 한다고 했다.

③ 극놀이(pretend or dramatic play)

극놀이는 시간이나 공간, 사물이나 상황, 역할을 실제와 다르게 변형시켜 표상화하는 놀이로, '마치 ~인 것처럼' 가정해서 놀이하는 가작화 요소가 포함된다는 측면에서 상징놀이, 가상놀이, 상상놀이, 환상놀이, 역할놀이, 표상놀이로 혼용하기도 한다(이순형 외, 2014). 극놀이는 초기 가작화가 자신의 신체와 일상생활에 집중되다가 가작화의 범위가 점차 확대되고 체계화되며, 계획을 세워 놀이를 전개한다. 극놀이의 발달 정도는 통합(integration), 탈중심화(decentration), 탈맥락화(decontextualization)의 3가지 요소로 판단한다(박낭자, 이순영, 이미정, 2002).

- 통합: 단순한 상징행동에서 주제나 줄거리가 있는 이야기 형식으로 조직되는 것을 말한다.
- 탈중심화: 놀이 시 자신의 활동에 대한 상징에서 타인 또는 대상물에 대한 상징으로 자신에게 초점을 두는 정도가 자기중심에서 벗어나는 것을 말한다. 돌 무렵 여아의 상징놀이는 자신의 일상적인 생활 경험이나 가상 행동으로 나타나지만 18개월경부터는 곰 인형 세수시키기, 목욕시키기 등 가상행동의 주체가 자신이 아닌 다른 대상으로 옮겨간다.
- 탈맥락화: 사물 대체에 의해 사물의 물리적 특성이나 현실에서의 용도가 현실의 맥락과 벗어난 정도를 말한다. 실제물에 덜 의존하게 되며, 구체적 · 물질적

표상에서 추상적인 표상으로 이동한다.

앞의 3가지 요소가 발달됨에 따라 단순한 상징놀이에서 복잡한 상징놀이로 발전하게 된다.

사회극놀이(sociodramatic play)는 상징놀이가 발전된 형태로, 두 명 이상의 유아가 같은 놀이 주제를 가지고 언어적으로 상호작용(의사소통)하는 놀이이다. 사회적 가작놀이, 사회적 역할놀이라고도 하며 유아가 현실세계에서 직접 경험한 상황을 의미하는 현실적 요소와 정확한 모방을 하기 어려워 나타나는 가작화된 비현실적인 요소가 내포된다(Smilansky, 1968).

스밀란스키(Smilansky)는 사회극놀이 활동으로 정의할 수 있는 6가지 준거를 다음과 같이 설명한다.

- 역할의 가작화: 가상적인 역할을 언어와 행동으로 표현한다. 예를 들어, "나는 엄마야. 나 갔다 올게. 아가야, 집에 있어."와 같이 엄마, 아빠, 경찰, 의사, 가게 주인 등 역할을 수행하고 행동한다.
- 사물의 가작화: 사물의 용도를 다양하게 상상해서 언어나 행동으로 표현하거나 다른 사물로 대체한다. 예를 들어, 블록을 들어 전화하는 행동을 하고, 블록을 들고 우유 마시는 동작을 하는 것이다.
- 행동과 사물의 가작화: 상황이나 행동을 상상해서 언어로 표현한다. 예를 들어, 아무것도 없는 상황에서 "우리 이제 기차를 타고 가는 거야." 라고 말하면서 행동한다.
- 지속성: 한 가지 놀이 주제를 일정 시간 동안 계속한다. 최소한 10분가량 지속되어야 높은 사회극놀이라고 할 수 있다.
- 상호작용: 동일한 놀이 주제를 적어도 두 명 이상의 유아가 함께 어울려 상호작용하는 것을 말한다.

  주인: "어서 오세요. 여기 앉으세요."

  손님: 주인이 안내한 자리에 앉아 메뉴판을 본다.
- 언어적 의사소통: 놀이 주제와 관련하여 놀이하는 유아 간에 언어를 사용한 의

사소통이 이루어지고, 의사교환은 메타 커뮤니케이션(meta communication)과 가작 커뮤니케이션(pretend communication)으로 나뉜다. 메타 커뮤니케이션은 놀이에 관한 해설(예를 들어, "너는 환자가 되고, 나는 의사가 된다." "우리 뱀을 밧줄로 묶는 척하자.")을 하고, 가작커뮤니케이션은 역할에 해당하는 어울리는 의사표현(예를 들어, 간호사 역할을 하는 유아가 "이제 아기에게 주사를 놓아야 해요."라고 말하기)을 하는 것이다.

앞의 6가지 준거 중 상호작용과 언어적 의사소통은 사회극놀이의 준거에 해당된다. 사회극놀이는 유아에게 창의력, 상상력과 추상적 사고능력을 길러 주며, 자기중심성에서 벗어나 사회적인 존재로 성장할 수 있도록 한다(정진, 성원경, 1998). 사회극놀이에 참여한 유아는 놀이상황 속에서 자신의 역할을 수행하거나 놀이 진행을 위해 상황에 맞는 언어를 사용하게 되는 경험을 가짐으로써 언어발달의 자연스러운 기회를 제공 받는다(지성애 외, 2015). 사회극놀이는 3세 이후부터 시작되어 규칙 있는 게임이 시작되는 6~7세경까지 지속된다. 사회극놀이의 발전단계는 다음과 같다.

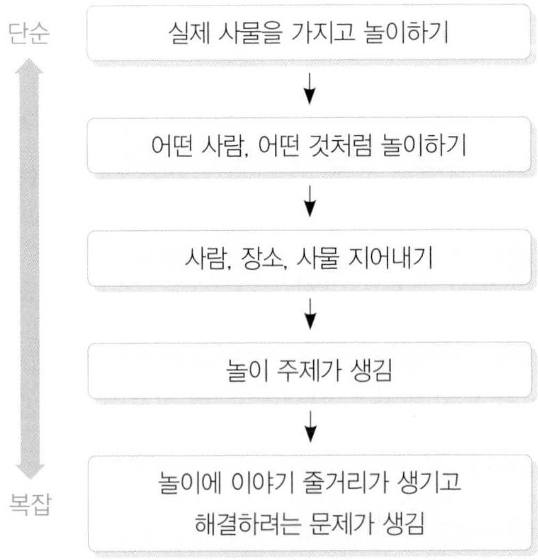

[그림 3-1] 사회극놀이의 발전단계

출처: Roskos(1987).

④ 규칙 있는 게임(game with rules)

규칙 있는 게임은 둘 혹은 두 편 이상으로 나누어 일정한 규칙에 따라 참여자들이 서로 상반되거나 협력하는 역할을 수행하고 사전에 설정한 규칙대로 참여하는 놀이로 구체적 조작기의 시기에 가능하다. 6~7세에 시작되어 활발해지다가 성인기까지 지속적으로 발달한다. 각종 보드게임이나 제기차기, 체스, 달리기 경주, 카드놀이 등이 해당된다.

규칙 있는 게임에서 유아들은 사전에 서로 합의하고 협의된 규칙을 받아들이고 놀이에 적용시킨다. 이러한 놀이를 통해 유아는 정해진 규칙 내에서 자신의 감정과 행동을 조절하는 방법을 터득하고 다른 사람의 의견을 수용하고 집단에 필요한 사회적 기술을 배우고(이순복 외, 2013) 게임에서 이기기 위해 논리적인 전략 및 기술을 고민하면서 논리수학적인 사고의 발달에 도움을 줄 수 있다.

게임의 종류는 3가지 유형으로 〈표 3-3〉과 같다.

〈표 3-3〉 게임의 종류

유형	승패 결정 요인	게임의 예
신체적 기술 게임	놀이자의 신체적 기술	달리기, 뛰기, 과녁 맞히기 등
인지적 전략 게임	놀이자의 인지적 기술	바둑, 체스 등
확률 게임	우연, 확률	빙고, 카드게임(전쟁게임) 등

3. 영아기 발달과 놀이

영아기는 생후 24개월까지로 구분하며, 인간의 전 발달 과정에서 가장 중요한 시기이다. 영아기의 경험이 사고력과 문제해결력, 정신건강, 신체발달, 학습과 성공에 대한 가능성과 욕구에 영향을 미치기 때문이다(염지숙, 오채선, 2016). 영아기 연령에 따른 발달과 놀이에 대해 알아보고자 한다.

1) 출생~1세 발달과 놀이

12개월 이전의 영아는 주로 손과 입으로 주변 사물을 탐색하고 놀이한다. 손에 잡히는 것은 무엇이든 입으로 가져가 탐색하고 흔들어 소리 내거나 잡아당기기, 두드리기 등의 조작을 한다. 사물에 초점을 맞추기 시작하여 눈으로 사물을 추적하고, 소리 나는 방향으로 고개와 몸을 움직이고, 단순한 움직임을 모방할 수 있게 되면서 음악과 노랫소리에 따라 몸을 움직인다. 전화기를 들어서 귀에 대고, 빈 컵을 들어 마시는 척하는 단순모방 행동을 시작한다. 울음에서부터 시작한 언어발달은 쿠잉, 옹알이를 거쳐 한 단어 문장으로 상호작용하는 놀이를 한다(고선옥 외, 2018).

이 시기에는 무엇보다 안전하게 탐색할 수 있는 공간 마련이 필요하고 사람의 얼굴과 목소리에 관심을 보이며, 접촉하고 관심을 끌고 싶어 하므로 성인이 함께 반응해 주는 것이 필요하다(이춘복 외, 2017).

1세 영아는 혼자 걷기 시작하면서 도움을 받지 않고 스스로 이동할 수 있게 되어 탐색영역이 확장된다. 손과 다리의 운동능력이 발달하면서 밀고 당기는 감각 운동놀이를 하고, 눈-손 협응력이 발달하면서 블록 쌓기 및 간단한 퍼즐 맞추기, 스위치 켜고 끄기와 같은 조작놀이를 하고 그림책 보기를 좋아한다. 18개월경이 되면 사물에 대한 단순한 관심에서 점차 목적을 가진 탐색활동으로 이어지므로 양육자는 다양한 경험 제공을 통하여 영아의 개성을 발달시킬 수 있도록 도와주어야 한다(강숙현 외, 2016). 이 시기에 나타나는 상징놀이는 24개월이 되면 인형의 머리를 빗겨 주

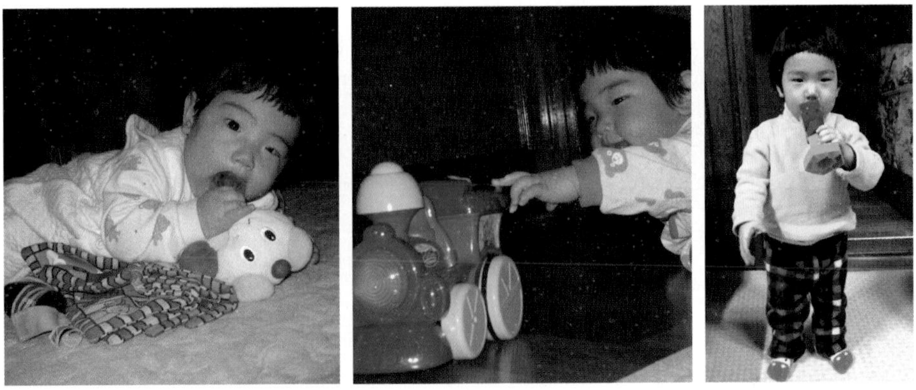

고, 잠을 재우기 위해 안아 주는 등의 몇 가지 행동을 결합해서 놀이하게 되며, 실물 대신 대체물로 상징놀이를 시작하고(이춘복 외, 2017), 주로 혼자서 놀이하거나 성인과 함께 놀이한다(이숙재, 2012).

2) 2세 발달과 놀이

2세 영아는 대·소근육의 발달로 1세에 비해 주위를 쉽게 돌아다닐 수 있고, 풍선 잡기, 공 주고받기 등 공간 안에서 자유롭게 몸을 움직이는 신체활동을 한다. 특히 기고 달리는 대근육을 이용한 활동을 많이 하기 때문에 기어 올라갈 수 있는 매트나 밀고 끌 수 있는 장난감, 자동차, 말 등의 탈것을 준비해 주면 좋다(지성애 외, 2015). 정교한 소근육 활동(자르기, 크레파스로 정교하게 그리기)은 서툴지만 만지고 느끼며 놀이와 관찰, 탐색을 통해 많은 것을 학습한다. 이 시기에 언어가 급격하게 발달하며 말은 또래와 성인(선생님)을 연결시켜 주는 새로운 도구이다(강숙현 외, 2016). 낱말을 듣고 그에 해당하는 그림을 가리키고, 간단한 지시를 수행하고 간단한 질문에 대답할 수 있다. 주변 성인이나 형제가 책을 읽는 행동, 무언가 쓰는 행동을 통해 문자언어에 관심을 갖고 말이 글로 표현된다는 것을 인식하기 시작한다. 그림이나 글을 읽는 것처럼 흉내 내고 좋아하는 그림책을 반복해서 본다. 언어능력은 영아가 다른 또래 친구와 사회적·상징적 놀이를 가능하게 한다.

상징놀이(symbolic play)는 표상 및 언어의 시작과 함께 나타나서 영아기에 걸쳐 중요한 역할을 수행하는 발달기제이다(Fein, 1981). 2세 영아는 주변의 유사한 사물을 이용하여 일상생활에서 자주 경험하는 전화놀이, 인형 보살펴 주기, 빨래하기 등의 단순한 상징놀이를 즐겨한다. 이 시기의 영아는 적극적으로 다른 친구들과 놀이하고 싶어 하지만 물건을 나누어 사용하거나 협동하는 상호작용은 하지 못한다.

2세 영아는 주관적 자기(I-self)에 이어 타인과의 관계에서 외현적인 자신을 인식하는 객관적 자기(My-self)를 구성하게 된다. 루이스와 브룩스건(Lewis & Brooks-Gunn, 1979)은 9~24개월 영아들을 대상으로 아기의 얼굴을 닦는다는 핑계로 아기의 코나 이마에 빨간색 물감을 묻혔을 때 9~12개월 영아들은 거울에 비친 자기 모습을 인식하지 못하여 거울만 만지작거렸으나, 20개월 이상 영아들은 자신의 코나 이마를 문지르며 자신의 독특한 얼굴 모양을 자각하고 있음을 나타내었다. 2세가 되면 거의 모든 영아가 사진 속의 자신을 인식하며 자기인식을 통해 언어 표현 시 '내가' 또는 '나를'을 사용한다. 자아에 대한 인식이 발달하면서 일상생활에서 자기를 주장하고 스스로 해결하려는 모습이 보이고, 떼쓰는 행동을 보이거나 특정 음식이나 맛에 대해 선호하는 등 자신의 자율성에 대한 욕구를 확장시키려고 한다. 이러한 발달특성에 따라 사물을 이용한 놀이 활동을 진행하고 활동적 · 적극적 놀이를 위한 안전한 공간 구성과 놀잇감이 필요하다.

4. 유아기 발달과 놀이

유아기는 3~5세 시기로, 영아기에 비해 다소 느린 신체발달을 보이지만 경험과 연습을 통하여 정교화되는 시기이다. 유아기는 언어 및 인지적 측면에서 급속한 발달이 이루어지는 시기이며, 신체적으로는 독립된 개체로서 자유의지에 의하여 몸을 움직일 수 있다(지성애 외, 2015). 3~5세 유아기 발달과 놀이에 대해 알아보고자 한다.

1) 3세 발달과 놀이

3세가 되면 대근육의 운동조절 능력이 향상되고 민첩해진다. 속도를 변화시키면서 뛰거나 돌 수 있고, 세발자전거 타기, 계단 오르기 등의 신체 · 운동능력이 발달한다. 아직 소근육 사용이 세련되지 못하지만 구슬 꿰기, 가위질, 퍼즐 맞추기 등의 눈–손 협응이 필요한 활동을 좋아한다.

유아 스스로 행동의 결과에 관심이 많고, 인과관계를 이해하고 결과를 예측할 수 있지만 주의집중 시간이 짧다(이순복 외, 2013). 상상력이 영아기보다 증가되지만 추상적 사고는 이루어지지 않는다.

어휘수가 급격하게 늘어나고 의성어나 의태어를 즐겨 사용하고 역할놀이를 통해 상징적 표현도 늘어 간다. 언어발달에 따른 실제 사물이나 동물이 그려진 그림책(사물책), 그림과 함께 간단한 줄거리가 있는 이야기책, 자신의 앨범 등이 좋은 놀잇감이 된다(박찬옥, 정남미, 임경애, 2007). 몇몇 단어와 몸짓, 끝없는 창의적 생각을 활용하여 블록을 들고 전화하는 행동을 하고, 가방을 들고 "나 일하러 간다."하며 마치 '~인 척' 하는 가상놀이를 자연스럽게 전개해 간다(강숙현 외, 2016).

사회성이 잘 발달되지 않아 아직은 자기중심적이고, 또래와의 놀이 기술이 부족하여 혼자놀이에 익숙하지만 또래에 대한 관심이 증가하면서 또래 곁에서 나란히 놀이하는 병행놀이가 나타난다.

2) 4세 발달과 놀이

4세가 되면 신체운동기술이 발달하고 균형 감각의 발달로 한발로 서서 균형을 잡고 정글짐과 같은 다양하고 복잡한 놀이시설을 이용하여 놀이한다. 소근육의 발달로 조립하고 구성하는 섬세한 조작놀이와 종이 자르기, 색칠하기 활동을 할 수 있다. 탐색적이고 모험적인 놀이를 좋아하기 때문에 대근육 활동이 활발하고 자신감이 넘치는 시기이다(이순복 외, 2013).

인지적으로 성숙해지며 상상과 가상을 구별하여 현실을 인식하고, 사물의 속성과 기능의 같고 다른 점을 분류하고 범주화하는 학습능력이 생기며, 분류놀이, 수놀이, 문자놀이 등 수 · 조작놀이를 좋아한다.

사회적 놀이와 역할놀이의 형태가 나타나고, 타인을 이해하고 도와주는 행동이 나타난다. 아직 자신의 감정을 조절하거나 언어적 표현이 미숙하여 역할을 분담하는 조직적인 협동놀이는 잘하지 못하고, 친구와 함께 놀이에 대한 이야기를 주고받거나 놀잇감을 공유하는 연합놀이를 한다. 남녀의 성역할을 인식하기 시작하며 성인의 관심과 인정, 칭찬에 민감하게 반응한다.

3~7개의 단어를 사용하여 완전한 문장으로 말할 수 있고, 끝없는 질문(왜?, 무엇?, 언제?)을 하며 "나도~~하고 싶은데." "내가 가질래." 등 자기 표현과 주장도 강하게 나타낸다(강숙현 외, 2016). 글자나 숫자, 단어들을 인식하기 시작하며 읽고 쓰기를 위한 모양 변별이 가능하다.

3) 5세 발달과 놀이

5세 유아들은 신체적 비율이 성인에 가깝게 되고, 신체발달에 따라 한발로 뛰거나, 점프, 스키핑, 두발자전거 타기를 할 수 있다. 운동신경 발달에 따른 자신의 운동기술을 실험해 보는 놀이를 좋아한다. 소근육 발달이 정교해지면서 신체의 자조기술이 발달하고 복잡한 퍼즐 맞추기, 바느질하기, 책 만들기 등의 섬세한 활동을 즐긴다.

피아제의 인지발달 중 구체적 조작기 시기로 보존 개념, 시간·공간 개념 및 인과관계, 과학 개념이 발달한다. 예측하고 관찰 및 실험하는 활동을 즐기고, 스스로 문제를 해결하는 과정을 좋아하므로 놀이의 지속시간과 주의집중력이 길러진다. 인지능력이 발달함에 따라 규칙 있는 게임을 또래와 해낼 수 있고 협동하기, 공유하기 등의 사회적 기술과 규칙을 배울 수 있다.

분화된 정서 형태에 의한 감정 표현이 가능하고 상황에 맞게 부정적인 정서를 감추거나 피할 수 있다. 4세 이전의 유아들은 상상적인 공포와 같이 환상 세계에 대한 두려움을 나타내지만, 5세 유아들은 현실세계(사고, 물리적 위험, 죽음 등)의 두려움을 나타낸다(이순복 외, 2013).

놀이를 통해 다양한 어휘를 습득하고 문장 형태와 문장 이해력이 성인의 언어 형태와 유사할 정도로 다른 사람과의 의사소통이 가능하다. 글자의 이름, 소리, 단어의 변별이 가능하고 읽기와 쓰기의 기본 기술을 습득한다.

이 시기에는 단순한 상징놀이가 아닌 역할을 배정하고, 다양한 소품을 활용하여 실감나게 재현하는 극놀이를 한다. 놀이 과정에서 집단의 소속감을 느끼고 놀이의 규칙을 이해하며, 집단을 위해 최선의 노력을 다한다.

이상의 연령별 놀이 특징을 종합하면 〈표 3-4〉와 같다.

〈표 3-4〉 연령별 놀이 특징

연령	놀이 특징
0~1세	감각운동 놀이를 하고, 주로 손과 입으로 사물을 탐색하며, 자신이 한 우연한 행동의 결과를 발견하고 그것을 반복하여 놀이로 발전시킨다. 성인이 놀이를 주도한다.
1~2세	걷기 시작함에 따라 활동 반경이 넓어진다. 대근육 운동놀이를 주로 하고, 소근육 운동은 아직 미숙하다.
3세	주의집중 시간이 짧아 흥미가 오래 지속되지 못하며, 혼자놀이와 단순한 놀이를 즐기면서 탐색활동을 한다.
4세	단순하고 구체적인 놀이에서 점차적으로 복잡하고 다양한 놀이를 시도하게 되고, 친구와 함께 상호작용하면서 노는 놀이 형태가 나타난다.
5세	또래와의 상호작용이 증가하면서 놀이의 지속시간과 주의집중력이 길어지며, 다양하고 복잡한 놀이를 선택하게 된다. 집단 내에서 놀이규칙을 지키며, 집단 구성원과 협동하는 놀이 형태가 나타난다.

참고문헌

강숙현, 김정아, 김희정, 윤숙희, 이은희(2016). **놀이지도(2판)**. 서울: 학지사.

김수영, 김수임, 김현아, 정정희(2009). **놀이지도**. 경기: 양성원.

고선옥, 김경신, 임경례, 한성민(2018). **놀이지도**. 경기: 정민사.

박낭자, 이순영, 이미정(2002). **영아놀이 활동프로그램**. 경기: 교문사.

박찬옥, 정남미, 임경애(2007). **유아놀이지도**. 서울: 학문사.

염지숙, 오채선(2016). 영아반 교사의 놀이중심 교육과정 만들어 가기. **열린유아교육연구, 21**(4), 121-153.

이숙재(2012). **유아를 위한 놀이의 이론과 실제(3판)**. 서울: 창지사.

이순복, 김성원, 김정희, 박지영, 석은조(2013). **놀이지도**. 경기: 양서원.

이순형, 김혜라, 권기남, 김지현, 김진경, 김진욱, 서주현, 이정현, 최인화, 유주연, 안혜령, 이은중(2014). 놀이지도. 서울: 학지사.

이은해, 지혜련, 이숙재 편역(1993). 놀이이론. 서울: 창지사.

이춘복, 황소영, 신희이, 정정란, 구현아, 김희제(2017). 영유아교사를 위한 놀이지도. 서울: 창지사.

정진, 성원경(1998). 유아놀이와 게임 활동의 실제. 서울: 양서원.

정진, 성원경(2006). 유아놀이와 게임. 서울: 학지사.

지성애, 채영란, 신금호, 박희숙, 박유영(2015). 놀이지도. 경기: 정민사.

Bakerman, R., & Brownlee, J. R. (1980). The strategic use of parallel paly: A sequential analysis. *Child Development, 51*, 873-878.

Elkind (2011). 놀이의 힘(*The power of play: learning what comes naturally*). (이주혜 역). 서울: 한스미디어. (원저는 2007년 출판).

Fein, G. (1981). Pretend play: An integrative review. *Child Development, 52*, 1095-1118.

Landreth, G. (1991). *Play Therapy: The art of the relationship*. Muncie, IN: Accelerated Development.

Lewis, M., & Brooks-Gunn, J. (1979). *Social cognition and the acquisition of self*. New York: Plenum

Roskos, K. A. (1987). An exploratory study of the native of literate behavior in the pretend play exisodes of four and five-year old children. Kent State University dotoral thesis. UMI dissertation services.

Rubin, K. H., Fein, G., & Vandenberg, B. (1983). play. In P. H. Mussen & E. M. Hetherington (Eds.), *Carmichael's manual of child psychology: Social development* (pp. 693-774). New York: John Wiley & Sons.

Smilansky, S. (1968). *The effects of sociodramatic Play on disadvantaged perschool children*. N.Y.:Wiley.

Weissbourd, B. (1986). The importance of play. *Parents' Magazine, 61*, 142.

놀이발달에 영향을 미치는 요인

동일한 발달단계에 있는 유아들도 개인적인 특성과 흥미, 놀이 맥락의 다양성에 따라 놀이에 대한 선호도나 놀이 형태는 다르게 나타날 수 있다. 유아의 놀이발달에 영향을 미치는 요인을 개인적 요인과 환경적 요인으로 나누어 알아보고자 한다.

1. 개인적 요인

1) 성별

성은 사회적 표시이며 중요한 개인차 변인으로, 다른 개인적 특성보다 놀이뿐만 아니라 사람들의 일반적 행동 특성을 설명하고 예측하는 데 중요한 역할을 한다(김수영, 김수임, 정정희, 2012). 생후 2세경부터는 성별에 따라 유아의 놀이 행동에도 차이가 나타난다. 2~3세부터 성역할과 연합된 활동을 선호하며 동성의 또래들이 선호하는 놀이 활동을 좋아한다. 남아들은 대근육 활동 및 기능놀이를 많이 하고 놀이를 하면서 탐색활동도 적극적으로 한다. 여아들은 소근육 발달이 남아들보다 빨라 주로 구성놀이나 조작놀이를 더 많이 하는 경향이 나타난다(이춘복 외, 2017).

영아기 놀이 시 성별에 따라 놀이하는 장소와 놀잇감을 선택하는 것에도 차이를 보이는데 남아는 쌓기 영역에서 블록이나 자동차를 가지고 놀이하는 것을 좋아하고, 여아는 역할놀이 영역에서 가정 관련 놀잇감을 가지고 엄마놀이와 아기놀이를 주로 한다. 유아기의 놀이에서도 남아는 여아에 비해 적목 쌓기, 자동차, 비행기 등 많은 움직임이 필요한 장난감을 좋아하고, 공격적인 활동을 선호하고 규칙 있는 게임을 더욱 즐겨한다. 반대로 여아는 인형놀이, 옷 입히기, 소꿉놀이 등 정적인 활동을 선호하며 구성놀이를 더 많이 한다. 특히 4~5세부터 여아는 남아보다 두려움과 조심성이 많이 나타나며, 사람에 대한 공감능력이 크고 정서적 표현이 강하고 깊게 나타난다(송명자, 2004).

공격적인 행동에 대해서도 남아는 주로 때리기, 밀기, 원하는 물건, 영역, 특혜의 힘을 사용하여 얻는 행동 등의 도구적 공격을 많이 한다. 여아는 언어적 공격, 간접적인 괴롭힘, 연락이나 접촉의 차단, 친구관계를 해하는 행동 등의 관계 형성과 관련된 공격적 행동을 나타낸다(이춘복 외, 2017).

성별에 따른 놀이의 유형과 놀잇감에 차이를 보이는 것은 영유아 성별에 따른 생득적인 요인도 있지만, 부모와의 상호작용, 부모의 보상과 체벌에 따른 성역할 학습과 모방이나 관찰학습, 성 유형화된 장난감 제공 등을 통하여 학습되는 부분도 많다(이순복 외, 2013). 부모나 교사는 영유아의 균형 있는 발달을 위하여 성별에 따른 색깔, 놀잇감 등 놀이 환경에 차이를 두지 않도록 배려해야 한다.

2) 연령

유아의 놀이 행동은 연령이 높아질수록 인지능력이 발달함에 따라 사회적 놀이가 증가하고 타인에 대한 이해가 높아져 탈중심적인 모습을 보인다. 또한, 놀이 지속 시간이 길어지고 복잡한 규칙이나 고도의 기술이 필요한 놀이를 많이 한다.

영아기에는 방관자적 행동, 혼자놀이, 병행놀이를 많이 하며 놀잇감을 용도에 맞게 사용하는 사실놀이가 이루어지고, 2세 후반부터 동성의 또래와 놀이를 시작한다.

유아기 연령이 높아질수록 친구와 함께 놀이하는 사회적 놀이가 증가하고 상상놀이가 많이 나타나면서 놀이의 형태도 다양해진다. 3~4세 유아는 낯선 유아와 함께 놀이하며 사회적 상호작용과 협동놀이를 한다. 또한 극놀이를 즐기기 시작하여 4세경에는 많은 시간을 극놀이를 하며 즐긴다. 3~4세 이후부터 취학전까지 다른 사람의 역할뿐 아니라 생물과 무생물의 세계도 놀이 속에서 재현하는 상상놀이를 한다. 또한 대·소근육의 발달로 운동놀이와 미술활동, 블록으로 하는 구성놀이에도 흥미를 보인다. 그러나 이러한 놀이 가운데 또래 간의 완전한 협력관계는 아직 형성되지 않는다(유효순, 조정숙, 2005).

파튼(Parten)은 4~5세 이하 연령의 적절한 집단크기는 2명이고, 4~5세 이상 연령의 적절한 집단크기는 3~5명이라고 말했다.

영유아 집단 구성은 단일연령과 혼합연령으로 구성한다. 단일연령 집단은 유아의 신체·언어·인지·사회·정서 발달이 비슷하여 교수학습을 위한 계획과 진행이 수월하다. 그러나 혼합연령 집단이 단일연령 집단에 비해 사회성 발달 증진, 유아의 의사소통 기술 및 교육기관에 대한 긍정적인 태도와 바람직한 자아개념 형성, 또래 간 경쟁 감소에 효과적이라는 보고도 있다(고선옥 외, 2018). 혼합연령으로 집단을 구성했을 때 혼자놀이 빈도가 줄어들었고 집단놀이와 상징놀이를 더 많이 하고 비참여 및 공격적 행동은 적게 나타났다(김명순 외, 2011). 혼합연령 집단의 유아들은 상상놀이나 규칙 있는 게임에 참여함으로써 높은 연령의 유아들은 동년배와의 상호작용과는 다르게 어린 연령 유아의 생각에 맞춰 스스로 인지활동을 조절하는 경험을 통해 다각도로 생각하고 인지하기 때문에 인지처리능력이 증진된다(신은수, 1996). 혼합연령 집단의 놀이는 높은 연령 유아들에게는 책임감뿐만 아니라 리더십과 사회적 능력의 발달을 촉진시키고, 어린 연령 유아들에게는 높은 연령 유아들의 친사회적 행동을 학습하게 됨으로써 자연스럽게 긍정적인 사회적 행동을 가지게 된다는 것이다(지성애, 정진화, 2016).

이와 같이, 유아의 연령 요인이 놀이에 영향을 미치므로 연령에 따른 놀이의 특징을 이해하고 유아 개인의 발달 수준에 맞는 놀이 환경을 제공해야 한다.

3) 지적 능력

유아의 성장 발달과 함께 인지발달이 이루어지므로 인지능력은 놀이에 영향을 미친다. 터먼(Terman)은 지적 능력 우수아와 정신지체아의 놀이 특성을 비교하여 놀이와 인지능력의 상관관계를 연구하였는데, 지적 능력 우수아는 신체적 운동이나 거친 게임보다 지적이고 조용한 놀이에 흥미를 보였으며, 자신보다 약간 나이가 많은 유아를 놀이친구로 선호하고 경쟁적 게임을 덜 선호하였다. 반면 정신지체아는 놀이 활동에서 독창성이 적고 덜 복잡하며 규칙이 없는 단순 게임을 선호하고 자신보다 어린 유아와 놀기를 선호하며, 사회적 상호작용을 더 좋아하였다. 또한 구성 놀잇감을 덜 좋아하고, 놀잇감의 선택과 게임 수준이 자신보다 어린 유아들과 비슷한 특징을 보였다(Millar, 1977).

존슨(Johnson, 1978)의 연구에서도 평균 이상의 지능을 가진 유아가 사회극놀이에 더 많이 참여하고 유아의 지능이 놀이 친구와의 관계 형성에 영향을 미친다고 했다.

놀이와 유아의 인지양식 간에도 연관성이 있다. 사물을 지각할 때 사물을 둘러싼 배경의 영향을 받지 않거나 비교적 적게 받는 '장(場)독립적(field-independence)' 유아는 덜 산만하고 명료한 분석적 능력을 갖고 있어서 놀잇감 등을 가지고 노는 사물놀이와 혼자놀이를 좋아하고, '장(場)의존적인(field-dependence)' 유아는 사람에게 강한 호기심을 보이며 사회적 놀이를 선호한다(강숙현 외, 2016). 장 독립적인 유아는 게임, 구성놀이, 기능놀이, 조작놀이와 같은 사물놀이를 선호하고, 장의존적인 유아는 미술놀이, 블록 쌓기, 소꿉놀이와 같이 사람 지향적인 놀이를 선호한다(Saracho, 1999).

그러나 이러한 연구결과와는 반대로 이숙재(1984)의 연구에서는 상징놀이의 참여 빈도와 유아의 지능은 상관이 없는 것으로 나타났으며, 조부경과 장선화(1995)의 연구에서도 유아의 인지양식에 따른 사회적 놀이 형태에 유의한 차이가 발견되지 않는다는 결과를 나타냈다.

이러한 연구결과는 유아의 지적 능력과 인지양식이 유아의 놀이 유형, 참여 빈도 등과 관련은 있으나 일관성 있는 연구결과가 나타나지 않았으므로 지적 능력이 놀이에 영향을 미치는지에 관해서는 계속적인 연구가 필요하다.

4) 기질

기질(temperament)은 생물학적으로 타고나는 것으로, 유전적인 요인이 강하고 개인의 고유한 성향을 나타내며 개인의 행동양식과 정서적 반응 유형을 결정짓는다. 토마스와 체스(Thomas & Chess, 1977)는 영유아의 기질 유형에 따라 다른 놀이 활동을 나타낸다고 하였다. 기질 유형에 따른 놀이 특성은 다음과 같다.

- 순한 기질: 행동이 규칙적이며 긍정적인 기분을 나타내고 새로운 환경에 쉽게 적응한다. 또래집단에 적응하는 데 어려움과 강한 스트레스를 느끼더라도 대부분 또래에게 적합한 반응을 융통성 있게 표현한다(김수영, 김수임, 정정희, 2012). 특히 변화에 대한 적응성이 높고, 새로운 자극에 긍정적인 경향을 보이기 때문에 놀이 상황에서 변화된 규칙이나 상황을 빠르게 받아들이고, 좌절되는 상황을 짜증내지 않고 해결하려 한다. 순한 기질의 유아가 까다로운 기질의 유아보다 친구들의 접근에 쉽게 반응하고 놀이 안에서 놀잇감을 잘 나누고, 협동하며 놀이를 주도적으로 이끌어 나간다(지성애 외, 2012).
- 까다로운 기질: 불규칙적인 행동을 보이며 새로운 환경이나 친구관계를 형성할 때 어려움을 보이고 특히 싫은 상황에서 부정적인 기분을 강하게 표현한다. 긍정적인 상호작용보다 자신의 주장대로 친구들이 따라 주기를 원하거나 다른 친구의 놀이를 방해하는 행동을 하여 또래 집단에 의해 거부되기도 한다.
- 느린 기질: 새로운 환경에 대해 회피적인 반응을 보이며 느리게 적응한다. 느린 기질의 유아는 활동량이 적고, 새로운 자극에 대해 접근하기 어려우며 반복적으로 접촉한 후에야 적응한다. 시간이 지남에 따라 새로운 상황을 여러 번 경험하면서 점차 긍정적인 흥미를 보이며 조용히 참여한다(지성애 외, 2012).

순한 기질의 유아는 미술활동, 조작놀이, 역할놀이를 많이 선택하고 집단 놀이를 선호하는 반면, 까다로운 기질의 유아는 쌓기놀이, 대근육 활동 영역을 선호하고, 또래와 신체놀이나 공격적인 놀이를 많이 하거나 방관자적 놀이, 혼자놀이를 한다(이지연, 2004). 이와 반대로 이지현(1998)의 연구에서는 까다로운 기질의 유아는 미술 · 역할 · 조작 · 쌓기 영역을, 순한 기질의 유아는 역할놀이 영역을 선호하고 연합놀이나 협동놀이를 더 많이 한다고 하였다. 김수진(1995)의 연구에서는 느린 기질의 유아는 또래 및 교사와의 상호작용을 적게 하고 놀이에서 '제안 따르기'를 많이 하고, 순한 기질의 유아는 놀이에서 '대화하기'를 많이 시도한다고 하였다.

유아의 기질을 바꿀 수는 없지만 유아의 기질적인 특성이 놀이 행동에 영향을 줄 수 있다는 것을 부모나 교사는 이해하고 까다로운 기질의 유아에게는 놀이 상황에서 자기 조절의 경험을 할 수 있도록 도움을 주고, 느린 유아에게는 재촉하지 않고 기다리는 허용적인 놀이 환경 구성이 필요하다.

2. 환경적 요인

1) 부모

유아의 놀이 경험은 부모와의 상호작용에 의해서 사람과의 관계와 사물에 대한 태도, 행동 및 가치를 결정하는 자아가 형성되기 때문에 부모의 자녀에 대한 양육태도는 유아의 인지적 · 사회적 놀이 행동에 영향을 미친다(지성애 외, 2012).

유아는 혼자 놀 때보다 부모와 함께 상호작용하면서 놀이할 때 상징놀이의 다양성과 놀이 지속 시간이 증가하고 놀이의 수준이 높다(O'connell & Bretherton, 1984). 놀이 과정에서 부모의 구체적인 시범과 격려는 유아의 상징놀이 참여를 높이고 더 오래 놀이를 지속하게 한다(Hughes, 2009). 유아의 놀이 행동에 대해 민감하게 반응하는 부모는 유아발달에 적합하고 효율적인 놀이 상대가 된다. 특히 애정적이고 자율적인 양육 태도를 보이는 어머니의 자녀는 놀이 활동 시 또래와의 협력이나 협동 활동이 증가하고, 통제적인 양육태도를 보이는 어머니의 자녀는 신체적인 움직임이 많고, 거부적인 양육태도를 보이는 어머니의 자녀들은 인지적 자발성이 줄어든다(박정연, 2008). 허용적 양육태도의 부모는 자녀와 많은 상호작용을 하면서 놀이의 직접적인 모델이 되고 자녀가 성인 역할을 모방하는 놀이를 자유롭게 허용함으로써 상징놀이를 격려한다. 이와 반대로, 체벌을 가하면서 통제하는 경우 유아는 공격적인 행동 성향이 강해지고 상징놀이에 참여하는 빈도가 낮게 나타난다(김수영, 김수임, 정정희, 2012). 어머니의 부정적인 양육태도가 유아의 스마트기기 과몰입 행동을 높인다는 연구결과(홍예지 외, 2017)에 따르면, 어머니의 부정적 양육태도는 자녀의 신호에 대한 낮은 민감성과 비수용적인 태도, 양육기술 부족의 결과로 나타난다고 하며 부모의 온정적 양육태도를 높일 수 있는 가족구성원의 지지와 사회적 지원이 필요하다고 하였다.

부모와의 애착 형성 또한 유아의 놀이 수준과 관련이 있는데, 안정 애착을 형성한 유아는 엄마가 있을 때 물리적 환경을 더 적극적으로 탐색하고 또래에게 관심을 보이며 다양한 사회적 기술을 나타내고 놀이 지속 시간이 길다. 즉, 안정 애착을 형성한 유아는 독립적이며, 더 많은 호기심을 나타내고, 사회적 유용성이 또래에 비해 높다(강숙현 외, 2016).

부모의 성별에 따라 자녀와의 놀이 유형에도 차이가 있다. 어머니는 상징놀이, 아버지는 신체놀이에 더 많이 참여하고, 상징놀이 상황에서 어머니는 딸과, 신체놀이 상황에서 아버지는 아들과 상호작용을 가장 많이 하는 것으로 나타났다(Lindsey & Mize, 2001). 아버지는 아들의 경우 적극적이며 과격하게 신체적으로 자극이 되는 게임이나 놀이를 장려하며 함께 놀이하는 반면, 어머니는 유아를 돌봐 줄 목적으로 놀이하고, 아버지보다 교육적인 목적의 놀이를 더 많이 한다.

부모는 유아에게 삶의 모델이고 학습 지도자이며, 놀이 상대자로서 많은 영향을 주는 중요한 사람이다.

2) 교사

가정에서의 부모의 역할이 중요하듯 교육기관에서 교사의 역할은 유아의 놀이에 중요한 영향을 미친다. 유아가 기관에서 보내는 시간이 길어지고 있는 현실을 고려할 때, 교사는 유아에게 알맞은 놀이 활동과 놀잇감을 제공하고, 지속적인 관찰과 개입으로 놀이가 흥미롭게 진행되며 놀이의 지속 시간 증가에 영향을 미치게 된다(Ward, 1997). 교사는 교사-유아, 유아-유아, 유아-놀잇감과의 상호작용을 증진시키며 교사가 보이는 개입행동은 유아의 놀이 수준을 향상시키고 놀이의 질에 영향을 미친다(강숙현 외, 2016).

스밀란스키(Smilansky)와 비고츠키(Vygotsky)는 교사의 놀이 개입이 유아의 놀이를 확장시키고, 다양한 영역의 발달을 촉진한다는 점에서 중요하게 보았다. 교사의 놀이 개입은 유아의 놀이 경험을 풍부하게 해 주며, 유아가 질 높은 수준의 놀이를 할 수 있도록 하는 데 중요한 사회적 환경 요인인 것이다.

놀이에 대한 교사의 효능감이 높을수록 구성놀이에서 유아의 놀이 지속 시간, 놀이 내용의 풍부성, 놀이 내용의 결속력 등이 향상되었다는 연구(유영의, 신은수, 2005)와 같이 교사의 놀이에 대한 신념과 관점이 유아놀이에 영향을 미친다. 교사의 교수몰입에 따른 유아의 놀이몰입 및 자기효능감에 대한 연구(이선경, 심성경, 2016)에서 유아교사의 교수 몰입도가 높을수록 유아의 놀이 집중력이 높았으며, 유아가 자신의 모습이나 행동을 의식하지 않고 불필요한 정보나 자극에 관심을 보이지 않으면서 오랫동안 놀이에 몰입하게 되는 경우 유아는 자발성에 의해 놀이를 선택한다. 이러한 경우 놀이의 깊이가 심화되어 의미 있는 과정으로 인지적 성취를 도울 수 있다.

유아의 입장에서 언제 교사를 자신들의 놀이에 참여시키려고 하는지 관찰을 통해 알아본 사무엘슨과 존슨(Samuelsson & Johansson, 2008)의 연구에서 유아들이 혼자 힘으로 해내기 힘든 활동을 수행하는 경우와 환경적인 지원이 필요할 때, 갈등 상황에 놓였을 때, 교사에게 유능한 사람으로 인정받고 싶을 때, 누군가 규칙을 어긴 것을 교사에게 알려 주고자 할 때, 교사로부터의 정보가 필요할 때, 교사를 놀이에 초대하고자 할 때 교사의 개입을 요구하는 것으로 나타났으며, 어린 연령일수록 교사를 놀이에 초대하는 경우가 많고, 연령이 높을수록 교사로부터 정보를 얻고자 하는 경우가 많다고 하였다.

이숙재(2003)의 연구에서는 교사가 놀이 밖에서 상호작용을 시도하거나 적극적으로 유아의 놀이에 개입하여 주도권을 가지고 놀이를 이끌어 나갈 때 대부분의 유아는 수동적인 반응을 보이는 것으로 나타났고, 교사가 놀이 파트너로서 개입한 경우에는 교사의 참여를 긍정적으로 수용하는 것으로 나타났으나 교사 개입이 또래간의 활발한 상호작용을 유도하지는 못하는 것으로 보았다. 이러한 결과는 교사가 언제 어떤 방식으로 놀이에 개입하느냐에 따라 유아의 반응이 달라질 수 있고, 긍정적 측면과 부정적 측면의 효과가 모두 나타날 수 있으므로 상황에 따라 융통성 있는 놀이 개입 전략을 활용할 필요가 있음을 말해 준다(유한나, 엄정애, 2014).

교사가 유아와 적절한 방법으로 상호작용하지 않거나 개입하지 않을 경우 유아는 또래를 때리거나 미는 부정적인 행동이 많이 나타나고, 교실에서 배회하거나 목적 없이 행동하는 경향이 높다는 연구(신혜영, 최혜영, 2008)결과는 주의 깊은 관찰에 기초하지 않은 교사의 성급한 개입은 유아의 놀이를 방해하는 요인이 될 수 있고, 놀이의 질을 떨어뜨리거나 놀이 자체에 대한 유아의 흥미를 없애는 결과를 초래할 수 있다(엄정애, 2009).

교사의 민감하고 반응적인 지원은 유아가 진정한 놀이를 할 수 있게 하고 이를 통해 놀이의 교육적 가치를 실현시킬 수 있게 한다. 따라서 교사는 놀이와 교육의 조화 속에서 유아가 가치 있는 경험을 할 수 있도록 유아의 목소리에 귀 기울이고 유아의 입장에서 바람직한 교사의 역할에 대해 고민해야 한다.

3) 또래

또래관계는 유아의 놀이에 영향을 주는 요인이며, 그 중 또래의 성, 또래의 연령, 또래와의 친밀성은 유아의 놀이에 영향을 미친다고 볼 수 있다. 또래로부터 인정받고 수용되는 유아는 자신감을 갖게 되고, 자신에 대해 긍정적으로 지각하며 놀이 형태에서 협동을 더 잘하고 극놀이나 상상놀이를 더 잘하며, 성숙된 놀이 행동과 원만한 대인관계를 형성할 수 있는 능력을 갖추게 된다(정정화, 2008).

동일한 성의 또래와 놀이할 때 유아는 새로운 물체를 더 많이 탐색하고 익숙한 놀이에는 시간을 더 적게 보낸다. 또래 없이 혼자 놀이할 경우에는 남녀 구별 없이 상대 성의 놀잇감을 가지고도 놀이를 하지만, 또래와 놀이하는 과정에서는 남아는 남아, 여아는 여아만의 성 유형화된 놀이를 한다(강숙현 외, 2016).

유아는 성장함에 따라 자신과 비슷한 연령의 또래와 놀이하는 것을 선호한다. 동일 연령의 또래와 놀이하는 것은 혼합연령보다 더 적극적이고 언어적 상호작용의 범위가 넓으며 협동적인 극놀이가 더 많이 일어난다(Leberberg, Chapin, Rosenblatt, & Vandell, 1986). 일반적으로 혼합연령집단의 또래가 놀이에 더 많이 참여하고, 공격적인 행동은 더 적게 하는 또래 간 긍정적인 상호작용이 더 많이 일어난다. 이는 어린 연령의 유아가 높은 연령의 유아를 모방하고 높은 연령의 유아는 자신보다 어린 유아를 지도하고, 보살피고 배려함으로써 사회적 발달과 인지적 발달에 효과적일 수 있다는 의미이다(이순형 외, 2014). 따라서 유아에게 다양한 연령의 또래와 활발한 상호작용을 할 수 있는 기회를 주어야 한다(김수영, 김수임, 정정희, 2012).

놀이에서 또래와의 친밀성이 높을수록 사회적 놀이를 더 빈번히 하며 놀이에 집중하고 협동하며 수준 높은 인지적 놀이에 참여한다. 또래 안에서 인기 있는 유아는 또래와 함께하는 병행놀이, 협동놀이를 많이 하며 고립된 유아는 쳐다보고만 있거나 돌아다니는 등의 비놀이 · 부정적 놀이를 많이 한다(김수영, 2000).

따라서 교사는 교실에서 일어나는 유아의 다양한 놀이 행동, 함께하는 놀이 친구, 모델이 되는 놀이행동, 놀이의 종류에 대해 관심을 가져야겠다.

4) 사회 · 문화적 환경 요인

놀이는 유아가 속해 있는 문화의 가치를 반영하고 전달하며 유지시키는 기능을 하므로 문화적 맥락에서 유아의 놀이를 이해하는 것은 문화 안에서 공유된 이해를 실행(놀이)해 봄으로써 놀이를 통해 문화를 습득하게 되는 것이다.

각 문화에서 나타나는 부모의 놀이 신념에 따라 놀이를 즐거움 자체로 인식하는 경우와 교육적 수단으로 보는 견해로 구분된다. 놀이를 교육의 수단으로 보는 부모나 문화에서는 책읽기, 퍼즐 맞추기, 블록 쌓기와 같은 놀이 활동을 선호하며, 놀이를 즐거움 자체로 인식하는 경우는 신체놀이에 보다 적극적인 것으로 나타났다(Farver & Wimbarti, 1995).

사회 구조와 유아놀이와의 관련성을 살펴보면, 산업화 되지 않은 사회일수록 부모는 유아의 놀이에 적극적으로 개입하지 않는다. 기술이 발달하고 경제적으로 풍요한 문화에서는 경쟁을 필요로 하는 놀이가 발달하고, 사회적으로나 개인적으로 불확실한 상황에 있는 문화에서는 운이나 운명에 의존하는 우연게임이 성행한다(이순형 외, 2014). 유아가 살고 있는 지역도 놀이에 영향을 미치는데 대체로 도시의 유아들은 혼자놀이를, 농어촌 유아들은 연합놀이 등 사회적 놀이를 많이 한다고 보고된다(김수영, 김수임, 정정희, 2012).

최근 들어, 사회문화적으로 유아의 놀이에 영향을 미치는 것은 다양한 매체이다. 컴퓨터, TV, 전자오락기, 스마트폰 등 각종 매체 자체가 놀이의 성격을 띠기도 하지만 매체의 발달로 인하여 놀이의 주제와 내용이 변화되고 있다. 스마트폰은 시간과 장소를 가리지 않고 온라인상의 정보와 의사소통을 가능하여 하여 실제로 가장 가까이 있는 가족 간의 대화 단절과 부모와 자녀가 함께 놀이할 수 있는 기회 감소, 또래와의 놀이 기회가 줄어드는 심각한 상황으로 유아가 사회적 존재로 성숙하는 데 있어서 필요한 협동적인 태도와 서로의 의견을 조율하는 등의 과정을 경험하는 데 한계를 가져온다. 특히 영아기는 인지발달의 감각운동기로 오감각을 활용한 놀이가 필요하나 스마트폰 앱의 세상에서 시각과 청각 등 일부 감각만을 사용하는 놀이로 인하여 장시간 몸의 움직임을 제한하며 신체 및 사회·정서적 발달에도 해를 끼치고 있다. 여러 가지 매체의 발달과 산업화는 보다 쉽고 빠르게 놀잇감의 동질화를 초래하면서 자연물을 이용한 놀잇감이나 민속 놀잇감을 사라지게 하고 있다(지성애 외, 2012).

유아놀이는 시간과 공간, 또래, 가정환경 등 많은 요인에 의해 영향을 받는데 이러한 요인들은 상호 관련이 있고 사회문화에 의해 영향을 받는다. 유아의 연령과 발달 수준을 고려한 적절한 놀이 시간의 안배와 사회성과 활동성을 고려한 놀이와의 균형을 통해 균형 잡힌 발달과 성장을 할 수 있도록 부모와 교사의 지도가 필요하다.

참고문헌

강숙현, 김정아, 김희정, 윤숙희, 이은희(2016). **놀이지도(2판)**. 서울: 학지사.

고선옥, 김경신, 임경례, 한성민(2018). **놀이지도**. 경기: 정민사.

김명순, 유정은, 이민주, 조항린(2011). 혼합연령과 동일연령 학급 구성 및 놀이성에 따른 유아의 놀이 행동. **열린유아교육연구, 16**(1), 455-471.

김수영(2000). 유치원 질적 수준에 따른 교사의 행동 및 유아의 놀이 활동 차이. **한국영유아보육학, 21**. 한국영유아보육학회.

김수영, 김수임, 정정희(2012). **놀이지도(3판)**. 경기: 양서원.

김수진(1995). 놀이 상황에서의 집단 크기와 놀잇감 특성에 따른 놀이 행동 유형에 관한 연구. 이화여자대학교 교육대학원 석사학위논문.

박정연(2008). 부모의 양육태도와 유아의 놀이성과의 관계. 배재대학교 대학원 석사학위논문.

송명자(2004). **발달심리학**. 서울: 학지사.

신은수(1996). 혼합연령집단과 동일연령집단 유아의 사회인지적 능력 비교분석에 기초혼합연령집단 학급의 교수방법 모색을 위한 연구. **유아교육연구, 16**(1), 139-155.

신혜영, 최혜영(2008). 유아의 부정적 행동 및 목적 없는 행동에 미치는 교사변인의 영향. **대한가정학회지, 46**(4), 25-35.

유영의, 신은수(2005). 교사의 놀이교수 효능감과 유아의 연령에 따른 구성놀이 질의 차이. **아동학회지, 26**(6), 111-126.

유한나, 엄정애(2014). 교사의 놀이 개입에 대한 유아의 생각과 기대. **한국교원교육연구, 31**(2), 255-284.

유효순, 조정숙(2005). **놀이이론과 실제**. 서울: 한국방송통신대학교 출판부.

엄정애(2009). **영유아놀이와 교육**. 경기: 교문사.

이선경, 심성경(2016). 유아교사의 교수몰입도에 따른 유아의 놀이몰입 및 자기효능감. **육아지원연구, 11**(3), 5-28.

이숙재(2003). 유치원 실외놀이장에서의 교사 개입: 교사-유아 간 상호작용을 중심으로. **성신여자대학교 연구논문집, 38**, 215-233.

이숙재(1984). 아동의 상상놀이와 제변인과의 관계 연구. 연세대학교 대학원 박사학위 청구논문.

이순복, 김성원, 김정희, 박지영, 석은조(2013). **놀이지도**. 경기: 양서원.

이순형, 김혜라, 권기남, 김지현, 김진경, 김진욱, 서주현, 이정현, 최인화, 유주연, 안혜령, 이은중(2014). **놀이지도**. 서울: 학지사.

이지연(2004). 교사가 지각한 유아의 기질에 따른 실외놀이의 형태: 만4세 유아를 대상으로. 성신여자대학교 교육대학원 석사학위논문.

이지현(1998). 유아의 기질 및 성에 따른 놀이 행동. 성신여자대학교 대학원 석사학위논문.

이춘복, 황소영, 신희이, 정정란, 구현아, 김희제(2017). **영유아교사를 위한 놀이지도**. 서울: 창지사.

정정화(2008). 부모자녀 간의 의사소통 유형, 또래관계의 질 및 학교적응도와의 관계. 서강대학교 대학원 석사학위논문.

조부경, 장선화(1995). 유아의 장독립성-장의존성 인지양식에 따른 사회, 인지적 놀이형태에 관한 연구. **아동학회지, 16**(1), 49-64.
지성애, 정진화(2016). 3~5세 혼합연령과 단일연령 자유선택활동이 유아의 언어능력과 인지능력에 미치는 효과 비교. **열린유아교육연구, 21**(6), 264-291.
지성애, 채영란, 신금호, 박희숙, 박유영(2012). **놀이지도**. 경기: 정민사.
홍예지, 박영아, 안수빈, 이순형, 이강이(2017). 어머니의 부정적 양육태도가 영유아의 놀이성에 미치는 영향: 영유아의 스마트기기 과몰입의 매개효과 검증. **육아정책연구, 11**(2), 87-113.

Farver, J. A. M., & Wimbarti, S. (1995). Indonesian children's play with their mothers and older siblings. *Child Development, 66*, 1493-1503.
Hughes, F. P. (2009). *Children, Play, and Development.* Boston, MA: Allyn and Bacon.
Johnson, J. E. (1976). Relations of divergent thinking and intelligence test social and nonsocial make-believe play of preschool children. *Child Development, 47*, 1200-1203.
Leberberg. A. R., Chapin, S. L., Rosenblatt, V., & Vandell, D. L. (1986). Ethnic gender, and age perferences among deaf and hearing preschool peers. *Child Development. 57*(2), 375-386.
Lindsey, E. W., & Mize, J. (2001). Contextual differences in parent-child play: Implications for children's gender role development. *Sex Roles, 44*, 155-176.
Millar, S. (1977). *The Psychology of Play*. New York: Penguin Books.
O'connell, B., & Bretherton, I. (1984). Toddler's play alone and tith mother: The role of maternal guidance. In I. Bretherton (Ed.), *Symbolic Play* (pp. 337-366). Orlando, FL: Academic Press.
Samuelsson, I. P., & Johansson, E. (2008). Why do children involve teachers in their play and learning? *European Early Childhood Education Research Journal, 17*(1), 77-94.
Saracho, O. (1999). A Factor analysis of preshool children's play strategies and cognitive style. *Educational Psychology, 19*, 165-180.
Thomas, A., & Chess, S. (1977). *Temperament and development.* New York: Bruner/Mazel.
Ward, C. D. (1997). Tutored-untutored dramatic play: Similarities and differences. *Early Child Development and Care, 100*, 119-130.

놀이와 놀잇감

놀이와 필연적 조건으로 연결되어 있는 놀잇감은 유아와도 매우 밀접한 관계를 맺으며 변화 · 발전되어 왔다. 유아에게 놀이는 생활 속에서 자연스럽게 발생하는 것이고 놀이를 지속시키고 발전시키기 위해서는 놀이의 도구인 놀잇감은 중요한 역할을 한다(Wardle, 2000). 이 장에서는 유아의 놀이를 이해하기 위해 놀이도구인 놀잇감에 대해 알아보고자 한다.

1. 유아놀이와 놀잇감

1) 놀잇감의 개념과 역할

놀잇감이란 유아로 하여금 놀이에 대한 흥미를 갖게 하고, 놀이에 지속적으로 참여할 뿐만 아니라 놀이를 확장시킬 수 있도록 하는 매개체 역할을 하는 모든 물건을 말한다. 놀잇감은 사용되는 맥락에 따라 장난감, 완구로 불리기도 하고 교육적 목적을 강조하여 교구로 불리기도 한다.

유아에게 적합한 놀잇감에 대한 개념은 각 시대의 특성과 연관되어 발달해 왔다(Pellegrini, 2009). 중세시대에는 군사적 가치를 강조하여 이와 관련된 놀이와 놀잇감을 중요시하였고 근대에 들어서면서 유아들에게 자기 소유의 놀잇감이 주어졌으나, 당시 유아와 놀잇감은 유치하고 사소한 것으로 여겨졌다(김수영, 김수임, 정정희, 2012). 1700년대 후반부터 로크(Locke)의 사상에 영향을 받아 교육적 놀잇감에 대한 관심이 증가하였고, 프뢰벨(Fröbel)이 은물을 만들면서 놀이발달에서 놀잇감에 대한 가치가 부각되었다. 이처럼 놀잇감은 단순한 놀이도구의 의미를 넘어 그 시대의 가치를 반영하는 것이라 볼 수 있다.

놀잇감은 유아의 놀이를 시작하게 하고, 진행 및 확장하도록 돕는 매개체 역할을 한다. 유아는 놀잇감을 탐색하고 조작하면서 신체감각을 사용하고, 호기심을 충족하며, 즐거움을 느낀다. 놀잇감의 탐색과 조작 경험을 통해 유아는 놀잇감의 형태, 색채, 크기, 소리, 재질 등의 특징을 인식하고, 사물 간의 비슷한 점과 차이점을 알아감으로써 사물에 대한 개념, 수, 문자 등의 인지적 발달을 이루게 된다. 또한 놀잇감을 가지고 놀이하면서 자신의 감정과 흥미를 표현하면서 타인과 사회적인 상호관계를 연결시킬 수 있다(Garvey, 1977). 놀잇감은 유아의 놀이를 유발하고 촉진할 뿐 아니라 사회적인 행동과 접촉을 증가시키고 더 오랜 시간 동안 놀이를 유지하도록 돕는 역할을 한다. 또래와 놀잇감을 가지고 놀이하면서 또래 간에 동질성을 확인하고 우정을 형성해 나간다(오채선, 2005).

좋은 놀잇감은 유아의 상상력을 자극하고 놀이에 몰입하도록 격려하여 유아가 연합적 놀이를 하도록 유도한다(김수영, 김수임, 정정희, 2012). 모래, 물, 찰흙과 같이 구조화 정도가 낮은 개방적인 놀잇감은 유아가 다양한 방법으로 놀이할 수 있어 유아의 창의성 증진에 도움이 되고, 퍼즐과 같이 구조화 정도가 높은 폐쇄적인 놀잇감은 한 가지 방법으로만 놀이할 수 있어 창의적 놀이는 이루어지기 어려우나 모양의 변별력과 소근육 발달에 도움을 준다. 이처럼 유아의 놀이에서 사용되는 놀잇감의 종류에 따라 유아의 놀이 유형과 사고 기술에 영향을 미치며, 다양한 방법으로 사용할 수 있는 개방적인 놀잇감은 유아의 확산적 사고 촉진과 놀이 확장을 지원한다(Llyold & Howe, 2003).

2) 놀잇감의 선정기준

놀잇감은 놀이의 자원이 되기 때문에 또래와의 상호작용에서 자극제가 되어 역동적인 학습을 할 수 있도록 놀이를 자극하고 확장해 주는 도구와 수단이다.

유아의 발달과 성장에 긍정적인 영향을 미치는 놀잇감은 간단한 규칙이 있고, 참여하고 싶은 유아가 모두 참여할 수 있으며, 유아 스스로 사물이나 상황을 파악할 수 있고, 이기고 지는 것을 강조하지 않는 것이다. 지나친 경쟁심보다 함께하는 것에 초점을 둘 때 타인의 입장에서 생각하게 되고, 서로를 소중하게 느끼는 경험을 한다. 이러한 과정을 통해 유아는 참여의 즐거움과 사회・정서・신체・언어・인지 발달이 이루어진다(박찬옥, 정남미, 곽현주, 2016).

유아 놀잇감 제공시 고려해야 할 유아발달단계의 적합성, 놀잇감의 구조성, 놀잇감의 안전성에 대해 살펴보기로 한다.

(1) 발달단계의 적합성

놀잇감은 유아의 놀이 형태와 수준에 영향을 주기 때문에 유아의 성장 발달 욕구를 채워 주고 촉진시킬 수 있는 놀잇감을 제공해야 한다.

유아는 마음대로 할 수 있는 것, 재미있는 것, 신체적으로 힘들지 않고 인지적 노력이 많이 요구되지 않는 것, 능동적으로 참여하는 것, 교사의 지시와 간섭이 없는 것을 놀이로 인식한다(양옥승, 이정한, 나은숙, 2002). 이처럼 발달에 적합한 놀잇감으로 놀이를 하면 유아는 타인의 입장에서 생각하게 되고 서로를 소중하게 느끼는 경험을 하고, 이와 반대로 적합하지 않은 놀잇감은 부담스럽고 무거운 과제가 되어 놀잇감을 회피하거나 놀이를 지루하고 부담스러워 하게 된다.

〈표 5-1〉은 유아의 연령에 따른 놀잇감의 예이다.

〈표 5-1〉 유아의 연령에 따른 놀잇감

연령	놀잇감의 예			
0~1세				
	딸랑이	고리끼우기	나비밀대	오볼
2세				
	모양끼우기	컵쌓기	손인형	흔들말
3세				
	우레탄블록	구슬꿰기	퍼즐	소리상자
4세	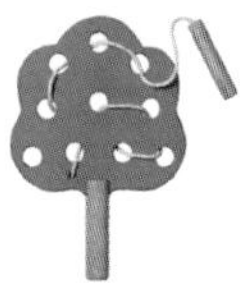			
	바느질 놀이	역할놀이 용품	도미노 게임	리듬악기
5세				
	색관찰판	수세기 놀이	유니트블록	측정교구(저울)

출처: www.boyuksa.co.kr. 2018년 5월 25일 발췌.

유아 놀잇감 선정을 주로 하는 교사와 부모는 유아놀이발달에 대해 이해하고 발달단계에 적합한 놀잇감을 선정 · 제공하여야 한다.

(2) 놀잇감의 구조성

놀잇감의 구조성(structure)은 유아의 놀이 유형에 영향을 미친다. 놀잇감의 구조성이란 놀잇감이 실제 사물과 유사한 정도와 사용하는 방법이 구체적으로 정해져 있는 정도를 말한다(신은수 외, 2011). 다시 말해, 실제 사물의 외형 및 물리적 특성과 비슷하게 만들어지고 사용방법이 획일적인 놀잇감은 구조성이 높은 놀잇감이라 할 수 있다. 예를 들어, 퍼즐(조각이 맞는 자리가 정해져 있음)이나 병원놀이 세트(병원놀이 세트의 주사기, 청진기 등은 역할과 기능이 정해져 있음)는 놀잇감의 구조성이 높고, 블록, 점토(다양하게 변형하고 재구성할 수 있음)는 구조성이 낮은 놀잇감이다. 구조성이 높은 놀잇감은 놀이의 주제가 이미 제시되어 있어 놀잇감과 관련된 놀이만 할 수 있다.

일반적으로 어린 유아들은 구조성이 높은 놀잇감을 가지고 역동적인 역할놀이를 한다. 이는 표상기술이 부족하기 때문에 역할놀이 주제에 맞는 구조성이 높은 놀잇감이 있을 때 효과적인 역할을 할 수 있기 때문이다. 그러나 유아가 성숙함에 따라 실제 사물과 똑같지 않더라고 놀이 상황에서 필요하다면 구조성이 낮은 놀잇감을 원하는 사물로 대체하여 놀이를 할 수 있게 된다(Chaille & Bagley, 2000). 2세 전후의 영아들은 빨간색 소방차, 흰색 구급차와 같이 구조성이 높은 놀잇감으로 상징놀이를 하지만 연령이 증가함에 따라 빈 과자상자나 바퀴 달린 놀잇감으로 구급차, 택배 화물차 등으로 가작화가 가능하게 된다.

유아의 창의성, 사회적 행동, 언어능력, 조망수용능력에 미치는 효과에 대한 연구(지성애, 2013)에 따르면, 구조성이 낮은 놀잇감(블록, 점토, 모래, 물)은 생활 속에서 익숙하게 접하는 자료로서 유아의 의도에 따라 놀잇감이 즉각적으로 반응하고

[그림 5-1] 놀잇감의 구조성

유아가 생각한 것을 주도적으로 놀이에 반영할 수 있다. 이러한 놀잇감은 계속해서 반복적으로 사용하더라도 다양하게 놀이할 수 있으므로 유아들의 생각을 조합하고 조직화하여 표현하는 창의력이 증진된다.

유아의 사회적 행동과 관련하여 구조성이 낮은 놀잇감은 구조성이 높은 놀잇감에 비해 사회적 조절과 협동기술이 증진됨으로써 유아의 사회적 행동 증진에 도움이 된다. 놀이 수행 시 또래와 같은 목표를 설정하고 집단소속감을 가지고 맡은 역할을 수행하면서 놀이목표에 도달하기 위해 협동하는 행동들이 모래, 점토, 물과 같은 구조성이 낮은 놀이에서 많이 관찰되었다. 구조성이 낮은 놀잇감을 가지고 놀이할 때 유아들은 보다 긍정적이고 성숙된 사회적 행동과 문제해결 행동을 보인다(지성애, 2005).

유아의 언어능력과 관련하여 구조성이 높은 놀잇감(우체국 · 음식점 · 병원 · 소방서 · 가게 놀이)이 유아의 언어능력 증진에 효과적이었다. 구조성이 낮은 놀잇감은 주로 구성놀이가 많이 나타났지만, 구조성이 높은 놀잇감은 극놀이를 많이 하며 언어를 연습하는 경험이 유아의 언어발달에 긍정적인 효과를 미치게 된다.

유아의 조망수용능력과 관련하여 구조성이 높은 놀잇감이 유아의 타인 의도 조망수용과 타인 감정 조망수용능력 증진에 영향을 미친다. 이는 유아가 병원놀이 시 의사역할을 수행할 때 의사에 대한 유아 자신의 경험을 놀이에 반영하고 의사의 입장에서 조망하면서 현실세계의 자신에서 벗어나 구조성이 높은 놀잇감을 가지고 가상전환을 통한 역할수행이 유아의 조망수용능력에 영향을 미친 것이다. 연구의 결과는 구조성이 낮은 놀잇감은 유아의 창의성과 사회적 행동 함양에 효과가 있고, 구조성이 높은 놀잇감은 유아의 언어능력과 조망수용능력 증진에 효과가 있음을 보여 준다. 따라서 놀잇감의 구조성에 따른 균형 있는 유아놀이 환경 구성이 필요하다.

(3) 놀잇감의 안전성

놀잇감의 안전성은 가장 기본적인 조건이며 놀잇감 선정 시 놀잇감의 크기, 재질, 견고성에 대한 확인이 반드시 필요하다. 한국소비자원의 어린이 완구 안전실태조사(2015)에 따르면, 어린이 놀잇감 관련 위해 사례는 연간 500여 건씩 꾸준히 접수되고 있으며 위해의 원인은 놀잇감 삼킴/흡입(33%), 놀잇감에 부딪히거나 맞아서 발생하는 충돌/충격(26%), 놀잇감의 날카로운 부분에 베이거나 찔려서 발생하는 베임/찔림(17%)의 순으로 나타났다. 위해 놀잇감의 종류는 타고 놀이하는 승용놀잇감(32.8%), 블록류(14.1%), 작동 놀잇감(11.9%) 순서로 나타났으며, 미끄러지거나 추락, 부딪히거나 맞기, 블록, 구슬 등 작은 부품을 삼키는 경우가 많았다. 이와 같이 놀잇감으로 인한 사고의 원인은 놀잇감 자체의 위험보다 놀잇감의 사용방법에 있는 것이다.

따라서 유아 놀잇감은 독성이 없고 방염 처리가 되어 있는 재질이어야 하고, 끼임, 얽힘, 질식, 날카로운 부분이나 모서리 등이 안전하고, 작동 완구의 경우에는 움직이는 부분, 소음에 의한 사고를 예방할 수 있어야 한다. 다음은 놀잇감의 안전성과 관련하여 놀잇감 제공 시 교사와 부모의 고려해야 할 사항이다(채혜선 외 2014).

- 품질 인증 마크를 받은 놀잇감을 선택한다.
- 놀잇감을 정기적으로 안전 점검하여 파손된 놀잇감을 보완한다.
- 위험한 놀잇감을 제공하지 않는다. 칼, 총, 뾰족한 것, 틈이 있는 것, 독성이 있는 것, 작은 부품이 있는 것, 리본이나 끈이 있는 장난감, 갇힐 우려가 있는 장난감 등은 선택 시 안전에 주의한다.
- 미술도구는 안전성이 검증된 것으로 제시한다.
- 유리제품(교구 포함)은 비상 방지용 필름이나 테이프를 붙여 둔다.
- 입에 들어갈 만한 작은 크기의 구슬, 봉제완구의 눈이나 코가 단추나 유리로 장식되어 있는 놀잇감은 제공하지 않는다(직경 3.5cm 이상 제공).
- 바퀴 달린 큰 놀잇감은 바닥이 미끄럽지 않은 실외에 두거나 매트가 깔려 있는 넓은 공간(유희실 등)에 두어 미끄러짐 사고를 방지한다.

유아에게 놀이는 일이며, 그 일을 제대로 수행하기 위해서는 놀잇감이라는 도구가 적절해야 한다. 유아 놀잇감은 발달 수준에 적합하고 유아의 관심을 끌기 위해 흥미로워야 한다. 유아의 성장발달에 도움이 되는 바람직한 놀잇감은 유아의 발달 특성에 따른 능력과 흥미를 고려한 것으로 유아에게 즐거움을 주고 유아의 성장을 촉진시키는 기능을 하여야 한다. 따라서 교사는 유아의 놀이를 확장시킬 수 있는 놀잇감을 제공해야 하며, 쿠켄달(Kuykendall)은 〈표 5-2〉와 같이 유아를 위한 놀잇감 선정 시 다음과 같은 질문을 활용할 것을 제안했다.

〈표 5-2〉 놀잇감 선정방법

1. 이 놀잇감이 발달상으로 적절한가?
   놀잇감은 영유아의 나이, 흥미, 능력에 적절할 필요가 있다.
2. 이 놀잇감은 많은 다른 방법과 다른 연령대의 아동들에게 사용할 수 있는가?
   만약 그렇다면 그것은 지속적인 가치를 가지고 있을 것이다.
3. 이 놀잇감이 어린 유아의 활발한 놀이를 견딜 수 있는가? 아니면 몇 번 사용 후에 깨질 수 있는 놀잇감인가?
   좀 더 내구성이 있는 놀잇감을 위한 투자에 돈을 아끼는 것은 문제가 생길 수 있다.
4. 이 놀잇감은 유아의 상상력을 자극하는가?
   간단히 디자인된 놀잇감은 다양한 방법으로 창조적인 활용을 가능하게 한다.
5. 이 놀잇감은 안전한가?
   놀잇감의 사용을 위해 안정성 메시지와 포장재를 점검해야 한다.
   날카로운 물건이나 삼킬 수 있는 작은 조각을 살펴야 한다.
6. 이 놀잇감은 조립하고 분해하고 쌓거나 연결하는 것을 허용하는가?
   이런 과정에서 유아는 자신의 세계가 어떻게 함께하는지를 배우고 창조를 시도할 기회를 갖게 된다.
7. 이 놀잇감은 협동적 상호작용을 장려하는가?
   전쟁용 놀잇감(놀잇감 총, 검)과 다양한 캐릭터(TV만화)는 협동놀이를 억제한다. 이런 종류의 놀잇감은 부적절한 힘 싸움과 폭력을 용이하게 하므로 피해야 한다.

출처: Kuykendall, J. (2007).

2. 유아 놀잇감의 유형[1]

1) 조작 놀잇감

조작 놀잇감은 유아가 다양한 놀잇감을 조작 · 구성해 보면서 읽기, 수, 과학, 사회 등에 관련된 기술과 개념을 습득할 수 있도록 하는 놀잇감이다. 조작 놀잇감을 통해 유아는 부분과 전체, 실생활 기술, 일대일 대응, 서열하기 등의 기술과 개념을 습득한다(지성애 외, 2012).

(1) 퍼즐

퍼즐은 눈과 손의 협응, 모양과 크기 맞추기, 일대일 대응을 발달시키며 부분과 전체의 관계 개념을 이해하도록 한다. 어린 연령의 유아에게는 손잡이가 달린 4~6조각으로 나뉜 그림이 단순한 퍼즐이 적절하며, 연령이 증가하면서 4세는 10~20개, 5세는 15~30개 이상으로 조각의 수가 많고 조각 그림이 있는 퍼즐을 제공한다.

(2) 서열화 놀잇감

크기에 따라 순서를 짓거나 색을 기준으로 배열하고, 포개어 보는 놀잇감이다. 유아에게 서열화에 대한 개념을 형성하고 눈과 손의 협응력을 발달시킨다.

1 유아 놀잇감의 유형에 제시된 사진 자료는 www.boyuksa.co.kr에서 2018년 5월 25일 발췌함.

(3) 끼우기 놀잇감

줄을 이용해 구멍이 뚫린 구슬, 나무, 플라스틱, 금속 조각을 끼워보고, 조각의 크기에 따라 순서대로 맞추어 끼우며, 모양에 조각을 끼워 넣는 놀잇감이다. 구슬의 크기는 3cm 정도이며, 양끝이 빳빳한 30cm 정도의 줄이 적합하다. 끼우기 놀잇감은 유아의 눈과 손의 협응력, 연속성, 일대일 대응 능력을 향상시킨다.

(4) 나무못 판(페그보드) 세트

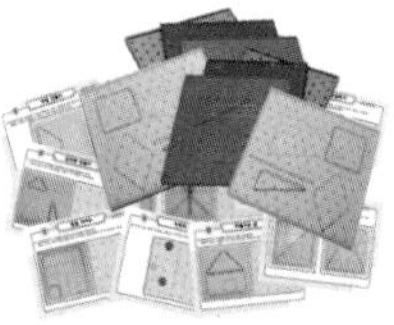

유아가 생각한 형태를 구성하거나 카드에 그려진 패턴을 만들기 위해 페그보드판 구멍에 못을 끼우는 놀잇감이다. 페그보드는 모양에 대한 인식과 눈과 손의 협응력을 향상시킨다.

(5) 분류하기와 짝짓기 놀잇감

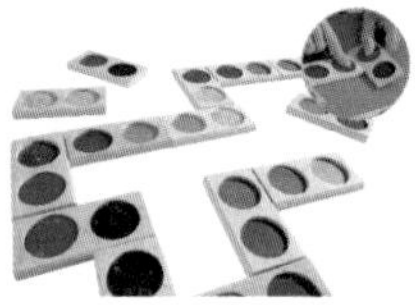

색깔, 모양, 크기 등의 특정 기준에 따라 여러 가지 조각을 분류하거나 짝을 맞추는 놀잇감으로, 유아의 비교 · 분류 개념을 길러 준다.

(6) 열쇠 상자

여러 개의 문이 있고 문에 맞는 열쇠를 찾아 끼워 돌리는 놀잇감이다. 열쇠와 자물쇠를 달아 조작해 봄으로써 유아의 소근육, 눈과 손의 협응력을 기를 수 있다.

(7) 일상생활 훈련 놀잇감

유아가 혼자 옷과 신발을 입고 벗을 수 있도록 훈련시키기 위한 놀잇감으로 단추 끼우기, 신발 끈 묶고 매기, 지퍼 열고 닫기 등을 연습할 수 있다.

2) 실물 놀잇감

실물 놀잇감은 놀이 활동에 사용되는 실제 사물로, 자료를 사용하여 다양한 감각 및 구성, 상상놀이를 할 수 있도록 하는 놀잇감이다. 실물 놀잇감은 다양하게 변화될 뿐만 아니라 실제 생활에서 사용하는 것으로 영유아의 가상놀이, 사회적 상호작용, 문제해결능력, 표상능력을 촉진시킬 수 있다.

(1) 모래, 물, 진흙

모래, 물, 진흙은 뚜렷한 형태가 없고 용기에 따라 형태가 달라진다. 이러한 놀잇감은 다양한 소품, 소꿉 놀잇감, 정원 도구 등을 제공하면 놀이가 다양하게 확장되는 융통성이 큰 놀잇감이다. 실내외 모두 제공이 가능하고, 진흙은 변화시키거나 구형 뜨기가 쉽고 유동적이며 잘 건조되는 장점이 있다.

(2) 점토, 밀가루 반죽, 고무찰흙

점토, 밀가루 반죽, 고무찰흙은 유아가 굴리고, 뜯어내고, 두드리고, 섞으면서 다양한 모양을 만들 수 있다. 아이스크림 막대, 사탕 막대, 모양 틀, 절단기, 점토 찍기 틀과 밀대, 주걱 등과 같은 도구들과 함께 제공한다. 물 · 모래 놀이의 대체물로 사용된다.

(3) 음식물

음식 재료들은 다양한 상태(날 것, 익힌 것, 얼린 것, 끓인 것 등)로 제공할 수 있으며, 유아는 오감을 이용하여 음식물의 다양한 특성을 경험할 수 있다. 또한 요리 활동을 통해 팝콘, 과자, 계란프라이 등 음식물을 만들어 볼 수 있다.

(4) 일상생활 관련 소품

유아가 사용하는 물건과 부모의 옷이나 신발, 화장품 등 성인의 실제 물건을 활용하여 놀이하는 것으로, 실제 물건의 용도로 놀이하기도 하고 원래 용도에서 벗어나 다양한 가상적인 상황과 용도를 설정하여 극놀이를 진행할 수도 있다. 일상생활 관련 물건은 가방, 신발, 모자, 천, 전화기 등이 포함된다.

3) 구성 놀잇감

구성 놀잇감은 사용방법과 구성방법이 정해져 있지 않아 유아가 다양하게 구성하고 부수고 다시 만들어 볼 수 있는 놀잇감이다.

(1) 블록

블록은 다양한 종류, 모양, 크기와 색깔로 되어 있고, 소형 구성 블록과 대형 공간 블록으로 나눌 수 있다. 소형 구성 블록은 조각이 작고 규격화되어 유아에게 제공되거나 나무로 제작된 단위블록(unit blocks)이 있다. 크기가 작은 블록은 한손에 하나씩 들고 조작할 수 있게 되어 있고, 크기가 큰 블록에 비해 정교한 표현이 가능하다. 크기가 큰 대형 공간 블록은 유아가 두 손으로 옮겨야 하며, 유아의 신체가 들어갈 만큼 큰 공간까지 만들 수 있을 정도로 다양한 구성놀이가 가능하다. 부피가 크지만 대체로 속이 비어 있으며, 플라스틱이나 하드보드지로 제작되어 있다.

(2) 구성 세트

구성 세트는 많은 조각으로 되어 있고 다양한 방법으로 구성이 가능한 세트이다. 융통성과 가변성이 뛰어나 다양한 연령의 유아에게 유용한 놀잇감이다.

소형 구성 블록

대형 공간 블록

구성 세트

4) 모형 놀잇감

모형 놀잇감은 주변 환경에서 볼 수 있는 사물들을 축소·복사한 것들로 자동차, 동물 등 실제 생물체나 사물을 복사한 것과 우주선, 영웅, 도깨비와 같이 공상적 물체를 복사하여 모형으로 만든 것이다. 실제 크기보다 작게 제작되어 유아가 쉽게 조작할 수 있다(지성애 외, 2012). 유아들은 모형 놀잇감을 주로 극놀이에 사용하며, 극놀이를 확장하면서 블록, 모래와 같은 다른 놀잇감과 동시에 사용하기도 한다(이순형 외, 2014).

역할놀이 놀잇감

음식 모형

동물 모형

5) 대근육 놀잇감

대근육 놀잇감은 대근육을 이용한 놀이를 촉진하는 놀잇감으로 바퀴 달린 놀잇감(소형 자동차, 세발자전거, 끌차 등), 미끄러지며 내리는 놀잇감(미끄럼틀, 사다리, 정글짐 등), 뛰어오르는 놀잇감(농구대, 트램펄린 등)이다. 대근육 놀잇감은 공간이 많이 필요하고 소음이 큰 것이 많아서 주로 실외에서 사용되는 경우가 많지만(신은수 외,

2011) 영아들을 위해서는 실내용 대근육 놀잇감을 제공하여 활용할 수 있도록 하는 것이 바람직하다. 대근육 놀잇감을 활용한 놀이는 신체운동과 조절을 도와주며 유아들의 사회적 놀이와 구성놀이를 촉진하기도 한다(김수영, 김수임, 정정희, 2012).

세발자전거

악어 사다리

실내용 대근육 놀잇감

6) 게임 놀잇감

게임 놀잇감은 유아가 차례 지키기, 간단한 규칙을 기억하고 따를 수 있을 정도로 인지발달이 이루어졌을 때 활용할 수 있다. 3~5세가 되면 집중시간이 길어지고 대응시키는 놀이인 빙고게임과 단순한 카드게임이 적절하고, 5세경은 기억게임과 같은 카드게임, 수세기 도미노 등 판게임을 할 수 있다. 윷놀이, 젠가, 주사위 게임 등 보드게임은 여러 명이 함께하는 게임으로 유아의 사회성, 자율성, 문제해결능력을 기를 수 있다.

7) 전자 놀잇감

미디어와 정보기술의 발달로 유아들은 건전지로 작동되는 놀잇감과 컴퓨터 게임, 스마트기기 등 다양한 전자매체 놀잇감을 주변에서 쉽게 접하고 있다. 실제로 7세 미만의 유아 90.3%가 스마트폰을 사용하고, 21.9%의 유아가 태블릿 PC를 사용한 경험이 있다는 보고(김영아, 2014)와 스마트기기를 사용하는 4~6세 유아가 95%임에 반해 사용하지 않는 유아는 5%에 불과하다는 연구(황태경, 2013)는 우리나라의 많은 유아에게 스마트기기는 이미 친숙한 매체가 되었음을 보여 준다.

스마트기기는 유아가 인터넷 접속을 통해 공감각을 활용하고 음성과 영상, 문자 등 다양한 언어로 의사소통 활동을 하며 앱에 기반한 언어활동으로 창의력을 증진 시킬 수 있고(홍수민, 2011), 유아의 과학적 사고와 문제해결력을 키워 준다는 연구 결과도 있다(김우진, 2013).

그러나 스마트기기에 몰입하는 경향이 높은 유아는 그렇지 않은 유아에 비해 신체 움직임이 조화롭지 못하거나 정적인 모습만을 주로 보였으며, 유아의 놀이성 전체(신체적 · 사회적 · 인지적 · 자발성 · 즐거움의 표현, 유머 감각)에 부정적인 영향을 나타냈다(김윤나, 박희숙, 2016). 스마트기기 몰입은 유아의 공격성, 불안과 우울, 위축 성향을 증가시키며, 부족한 의사소통, 짧은 놀이 집중력 및 산만함, 현실에 대한 인지력 부족, 신체 움직임의 저조로 나타나는 과체중의 문제를 야기한다. 그러므로 발달적 측면에서 어떤 시기보다 중요한 유아기 전자 놀잇감 활용방법에 주의를 기울이고 과잉 노출되지 않도록 중재가 필요하다.

이상에서 살펴본 바와 같이 놀잇감은 유아놀이를 확장시키고 다양한 경험을 가능하게 해 준다는 중요한 역할을 한다. 앞에 제시한 놀잇감의 유형은 놀잇감의 종류를 쉽게 이해하기 위한 범주이며, 실제 놀이 상황에서는 다양하게 나타날 수 있다. 유아교육기관의 교사는 유아기 놀이의 중요성과 특성을 이해하고 유아의 발달 수준, 놀잇감의 유형별 특성을 고려하여 바람직한 놀잇감을 제공해야 할 것이다.

혹시 우리 아이도 팝콘브레인!?

Q 일곱 살, 네 살 두 아이를 키우는 엄마입니다. 아이들에게 스마트폰이나 텔레비전을 허용하는 편입니다. 스마트기기를 사용하면 아이들이 언어 습득을 빨리 하는 측면이 있다는 이야기를 들은 적이 있습니다. 그런데 책을 잘 읽게 되지 않을까 걱정이 되기도 합니다. 어떻게 하면 좋을까요?

A 스마트기기를 이용한 조기교육이 유행하면서 많은 아이들이 팝콘브레인(popcorn brain)이 되고 있다. 시사상식사전(박문각)에는 팝콘브레인을 다음과 같이 설명하고 있다.

"즉각적인 반응이 나타나는 첨단 디지털기기에 몰두하게 되면서 현실 적응에는 둔감한 반응을 보이도록 변형된 뇌 구조를 일컫는다. 2011년 6월 23일 미국 CNN 방송 보도에 따르면 전자기기의 멀티태스킹에 익숙해지면 현실세계에 적응하지 못하는 방향으로 실제 뇌의 구조가 바뀐다고 보도하면서 이 용어가 주목됐다. 최근 온라인 저널『PLoS One』에 실린 연구결과에 따르면, 매일 10시간 인터넷을 사용하는 사람과 2시간만 사용하는 사람은 뇌의 구조에서 차이가 난 것으로 조사 됐다."

유아들이 스마트기기를 통해 한글을 배울 때를 예로 들어 보자.

스마트기기 속에서 개구리가 움직이면서 '개굴개굴' 소리를 낸다. 시각 이미지와 청각 이미지가 강렬하게 각인되면서 동시에 '개구리'라는 글자도 이미지 형태로 익히게 된다. 5세 이전에는 '개'라는 글자가 'ㄱ' 더하기 'ㅐ'라는 문자의 기호체계로 인식되는 것이 아니라 개구리의 모양처럼 '개'라는 그림으로 각인된다.

부모는 스마트기기를 몰입해서 가지고 놀았는데 한글을 줄줄 읽기 때문에 신기해 하고 스마트기기가 조기교육에 좋은 도구라는 착각을 갖게 된다. 그러나 문제는 그다음에 일어난다. 엄마가 글을 읽는 아이에게 스마트기기가 아니라 종이책을 읽어 보라고 했을 때 아이들이 실제로 책을 읽는 데 관심을 보이지 않는다.

아이는 엄마가 준 종이책을 넘겨본다. 책 속에 그려져 있는 개구리를 발견하고 늘 스마트기기에서 하던 습관을 따라 손가락으로 개구리를 눌러본다. 그런데 종이책 속의 개구리는 스마트기기 속의 개구리처럼 '개굴개굴' 소리도 내지 않고 '펄쩍펄쩍' 뛰지도 않는다. 아이 입장에서는 뇌 속에 각인된 개구리와 그림책의 개구리는 같은 것이 아니다. 몇 번 손가락으로 눌러보다가 여전히 반응을 보이지 않는 개구리에 싫증을 느낀다.

"엄마! 이 개구리는 안 뛰잖아요! 재미 없어요." 하면서 종이책을 집어던지고 스마트기기를 내놓으라고 조르기 시작한다. 아이의 뇌는 이미 팝콘처럼 팡팡 튀면서 소리도 나고 그림도 움직여야 흥미를 보이는 방식으로 변하고 있는 것이다. 이것이 팝콘 브레인이다.

어린이집에서 아이들이 그림책을 보면서 스마트기기를 만지듯이 손가락을 옆으로 밀거나 손가락을 모아서 이미지를 키우는 동작을 하는 모습을 종종 볼 수 있다. 그러나 종이책은 스마트기기처럼 아이들의 손동작에 반응하지 않는다. 당연히 아이들은 종이책이 시시해지고, 흥미를 잃게 된다.

팝콘브레인의 부작용이 적지 않다. 요즘 유치원이나 어린이집에서는 아침부터 멍하게 앉아 있는 아이들이 있다고 한다. 그들이 멍청한 상태로 있는 것은 그들의 뇌가 팝콘브레인 되었기 때문이다. 팡팡 튀는 자극이 오면 반응하기 위해 대기모드 상태로 있다. 그런데 선생님은 아침부터 튀지 않는다. 아이는 자극이 없는 교실에서 인내심을 가지고 기다리다가 급기야는 선생님이 튀도록 도와주기 시작한다.

단지 관심을 끌기 위해 이유 없이 소리를 지르기도 한다. 그러면 선생님으로부터 반응이 직접적으로 나온다. 옆자리의 아이에게도 시비를 걸어 본다. 괜히 주먹을 뻗으면 상대방도 주먹으로 응수한다. 아이는 지금 주변 환경을 팝콘으로 만드는 것이다. 팡팡 튀는 자극에 반응하도록 뇌의 시냅스가 만들어졌는데 자극이 없어 스스로 자극을 창출하고 있는 중이다. …… (중략) ……

영유아발달과 영상미디어와의 관계를 연구한 대부분 논문들의 결론을 요약하면 다음과 같다.

"각종 교육용 비디오를 포함하여 장시간 영상미디어에 반복적으로 노출된 아동들에게서 자폐 성향, 언어발달 지연, 조절장애, 공격적 행동 등 후천성 ADHD 증상이 나타나고 있다."

핵심은 이것이다. 우리 자녀가 10세가 될 때까지는 교육용비디오는 없다. 비디오 자체는 교육적이라 할지라도 그것을 영상으로 받아들이는 아이의 뇌는 지각시스템을 충분히 사용할 수 있는 시냅스가 발달되지 않은 상태이기 때문에 비디오를 통해 전달하려는 지식들이 습득되기보다는 오히려 강력한 시청각 자극이 '각인'되어 팝콘브레인이라는 부작용이 생긴다.

갓난아기는 위장이 튼튼하게 발달되지 않은 상태라서 젖이나 이유식을 먹어야 한다. 딱딱한 고기는 아이의 생명에 위협이 될 뿐이다. 같은 이치로 스마트기기를 통한 학습은 사고하는 뇌가 충분히 발달되지 않은 영유아기에 교육적인 효과보다는 팝콘브레인 같은 비디오증후군을 나타낼 가능성이 높다는 것이 전문가들의 지적이다.

아이들의 뇌는 시청각의 강렬하고 많은 자극이 동시에 들어오는 것을 수용할 만큼 견고하지 않다. 시냅스의 가소성에 따라 많은 자극에 노출된 만큼 아이들의 뇌는 많은 자극에 반응하는 뇌로 변질되어 조용하고 편안한 시간을 견뎌 낼 수 없게 한다. 스마트기기가 조기교육에 도움이 된다는 신화를 내려놓자.

출처: 베이비뉴스 www.ibabynews.com, 2018년 5월 27일 발췌.

참고문헌

김수영, 김수임, 정정희(2012). **놀이지도(3판)**. 경기: 양서원.

김영아(2014). 영유아의 디지털기기 사용경험 및 부모와 교사의 견해. **어린이미디어연구, 13(1)**, 95-115.

김우진(2013). 태블릿 PC를 활용한 과학 활동이 유아의 과학적 문제해결력 및 과학관련 태도에 미치는 영향. 전남대학교 대학원 석사학위논문.

김윤나, 박희숙(2016). 유아의 스마트기기 몰입경향성과 놀이성 간의 관계에 대한 연구. **유아교육학논집, 20(4)**, 337-353.

박찬옥, 정남미, 곽현주(2016). **놀이지도**. 경기: 양성원.

신은수, 김은정, 유영의, 박현경, 백경순(2011). **놀이와 유아교육**. 서울: 학지사.

양옥승, 이정한, 나은숙(2002). 유아의 관점에서 본 자유놀이. **열린유아교육연구**, 7(1), 143-165.

오채선(2005). 또래 문화에서 유아들이 사용하는 놀잇감의 의미. **한국교육논단, 4(1)**, 55-78.

이순형, 김혜라, 권기남, 김지현, 김진경, 김진욱, 서주현, 이정현, 최인화, 유주연, 안혜령, 이은중(2014). **놀이지도**. 서울: 학지사.

지성애(2013). 놀잇감의 구조성이 유아의 창의성, 사회적행동, 언어능력, 조망수용능력에 미치는 효과비교, **유아교육학논집, 17(6)**, 5-30.

지성애, 채영란, 신금호, 박희숙, 박유영(2012). **놀이지도**. 경기: 정민사.

지성애(2005). 놀잇감 구조성에 따른 유아의 놀이 행동 비교. **한국영유아보육학, 43**, 93-114.

채혜선, 임미혜, 김종배, 이순자, 안경일(2014). **아동안전관리**. 경기: 양성원.

한국소비자원 소비자안전국(2015). 어린이 완구 안전실태조사.

홍수민(2011). 자기주도학습지원용 유아 멀티미디어북 스마트폰 앱의 설계 및 구현. 이화여자대학교 교육대학원 석사학위논문.

황태경(2013). 유아의 스마트기기 사용실태와 몰입경향성, 자기조절력, 친사회적 행동 간의 관계. 신라대학교 교육대학원 석사학위논문.

Chaille, C., & Bagley, D. M., (2000). *Transforming play: Kindergarten children's play with and conceptions of transforming toy*. Paper presented to the Society for Research in Child Development Baltimore, MD.

Garvey, C. (1977). *Play*. Cambridge, MA: Harvard University Press.

Kuykendall, J. (2007). *Early childhood development series: Selecting toy for children*.

Washington, DC: University of Alaska Fairbanks.

Llyold, B., & Howe, N. (2003). Solitary play and convergent and divergent thinking skill in preschool children. *Early Childhood Research Quartely, 18*(1), 22-41.

Pellegrini, A. D. (2009). *The role of play in human development.* NY: Oxford University. Press.

Wardle, F. (2000). Supporting constructive play in the wild. *Child Care Information Exchange, 128*(July/August), 26-28.

www.boyuksa.co.kr. 2018년 5월 25일 발췌.

베이비 뉴스. www.ibabynews.com, 2018년 5월 27일 발췌.

실내 자유놀이 운영

유아는 놀이를 통해 자신의 몸을 키우며, 놀이를 통해 세상을 배우고 관계를 형성한다. 유아교육기관에서는 유아가 지식을 추구하고, 신체발달을 이루며, 원만하고 긍정적인 사회성과 정서적 발달을 도모하기 위한 유아교육의 목표를 이루기 위해 다양한 놀이 환경을 구성한다. 놀이 환경은 유아의 발달과 놀이 행동에 직접적인 영향을 미치며, 질적으로 우수한 환경에서 유아들은 보다 잘 집중하고 적극적이며 지속적으로 놀이에 참여하게 된다. 놀이가 일어나는 공간, 제시되는 자료, 공간 구성 및 배치는 유아의 놀이에 영향을 미치며 유아에게 적합하게 구성된 실내놀이 환경은 유아의 신체 · 언어 · 사회성 · 감각 발달을 촉진시킨다. 이 장에서는 유아놀이에 적합한 실내 자유놀이 운영에 대해 알아보고자 한다.

1. 실내놀이 환경

1) 실내놀이 환경구성 원리

유아교육기관의 실내 공간은 교실, 유희실, 교사실, 자료실, 원장실, 화장실 등으로 이루어진다. 실내 공간에서는 구성놀이를 위한 놀잇감들이 제공되어 구성놀이 활동이 많이 일어난다. 유아의 하루 일과 중 대부분의 시간을 보내는 교실(보육실)은 유아의 개별놀이, 집단놀이가 이루어지는 공간으로 자유로운 놀이가 일어날 수 있도록 충분한 공간 확보가 이루어져야 한다.

유치원은 유아 1인당 최소 공간 면적은 2.13m^2(0.64평)가 되어야 하고(「고등학교 이하 각급 학교 설립 · 운영 규정」 제3조), 방과후 과정일 경우에는 3.2m^2(약 1평)가 되어야 한다. 어린이집 보육실은 거실, 포복실 및 유희실을 포함하여 2.64m^2(약 0.8평) 이상이어야 한다(「영유아보육법 시행규칙」 제9조). 따라서 유아 20명일 경우 교실의 최소 면적은 20평 이상이어야 한다.

유아는 넓은 단일 공간보다 다양한 영역으로 나누어진 공간에서 놀이할 때 놀이의 질이 높아진다(Field, 1980). 유아의 인원수, 연령, 교육 목적을 고려한 적절한 놀이 환경에서 유아의 탐색적 활동, 사회적 상호작용, 협동이 많이 나타나고 교사의 개입도 긍정적인 효과가 있다(Moore, 1986). 교실을 놀이 영역으로 구분할 때 놀이 영역의 경계가 뚜렷해지기 때문에 다른 친구들의 방해를 받지 않고 독립된 공간과 놀잇감으로 안정된 놀이를 진행할 수 있고, 역할놀이와 구성놀이가 활발하게 진행되고, 자율적인 선택 놀이로 유아의 자율성 및 의사결정능력에 도움을 준다(김수영, 김수임, 정정희, 2012).

유아기 실내놀이 환경 구성을 위해서는 다음과 같은 조건이 고려되어야 한다(신은수 외, 2011; Prescott, 1984).

- **개방성과 폐쇄성의 조화가 있는 환경**: 놀이방법이 다양한 개방적 놀이와 퍼즐 맞추기와 같은 폐쇄적 놀이 등 모든 놀이가 가능한 놀이 환경이어야 한다. 공간

구성 또한 영역별로 분리된 공간과 대그룹 활동을 위한 개방된 공간 구성이 필요하다.

- **단순성과 복합성의 수준이 다양한 환경:** 제공되는 놀잇감과 놀이시설은 유아 자신의 수준에 맞게 선택하여 놀이할 수 있고, 놀잇감의 이용방법을 변형시키면서 다양하게 놀이할 수 있도록 한다.
- **높은 활동성과 낮은 활동성이 있는 환경:** 교실 내에서 대근육을 움직이는 놀이와 소근육을 움직이는 놀이(퍼즐, 구슬 끼우기 등)가 모두 가능한 놀이 환경을 구성해야 한다.
- **혼자놀이와 집단놀이가 다양하게 제공되는 환경:** 유아가 혼자놀이를 할 수 있을 뿐만 아니라 다른 유아들과 소집단 및 대집단 놀이를 할 수 있는 놀이 환경이어야 한다.
- **부드러움과 딱딱함을 경험할 수 있는 환경:** 유아가 놀이를 하면서 다양한 감각경험을 할 수 있도록 딱딱함과 부드러움이 있는 다양한 놀잇감이 포함되어야 한다.
- **접촉과 은둔을 경험할 수 있는 환경:** 유아가 사회적 접촉이 많은 놀이 경험과 조용한 장소에서 자신만의 놀이에 몰입할 수 있는 경험이 모두 가능하게 하여야 한다.
- **도전과 안전을 조화롭게 경험하는 환경:** 유아의 안정을 보장하면서 도전 및 탐색의 요구를 제한하지 않는 조화로운 환경이 되어야 한다.

실내 환경은 제한된 공간에서 유아놀이를 진행하는 특성이 있기 때문에 구분된 공간 내에서 유사한 특성의 놀이를 할 수 있도록 영역을 구분해 주는 것이 각각의 놀이가 원활히 진행되도록 하는 필요한 조건이다. 따라서 효과적인 흥미영역이 되기 위해서는 다음과 같은 점을 고려하는 것이 좋다(강숙현 외, 2016; 김수영, 김수임, 정정희, 2012).

- 각 흥미영역은 놀이의 특징을 고려하여 적절한 인원이 들어가서 놀이할 수 있는 충분한 공간을 제공한다. 유아-유아, 유아-교구, 유아-교사 상호작용이 일어날 수 있는 공간 제공이 필요하다.

- 교사가 모든 영역을 한눈에 볼 수 있고, 유아의 개인적인 놀이를 보호할 수 있도록 영역 배치 시 교구장 및 칸막이를 L형, U형으로 설치한다. 칸막이는 드나드는 데 불편함이 없도록 하고, 유아의 키보다 낮은 교구장을 사용하면 다른 영역에서 일어나는 활동에 방해 받지 않고 놀이에 집중할 수 있으며, 유아 안전을 위한 관리 · 감독이 용이해진다.
- 각 놀이 영역의 명칭은 그림이나 글씨로 표시하여 영역 구분이 명확히 이루어지도록 한다. 영역을 구성하고 표시하는 것은 유아에게 선택할 내용을 명확하게 제시해 준다.
- 조용한 영역과 활동적인 영역은 분리하여 배치하며, 서로 연관되는 영역은 인접하게 배치하여 놀이 효과를 높인다. 역할의 영역과 쌓기 영역을 서로 가까이 배치하면 남아와 여아가 함께 놀이하도록 자극할 수 있고, 쌓기놀이와 역할놀이가 혼합된 발전된 놀이로 유도할 수 있다. 그러나 언어 · 수 · 조작 영역은 활동적인 영역과 떨어진 곳에 배치하는 것이 좋다.
- 유아가 필요로 하는 교재 · 교구는 쉽게 사용할 수 있도록 교구장에 진열하며, 그림이나 명칭 카드를 붙인다. 유아는 교재 · 교구를 쉽게 이용할 수 있을 때 환경에 대한 책임감을 배우고 자아 존중감을 키울 수 있다. 교재 · 교구의 체계적인 분류는 적절한 사용을 증진시키며, 각 교구가 속하는 장소에 사진, 그림, 명칭 카드를 붙이는 것은 유아 스스로 정리정돈하게 한다.
- 유아가 휴식을 취할 수 있고, 혼자서 또는 친구와 함께 숨을 수 있는 편안한 공간을 제공한다. 유아교육기관에서 오랜 시간을 보내면서 놀이 시 숨을 공간이 있으면 편안함과 안정감을 갖는다.
- 놀이 영역의 배치는 필요에 따라 융통성 있게 변화될 수 있도록 한다. 교구장과 다른 시설물은 이동하기 쉽도록 제작하여 유아의 요구 및 참여 인원수에 따라 놀이 영역을 확대 · 축소시킬 수 있도록 한다. 또한 생활주제에 따라 놀이 영역의 배치를 변화시키거나 연령별, 학기별로 변화시킬 수 있다.
- 놀이 결과로 생산된 유아 작품은 유아 눈높이에 맞게 전시한다. 유아는 자기 눈높이에 있는 그림에 집중하며, 유아의 독창적인 작품을 전시하는 것은 성인이 유아 자신의 노력을 존중하고 중요하게 여기고 있음을 느끼게 해 준다.

• 영역 간 통로를 만들어 자유놀이 시 영역 이동이 효율적으로 이루어지도록 한다. 또한 교실의 출입구 가까이에는 영역 배치를 피하여 안전사고의 위험을 줄이도록 한다.
• 영역에 따라 물을 사용하거나 소음을 줄이기 위해 바닥재를 고려한다. 건조한 영역은 유아가 바닥에 앉아서 활동을 많이 하므로 소음을 줄이기 위해 부분 카펫을 깔아 주며, 물을 필요로 하는 영역은 바닥이 젖지 않고 쉽게 닦아 낼 수 있는 바닥재를 사용하도록 한다.

프로스트와 키싱어(Frost & Kissinger, 1976)는 실내놀이 영역의 공간을 소음의 발생 정도와 물의 사용 여부에 따라 배치하도록 다음과 같이 제시하였다.

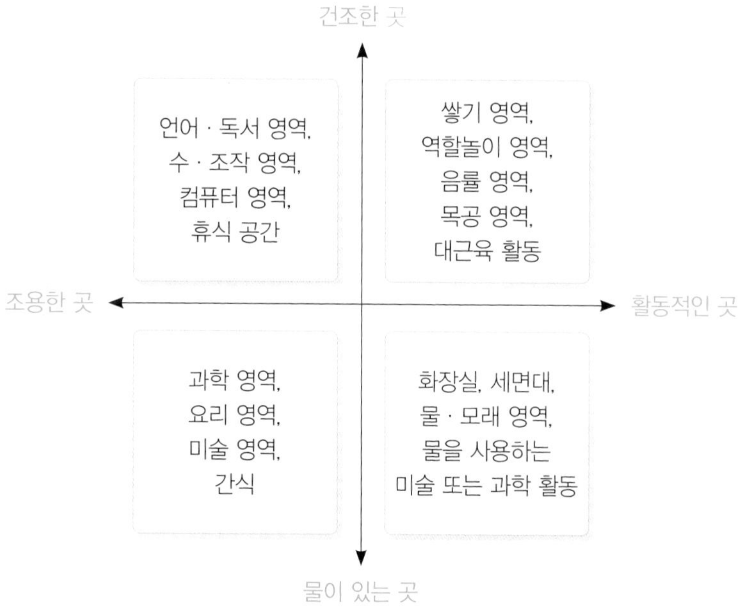

[그림 6-1] 놀이 활동 영역의 공간 배치

2. 연령별 실내놀이 환경

1) 영아를 위한 실내놀이 환경

영아를 위한 놀이 환경은 가정과 같은 분위기로 편안하고 안전하며, 영아의 발달에 적합하도록 구성되어야 한다.

영아를 위한 놀이 환경 구성 원리는 다음과 같다(보건복지부 · 육아정책연구소, 2013).

- 영아의 건강과 안전을 고려한 환경을 구성해야 한다. 쾌적하고 위생적인 공간과 설비, 놀잇감이 마련되고 지속적으로 청결하게 관리해야 한다.
- 영아의 정서적 안정감이 고려된 환경을 구성해야 한다. 집처럼 편안함을 느낄 수 있는 환경을 구성하여 영아들의 정서적 편안함에 대한 욕구를 충족시켜 주어야 한다. 영아가 찾는 놀잇감이 일관성 있게 배치되어 있어 영아가 자율적으로 놀잇감을 선택하고 정리할 수 있도록 한다.
- 영아의 활동성을 고려한 충분한 공간을 갖추어 움직임과 이동성을 확보해야 한다. 걷기, 기기, 앉기, 달리기, 오르기 등 끊임없이 움직이는 영아를 위한 넓은 공간 구성과 활발한 신체활동을 할 수 있는 개방적 공간이 필요하다.
- 탐색과 발견의 기회가 마련되어야 한다. 영아기 감각기관의 발달에 맞추어 다양한 감각활동 자료나 놀잇감을 제공하여 탐색과 놀이가 충분히 이루어지도록 다양한 놀이 영역을 구성한다.
- 영아의 일과를 고려하여 일상생활 영역과 놀이 영역을 함께 구성한다. 영아에게는 수유, 낮잠, 기저귀갈이 등 일상생활을 위한 공간이 필요하다. 만약 휴식 공간을 마련하기 어려운 경우에는 언어영역과 휴식 공간을 겸할 수 있다.

2) 영아를 위한 흥미영역 구성

영아를 위한 환경 구성은 일상생활 영역과 놀이 영역으로 구성된다. 영아보육프로그램(보건복지부, 2013)에 의하면, 영아를 위한 흥미영역 구성을 다음과 같이 제시하고 있다.

〈표 6-1〉 영아반 보육환경 구성

구분	일상생활 영역		놀이 영역					
0세반	수유	기저귀갈이	신체	언어	감각 · 탐색	–	–	–
1세반	수유	기저귀갈이	신체	언어	감각 · 탐색	역할 · 쌓기	–	–
2세반	–	–	신체	언어	감각 · 탐색	역할 · 쌓기	미술	음률

출처: 보건복지부 · 육아정책연구소(2013).

0~1세 영아를 위한 실내보육 공간은 놀이 공간과 더불어 비품 정리 공간, 휴식을 위한 공간, 수유 및 기저귀갈이를 위한 공간 등의 일상생활 영역이 필요하다. 연령 특성 상 아직 혼자서 이동하기 어렵기 때문에 실외 환경을 접할 기회가 제한적이므로 보육실은 햇빛이 잘 드는 곳에 위치하는 것이 좋다.

2세 영아를 위한 실내보육 공간은 다양한 놀이 공간과 간식 및 식사를 위한 공간, 화장실 등의 일상생활 영역이 필요하다.

(1) 일상생활 영역

① 기저귀 갈이 영역

0~1세 영아를 위한 기저귀 갈이 영역은 영아와 교사 간 긴밀한 상호작용을 통해 영아의 언어발달을 촉진할 수 있는 공간이다. 이 영역은 위생을 고려하여 수유 및 급식 영역과는 분리되어 있어야 한다. 기저귀 갈이 후 바로 손을 씻을 수 있는 세면대와 뚜껑 달린 쓰레기통이 가까이에 비치되어 있어야 한다. 기저귀 갈이대가 준비되고 그 안에 기저귀 갈이에 필요한 물품들(기저귀, 로션, 연고, 수건, 파우더, 물티슈 등)을 비치한다. 벽면에는 영아가 교사와 자신을 볼 수 있는 거울, 가족 사진, 그림 등을 붙여 주고, 천장에는 인형이나 모빌을 달아 준다.

배변 훈련을 시작하는 영아를 위해 바닥에 미끄럼 방지 처리를 하고 손을 씻을 수 있도록 수건, 물비누 등을 비치한다. 영아용 변기를 비치하고, 이동용 변기 사용 시

기저귀 갈이 영역

화장실 환경

항상 깨끗하게 관리한다. 2세 영아는 일상생활 중 옷 입기, 손 씻기, 배변 등 자조기술이 필요한 부분을 혼자 하려고 하기 때문에 영아 혼자 배변 활동을 할 수 있도록 변기 사용 방법, 손 씻는 순서 등을 사진이나 그림으로 안내해 준다.

② 수유 및 급식 영역

영아의 수유나 급식을 위해 음식을 보관 · 준비하고 먹이는 공간이다. 이 영역은 특히 위생에 유의하여 청결한 상태를 유지해야 하고, 뒷정리를 위해 싱크대 가까이에 배치해 두어야 한다. 영아 개인의 우유나 이유식은 바뀌지 않도록 표시하고 영아가 먹은 양과 시간을 기록할 수 있는 기록지를 마련한다. 2세 영아는 간식 및 급식을 진행할 때 음식을 엎지르거나, 떨어뜨리는 일이 자주 발생하므로 급식 영역은 안전하고 쉽게 닦을 수 있는 재질의 바닥과 도구가 배치되어야 한다.

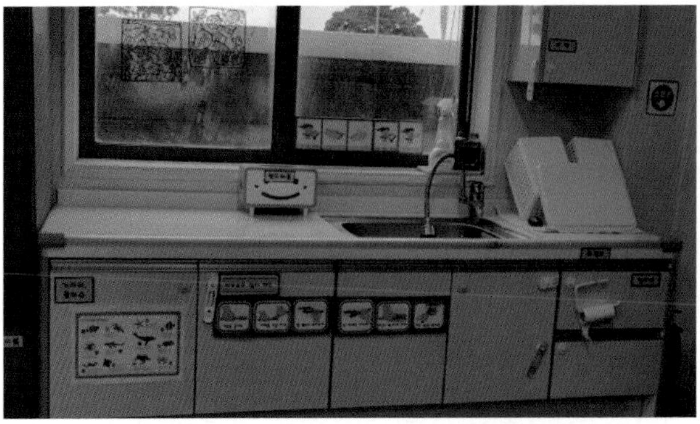

수유 및 급식 영역의 환경

③ 휴식 및 낮잠 영역

영아가 조용히 쉴 때 이용하는 공간으로 조용한 곳에 아늑함과 부드러움을 느낄 수 있도록 구성한다. 0~1세 영아는 다른 연령에 비해 충분한 낮잠이 필요하므로 개별 영아의 필요에 따라 자유롭게 이용할 수 있는 휴식 공간이 필요하다. 2세 영아는 낮잠을 자기도 하고 자지 않으려 할 수도 있다. 교사가 영아를 언제나 쉽게 관찰할 수 있는 곳에 배치하고 영아가 안정감을 느끼도록 선호하는 인형이나 애착물을 함께 둔다.

휴식 및 낮잠 영역의 환경

(2) 놀이 영역

① 신체 영역

영아기는 신체 및 운동 기능의 발달과 협응이 급격한 성장을 보이는 시기이므로 일상생활을 통해 자연스럽게 다양한 대근육 활동을 할 수 있는 환경이 필요하다. 0~1세 영아가 기고, 걷고, 움직이기 시작하면서 영아의 움직임 발달을 고려한 안전하면서 도전적인 환경을 구성한다. 2세가 되면 민첩한 신체 움직임이 가능하므로 보육실 내에 영아가 오르고, 내리고, 타고, 밀고, 뛰고, 길 수 있는 시설과 설비를 갖추어야 한다.

0~1세반은 잡고 서서 밀 수 있는 바퀴 달린 장난감, 낮은 계단과 경사로, 건너뛰거나 통과하는 장애물, 스펀지 블록, 공, 붕붕차 등의 놀잇감을 제공하고, 2세반은

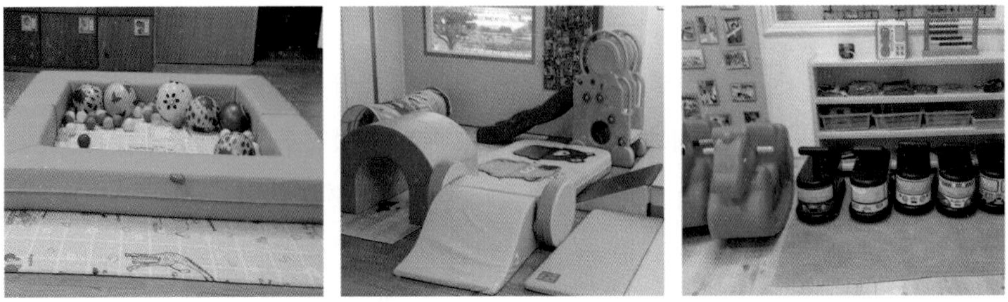

신체 영역의 환경

실내 미끄럼틀, 점핑 바운서, 목마, 자동차, 끌차, 볼풀 놀이대, 종이벽돌 블록, 스폰지 블록 등을 제공한다.

② 언어 영역

보육실 중 가장 조용하고 밝은 곳에 배치하되 출입구, 화장실, 피아노 등과 떨어진 곳에 구성한다. 영아와 교사의 언어적 상호작용을 풍부하게 경험할 수 있도록 교사와 함께 앉아 책을 읽어 줄 수 있을 만큼의 공간으로 구성한다. 그림책뿐만 아니라 사진책, 포스터, 동시판, 노래판, 팸플릿, 전단지, 메뉴판 등을 준비하여 일상생활 속에서 문자의 역할을 이해하고 친숙해질 수 있도록 돕는다. 영아가 편안한 자세로 그림책을 보거나 놀잇감을 사용할 수 있도록 부드러운 느낌의 카펫을 깔아 주고, 등받이가 있는 쿠션이나 방석, 낮은 소파, 낮은 탁자나 책상, 앞면 책꽂이, 끼적이기를 할 수 있는 판을 준비하고, 카세트와 녹음기, 마이크 등을 이용하여 자신의 말소리를 녹음하고 듣는 말하기와 듣기 경험을 확장하도록 구성한다. 보육실의 공간이 충분하지 않을 때에는 언어 영역에 휴식 공간을 통합하여 구성할 수 있다.

언어 영역의 환경

0~1세반은 단순한 그림책, 감각 그림책, 헝겊 책 등 영아용 그림책, 손인형, 그림이나 사진, 모형 전화기 등을 제공하고, 2세반은 다양한 주제의 그림책, 칠판이나 전지 및 끼적거릴 도구(분필, 크레파스, 색연필, 사인펜 등) 등을 제공한다.

③ 감각 및 탐색 영역

영아는 보고, 듣고, 만지고, 냄새 맡고, 맛보는 오감을 이용하여 자신의 환경을 탐색한다. 영아가 풍성한 감각적 경험을 형성할 수 있도록 다양한 재질과 형태의 놀잇감을 제공한다. 조용하고 햇빛이 드는 곳에 위치하는 것이 좋으며, 동식물을 키우고 관찰하도록 한다. 또한 소근육을 사용하는 조작놀이 자료, 사물의 특성을 탐색하는 놀이 자료, 수감각과 분류 능력을 기를 수 있는 놀잇감을 제공한다. 감각활동 자료는 영아가 만져 보고, 듣고, 맛보고, 냄새 맡아 볼 수 있도록 위생적으로 관리되어야 하고, 영아가 삼킬 정도로 작은 크기(직경 3.5m^2 이하)의 놀잇감은 비치하지 말고, 쉽게 깨지거나 부서지지 않는 안전한 재질로 준비해야 한다.

0~1세반은 모빌, 딸랑이 등을 제공하고, 앉거나 이동하기 시작하면 쌓기 상자, 통 안에 모양 맞추어 넣기, 작동에 따라 소리 나는 놀잇감, 다양한 질감의 인형, 여러 가지 재질과 크기의 공 등을 제공하며, 2세반은 소형 블록, 구슬 끼우기와 같은 조작 놀잇감, 퍼즐 및 분류 놀잇감, 실내에서 키울 수 있는 동식물, 돋보기 등의 탐색활동 자료를 제공한다.

감각 및 탐색 영역의 환경

④ 역할 및 쌓기 영역

영아는 초보적 수준의 역할놀이를 통해서도 자신을 표현하는 기회를 가질 수 있다. 가상놀이나 역할놀이를 할 수 있는 놀잇감을 좋아하기 시작하면서 자신을 둘러싼 생활을 모방하는 놀이를 할 수 있다. 영아는 쌓기놀이를 통해 공간에 대한 지각력뿐 아니라 도형에 대한 이해의 기초를 형성한다. 역할 · 쌓기놀이 과정에서 일어나는 또래와의 자연적인 상호작용은 영아의 사회성 발달에도 긍정적 영향을 미친다.

역할 영역에는 사실적인 인형이나 봉제인형(예를 들어, 머리카락과 움직이는 눈을 가진 인형, 유아 손에 맞는 손인형), 어린이용 가구, 부엌용품, 장난감 전화기 등 상품화된 것과 가정에서 기증받은 것을 함께 제공한다. 다양한 크기와 재질의 인형, 밀고 당기는 놀잇감(쇼핑카트, 유모차, 자동차 등), 청소용품, 다양한 직업 관련 소품 등의 역할 놀잇감을 제공한다.

쌓기 영역은 여러 종류의 블록을 탐색하고 단순한 탑 쌓기, 한 줄로 늘어놓기, 다리 만들기 등의 놀이가 이루어지므로 넉넉한 공간을 제공한다. 다양한 크기, 색, 모양의 쌓기 놀잇감(나무블록, 종이벽돌 블록, 우레탄 블록, 스펀지 블록 등), 쌓기놀이와 함께할 수 있는 모형 자동차와 동물, 사람 등의 소품을 제공한다.

특히 발달 특성상 한두 가지의 놀잇감을 반복적으로 사용하고, 혼자놀이를 즐기며, 자신이 좋아하는 놀잇감을 또래에게 양보하기가 어려우므로 같은 종류의 놀잇감을 여러 개 준비한다(강숙현 외, 2016).

역할 및 쌓기 영역의 환경

⑤ 미술 및 음률 영역

영아기에는 다양한 악기, 소품, 그리기 도구 등을 탐색하고 그것을 가지고 노는 과정에서 자신의 고유한 생각이나 느낌을 자유롭게 표현하면서 즐거움과 창의성, 미적 감각을 발달시킬 수 있다(강숙현 외, 2016).

미술 영역은 물이 필요하므로 세면대나 화장실 출입구 가까운 곳에 배치한다. 끼적거리고, 찢고, 오리고, 자르고, 붙이는 다양한 조형 경험이 영아의 탐색능력과 더불어 대근육 및 소근육 조절능력과 협응력을 길러 준다. 2세의 표현활동은 그리기, 찍기 같은 평면적 조형활동과 꾸미기, 붙이기, 판화 같은 입체적 조형활동으로 이루어진다. 명화나 아름다운 그림 및 사진 등을 영아의 눈높이에 맞추어 붙여 주어 감상할 수 있는 공간도 마련해 준다. 다양한 크기와 모양의 종이, 색종이, 구길 수 있는 재료, 끼적거릴 수 있는 도구(크레파스, 색연필 등), 물감, 붓, 사진이 많은 잡지책, 모루, 수수깡, 빈 과자 상자나 봉투, 안전 가위, 풀, 접착테이프, 밀가루 반죽, 찍기 놀이 도장, 스티커 등 다양한 놀잇감을 제공한다.

음률 영역에서는 영아 자신의 욕구에 따라 악기를 이용하여 소리를 내고, 음악을 통해 자신의 감정을 표현하는 경험을 하고, 여러 가지 음악을 들으면서 그 속에 담긴 감정을 느껴 볼 수 있다. 카세트나 녹음기, 리듬악기(탬버린, 트라이앵글, 캐스터네츠, 마라카스 등), 리본, 스카프 등 예술적인 경험을 할 수 있는 놀잇감을 제공하고, 벽에 큰 거울을 부착하면 영아 자신의 움직이는 모습을 볼 수 있다.

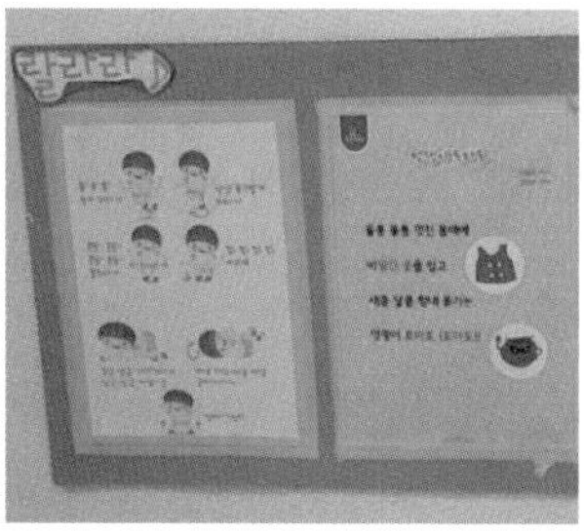
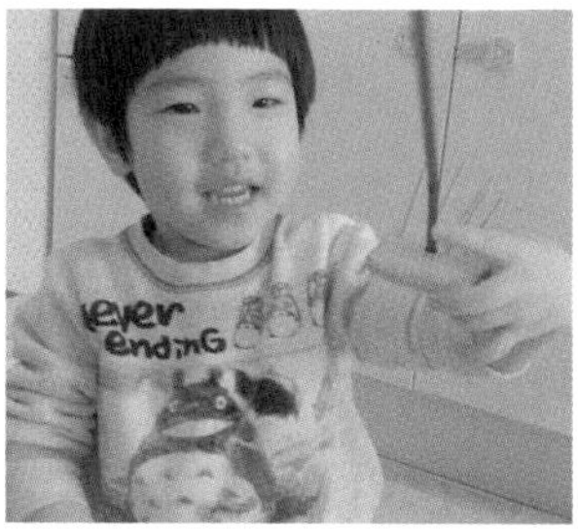

미술 및 음률 영역의 환경

앞에서 설명한 일상생활 영역과 놀이 영역의 원활한 운영을 위한 영아반 교실의 배치도는 [그림 6-2]와 같다.

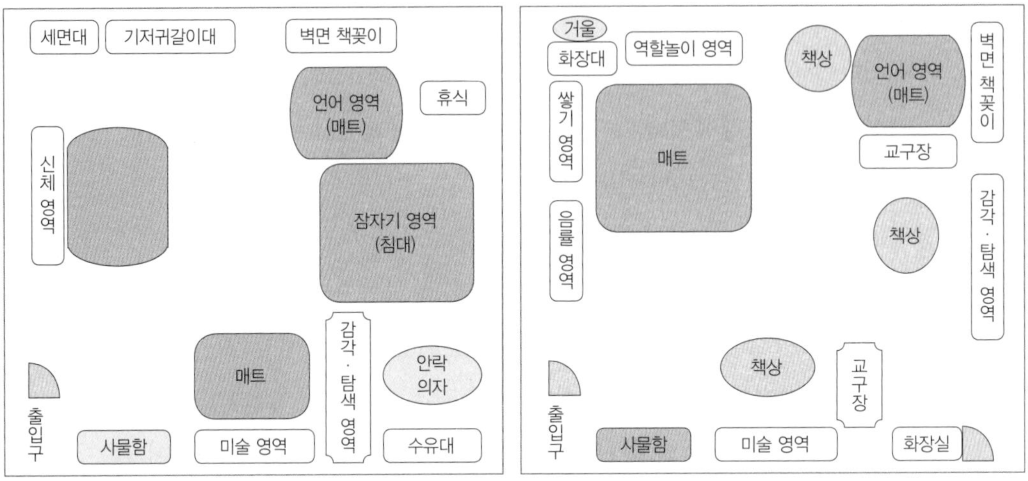

2세 미만 영아반 흥미영역 배치도 　 2세 영아반 흥미영역 배치도

[그림 6-2] 영아반 교실 배치도

3) 유아를 위한 흥미영역 구성

유아를 위한 실내 환경 구성은 자유롭고 효율적인 학습을 위하여 같은 범주의 교구와 놀잇감을 한데 모아 흥미영역으로 구성하는 것이 좋다. 놀이 공간을 흥미영역으로 구성하는 것은 각 놀이 간의 경계가 뚜렷해져 유아가 오랜 시간 동안 놀이에 몰두할 수 있고, 유아가 원하는 놀이를 스스로 선택하게 되므로 의사결정능력과 자율성 및 독립성을 길러 주는 효과가 있다(이순복 외, 2013).

3~5세 연령별 누리과정 지도서(보건복지부 · 교육부, 2014)에 따르면 유아의 교수학습을 지원하기 위해 실내에 쌓기놀이 영역, 언어 영역, 역할놀이 영역, 수 · 조작 영역, 과학 영역, 음률 영역, 미술 영역 등의 흥미영역을 구성하여 신체운동 · 건강, 의사소통, 사회관계, 예술경험, 자연탐구 등의 다양한 활동으로 전개할 수 있도록 한다. 유아의 흥미와 발단단계, 안전성, 놀이실의 크기, 교육 목적, 유아의 인원수를 고려하여 역동적인 실내 놀이 공간을 구성한다. 흥미영역 구성 원리는 다음과 같다.

- 유아반 교실의 흥미영역은 유아들을 수용할 수 있는 충분한 공간이어야 한다.
- 시설 설비와 교구는 유아의 연령 및 신체발달에 적합하여 유아가 성인의 도움 없이 스스로 사용하고 정리할 수 있도록 한다.

- 유아에게 매력적이고 교육적으로 의미 있는 활동을 제공하도록 환경을 구성한다. 이를 위해 유아에게 활동 선택권을 주는 다양한 흥미영역을 배치한다.
- 실내 온도는 20~22℃, 습도는 50~60%가 적절하고, 채광과 조명이 밝아야 한다. 커튼, 블라인드로 채광을 조절하고 환기가 잘되는 청결하고 안전한 환경을 제공한다.
- 환경은 유아발달 특성에 적합하여야 한다. 유아의 연령이 낮을수록 일상적이고 개별적인 보살핌을 위한 환경 구성이 필요하고, 감각적인 경험의 기회가 많이 포함되는 환경을 제공한다.
- 유아가 장시간 유아교육기관에 머물 경우, 혼자 놀거나 쉴 수 있는 공간이 필요하며, 일상적인 보살핌이나 낮잠을 위한 물건이나 놀잇감 보관을 위한 저장 공간을 마련한다.

흥미영역별 특성에 따라 유아의 놀이 형태도 다르게 나타난다. 혼자놀이는 테이블 자료가 있는 곳에서 많이 나타나며, 병행놀이는 미술 영역과 언어 영역, 집단놀이는 쌓기와 역할놀이 영역에서 사회적 상호작용과 언어적 상호작용이 많이 나타난다(신은수 외, 2011). 흥미영역별 구성과 배치는 유아들이 의논하여 자율적으로 정할 수 있다. 유아에게 선택의 기회를 줌으로써 그들의 의견과 관심을 존중하는 영역 구성을 할 수 있을 뿐 아니라, 유아들이 흥미영역의 활동에 더 흥미를 가지고 참여하며, 유아 스스로 놀이 후 정리를 잘할 수 있게 한다.

(1) 쌓기놀이 영역

쌓기놀이 영역은 여러 가지 크기와 모양, 재질의 블록과 소품을 이용하여 어떤 사물을 구성하거나 구조물을 쌓아 보거나 꾸며 보는 등의 과정을 경험하는 영역이다. 유아는 쌓기놀이를 통해 다양한 구성 활동을 하면서 관찰력, 측정기술, 원인과 결과에 대한 사고력 등을 기를 수 있다. 또한 다양한 상호작용과 공동 작업을 통한 사회성 발달과 언어발달, 스트레스 해소를 통한 정서 순화의 매개가 되기도 한다(지성애 외, 2012).

혼자 또는 여러 유아가 함께 놀이할 수 있도록 충분한 공간을 제공해야 하고, 출입구에서 떨어진 활동적이며 건조한 장소에 배치한다. 역할놀이와 쌓기놀이는 주제와 관련하여 연계성이 높으므로 인접하게 배치하면 놀이를 확장할 수 있다. 블록이 쓰러지거나 정리할 때 발생하는 소음을 줄이기 위해 바닥에 부드럽거나 두껍지 않고 평평하게 짜인 카펫을 깔아 주고, 다양한 크기의 블록을 쉽게 사용할 수 있도록 비슷한 크기, 모양에 따라 교구장에 명칭표나 사진을 붙여 준다.

쌓기놀이 영역에는 다양한 블록(종이벽돌, 단위블록, 공간블록, 우레탄 블록 등), 크고 작은 모형(동물, 사람, 공룡 등의 인형이나 모형, 탈것 등), 사회극놀이 소품(여러 가지 종류의 가면, 교통 신호나 표지판 등), 쌓기놀이에 도움을 주는 책, 화보 등을 제공한다.

쌓기놀이 영역을 구성할 때 연령에 따라 고려할 사항은 〈표 6-2〉와 같다.

〈표 6-2〉 쌓기놀이 영역 구성 시 연령별 고려사항

연령	고려사항
3세	• 같은 종류의 블록을 충분히 제공 • 방해받지 않고 놀이에 몰두할 수 있는 충분한 공간을 제공 • 대근육을 사용하여 구성할 수 있는 큰 블록(종이벽돌, 우레탄 블록 등)을 제공
4세	• 3세에 비해 작은 크기의 블록과 끼우기 블록을 제공 • 3세보다 블록과 소품의 종류를 다양하게 제공
5세	• 경험한 내용을 또래 간 협의하여 복잡한 구조물 만들기를 할 수 있도록 다양한 블록의 종류와 많은 양을 제공 • 다양한 구조물 구성을 위해 책상, 널빤지, 의자 등을 제공 • 필요한 소품은 유아가 직접 제작하여 사용

출처: 보건복지부 · 교육부(2014).

3세

4세

5세

(2) 언어 영역

언어 영역은 듣기, 말하기, 읽기, 쓰기와 관련된 활동을 경험하는 영역이다. 유아가 주변 글자를 읽고 써 보는 데 관심을 갖고, 바른 태도로 듣고 말하는 습관을 형성하는 데 도움이 되는 자료와 환경으로 구성해야 한다.

언어 영역은 주변의 자극으로부터 격리될 수 있도록 조용하고 안정된 공간에 배치하고 바닥에는 카펫을 깔고 쿠션, 소파 등을 두어 아늑한 분위기를 조성한다. 활동 주제나 유아의 흥미에 따라 다양한 언어활동 자료를 비치하여 읽고 쓰기에 적합하도록 밝은 곳에 배치하고 앞면 책꽂이와 책상을 비치한다. 듣고 말하기에 도움이 되도록 카세트와 헤드폰을 두어 동화를 듣거나 유아가 직접 녹음하여 친구들과 극놀이 활동을 할 수 있는 인형극 틀과 다양한 인형을 제공한다.

듣기 자료(다양한 종류의 책, 카세트, 헤드폰 등), 말하기 자료(이야기 꾸미기 자료와 융판, 그림카드, 막대인형이나 손인형 등), 읽기 자료(종류별 책과 책꽂이, 그림책, 잡지류, 친구 이름카드, 글자카드 등), 쓰기 자료(각종 필기구, 한글 고무 글자판과 스탬프, 다양한 종이, 가위, 펀치, 스테이플러 등)를 제공하여 언어능력을 향상시키고 올바른 의사소통을 위한 태도와 습관을 형성하도록 돕는다.

언어 영역을 구성할 때 연령에 따라 고려할 사항은 〈표 6-3〉과 같다.

〈표 6-3〉 언어 영역 구성 시 연령별 고려사항

연령	고려사항
3세	• 다양한 그림책(조작할 수 있는 책, 헝겊책 등)을 제공 • 듣기 활동을 위한 카세트 테이프 제공 • 말하기 활동을 위해 여러 가지 인형 등 주제 관련 자료 제공 • 쓰기 활동을 위해 자석 쓰기판, 다양한 재질의 종이, 필기류 제공
4세	• 짧고 반복되는 단어와 문장이 있는 동시, 동화책 제공 • 이야기 꾸미기 그림카드, 융판, 인형극 틀 제공 • 쓰기 활동을 위해 우리 반 친구 이름카드, 음각 글자판과 종이, 모래상자 등 제공
5세	• 주제에 따른 화보 모음집, 잡지류, 사전 등 제시 • 자신의 생각을 글로 쓰거나 단어카드를 이용한 문장 만들기, 작은책 만들기가 가능한 재료 제공

출처: 보건복지부 · 교육부(2014).

3세

4세

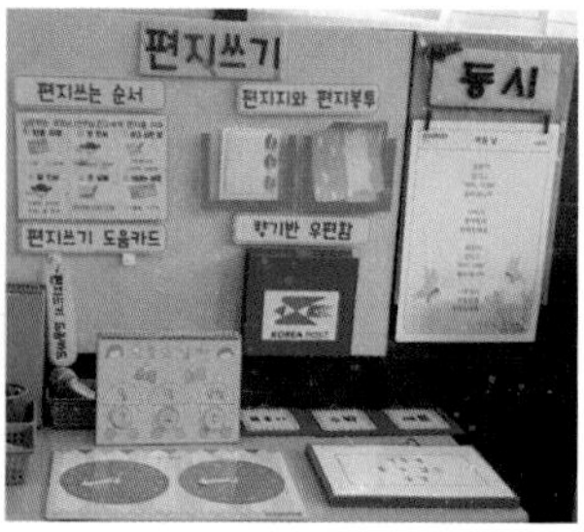

5세

(3) 역할놀이 영역

역할놀이 영역은 유아가 가족이나 성 역할뿐 아니라 우리 사회의 다양한 직업이나 사회 구성원의 역할을 상상놀이 및 사회극놀이 등을 통해 경험하는 영역이다. 유아는 역할놀이를 통해 자신의 경험을 행동과 말로 표현해 보고, 다양한 역할을 해 봄으로써 자기중심적인 사고에서 벗어나 공동체에서 함께 살아가는 방법을 익힌다.

역할놀이 영역은 동적인 활동이 많이 이루어지므로 충분한 공간을 제공하고 쌓기놀이 영역과 인접하게 배치하여 통합적 놀이를 할 수 있도록 한다.

생활주제와 관련된 유아의 경험을 표현할 수 있도록 다양한 복장이나 소품을 제공하고, 가정과 같은 분위기를 낼 수 있는 가구, 소품, 자료들을 제공해 주어야 한다. 역할놀이 영역에는 기본가구(거울, 소파, 유아용 탁자, 의자, 옷장 등)와 소꿉놀이류(냄비, 프라이팬, 밥솥, 접시 세트, 도마, 칼, 숟가락, 음식 등), 역할놀이 소품(앞치마, 드레스, 한복 등의 의상류, 신발류, 장신구, 화장품, 가방 등), 각종 모형(농장, 동물원, 음식점, 기차역, 인형집, 소방서 등)을 제공한다. 특히 역할놀이 영역은 양성평등 교육, 다문화 이해 교육이 이루어질 수 있는 장소이므로 관련 소품을 제공하여 자연스럽게 놀이가 이루어질 수 있게 한다.

역할놀이 영역을 구성할 때 연령에 따라 고려할 사항은 〈표 6-4〉와 같다.

〈표 6-4〉 역할놀이 영역 구성 시 연령별 고려사항

연령	고려사항
3세	• 실물사진과 실물자료 제공 • 집, 병원, 주유소, 식당 등 일상생활에서 자주 접하는 장소에 관한 소품 제공
4세	• 유아가 직접 만든 소품을 이용한 놀이 진행 • 전신거울 설치로 유아 스스로 변화되는 모습을 관찰하도록 함
5세	• 생활주제와 관련된 역할놀이를 제안하고 관련 자료 제공 • 유아 스스로 역할놀이의 주제를 계획하고 실행

출처: 보건복지부 · 교육부(2014).

3세

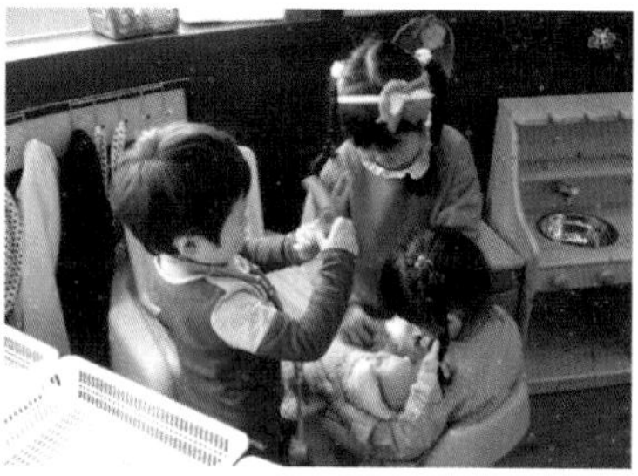
4세

5세

(4) 수 · 조작 영역

수 · 조작 영역은 일대일 대응, 분류, 비교, 서열 등의 수활동이나 퍼즐 맞추기, 끼워서 구성하기, 간단한 게임 등 논리적 문제해결, 소근육 조작 등과 관련된 활동을 하는 영역이다. 유아는 수 · 조작 활동을 통해 눈과 손의 협응력과 소근육 발달, 논리 · 수학적 개념 발달, 문제해결력과 집중력을 향상시킬 수 있으며, 문제를 탐색하고 해결해 가는 과정에서 자신감과 자율성을 기를 수 있다.

수 · 조작 영역은 개별적 탐색활동이 많이 이루어지는 곳으로 언어 영역과 과학 영역과 함께 조용한 곳에 배치하며, 바닥에 카펫을 깔고 활동할 수도 있고, 책상과 의자에서 활동할 수 있도록 두 가지 모두 마련해 주는 것이 좋다.

수 · 조작 영역에는 구성 활동 자료(레고블록, 코코블록, 다목적 블록, 꽃 블록 등), 수활동 자료(대응, 분류, 비교, 서열, 부분과 전체, 공간과 형태 개념에 도움이 되는 교재 · 교구 등), 조작 활동 자료(퍼즐, 자물쇠 맞추기, 볼트와 너트 맞추기 등), 일상생활 활동 자료(옮겨 담기, 바느질, 끈 끼우기, 단추 끼우기, 끈 매기 등), 게임 활동[기억하기, 색깔 맞추기와 같은 간단한 게임, 로토(카드) 게임 등)]을 제공하여 유아의 발달 수준과 흥미에 따른 활동이 이루어지도록 한다.

수 · 조작 영역을 구성할 때 연령에 따라 고려할 사항은 〈표 6-5〉와 같다.

〈표 6-5〉 수 · 조작 영역 구성 시 연령별 고려사항

연령	고려사항
3세	• 낮은 책상(바닥에 앉아 사용하는 책상)을 사용하는 것이 좋음 • 1~10까지 셀 수 있는 구체물(작은 동물 모형, 솔방울 등) 제공 • 크기 비교 놀잇감, 수세기 판, 큰 글자 시계, 달력 등 제공 • 5~10조각의 퍼즐류, 일상생활 훈련 자료 제공
4세	• 개별 놀이와 소집단 놀이가 가능하도록 영역을 구성 • 색깔, 형태, 크기에 따른 블록 제공 • 10~20조각의 퍼즐류, 지퍼 올리기 등의 일상생활 훈련 자료 제공
5세	• 전략적인 수놀이 게임과 개별적인 탐색을 할 수 있는 조작 활동 제공 • 일대일 게임, 그룹게임이 가능한 게임, 15~30조각의 퍼즐류, 바느질하기, 실뜨기, 직조 짜기 등 조작 활동 자료 제공

출처: 보건복지부 · 교육부(2014).

3세

4세

5세

(5) 과학 영역

과학 영역은 여러 가지 과학 기자재를 활용하여 생물과 무생물, 물질의 성질, 자연현상 등 유아가 접하는 자연환경을 관찰, 실험, 탐구, 감상하는 활동을 하는 영역이다. 동식물을 직접 길러 봄으로써 생명을 사랑하는 마음을 기르게 되고, 여러 가지 과학적 현상을 탐구함으로써 발견의 기쁨을 맛보게 된다(김수영 외, 2012).

과학 영역은 동식물을 기르고 실험과 같은 활동을 하게 되므로 조용하고 햇빛이

잘 듣고, 물의 공급이 쉽고, 유아들의 왕래가 많지 않은 장소에 배치하는 것이 적합하다. 또한 유아들이 수집한 물건을 전시할 수 있는 공간과 다른 유아들과 함께 관찰하고 기록할 수 있도록 기록용지와 쓰기 도구를 마련해 준다(강숙현 외, 2016).

과학 영역에는 기본도구(거울, 자석, 돋보기, 현미경, 프리즘, 온도계, 저울 등), 생명체 관련 자료[식물, 자연물(나뭇잎, 열매, 씨앗, 솔방울 등)], 동물(금붕어, 거북, 달팽이 등), 동식물 관련 책, 기계류(시계, 라디오, 열쇠와 자물쇠, 여러 가지 물체와 물질 등), 자연현상 관련 자료(기후 관련 사진이나 그림, 구름, 돌, 해, 달 등의 사진이나 그림) 등을 제공한다.

과학 영역을 구성할 때 연령에 따라 고려할 사항은 〈표 6-6〉과 같다.

〈표 6-6〉 과학 영역 구성 시 연령별 고려사항

연령	고려사항
3세	• 동식물(화분, 개미, 달팽이, 곤충 등)을 길러 보도록 함 • 작은 게시판을 마련하여 과학적 탐색 자료를 벽에 부착하도록 함
4세	• 탐색활동 자료(돋보기, 자석, 프리즘, 저울, 씨앗, 개미집 등) 제공
5세	• 탐색과 실험을 스스로 할 수 있도록 활동 카드, 그림책, 사전 등 제공 • 동식물 관찰, 실험의 결과를 예측하고 기록할 수 있는 기록지 제공

출처: 보건복지부 · 교육부(2014).

3세

4세

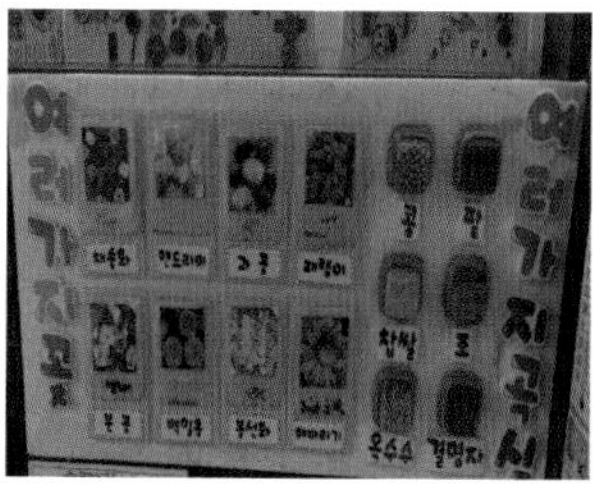
5세

(6) 음률 영역

음률 영역은 생활 주변에서 듣는 다양한 소리에 관심을 가지고 탐색하고, 음악을 듣고 노래를 부르고 여러 가지 악기를 다루어 보고 음악에 맞추어 자유롭게 몸을 움직이거나 창의적인 신체표현 활동을 경험하는 영역이다. 유아는 음률 영역의 활동을 통해 음악적 아름다움의 요소를 찾아보며, 음악이나 움직임과 춤으로 표현하고, 음악을 감상하는 능력을 키운다.

음률 영역은 소음이 많이 발생하고 신체를 움직이면서 놀이 활동을 하는 영역이므로 충분한 공간이 필요하고, 바닥에 카펫을 깔아 소음을 줄이고 안전하게 놀이할 수 있도록 구성한다. 활동적인 영역인 쌓기놀이 영역과 역할놀이 영역 가까이에 배치한다.

음률 영역에는 다양한 종류의 악기와 음악 관련 자료를 제공한다. 악기류(리듬막대, 탬버린, 캐스터네츠, 트라이앵글, 마라카스, 실로폰, 피아노, 전통악기 등), 음악 감상 자료(카세트, 음악테이프, 헤드폰 등)와 그 외 그림이 있는 노래가사, 그림악보, 음악가와 악기 사진, 음악 연주회나 춤 공연 등의 사진이나 동영상 등을 제공한다.

음률 영역을 구성할 때 연령에 따라 고려할 사항은 〈표 6-7〉과 같다.

〈표 6-7〉 음률 영역 구성 시 연령별 고려사항

연령	고려사항
3세	• 카세트와 테이프(다양한 동요, 다양한 장르의 음악) 제공
4세	• 리듬악기류와 유아 제작 악기 제공 • 동작카드, 한삼, 탈, 스카프, 접이부채, 응원 반짝이 등 동작 활동 자료 제공
5세	• 유아 스스로 조작이 가능한 CD플레이어 제공 • 가락악기를 제공하여 간단한 연주 경험이 가능하도록 함 • 전신거울을 부착하여 자신의 표현을 볼 수 있도록 함

출처: 보건복지부 · 교육부(2014).

3세

4세

5세

(7) 미술 영역

미술 영역은 자연과 사물의 아름다움을 체험하고, 그리기, 만들기, 꾸미기, 구성하기 등의 활동을 하면서 자신의 느낌이나 생각을 자유롭게 표현하고, 미적 아름다움을 감상하는 경험을 하는 영역이다. 유아는 미술 영역 활동을 통하여 미술적 아름다움의 요소를 이해하고, 자신의 생각이나 느낌을 표현하면서 성취감을 얻고, 정서적인 긴장감도 해소한다. 교사는 미술 영역에서의 결과물보다 유아의 경험 과정을 관찰하고 유아가 주체적으로 활동할 수 있도록 한다.

미술 영역은 조용하고 밝은 곳에 배치하며, 물을 사용할 수 있는 공간에 위치해야 하고, 청소하기 용이한 바닥재를 사용한다. 낮고 넓은 책상, 이젤, 작업용 앞치마 등이 구비되어야 하며 작품을 건조시키고 전시할 수 있는 공간이 마련되어 있어야 한다.

미술 영역에는 유아들이 자유롭게 표현할 수 있는 종이류(도화지, 색도화지, 색종이, 신문지, 한지, 골판지, 잡지 등), 그리기 도구(크레파스, 색연필, 물감, 사인펜, 붓 등), 만들기 자료(풀, 가위, 펀치, 고무줄, 클립, 테이프, 수수깡, 모루, 나무젓가락, 이쑤시개 등), 점토류(찰흙, 지점토, 밀가루 점토 등), 폐품류(우유팩, 요구르트병, 상자, 천 조각, 달걀판, 단추, 휴지심 등) 등의 다양한 자료를 제공한다.

미술 영역을 구성할 때 연령에 따라 고려할 사항은 〈표 6-8〉과 같다.

〈표 6-8〉 미술 영역 구성 시 연령별 고려사항

연령	고려사항
3세	• 다른 유아의 방해를 받지 않도록 충분한 공간과 시간 마련 • 유아가 쉽게 사용할 수 있는 기본적인 자료 제공 • 활동 순서 카드를 제시하여 유아 스스로 작업할 수 있도록 함
4세	• 자신의 생각과 느낌을 표현하는 작업 활동과 작품전시 및 감상 활동을 할 수 있도록 재료와 공간 제공 • 유아가 관심을 보이거나 새로운 활동 전개 시 다양한 자료 첨가
5세	• 미술적 표현과 자료의 탐구를 통한 창의적 표현이 가능하도록 풍부하고 다양한 재료 제공 • 기본적인 자료는 유아가 쉽게 사용할 수 있는 위치에 보관 • 주제와 시기에 따라 자료의 교체 및 첨가

출처: 보건복지부 · 교육부(2014).

3세

4세

5세

앞에서 설명한 흥미영역의 특성을 고려하여 구성한 유아반 교실의 배치도 예시는 [그림 6-3]과 같다.

흥미영역 구성에서 중요한 것은 유아들의 흥미와 관심에 따라 자유롭게 선택할 수 있는 매력적인 환경 구성을 해야 하며, 협력적인 상호작용이 가능하고, 개별 및 대·소집단 구성이 가능한 환경으로 구성하는 것이다. 또한 유아가 주제에 대해 느끼고, 배우고, 궁금한 점을 알아볼 수 있도록 교실 전체에 주제와 관련된 게시판, 화보, 도서, 교재·교구 등을 다양하게 구성하도록 한다.

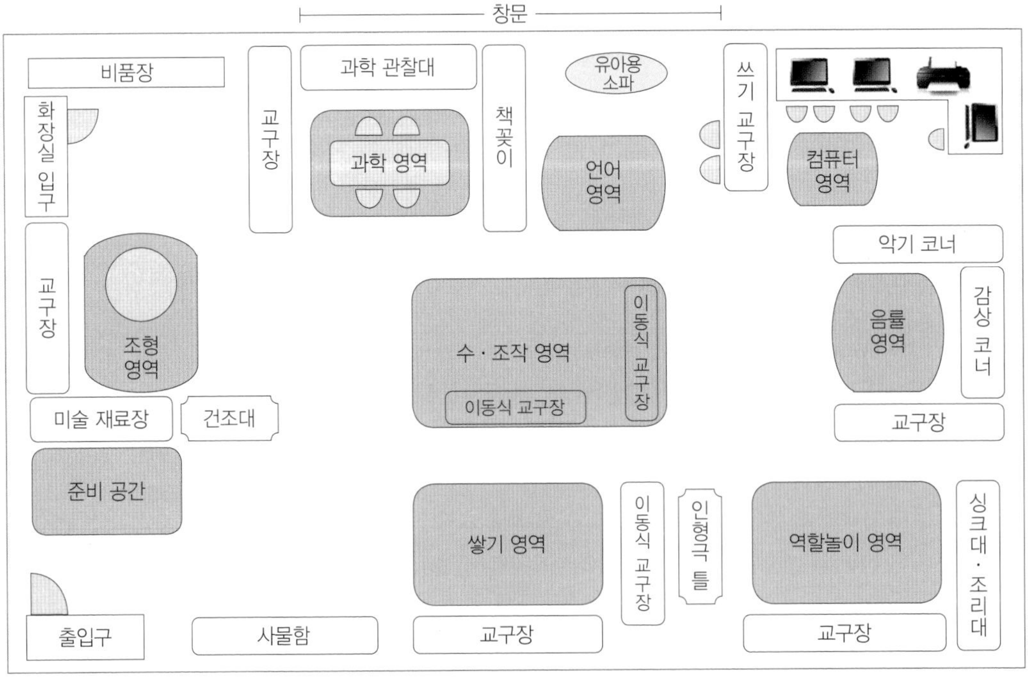

[그림 6-3] 유아반 흥미영역 배치도

참고문헌

강숙현, 김정아, 김희정, 윤숙희, 이은희(2016). **놀이지도(2판)**. 서울: 학지사.

김수영, 김수임, 정정희(2012). **놀이지도(3판)**. 경기: 양서원.

보건복지부 · 교육부(2014). 3~5세 연령별 누리과정 교사용 지침서.

보건복지부 · 육아정책연구소(2013). 제3차 어린이집 표준보육과정 교사용 지침서.

신은수, 김은정, 유영의, 박현경, 백경순(2011). **놀이와 유아교육**. 서울: 학지사.

이순복, 김성원, 김정희, 박지영, 석은조(2013). **놀이지도**. 경기: 양서원.

지성애, 채영란, 신금호, 박희숙, 박유영(2012). **놀이지도**. 경기: 정민사.

Field, T. (1980). Preschool play: Effects of teacher/child rations and organization of classroom space. *Child Study Journal, 10*, 191-205.

Frost, J. L., & Kissinger, J. B. (1976). *The young child and the educative process*. NY: Rineharct & Winston. Inc.

Moore, G. (1986). Effects of the spatial definition of behavior settings on children's behavior: A quasi-experimental study. *Journal of Environmental Psychology, 6*, 205-231.

Prescott, E. (1984). The physical setting in day care. In J. T. Greenman & R. W. Fuqua (Eds.), *Making day care better: Training, evolution, and the process of change* (pp. 44-65). New York: Teachers College Press.

실외 자유놀이 운영

실외놀이는 유아교육기관 건물 밖 공간에서 이루어지는 유아들의 놀이 활동으로 일반적으로 바깥놀이와 같은 개념으로 사용된다. 실외 자유놀이는 유아에게 자유와 건강, 잘 있기(well-being), 잘 되기(well-becoming)를 위해 필연적으로 필요한 것이다(Kernan & Devine, 2010). 실외의 공간과 시설은 유아들의 활동 영역을 넓혀 주며, 전체적인 신체활동뿐만 아니라 소근육 활동이나 개념 중심의 활동도 가능하게 해 준다. 특히 자연을 만나고 경험함으로써 자연 생태계에 대한 탐구력과 친밀감을 형성하도록 돕는다(Paley, 1984). 그러므로 유아교육기관 실외놀이 환경은 유아의 전인적 성장발달을 촉진시키는 복합기능을 수행하도록 계획하는 것이 바람직하다. 이 장에서는 실외 자유놀이 환경의 중요성과 구성 원리, 연령에 맞는 실외놀이 환경에 대해 알아보고자 한다.

1. 실외놀이 환경

1) 실외놀이의 중요성

실외놀이는 현대 사회에서 유아가 실내에서 벗어나 뛰놀고 자연을 경험할 수 있는 기회가 적어지면서 하루 일과 중 중요한 시간으로 대두되고 있으며 실내보다 넓은 공간에서 놀이가 이루어지기 때문에 유아에게 또 다른 놀이의 경험을 제공한다(임진형, 김경미, 진미선, 2017). 실외놀이는 자유롭고 움직임이 큰 신체활동을 가능하게 하고, 자연을 탐색할 수 있는 기회를 제공하며 적극적이고 능동적인 또래와의 상호작용을 이끌어 낸다. 또한 대근육 활동을 통해 건강을 유지하고 증진시키며, 또래와의 사회적 상호작용을 통해 사회성을 기를 수 있다(박찬옥, 정남미, 곽현주, 2016).

이와 같이 실외놀이의 교육적 효과는 운동적 기술 발달 외에 인지적 발달, 의사소통능력의 확대, 사회적 기술 향상, 독립성과 긍정적 자아 개념을 형성하는 데 도움을 준다. 보건복지부(2014)는 실외놀이 활동을 하루 일과 중 매일 포함하여 오전 · 오후 중 1시간 이상 운영하도록 하고 있고, 대근육 활동이 미숙한 영아도 0세는 주3회 30분 이상, 1세는 매일 30분 이상, 2세는 매일 1시간 이상의 실외활동을 운영하도록 하고 있다(보건복지부 · 한국보육진흥원, 2017). 또한 누리과정의 신체운동 · 건강 영역 하위내용으로 기본적인 운동과 규칙적인 바깥에서의 신체활동을 강조하고 있다.

유아의 전인적 발달을 촉진하고 복합기능을 수행하는 실외놀이의 중요성을 자세히 살펴보면 다음과 같다.

- 유아가 여러 가지 신체활동을 자유롭게 시도할 수 있다.

  실외놀이 공간에서는 큰 기구를 이용할 수 있고 더 넓은 공간에서 놀이가 가능하기 때문에 유아의 신체발달을 도모하고, 소근육과 대근육의 발달, 친사회적 행동을 발달시킬 수 있다. 넓은 공간에서 자연과 더불어 여러 가지 신체활동(오르기, 매달리기, 달리기 등), 게임을 가능하게 한다.

- 유아에게 다양하고 풍부한 감각 경험을 제공한다.

데이비스(Davies, 1996)는 실외활동은 실내에서 경험하기 어려운 '자유로움'을 제공하고, 특히 자연의 다양한 요소와 상호작용할 수 있는 기회를 제공한다고 언급했다. 실외놀이를 통하여 날씨의 춥고 따뜻함, 바람의 세기 등을 감각적으로 느낄 수 있으며 주변의 여러 가지 자연을 통하여 다양한 촉감 경험을 할 수 있다. 실내에서 접하기 어려운 나무, 모래, 물 등을 이용하는 자연물 놀이를 통하여 소리, 냄새 등의 감각 기관을 자극할 수 있고, 이러한 다양한 감각 경험은 유아의 전인발달을 촉진하게 된다.

- 유아에게 자연학습의 기회를 제공한다.

실외놀이를 통해 계절과 기후의 변화, 동식물의 변화 등을 관찰하고, 자연을 가까이에서 보고 느끼며 생명의 고유한 가치를 알고 자연을 보호하는 자세를 키워 나간다.

- 유아에게 다양한 사회관계를 맺게 해 준다.

실외놀이 공간에서 유아 간 사회관계가 형성된다. 놀이기구를 함께 사용하기 위하여 차례를 지키고 놀잇감을 나누어 쓰기도 한다. 실외놀이기구(그네, 미끄럼틀, 시소 등)에서 서로 손을 잡아 주거나 밀어 주는 등 서로 교대하기, 협력하기, 함께 계획하기 등의 사회적 기술이 발달하고 사회적 관계에서 언어적 상호작용도 증진된다.

- 유아에게 휴식을 제공해 준다.

실외놀이 공간에서 유아가 휴식을 취하고 싶을 때 쉴 수 있도록 정자나 돗자리를 마련해 준다. 활발한 운동놀이를 한 후에 자연 속에서 취하는 휴식은 유아의 정서나 신체발달에 꼭 필요하다.

- 유아에게 즐거움을 준다.

실외놀이 환경이 유아가 자유를 누릴 수 있는 공간, 유아의 희망에 따라 다양한 탐색과 도전을 시도해 볼 수 있는 공간, 유아에게 발견의 기쁨을 제공하는 공간, 유아의 안전을 보장하는 공간으로 구성되었을 때, 실외놀이 활동을 통하여 즐거움을 느낄 수 있다(이순복 외, 2013).

이와 같이 유아는 실외놀이를 통하여 신체 조절 기술을 배우고, 감각을 통한 사물의 탐색 기회를 가지며, 살아 있는 동식물을 경험하며 자연을 배운다. 또한 유아에게 휴식의 시간이 되고, 그 결과 스트레스를 발산하고 정서적인 안정을 찾을 수 있다. 유아의 개인차나 발달 수준과 같은 개인적 특성뿐 아니라 놀이를 위한 환경이 놀이의 질에 영향을 미칠 수 있기 때문에 유아가 스스로 잠재력을 키울 수 있는 놀이 환경으로 구성해 주어야 한다.

2) 실외놀이 환경구성 원리

실외놀이 환경은 가능하면 유아교육기관의 건물 앞쪽, 특히 남쪽에 위치하여 햇빛과 그늘을 적당히 제공받을 수 있도록 하며, 놀이 자료를 안팎으로 옮기기 쉽고 유아가 자유로이 드나들기 쉽도록 실내 공간과 연결되게 하는 것이 좋다.

유치원의 실외 공간은 원아 40명 이하일 경우에는 160m^2(약 48.5평)이며, 41명 이상은 120m^2+유치원아의 수(「고등학교 이하 각급 학교 설립 · 운영 규정」 제5조)이며, 어린이집의 실외 공간 기준은 보육 정원 50명 이상(12개월 미만의 영아보육 어린이집은 제외)은 영유아 1인당 3.5m^2(약 1평) 이상의 규모로 옥외 놀이터를 설치하도록 하고 있다(「영유아보육법 시행규칙」 제9조).

프로스트와 헤니거(Frost & Henniger, 1979)는 현명한 교사는 실외 환경을 실내 환경의 자연스런 확장으로 본다고 했고 실내 환경과 실외 환경이 서로 다른 공간에서 이루어지는 놀이이지만 두 환경 모두 유아의 경험을 위해 필요하고 교사의 역할 또한 똑같이 중요하다고 했다. 그러나 실외놀이 환경은 복합놀이시설물이나 고정놀이시설물로 구성되어 있고(신동주, 양연임, 2003), 교사들은 유아의 안전에 대한 감독과 단순히 놀이를 관찰하는 등 제한된 역할만을 실행하고 있다(신동주, 2004)는 연구결과와 같이 실외놀이 환경에 대해 단순한 환경과 적절한 유아 지원이 이루어지고 있지 않다. 실외놀이 역시 실내의 흥미영역 구성처럼 놀이 영역을 중심으로 구성되는 것이 바람직하고 다양한 실외놀이 구성과 활동을 통해 유아의 신체적 · 사회적 · 정서적 · 인지적 발달을 촉진해야 한다. 보건복지부 · 교육부(2014)에서는 실외놀이 영역을 운동놀이 영역, 물 · 모래놀이 영역, 자연탐구 및 관찰 영역, 작업 영역, 휴식 영역으로 구분하여 제시하고 있다.

실외놀이 환경 구성 시 고려해야 할 원칙은 다음과 같다.

- 동적활동 영역과 정적활동 영역으로 구분한다.

  대근육 활동과 조용한 활동 영역으로 구분하여 서로 거리를 두어 배치하도록 한다. 동적활동 영역은 복합놀이기구, 자전거, 그네 등의 놀이시설물의 놀이에 따른 필요 공간을 확보한다. 정적활동 영역은 책을 읽거나 동식물을 기를 수 있는 환경으로 구성한다. 프로스트와 키싱어(Frost & Kissimger, 1976)는 실외놀이 공간 중 1/3은 정적활동 영역으로 2/3는 동적활동 영역으로 구성하는 것이 바람직하다고 했다.

- 바닥은 단단한 표면과 부드러운 표면을 조화롭게 설치한다.

  실외놀이 환경의 바닥 표면은 각 놀이 영역의 특징에 따라 흙, 모래, 잔디, 우레탄 등 여러 재질로 꾸며 다양한 감각 경험이 가능하도록 한다. 그네, 복합놀이기구의 바닥은 부드러운 모래나 우레탄을 깔고, 텃밭, 정원, 흙놀이 등을 위한 장소는 흙바닥으로 설치한다. 유아들이 자유로운 사회적 놀이를 하는 곳은 잔디를 깔아 주고, 그 크기는 실외놀이 공간 전체의 1/2~2/3 정도가 적당하다(Decker & Decker, 1992).

• 햇빛이 비치는 영역과 그늘진 영역도 균형을 이루게 설치한다.

놀이의 종류와 계절에 관계없이 원활하게 놀이가 이루어지기 위해서는 그늘진 공간과 양지바른 공간이 있어야 한다. 만일 그늘진 곳이 없다면 나무를 심거나 천막을 쳐서 그늘을 만들어 주는 것이 좋다. 모래 놀이터에 지붕을 만들거나 햇빛이 잘 드는 공간에 놀이 정자를 설치하면 눈, 비, 햇빛도 막아 주고, 눈과 비가 오는 날에도 실외놀이를 할 수 있다.

• 통로는 시각적으로 분명히 구분하도록 한다.

여러 유아가 함께 놀이하는 실외놀이 공간에는 서로의 왕래를 원활하게 해 주는 통로가 필요하다. 통로는 시설물 사이에 적절히 연결되도록 설치하고 유아들이 다니기에 충분히 넓어야 한다(넓이 90~150cm 정도). 실외놀이 공간에 통로가 있으면 방해받지 않고 놀이에 집중할 수 있으며, 모든 실외공간이 유아의 시야에 잘 들어와 놀이시설물 등의 위험으로부터 보호받을 수 있고, 쓸모없는 공간이 생기지 않는다(Kritchevsky, Presott, & Walling, 1977).

• 융통성 있게 활용할 수 있는 개방된 공간을 마련한다.

실외놀이 공간에 개방된 공간을 마련하여 그날의 주제나 교사의 의도, 유아의 요구에 따라 게임, 전통놀이, 대그룹 활동 등을 진행할 수 있다. 공, 훌라후프, 줄넘기 등 놀이기구를 사용한 운동놀이를 하거나 널빤지, 사다리, 받침대 등을 배치하면 새로운 놀이시설물을 만들어 놀이할 수 있다. 이러한 개방된 공간은 전체 실외놀이 공간의 1/3~1/2 정도로 구성하는 것이 적절하다.

• 놀이자료 보관을 위한 실외 창고를 둔다.

실외놀이 공간에는 고정된 놀이시설물 이외에 이동 가능한 대근육 활동 자료가 제공되므로 이러한 놀잇감을 보관할 창고가 필요하다. 세발자전거, 유아용 농구대, 축구 골대, 줄넘기, 훌라후프, 다양한 크기의 공 등이 보관되어 있으면 실외놀이 진행시 유아가 쉽게 꺼내 쓸 수 있다. 창고의 크기는 실외놀이 공간 면적과 놀잇감의 양을 고려하고, 물이 괴지 않도록 약간 경사진 곳에 위치하는 것이 좋으며, 창고 내부에는 선반을 설치하여 놀잇감의 용도에 따라 정리 · 보관한다.

2. 연령별 실외놀이 환경

1) 영아를 위한 실외놀이 환경

영아를 위한 실외놀이 환경은 자유로운 신체 운동 놀이를 위한 공간과 새롭고 다양한 경험을 안전하게 할 수 있는 환경 구성이 중요하다. 영아용으로 제작되어 안전사고를 예방하고, 운동 기능이 미숙한 영아에게 신체활동을 안전하게 시도해 볼 수 있는 환경으로 감각 경험이 가능한 놀이 공간을 제공한다(고선옥 외, 2018). 영아를 위한 실외놀이는 0~1세는 바깥놀이 또는 베란다 등에서 일광욕을 하거나 외부 공기를 쐬는 등의 활동으로 운영하고, 2세는 자동차 타기, 술래잡기, 미끄럼 타기, 식물 관찰하기, 물·모래놀이, 어린이집 주변 산책하기 등으로 운영한다(보건복지부·한국보육진흥원, 2017).

발달 특성상 영유아 실외놀이 공간을 분리하는 것이 좋지만 공동으로 사용해야 할 경우에는 이용 시간을 다르게 계획하여 실외놀이를 하도록 하고, 실외놀이 공간을 영아반과 가까운 곳에 배치하여 교사가 영아의 기저귀를 갈거나 응급상자를 가져오는 등의 활동이 쉽게 하도록 한다(신은수 외, 2011).

영아를 위한 실외놀이 환경은 동적인 영역과 정적인 영역으로 구분된다(보건복지부, 2013). 동적인 영역은 걷기 전 영아를 위한 유모차나 걷기 시작한 경우에 붕붕차 등 영아의 발달 수준에 맞추어 실외놀이를 위한 놀잇감을 준비한다. 바퀴 달린 놀잇감이나 세발자전거 등을 이용하기 위해 단단한 바닥재를 사용하며 미끄럼틀과 그네, 시소 등의 놀잇감을 배치하여 교사와 함께 경험할 수 있도록 한다. 정적인 영역에는 휴식을 위한 공간과 더불어 영아가 만지고 탐구할 수 있도록 잔디, 모래, 돌, 진흙, 물 등의 탐색 공간을 포함하여 환경을 구성한다. 외부 차량이나 사람들로부터 영아를 보호할 수 있도록 배려하고, 안전을 위해 놀이 상황을 교사가 한눈에 파악하고 필요 시 도울 수 있도록 공간을 구성한다.

영아를 위한 실외놀이 영역은 운동놀이 영역, 물·모래놀이 영역, 자연탐구 및 관찰 영역, 작업영역, 휴식영역 등으로 구성할 수 있다(보건복지부·한국보육진흥원, 2017).

(1) 운동놀이 영역

운동놀이 영역은 기어오르기, 매달리기, 뛰어내리기, 미끄럼 타기, 자전거 타기 등의 신체활동을 할 수 있는 활동적인 공간이다. 폭이 넓은 계단, 잡고 오를 수 있는 경사면으로 구성된 놀이 기구가 적당하고 대근육 활동을 할 수 있는 끌차, 붕붕차, 삼각 사다리, 안전 널빤지, 평균대, 사다리, 타이어 등도 제공한다(지성애 외, 2012). 추락 위험이 있는 놀이시설은 바닥에 충격을 흡수할 수 있는 바닥재를 설치하고 탈 것이 다니는 길은 단단하게 처리하고 바퀴가 잘 굴러갈 수 있도록 한다.

(2) 물 · 모래놀이 영역

물 · 모래놀이 영역은 다양한 감촉을 경험하고 여러 형태나 모양을 살펴볼 수 있는 공간으로 배수가 잘 되고 수도가 가까우며 햇빛이 잘 비치는 곳에 위치하되 직사광선을 막을 수 있는 천막을 설치하는 것이 좋다. 플라스틱 삽, 계량 컵, 소꿉놀이용 그릇, 여러 개의 통, 깔때기, 커다란 플라스틱 통, 물에 뜨는 장난감, 물에 가라앉는 물체, 모래를 실어 나를 수 있는 장난감 자동차 등을 비치하고 여러 명이 함께 놀 수 있도록 충분한 수의 놀잇감을 제공한다. 특히 모래놀이 영역은 비, 유리, 동물 등에 의한 오염을 방지하기 위해 덮개나 뚜껑을 준비하고 청결하게 관리한다.

(3) 자연탐구 및 관찰 영역

자연탐구 및 관찰 영역은 실내의 제한된 활동에서 벗어나 자연환경 및 동식물을 직접 탐색하고 관찰해 볼 수 있는 기회를 제공한다. 감각적 탐색활동은 영아기 중요한 놀이 활동이기 때문에 오감을 활발하게 사용할 수 있도록 한다. 햇빛이 잘 들고 눈에 잘 띄는 곳에 화단을 만들어 식물의 성장과 변화를 관찰하도록 하고, 동물 사육장은 바람이 잘 통하고 배수가 잘 되는 곳에 배치하여 영아들이 직접 먹이를 주고 관찰해 볼 수 있도록 제공한다. 나무, 꽃 화분, 물뿌리개, 상추나 고추 등의 텃밭 식물, 바람개비, 작은 깃발 등의 탐색 자료, 동물(토끼, 병아리 등)을 제공한다(이춘복 외, 2017).

(4) 작업 영역

작업 영역은 실외에서 접할 수 있는 다양한 환경적 특성을 통해 영아들이 다양한 주제와 활동으로 놀이를 확장시켜 나갈 수 있도록 구성한다. 미술활동, 목공놀이 등을 할 수 있는 재료와 기구를 비치한다.

(5) 휴식 영역

영아를 위한 실외놀이 공간에는 앉아서 쉬거나, 조용한 놀이를 할 수 있는 휴식 공간이 반드시 마련되어 있어야 한다. 부드럽고 편안하며 개인적인 공간으로 구성되어야 한다. 휴식 영역은 조용한 곳에 위치하고 간이천막, 의자나 스펀지 매트, 나무그늘 등을 이용하여 햇빛을 가려 주도록 한다. 점토, 그림 맞추기, 미술활동 자료, 책 등을 제공하여 조용한 놀이를 할 수 있도록 구성한다.

어린이집 평가인증 시 앞의 5가지 실외놀이 영역 중 두 가지 이상의 활동영역으로 구성되어 있어야 하고, 영유아발달에 적합한 다양한 놀이기구가 3종 이상 비치되어야 한다.

2) 유아를 위한 실외놀이 영역

유아들은 놀이를 통해 자신의 몸을 키우며, 놀이를 통해 세상을 배우고 관계를 형성한다. 헤니거(Henniger, 1994)는 실외놀이를 건전한 모험을 시도함으로써 성취감을 주고 사회적 참여, 문제해결, 신체적 활동, 협동놀이, 극놀이 등의 다양한 놀이 형태와 정서적 안정감을 제공해 줄 수 있다고 하였고, 실외에서도 모든 형태의 놀이가 가능하다고 하였다. 유아교육기관에서 경험하는 실외놀이는 하루 일과 중 유아들이 가장 선호하는 활동으로 유아가 온몸을 움직이도록 자유를 무한 허용한다(신세니 외, 2008; Sahimi, 2012).

실외놀이에서 유아의 물리적 환경 활용 실태에 대한 연구(이상은, 2010)에서 유아들은 복합놀이기구나 모래놀이시설과 같은 고정놀이시설을 활용하거나 교사가 유아의 놀이를 확장시키기 위하여 제시한 소품이나 소도구 등을 놀이에서 활용하는 것으로 나타났다. 또한 유아들은 실외놀이 시 설치되어 있는 놀이시설이나 교사가 제시하는 매체와 같이 주어진 환경만을 활용하는 것이 아니라 유아 자신이 놀이에 필요한 매체를 주변 환경에서 발견해 내고, 다른 활동에서 경험해 보았던 놀잇감을 현재의 놀이상황에 적절히 연결시켜 활용하였다(황윤세, 양옥승, 2002).

크리체프스키, 프레스콧과 월링(Kritchevsky, Prescott, & Walling, 1977)도 유아를 위한 실외환경은 보다 많은 유아를 동시에 수용할 수 있고 오랫동안 유아의 흥미를 지속시킬 수 있도록 다양한 형태의 인지적 갈등과 사회적 상호작용을 가능하게 하는 놀이단위의 복합성과 다양성을 고려해야 한다고 하였다.

자일스와 웰하우젠(Giles & Wellhousen, 2005)은 교사에게 실내에서 사용하는 놀이 자료를 실외로 확장하여 준비해 줄 것을 강조하였는데, 이는 실내에서 빈번히 이루어지는 음률활동, 역할놀이, 미술활동을 실외에서도 실시할 수 있기 때문이라고 하였다.

정리하면, 유아가 자신의 놀이 환경을 스스로 창조하고 만들어 갈 수 있도록 교사는 실외놀이를 위한 다양한 매체와 그 활용방안에 대해 연구해야 한다.

유아를 위한 실외놀이 환경 구성을 운동놀이 영역, 물 · 모래놀이 영역, 자연탐구 및 관찰영역, 작업 영역, 휴식 영역으로 나누어 살펴보면 다음과 같다(보건복지부, 2014).

(1) 운동놀이 영역

운동놀이에는 미끄럼이나 그네, 시소, 정글짐과 같은 복합놀이시설과 평균대, 뜀틀, 매트 등의 운동놀이기구, 크기가 다른 공, 막대, 굴렁쇠, 줄넘기와 같은 작은 도구나 몸을 활용하는 놀이가 있다. 운동놀이는 유아의 바른 자세 형성과 운동 기능 발달에 기초가 되며 몸의 균형을 유지하고 몸을 조정하여 움직일 수 있는 과정을 경험하게 한다.

운동놀이 영역에는 대근육 운동 능력을 기르고 기구를 이용하는 방법을 습득할 수 있도록 기어오르기, 매달리기 등 다양한 운동놀이를 할 수 있는 놀이시설을 설치한다. 운동놀이 영역은 다른 영역보다 공간을 많이 차지하므로 다른 영역과의 조화를 고려하고 조용한 영역과 떨어진 곳에 배치한다.

연령별 운동놀이 영역 구성의 예는 〈표 7-1〉과 같다.

〈표 7-1〉 연령별 운동놀이 영역 구성의 예

연령	영역 구성
3세	• 미끄럼, 오름 틀은 경사가 완만하고 길이가 짧은 것으로 제공 • 자전거와 같이 탈것은 소형으로 제공
4세	• 미끄럼, 오름 틀은 신체 조건에 적합한 것을 제공 • 평균대 걷기, 공 굴리기, 고무줄 뛰기에 맞는 운동기구 비치
5세	• 모험놀이를 비치하여 도전적 놀이를 경험하도록 제공 • 달리기, 구르기, 균형 잡기, 뛰어내리기 등 신체 경험이 가능하도록 구성 • 스스로 안전규칙을 정해 보도록 함

출처: 보건복지부 · 교육부(2014).

(2) 물 · 모래놀이 영역

물 · 모래놀이 영역은 자연물인 모래와 물을 놀잇감으로 마음대로 가지고 놀이하는 영역이다. 모래와 물은 사용방법이 정해져 있지 않아 부담 없이 마음대로 활동에 몰두하며 이 과정을 통해 성취감과 만족감을 느끼고, 동시에 정서적 안정감과 즐거움을 갖게 된다. 또한 집단놀이 형태로 이루어지는 경우가 많아 친구들과 자연스럽게 어울리는 기회를 갖게 한다. 물 · 모래놀이 영역은 인접하게 배치하면 놀이가 확장될 수 있고, 통행이 빈번하지 않은 햇볕이 잘 들고 배수가 잘 되는 곳에 배치하는 것이 적합하다. 모래놀이 영역과 가까운 그늘진 곳에 유아가 상상력을 키울 수 있는 다양한 형태의 구조물이나 놀이집, 테이블, 극화놀이 소품 등을 마련한다.

연령별 물 · 모래놀이 영역 구성의 예는 〈표 7-2〉와 같다.

〈표7-2〉 연령별 물 · 모래놀이 영역 구성의 예

연령	영역 구성
3세	• 물과 모래의 탐색(담그기, 만지기, 찍기 등)을 위해 다양한 종류의 그릇, 인형, 공 등 제공
4세	• 물의 특성을 알아볼 수 있는 도구 제공 • 소꿉놀이, 인형, 자동차 모형, 자연물을 이용한 놀이 확장 제시
5세	• 물과 모래의 양을 측정해 볼 수 있도록 계량도구 제공 • 물 · 모래놀이가 확장되도록 모래삽, 수로용 플라스틱 관, 투명 호스 등 제공

출처: 보건복지부 · 교육부(2014).

(3) 자연탐구 및 관찰 영역

자연탐구 및 관찰 영역은 식물 기르기 영역과 동물 기르기 영역으로 구성할 수 있다. 동식물을 기르며 유아들은 관찰하고, 조사하고, 실험하는 등의 탐구 과정에 적극적으로 참여함으로써 탐구를 즐기게 되고, 자연물에 대한 전문적 지식을 얻고 개념을 형성하며 자연에 대한 이해와 정서적 교감을 나누게 된다.

식물 기르기 영역은 햇빛이 잘 들고 물을 사용하기 좋은 곳에 배치한다. 텃밭 구성 공간이 부족하면 화분을 이용하여 유아가 직접 씨를 뿌리고, 재배하고, 수확하는 과정을 통해 식물의 성장 과정과 변화를 관찰하고 이해하도록 한다. 또한 유아가 꽃과 열매를 관찰할 수 있도록 꽃나무와 유실수를 계절별로 적절히 안배하여 심는다.

동물 기르기 영역은 햇빛이 잘 들고 바람이 잘 통하며, 배수가 잘 되는 장소에 배치하고 청소하기 쉽게 구성한다. 또한 물과 사료 공급이 쉬운 곳에 설치하여 유아가 직접 먹이를 주고 관찰하도록 한다.

연령별 자연탐구 및 관찰 영역 구성의 예는 〈표 7-3〉과 같다.

〈표 7-3〉 연령별 자연탐구 및 관찰 영역 구성의 예

연령	영역 구성
3세	• 주변의 친숙한 동식물을 관찰하도록 함 • 동물 먹이 주기와 식물 물 주기 활동
4세	• 씨뿌리기, 모종심기 활동을 통하여 텃밭 가꾸기 활동 • 동식물의 성장과정 기록을 위한 관찰기록용지 제공
5세	• 동식물의 성장에 관한 정보 지식 관련 자료 제공 • 씨뿌리기, 모종심기를 통해 자신의 식물 기르기 경험 갖기

출처: 보건복지부 · 교육부(2014).

(4) 작업 영역

작업 영역은 실외에서 접할 수 있는 다양한 환경의 특성을 통해 다양한 주제와 활동으로 놀이를 확장하도록 한다. 물감으로 그림그리기, 큰 블록 쌓기, 목공놀이, 점토놀이 등이 이루어진다.

연령별 작업 영역 구성의 예는 〈표 7-4〉와 같다.

〈표 7-4〉 연령별 작업 영역 구성의 예

연령	영역 구성
3세	• 기본적인 자료를 바꾸어 주고, 핑거페인팅 재료, 큰 붓, 점토로 자유로운 활동 유도
4세	• 자연물로 꾸미기, 모래 그림 그리기, 물감 흘려 벽화 꾸미기 등의 미술활동과 블록으로 구성하는 활동 제공
5세	• 다양한 미술 재료 및 자연물을 활용한 놀이, 목공놀이 등 공동 작업에 필요한 자료 제공

출처: 보건복지부 · 교육부(2014).

(5) 휴식 영역

휴식 영역은 유아들이 동적 활동 후 휴식을 취하거나 다른 유아들이 놀고 있는 모습을 보며 편안하게 휴식을 취할 수 있도록 조용한 공간을 마련하여 구성하며, 다양한 종류의 나무 그늘이나 정자, 지붕이 있는 테라스를 설치하거나 텐트나 파라솔 등을 활용하여 그늘을 만든다.

실외놀이 영역 공간 구성의 예는 [그림 7-1]과 같다.

[그림 7-1] 실외놀이 영역 구성

3. 실외놀이 안전관리

1) 실외놀이시설의 안전

무상보육과 누리과정 시행으로 영아의 66.1%가 어린이집을, 유아의 89.6%가 어린이집이나 유치원을 이용하고 있고(육아정책연구소, 2015), 유아교육기관에 머무는 시간이 길어지는 현실을 고려할 때 어린이집과 유치원은 유아의 생활공간이라 해도 부족함이 없다.

실외놀이를 계획하는 데 있어서 안전은 중요한 요소로, 실외놀이 구성 시 안전성 측면에서 놀이 공간을 평가하는 것은 중요하다. 실외 안전사고가 발생하는 장소는 놀이시설(59.9%)이 가장 많고, 그중 미끄럼틀(22.3%)에서의 사고가 많이 발생하였다. 어린이집과 유치원의 실외놀이 환경 중 안전과 관련하여 가장 주의를 기울이는 부분은 실외놀이 시설물 관리인 것으로 나타났다(육아정책연구소, 2015).

안전한 실외놀이 환경은 유아로 하여금 놀이 활동에 자유롭게 참여하도록 하여 건강한 신체와 심리적 안정감을 발달시킬 수 있도록 도와준다. 유아교육기관에서는 실외 시설의 설비를 안전하게 설치·관리하고 비상시 대처방안을 수립하여 예방과 훈련을 통한 대처능력을 키움으로써 유아를 주의 깊게 보호하고, 기관에서의 생활 중 위험이 생기거나 사고가 날 염려가 없는 상태를 유지하도록 지속적으로 관리하여 유아가 안전사고의 위험 없이 즐겁게 생활할 수 있는 환경을 조성하여야 한다.

어린이 놀이시설 정기검사는 2년에 1회 이상 실시하도록 되어 있고(「어린이놀이시설 안전관리법」 제12조), 놀이시설 유지를 위한 안전점검은 월 1회 이상 자체 점검을 실시하도록 하고 있다. 놀이시설의 연결 상태, 노후 정도, 변형 상태, 청결 상태, 안전수칙 등의 표시 상태, 부대시설의 파손 상태 및 위험 물질의 존재 여부에 대한 자체 점검을 실시한다.

다음은 실외놀이 환경에 대한 월별·일별 어린이집 안전점검 체크리스트이다.

어린이집 안전점검 체크리스트(월별)

결재	담당	원장

20　년　월　주, 점검자: ______ ______반 (점검 상태: 양호○, 보통 △, 불량×)

구분	점검 항목	점검 결과 월	조치사항
실외놀이 기구 및 공간	–모든 놀이기구가 바닥에 안전하게 고정되어 있는가?		
	–놀이시설물의 상태(틈새나 간격)가 영유아의 몸에 끼이지 않는 넓이인가?		
	–기초대, 지지대 등 매설 부분이 노출되지 않았는가?		
	–모든 놀이기구 아래와 주위(안전지대)의 충격흡수재 성능은 양호한가?		
	–보수가 필요한 놀잇감 및 놀이기구가 방치되어 있는가?		
	–놀이기구의 높이가 영유아에게 적합한가?		
	–품질경영 및 공산품안전관리법에 의한 안전검사를 필한 제품인가?		

※ 12가지 항목 중 실외놀이기구 및 공간 부분만 발췌함

어린이집 안전점검 체크리스트(일별)

결재	담당	원장

20 년 월 주, 점검자: ______ ______반 (점검 상태: 양호○, 보통 △, 불량 ×)

구분	점검 항목	점검 결과 / 월	/ 화	/ 수	/ 목	/ 금	/ 토	조치 사항
실외 환경	–어린이집 보호벽 및 주변의 관리 상태는 양호한가?							
	–실외놀이 공간 주변의 돌, 유리 조각, 요철, 녹이 슨 부분, 벗겨진 페인트, 돌출된 모서리가 방치되어 있지는 않은가?							
	–확인되지 않는 식물이나 잡초는 모두 제거하였는가?							
	–놀이터 바닥에 오물, 방치된 물웅덩이가 없는가?							
실내 환경	–문과 창문 등의 추락 위험은 없는가?							
	–바닥에 다칠 수 있거나 미끄러운 곳이 없는가?							
	–복도, 계단, 비상계단, 미끄럼대 등에 방치된 물건이 없어 피난계단, 미끄럼대 등을 사용하기에 양호한가?							
	–모든 보육용품과 비품이 제자리에 있는가?							
	–보육용품이나 비품, 유리창 등에 날카로운 모서리 등이 없는가?							
놀잇감 및 놀이 기구	–망가져 날카롭고 위험한 것은 없는가?							
	–유해 색소가 칠해진 놀잇감은 없는가?							
	–영유아가 삼킬 만한 작은 놀잇감이나 부품은 없는가?							
	–부품이 빠지거나 작은 볼트 등이 빠진 것은 없는가?							
	–놀잇감 및 놀이기구의 수납 상태가 양호한가?							
화장실, 세면대	–화장실 내 세제나 락스 등 위험한 물건이 영유아들의 손이 닿는 곳에 방치되어 있지 않은가?							
전기, 화기, 위험물	–콘센트는 안전덮개로 보호되어 있는가?							
	–전선이 늘어져 있지 않은가?							
	–화기에 의한 안전사고 위험은 없는가?							
	–위험물에 의한 안전사고 위험은 없는가?							
	–가스밸브와 가스중간밸브 잠금은 양호한가?							
차량 안전	–차량 내 소화기 · 비상약품 비치 여부 및 비치 상태가 양호한가?							
	–차량 내 안전벨트 등 안전장비의 상태는 양호하며 영유아와 보호자는 차량 내 안전벨트를 착용하는가?							
	–차량에 영유아를 보호할 수 있는 사람(보육교사 등)이 탑승하는가?							
기타	–응급전화번호 및 비상연락망 등이 잘 관리되고 있는가?							

〈작성 Tip〉
▶ 점검 결과란 아래에 점검한 날짜를 기록하고 일별로 체크한다.
▶ 점검 결과 관리 상태가 양호하면 ○표, 보통은 △표, 불량은 ×로 조치사항에 기록하고, 불량한 부분은 즉시 보수하도록 한다.
▶1주일 간의 일일점검표를 비교 · 확인하고 불량한 부분이 계속 누적되지 않도록 해야 한다.

출처: 보건복지부(2018).

2) 안전한 실외놀이를 위한 교사의 역할

실외놀이 환경에서 유아의 안전을 위해서는 유아발달 수준에 적합한 시설물 설치와 정기적인 안전지도가 필요하다. 이와 함께 교사는 놀이기구를 적절하고 창의적으로 사용하는 방법을 알고 실외놀이기구에서 일어날 수 있는 위험성을 이해하고 있을 때 유아 안전사고가 적게 나타난다.

실외놀이 진행 시 안전한 놀이를 위한 교사의 역할은 다음과 같다(어린이집 안전공제회, 2016).

- 실외놀이 전에 비상약품을 챙기고, 영유아의 옷차림(모자끈, 운동화끈, 머리끈 등)을 살핀다.
- 실외놀이 활동 전에 차량, 골목길, 교통안전 등의 유의사항, 지켜야 할 약속에 대한 이야기를 나눈다.
- 놀이기구를 이용할 때 차례를 지킬 수 있도록 지도하고 수시로 인원을 점검한다. 위험한 행동을 할 때에는 바로 중지시킨다.
- 이탈행동이 빈번하거나 산만한 영유아는 보육교사가 더 주의하여 살핀다.
- 높이가 있는 놀이기구에서 노는 영유아는 더 주의하여 살핀다.
- 위험한 곳에 올라간 영유아가 있을 경우에는 안전하게 내려올 수 있도록 도와주고, 위험한 곳에 올라가지 않도록 주의시킨다.
- 실외놀이 종료 시간을 사전에 알려 준다.
- 혼자 돌아다니지 않도록 주의시킨다.
- 유리 파편, 돌 등 주변에 위험한 요소가 없는지 확인한다.

유아가 자유롭고 창의적인 놀이 경험, 자신과 환경에 대한 자연적인 학습 경험 및 심신의 건강 유지를 위한 다양한 실외놀이가 이루어질 수 있도록 안전한 실외놀이 환경 구성과 교사의 지도, 지속적인 안전교육이 병행되어야 한다.

참고문헌

고선옥, 김경신, 임경례, 한성민(2018). **놀이지도**. 경기: 정민사.

박찬옥, 정남미, 곽현주(2016). **놀이지도**. 경기: 양성원.

보건복지부(2013). 제3차 어린이집 표준보육과정 교사용 지침서.

보건복지부(2014). 누리과정에 기초한 어린이집 프로그램.

보건복지부(2018). 보육사업안내 서식.

보건복지부 · 한국보육진흥원(2017). 제3차 어린이집 평가인증 안내 통합지표.

보건복지부 · 교육부(2014). 3~5세 연령별 누리과정 교사용 지침서.

신동주(2004). 유치원의 실외놀이 환경 구비실태 및 실외놀이시설 안전점검 실태. **유아교육학논집, 8**(4), 151-183.

신동주, 양연임(2003). 유치원의 실외놀이시설 실태 및 교사와 학부모의 실외놀이 인식에 대한 연구. **유아교육학논집, 7**(1), 93-112.

신세니, 안지성, 이효원, 조희숙(2008). 유아들의 목소리에 나타난 바깥놀이터의 의미. **열린유아교육연구, 13**(6), 261-292.

신은수, 김은정, 유영의, 박현경, 백경순(2011). **놀이와 유아교육**. 서울: 학지사.

어린이집 안전 공제회(2016). 어린이집 안전관리 백과.

육아정책연구소(2015). 안전한 영유아 보육 · 교육 환경 조성 방안: 유치원 · 어린이집 환경을 중심으로.

이상은(2010). 실외놀이에서 유아의 물리적 환경 활용 실태와 실외놀이 내용에 대한 질적 연구. **생태유아교육, 9**(3), 153-170.

이순복, 김성원, 김정희, 박지연, 석은조(2013). **놀이지도**. 경기: 양서원.

이춘복, 황소영, 신희이, 정정란, 구현아, 김희제(2017). **영유아교사를 위한 놀이지도**. 서울: 창지사.

임진형, 김경미, 진미선(2017). 유아교육기관 실외놀이 운영에 대한 교사의 경험 분석. **한국산학기술학회, 18**(1), 467-474.

지성애, 채영란, 신금호, 박희숙, 박유영(2015). **놀이지도**. 경기: 정민사.

황윤세, 양옥승(2002). 포스트모더니즘 관점에서 유아교육에 대한 함의. **열린유아교육연구, 7**(2), 335-355.

Davies, M. (1996). Outdoors: An important context for young children's development. *Early Child Development and care, 115*(1), 37-49.

Decker, C. A., & Decker, J. R. (1992). *Planning and Adminstering Early Childhood Program* (9th ed.). New York: Macmillan Publishing Company.

Decker, C. A., & Decker, J. R. (1976). *The young child and the educative process.* New York: Holt, Rinehart 7 and Winston.

Frost. J. L., & Henniger, M. L. (1979). Making playground safe for children and children safe for playground. *Young Children, 34*(5), 23-30.

Giles, R. M., & Wellhousen, K. (2005). Reading, writing, and running: Literacy learning on the playground. *The Reading Teacher; November 2005, 59*(3). 283-285.

Henniger, M. L. (1994). Planning for outdoor play. *Young Children, 49*(4), 10-15.

Kernan, M., & Devine, D. (2010). Being confined within? Constructions of the good childhood and outdoor play in early childhood education and care settings in Ireland. *Children & Society, 24*(5), 371-385.

Kritchevsky, S., Prescott, E., & Walling, L. (1977). *Planning environments for young children: Physical space.* Washington, DC: National Association for the Education of Young Children.

Paley, V. G. (1984). *Boys and girls: Superheroes in the doll corner.* Chicago: University of Chicago Press.

Sahimi, N. N. (2012). Preschool children preferences on their school environment. *Procedia-Social and Behavior Science, 42*, 55-62.

전통놀이

유아교육에서 놀이는 다른 교육과 구분 짓는 특징의 하나로 의미를 갖는다. 아이들은 재미를 가지고 목적 없이 자발적으로 하는 놀이를 통해 삶과 앎이 함께 자라난다(정선아, 2016). 특히 전통놀이는 우리 민족의 전통적인 가치와 태도를 오늘의 삶 속에서 이어 가도록 하는 것으로 문화적, 교육적으로 큰 의의가 있다고 할 수 있다. 이 장에서는 전통놀이의 개념과 특성, 전통놀이 지도에 대해 알아보고자 한다.

1. 전통놀이의 개념과 교육적 가치

1) 전통놀이의 개념

전통놀이의 발굴과 보급은 1970년대부터 시작되었고 1980년대에 유아교육분야에서 나타나기 시작했으며, 1993년 교육부에서 '유아전통놀이 교육활동 자료'를 개발하여 현장에 적용 · 가능한 전통놀이 10가지를 소개하였다(김현자 외, 2016). 또한 제6차 유치원 교육과정 개정 시 세계화에 대비한 '전통문화교육의 충실'이 강조되었다.

전통이란 '어느 특정 사회에서 집단 구성원에 의해 역사적으로 장기간 성립·발달·정착되어 온 사상, 종교, 풍습, 전설 등이 말이나 실행에 의해 대대로 후세에 전하여 내려오는 것'(김민수 외, 1991) 또는 '여러 세대를 거치면서 역사성을 지닌 채 축적된 가치 및 신념체계 또는 세계관 속에 내재하는 것'이라고 볼 수 있다(서영숙, 고민경, 2004).

전통놀이는 '옛날부터 민간에 의해 전승되어 오는 여러 가지 놀이로서 향토색을 지니며 전통적으로 해마다 행해져 오는 놀이'(최상수, 1985) 또는 '고대로부터 일반적으로 행해지면서 민간에 의해 전승되어 오는 여러 가지 놀이로서 전통성, 역사성, 고유성, 지속성을 지니는 놀이'(이은화, 1989)라고 했다. 이처럼 전통놀이는 사회가 추구하는 가치와 신념을 놀이 형식에 담아 후세에 전하는 일종의 '문화 프로그램'으로 교육활동의 역할을 한다. 전통놀이를 통해 후손들은 민족 고유의 정서를 경험하고, 전통 사회의 가치와 규범을 학습하고, 자신들의 사고와 행동 및 생활에 이를 반영하며, 이를 토대로 새로운 놀이 문화를 창출해 나간다(이은화 외, 2001).

전통놀이의 유래나 생성 동기를 살펴보면, 재미와 즐거움을 찾기 위해 놀이를 하는 것이 아니라 공동체 사회의 신앙과 가치관, 효율적이고도 새로운 생산을 위한 준비와 기원이 담겨 있다(교육부, 2000).

- 토착신앙인 무속을 바탕으로 한 제천의식이나 외래 종교인 불교나 유교의 제사의식이 시대적 변화와 더불어 놀이화된 것으로 윷놀이, 제기차기, 산가지놀이, 관등놀이 등을 예로 들 수 있다.
- 자연적 조건(예를 들면, 지리, 기후, 계절)에 따른 세시풍속이 놀이로 발전한 것으로서 농악, 달맞이, 다리밟기, 지신밟기 등이 있다.
- 전쟁에 대비한 훈련이나 전략으로 사용된 것이 나중에 놀이 형식으로 전환된 것으로서 연 놀이, 강강술래, 승경도놀이가 있다.
- 공동체 사회가 추구하는 가치관이나 사상을 전달하는 도구로 놀이의 형식에 담아 표현한 것으로서 비석치기, 남승도놀이, 원놀이 등이 있다.

놀이는 유아의 사회화를 돕고, 정보를 획득하게 하며, 인지적 호기심을 자극하고, 지식과 경험을 통합하게 해 주면서 효율적으로 학습하도록 도와준다. 전통놀이의 교육적 접근은 한국의 전통문화를 유아에게 교육하는 것이고, 그 목적은 다음 세대에게 문화를 전달하는 것뿐만 아니라 우리 선조가 추구해 온 이상적인 인간상, 사회, 삶이 무엇인지 알고 이에 대한 자긍심을 갖게 하며, 현재 생활 속에서 전통 문화를 찾고 경험하게 하며, 앞으로 전통문화를 계승·발전시켜 나가게 하는 것이다(이은화 외, 2001).

2) 전통놀이의 교육적 가치

유아교육에서 전통놀이는 '우리 고유의 것'을 경험해 봄으로써 문화를 습득하고, 그들이 속한 사회의 지식, 개념, 가치 등을 터득하고, 민족 문화에 대한 정체감을 형성하는 데 의의가 있다. 전통놀이는 유아에게 놀이로서의 재미와 즐거움을 주며 다음과 같은 교육적 가치를 갖는다(이은화 외, 2001).

- 전통놀이는 아동의 전인적 발달에 기여한다.

  전통놀이는 유아의 정서를 풍요롭게 하고 자아 존중감을 발달시키며, 신체적 건강과 운동능력을 증진시킨다. 놀이로 인한 즐거움 자체가 유아에게 정서적 만족을 주고, 현실세계에서 느끼는 갈등과 긴장을 해소하게 하며, 근육 강화와 소근육 운동, 균형 감각, 리듬감 발달에 기여한다. 또한 공동체 의식과 사회성 발달 및 언어발달에 긍정적 영향을 미친다.
- 전통놀이는 자연친화적이고 여유 있는 심성을 기르는 인성교육의 중요한 장으로 활용된다.

  전통놀이는 자연물을 이용한 놀이가 많고, 계절이나 절기와 관련되어 자연의 질서에 맞추어 사는 우리 선조의 생활방식이 들어 있다.
- 전통놀이는 유아의 민족적 정체성 확립에 기여한다.

  제6차 유치원 교육과정(2000)에서 세계화에 대비한 전통문화교육을 강조한 것처럼 전통놀이는 과거의 전통문화를 이해하고 내면화하게 할 뿐 아니라 현재

문화를 이해하게 하므로 궁극적으로 유아로 하여금 민족적 · 문화적 정체감을 확립하게 하며 이것은 전통문화를 계승 · 발전시키기 위한 바탕이 된다.

- 전통놀이는 통일을 대비한 교육과정이 된다.

분단의 세월이 길어지면서 남북한은 사상뿐 아니라 생활 전반에 걸쳐 이질화가 심화되어 왔다. 통일을 대비한 교육은 민족의 동질성을 깨닫게 하고 이를 바탕으로 민족의 발전을 위해 함께 노력할 수 있도록 역량을 결집시키는 것에 중점을 두어야 할 것이다. 오랜 세월에 걸쳐 전승된 전통놀이는 민족의 동질성 회복과 화합을 가능케 하는 교육적 가치를 지닌다.

특히 유아교육과정과 관련하여 전통놀이가 갖는 교육적 가치는 다음과 같다(진영미, 박향아, 2016).

- 전통놀이는 유아의 전인적 발달을 가능하게 한다.
- 전통놀이는 유아의 개별적 발달 과정에 기여한다(박선희, 이송은, 1998).

자치기, 딱지치기, 제기차기, 팽이치기, 고누놀이 등과 같은 전통놀이는 유아의 기초적 수 개념은 물론 2차원 공간 보존 개념과 물질량 보존 개념, 거리 측정 및 공간도형 감각 등을 향상시킨다(배영희, 2004). 전통놀이 활동을 통해 대 · 소근육 발달 및 근력, 민첩성, 순발력, 유연성 향상 등을 기대할 수 있으므로 유아의 신체발달에 도움을 준다(김원준, 2010).

이외에도 전통놀이는 유아들에게 전통 문화의 계승 · 발전을 위한 바탕을 마련해 주며, 더 나아가 세대와 세대 간의 갈등이나 불일치를 해소할 수 있는 공유 가능한 경험의 기회를 제공함은 물론 문화적 표준 또는 교육목표가 되는 신념, 가치, 행동규범 등을 학습할 수 있도록 구성되었으며, 한 세대에서 다음 세대로 전달되면서 문화적 가치를 전달한다(배영희, 2004).

2. 전통놀이의 특성

1) 전통놀이의 특성

우리나라의 전통놀이는 대부분 성인을 대상으로 하는 놀이가 많았고, 아동에게 놀이는 학문연마를 방해하는 부정적인 시각으로 비춰졌기 때문에 아동을 위한 놀이는 많지 않았다. 따라서 아이들은 성인들의 놀이를 구경하거나 거들면서 어깨너머로 배워야만 했다. 이은화 외(2001)는 한국의 전통아동놀이를 연구하였는데, 다양한 연구 결과를 참고로 78종의 놀이를 전통놀이로 선정하고 이를 분석하여 전통놀이의 특성에 대해 다음과 같이 설명하였다.

- 영아기 놀이(1~3세)와 아동기 놀이(7~13세)에 비해 유아기 놀이(3~7세)가 적고, 아동기 놀이는 다양한 연령대의 사람이 함께 참여하며 즐겼던 놀이가 많다.
  78종의 놀이 중 영아기 놀이(8가지: 도리도리, 곤지곤지, 좸좸 등), 아동기 놀이(43가지: 과녁 맞추기, 투호놀이, 활쏘기, 연날리기, 씨름 등)에 비해 유아기 놀이 (5가지: 약손, 꼬부랑 할머니, 세상 달강 등)는 상대적으로 적고 신체놀이보다 노래 놀이로 이루어져 있다.
- 아동기 놀이는 성별에 따라 분리되며 남아 놀이가 여아 놀이보다 많다.
  약 7세경부터 아동놀이가 시작되는 것으로 보고 78종의 놀이 중 남아(29가지: 가마싸움, 군사놀이, 닭싸움, 제기차기, 활쏘기 등), 여아(16가지: 공기놀이, 그네뛰기, 기와 밟기, 널뛰기 등), 남녀 구별 없이 이루어진 놀이(33가지: 칠교놀이, 산가지놀이, 윷놀이 등)로 나타났다.
- 대부분의 전통놀이는 규칙 있는 게임으로 집단놀이이다.
  영유아기 놀이를 제외한 전통놀이는 2명 이상의 사람이 함께 어울려 노는 집단놀이 형태이고, 정해진 규칙에 따라 편을 나누어 경쟁을 하여 승부를 내는 놀이들이 많았다.
- 실내놀이에 비해 실외놀이가 많다.

실외놀이는 78종의 전통놀이 중 49종에 이르며 나머지 놀이도 실내와 실외 모두에서 이루어질 수 있는 놀이이다. 전통놀이는 돌, 나무 등 자연물을 이용한 놀이가 많으며, 이는 전통가옥의 협소한 구조로 넓게 트인 실외공간에서의 놀이 진행이 쉬웠기 때문이다.

- 아동의 발달을 증진시킨다.

78종의 놀이 중 신체발달(59종), 사회성 발달(52종), 정서발달(37종), 인지발달(32종), 언어발달(21종) 놀이로 유아기 이후에 보다 정교한 신체적 능력의 발달뿐만 아니라 탈중심화, 다양한 개념의 발달, 추리력, 분석력, 종합력 등의 인지능력과 타인과의 의견 조정과 상호작용할 수 있는 사회적 능력을 발달시킨다.

- 계절과 절기에 관련된 놀이가 많다.

많은 전통놀이는 사계절의 변화에 따라 생활에 미치는 영향으로 제사의식, 공동체의식 등이 놀이 형식으로 변화된 것으로서 정월대보름놀이(쥐불놀이, 달맞이 등), 오월 단오놀이(격구, 그네뛰기 등), 추석놀이(줄다리기, 가마싸움, 청어엮기 놀이 등)와 계절에 따라 봄(풀싸움) · 여름(풀각시 놀이) · 겨울(눈싸움, 자치기 등) 놀이로 이루어져 있다.

- 지역별로 놀이의 명칭이나 방법이 다양하다.

많은 전통놀이가 전국적으로 분포되어 있고, 놀이의 명칭과 놀이방법이 다양하다. '고누'놀이는 경기지방에서는 '고누' '고니' '꼬니' 등으로 불리고, 전남지방에서는 '꼬누'로 불린다. 공기놀이는 경북에서는 '짜게 받기', 경남에서는 '살구', 전남에서는 '닷짝 걸이'와 같이 다양하게 불린다. 놀이방법도 지역에 따라 다양하게 나타나는데, 비석치기는 개성, 전남, 충남의 경우에는 놀이방법이 다르게 나타난다. 놀이방법은 다양하지만 세워놓은 돌을 정확히 맞춰야 한다는 점은 같다.

- 놀이에서 놀잇감이 사용될 경우 자연물을 이용한 경우가 많다.

전통놀이가 실외에서 주로 이루어졌다는 것은 놀잇감이 자연물이었다는 특성을 뒷받침해 준다. 78종의 전통놀이 중 사물 놀잇감을 사용한 놀이(48종)에서 자연물을 놀잇감으로 사용한 놀이(37종)가 대부분이었다.

- 흥을 돋우는 노래가 수반되는 놀이가 많다.

놀잇감 없이 진행되는 놀이는 놀이를 하는 동안 부를 수 있는 노래가 있었다.

78종의 전통놀이 중 45종의 놀이가 노래를 부르면서 함께 진행되었다.

- 여러 문화권에서 볼 수 있는 놀이들이 있다.

우리나라의 전통놀이 중 세계적으로 분포되어 동일하게 나타나고 있는 놀이들이 있다. 비석치기는 러시아의 '코르드키', 칠교놀이는 미국의 '탱그램', 팽이치기는 일본의 '고마'와 비슷하고, 자치기는 서양 야구의 시조로 여겨지고 있다. 또한 씨름은 몽고와 터키에서도 볼 수 있으며, 줄다리기는 중국과 일본 등 동남아시아 일대에서 볼 수 있는 놀이이다.

〈표 8-1〉 전통놀이 목록

선정된 78종 놀이							
가마싸움	가면놀이	격구	고네고네	고누	고리잡기	고사리꺾기	고을모둠
곤지곤지	공기놀이	과녁맞추기	군사놀이	그네뛰기	그림자놀이	기와밟기	까치야 까치야
꼬리잡기	꼬부랑 할머니	남생아 놀아라	남승도놀이	널뛰기	눈싸움	단지팔기	달따기
달맞이	달집사르기	닭싸움	대말타기[1]	대말타기[2]	대문놀이	덕석몰이	도리도리
돈치기	돌아잡기	돌차기	두꺼비집 짓기	따로따로	땅재먹기	땟공치기	목말타기
못치기	봉사놀이	불무불무	비석치기	산가지놀이	세상달강	소꿉놀이	술래잡기
숨바꼭질	승경도놀이	썰매타기	씨름	약손	연날리기	윈놀이	윷놀이
이거래 저거래	자장가	자치기	장치기	잼부닥 불넘기	죔죔	제기차기	줄넘기
줄다리기	쥐불놀이	진뺏기놀이	짝짜꿍	쫄기접시	청어엮자 놀이	칠교놀이	투호놀이
팔랑개비 놀이	팔씨름	팽이치기	풀각시놀이	풀싸움놀이	활쏘기		

1 말머리를 만들어 붙인 참대, 옥수숫대를 다리 사이에 끼고 말을 타는 흉내를 내며 뛰어 노는 놀이로, 한 명 또는 여러 명의 아이가 함께 타기도 함

2 아동의 키보다 더 긴 참대나 나무막대기 2개를 한 손에 한 개씩 잡고 나무 밑동에 괸 발판에 올라서서 몸의 중심을 잡으려 걸어 다니는 놀이로, 빨리 걷기, 빨리 달리기, 말에서 내리지 않기 등으로 말타기 시합을 함

2) 전통놀이의 유형

우리나라 전통놀이의 기능에 따라 영아를 위한 전통놀이, 대근육 운동 전통놀이, 소근육 운동 전통놀이, 놀잇감이 있는 전통놀이, 노래가 포함된 전통놀이로 나누어 제시하면 〈표 8-2〉와 같다(박찬옥, 정남미, 임경애, 2004).

〈표 8-2〉 놀이의 기능에 따른 전통놀이의 분류

유형	명칭	내용
영아를 위한 전통놀이	도리도리	성인의 '도리도리'에 맞추어 유아가 머리를 좌우로 흔드는 놀이로 백일 전후 영아의 목 운동 효과가 있다.
	짝짜꿍	영아가 두 손을 펴서 손바닥을 마주치는 놀이로서 눈-손의 협응력 발달을 위한 놀이이다.
	곤지곤지	영아가 한손의 검지를 펴고 나머지 손가락은 오므린 채 다른 손의 손바닥을 두드리는 동작으로 눈-손 협응력을 목표로 한다.
	죔죔	성인의 시범에 따라 양손의 손가락을 오므렸다 폈다 하는 놀이로 3~4개월에서 첫돌까지 영아를 위한 단독놀이이다.
	따로따로	영아를 방 모서리에 잠시 기대어 세워 두거나 방의 가운데에 세워 두고는 쓰러질 듯하면 잡아 주는 놀이로서 영아의 '서기'를 촉진시킨다.
	단지팔기	영아를 안아 성인의 허리 뒤에 가로 업어 자신과 같이 앞 방향을 보게 하고 "똥 단지 사세요."라고 외친다. 영아의 배변 의식을 자극하는 놀이이다.
대근육 운동 전통놀이	동대문을 열어라	술래가 두 손을 맞잡고 동대문을 만들면 나머지 유아들이 앞사람의 허리를 잡고 통과하면서 '동동 동대문을 열어라' 노래를 한다. 노래가 끝날 때 술래가 팔을 내려 그 속에 갇힌 유아가 다음 술래가 된다.
	가마타기	두 명의 유아가 서로 두 손을 엮어 가마를 만들고 그 위에 한 명의 유아를 태워 주는 놀이로서 유아의 대근육 발달과 사회성을 키워 준다.
	깨금뛰기	유아가 한쪽 다리를 옆으로 구부려 한 손으로 그 발목을 잡고, 다른 발로 오래 서 있거나 뛰어다니는 놀이로 균형 감각을 키워 준다.
	그림자밟기	한 낮에 마당에서 유아들이 상대방의 그림자를 밟거나 자기 그림자를 남에게 밟히지 않도록 뛰어다니는 놀이이다.
	무궁화꽃이 피었습니다	술래가 벽을 보고 "무궁화 꽃이 피었습니다."를 외치는 동안 나머지 유아는 조금씩 움직이면서 술래 쪽으로 다가가는데, 이때 움직임을 들킨 유아가 술래의 손을 잡고 선다. 나머지 유아들이 조금씩 다가와 잡힌 손을 쳐 주고 도망가면 술래가 뒤쫓아와 다음 술래를 잡는다.

소근육 운동 전통놀이	실뜨기	60cm 정도의 실을 잘라 양끝을 묶은 후 한 유아가 두 손 전체로 실을 팽팽하게 한다. 나머지 유아가 손가락으로 실을 걸어 올리거나 내리면서 새로운 모양을 만든다.
	쌀보리	두 유아가 마주앉아 한 유아가 자신의 두 손바닥을 펴서 손목 부분을 모아 붙인 후 오므렸다 폈다 하면서 "쌀!" "보리!"라고 말한다. 다른 유아는 주먹 쥔 손을 상대방의 손에 넣었다 뺐다 하는데, "쌀!"하면서 오므리면 잡을 수 있으므로 재빨리 주먹을 빼야 한다.
	공기받기	작은 돌 5개를 사용하여 노는 집단놀이로 여러 가지 변형된 놀이형태가 존재한다.
	두꺼비 집짓기	모래더미에서 유아들이 한손을 모래에 묻고 다른 손으로 그 위를 두드리다가 모래에 넣었던 손을 살짝 빼서 구멍을 만드는 놀이이다.
	땅따먹기	땅바닥에 큰 원이나 네모를 그리고 작은 돌멩이를 구해 말로 정한다. 자기 집안에서 출발하여 말을 세 번 튕겨서 자기 집으로 돌아온다. 세 번 만에 들어온 선을 연결하여 그 선 안의 땅이 자기 것이 된다. 말이 선 밖으로 나가거나 세 번 만에 돌아오지 못하면 다음 차례가 한다.
놀잇감이 있는 전통놀이	소꿉장난	돌, 나뭇가지 등의 자연물을 이용하여 밥 짓기, 반찬 만들기 등을 하면서 엄마, 아빠, 아기 등의 역할을 흉내 내며 노는 역할놀이이다.
	오이냄새 나라	풀잎을 뜯어 손바닥으로 부비면서 '수박냄새 나라 참외냄새 나라' 노래를 부르며 냄새를 구별하는 놀이이다.
	풀싸움	봄철 놀이로 풀을 뜯어 줄기를 엇갈려 잡아당겨 먼저 끊어지는 쪽이 지는 놀이이다.
	비석치기	무릎, 팔, 겨드랑이에 납작한 돌을 끼웠다가 세워 둔 돌멩이에 떨어뜨려 쓰러뜨리는 놀이로 옛날 서민들이 양반 사회의 송덕비에 대한 울분을 토로하면서 했던 놀이에서 유래되었다.
	투호	1인당 12개의 화살을 가지고 3척의 거리에 있는 투호 병에 '화살'을 던져 많이 꽂은 수로 승부를 결정하는 놀이이다.
노래가 있는 전통놀이	꽃 찾기 놀이	'우리 집에 왜 왔니' 노래를 부르면서 앞으로 나가면 상대편은 뒷걸음으로 물러서면서 상대편 유아 중 한 명을 지목하여 가위바위보를 한다. 지는 유아가 이기는 편으로 간다.
	여우놀이	술래가 여우가 되어 원 안에 앉는다. 나머지 유아들은 '여우야 여우야 뭐하니' 노래를 부른다. 술래가 "죽었다." 하면 자리에 가만히 서 있고, "살았다." 하면 모두 달아난다. 술래에게 잡힌 유아가 술래가 된다.
	이거리 저거리	유아들이 두 줄로 마주앉아 두 다리를 교대로 끼워 앉는다. 한 명의 유아가 손으로 다리를 차례로 짚는다. 노래가 끝나는 순간 손에 집힌 유아의 다리는 오그릴 수 있다. 먼저 두 다리를 오그리는 유아가 이긴다.
	약손	유아가 배탈이 나서 아파 칭얼댈 때 성인이 유아의 배를 쓸어 주면서 부르는 노래놀이이다. "엄마 손은 약손 ○○ 배는 똥배~"

수건 돌리기	유아들이 원으로 둘러 앉아 노래를 부르는 동안에 술래가 된 유아는 원 밖으로 돌다가 한 유아의 뒤에 수건을 살짝 놓는다. 그것을 알아차린 유아가 수건을 얼른 집어 들고 쫓아가 술래가 빈 자리에 앉기 전에 치는 놀이이다.
꼬부랑 할머니	유아의 대 · 소변 가리기를 위해 창안된 노래놀이다.

3. 전통놀이 지도

1) 교육과정 속 전통문화교육

2013년 3월에 시행된 '3~5세 누리과정'은 유치원과 어린이집의 교육/보육과정을 통한 창의, 인성과 전통문화 교육을 강조하고 있다. 유아기에 전통문화 교육을 강조하는 이유는 국제 사회의 상호 교류와 의존성이 높아짐에 따라 우리의 정체성을 지키면서 변화에 능동적으로 적응해 나가는 것이 매우 중요(교육과학기술부 · 보건복지부, 2012)하기 때문이다. 또한 국가 정체성을 지키기 위해서는 유아기부터 우리나라에 대한 자부심과 문화를 알고 경험하는 것이 필요하고, 자신이 속해 있는 사회와 문화에 대하여 이해하도록 함으로써 우리 문화에 대한 긍정적인 인식과 사고를 갖게 하기 위해서이다(박찬옥, 김진희, 이경진, 2013).

3~5세 누리과정의 5개 영역 중 전통 문화와 관련된 영역은 사회관계 영역과 예술경험 영역이다. 사회관계 영역의 '사회에 관심 갖기' 내용범주 아래 우리나라에 관심 갖고 이해하기, 세계와 여러 문화에 관심 가지기 내용으로 우리나라의 전통에 대한 이해와 자부심을 토대로 편견 없이 다양한 나라, 인종, 문화에 관심을 갖고 존중할 수 있도록 한다. 예술경험 영역의 '예술 감상하기' 내용범주 아래 다양한 예술 감상하기, 전통예술 감상하기 내용으로 자신과 다른 사람의 작품, 그리고 우리나라 전통예술을 포함하여 다양한 종류의 예술을 감상하는 경험으로 구성되어 있다. 사회관계 영역과 예술경험 영역의 세부내용은 〈표 8-3〉과 같다.

〈표 8-3〉 3~5세 누리과정 전통문화교육 관련 영역

<table>
<tr><th>영역</th><th>내용 범주</th><th>내용</th><th>3세</th><th>4세</th><th>5세</th></tr>
<tr><td rowspan="5">사회 관계 영역</td><td rowspan="5">사회에 관심 갖기</td><td rowspan="3">우리나라에 관심 갖고 이해하기</td><td>우리나라를 상징하는 것에 관심을 가진다.</td><td>우리나라를 상징하는 것을 안다.</td><td>우리나라를 상징하는 것을 알고 예절을 지킨다.</td></tr>
<tr><td colspan="2">우리나라의 전통놀이와 풍습에 관심을 갖는다.</td><td>우리나라의 전통, 역사, 문화에 관심을 갖는다.</td></tr>
<tr><td></td><td colspan="2">우리나라에 대해 자부심을 갖는다.</td></tr>
<tr><td rowspan="2">세계와 여러 문화에 관심 가지기</td><td></td><td>세계 여러 나라에 대해 관심을 갖는다.</td><td>세계 여러 나라에 대해 관심을 갖고, 서로 협력해야 함을 안다.</td></tr>
<tr><td></td><td>다양한 인종과 문화에 관심을 갖는다.</td><td>다양한 인종과 문화를 알아보고 존중한다.</td></tr>
<tr><td rowspan="4">예술 경험 영역</td><td rowspan="4">예술 감상 하기</td><td rowspan="3">다양한 예술 감상하기</td><td>다양한 음악, 춤, 미술작품, 극놀이 등을 듣거나 본다.</td><td colspan="2">다양한 음악, 춤, 미술작품, 극놀이 등을 듣거나 보고 즐긴다.</td></tr>
<tr><td colspan="3">나와 다른 사람의 예술표현을 소중히 여긴다.</td></tr>
<tr><td></td><td></td><td>다른 문화의 예술작품에 관심을 가진다.</td></tr>
<tr><td>전통예술 감상하기</td><td colspan="2">우리나라의 전통예술에 관심을 갖는다.</td><td>우리나라의 전통예술에 관심을 갖고 친숙해진다.</td></tr>
</table>

3~5세 누리과정의 11가지 생활주제 중 전통문화 관련 활동은 '우리나라' 주제에 가장 많은 활동이 제시되어 있다. '우리나라'의 생활주제에 활동 비중이 두드러진 것은 주제의 의미와 선정 이유가 유아들이 우리나라의 과거, 현재, 미래의 모습이 각각 단절된 것이 아니라 서로 연관되어 발전하는 것임을 경험하고 인식하도록 우리나라 사람들의 생활, 우리나라의 놀이, 우리나라의 역사, 우리나라의 자랑거리를 주제로 정하고 있기 때문이다. 또한 '세계 여러 나라'에서도 활동 비중이 높게 나타나는데, 이는 한국 문화를 아는 것은 우리 문화와 타문화의 보편성을 이해하는 것과 더불어 우리 민족의 고유성과 독특성을 알 수 있기 때문이다. 이러한 다문화 경험은 다양한 문화의 세계에서 유아들이 공동의 목표를 향해 생활하고 의사소통하는 지

식, 태도, 기술을 가질 수 있도록 준비하는 교육이므로 유아기의 전통문화교육에서 궁극적으로 추구하는 것은 우리 문화에 대한 고유성과 독특성을 이해하며 문화의 다양성을 경험할 수 있도록 하는 것이다(서윤희, 변선주, 최기영, 2010).

〈표 8-4〉는 3~5세 누리과정 생활주제에 따른 전통문화 관련 활동의 빈도이다(박찬옥 외, 2013).

〈표 8-4〉 생활주제별 전통 문화 관련 활동 수록 빈도

단위: 개

생활 주제	1. 유치원과 친구	2. 나와 가족	3. 우리 동네	4. 동식물과 자연	5. 건강과 안전	6. 생활 도구	7. 교통 기관	8. 우리 나라	9. 세계 여러 나라	10. 환경과 생활	11. 봄 여름 가을 겨울	계
활동 수	6	26	42	22	10	16	11	180	40	13	14	380

3~5세 누리과정의 활동 유형별 전통문화교육의 내용은 대·소집단 활동과 실내놀이 활동에 비해 실외놀이 활동의 비율이 낮다. 실내놀이 활동 중 요리, 음률, 미술 활동이 많은 활동으로 제시되고 있는 반면, 신체활동, 실외놀이, 동극, 역할놀이 같은 동적인 놀이 활동은 적게 제시되어 있다. 전통적 가치와 관련한 균형 있는 활동과 전통문화에 대한 다양하고도 통합적인 접근이 필요하다.

유아교육기관에서의 전통문화교육은 과거로부터 내려온 문화적 유산이나 유물 등의 결과물에 대한 단편적인 이해만이 아니라 현재를 살아가고 있는 유아들의 생활과 연결되어 옛 조상들의 삶과 정신문화의 본질을 이해할 수 있는 경험을 제공하는 교육으로 이루어져야 할 것이다(서윤희, 변선주, 최기영, 2010).

전통문화 내용이 활동에 자연스럽게 스며들기 위해서는 전통문화 관련 지식을 기반으로 활동을 구성하는 것과 더불어 전통문화 내용을 방법적인 면에서 다른 활동과 어우러지도록 하는 것이 필요하다. 단편적인 낱낱의 활동으로 경험하거나 지식적으로 알기보다 생활주제에 맞게 전통문화가 하나로 통합되어 활동하게 될 때 유아들에게 더욱 의미 있게 다가올 수 있다. 이를 위하여 선조들이 해 오던 다양한 전통놀이와 노래, 생활방식을 경험하고 체험해 보는 것이 유아기에 필요한 전통문

화 관련 활동이라 할 수 있다.

특히 국악 장단과 말놀이, 전래동화, 국악 동요 등을 활용한 접근 방법은 다양한 활동과 결합되어 유아들에게 흥미를 유발할 수 있다. 즉, 여러 주제 안에서 장단에 맞추어 친구와 다양한 신체접촉을 하며 인사를 한다거나 '어깨동무 씨동무' 전래놀이를 하는 활동과 접목할 수 있다. 또한 '동식물과 자연' 주제에서 강강술래를 하는 중에 '남생아 놀아라' 노래를 부르며 동물 신체 표현을 하거나 '청개구리 전래동화'를 듣는 활동 등을 통해 유아들이 전통문화를 경험하도록 할 수 있다.

전통문화에 역사적인 활동들을 다양한 신체활동이나 자유선택활동 등으로 펼칠 수 있는 자료의 개발로 역사 안의 문화재, 사건, 위인 등의 내용을 다양한 활동 프로그램으로 경험할 수 있도록 지원해야 할 것이다. 현재의 유아들, 미래의 유아들은 모두 다양한 문화 속에서 성장하며 그 속에서 자신만의 정체성을 찾고, 타인의 문화를 경험함으로써 나와 다른 사람들의 문화·환경 등에 부딪히고 사고의 변화를 겪으며 살아가게 된다. 유아기에 우리 전통문화의 정체성을 바르게 갖고 성장할 때, 다양한 문화를 인정하고 교류하고 이해하는 세계의 시민으로 자라게 하는 기초가 될 것이다. 그 기초 과정으로 유아교육현장에서 자연스럽고도 통합적인 놀이를 통해 전통문화활동의 가치를 이해하려는 노력이 가장 필요하겠다.

부채제기놀이

전통문양 색칠하기

역할놀이

2) 전통놀이 지도 시 교사의 역할

전통놀이는 특별한 기구가 없어도 간편하게 할 수 있고, 주변의 사물 등을 이용해서 즐길 수 있으며, 시간이 별로 걸리지도 않고, 놀이방법도 비교적 쉬운 편이다. 또한 창의력과 지식을 키워 주며, 끈기를 길러 준다. 그리고 전통놀이는 유아의 발달단계에 따라 서로 다른 놀이로 이루어져 있으며, 신체적 · 인지적 · 정서적 발달을 돕는 교육목적을 가지고 있다(손혜영, 2007).

전통놀이는 주로 신체활동이 많이 이루어지는 놀이 특성을 지니고 있어 유아들 간에 서로 몸으로 부대끼며 경쟁 또는 협동적인 활동을 함으로써 차이에 대한 적응 및 이해, 또는 배려심과 협동심을 배울 수 있으므로 누리과정에서 강조하고 있는 교육목표와 잘 부합하는 교육활동이라 할 수 있다.

특정 생활주제에 편중되지 않고 모든 주제에 골고루 일상생활 속에서 우리 고유의 문화를 경험하기 위해서는 전통놀이의 내용을 중심으로 문학활동, 극화활동, 과학활동, 수학활동, 음률활동, 미술활동이 통합된 다양한 활동이 이루어질 수 있도록 교육내용을 계획하고 구성해야 한다.

전통놀이 지도 시 교사의 역할은 다음과 같다(김수영, 김수임, 정정희, 2012).

- 유아의 발달 수준을 고려하여 적절한 놀이를 제시한다. 즉, 3세 미만의 영아는 방법과 규칙이 단순한 신체놀이가 적합하며, 3세 이상의 유아들은 적절한 규칙과 매력적인 게임도구가 포함된 게임 형식의 놀이를 소개하는 것이 좋다.
- 전통놀이의 방법과 규칙, 놀잇감의 제작과 활용에 대한 정확한 지식을 갖도록 하고 유아의 흥미와 상황 또는 계절에 맞는 전통놀이를 다양한 방법으로 활용할 수 있도록 한다.
- 전통놀이와 관련된 명절과 놀이의 유래, 관련된 동요 등의 내용에 대해 자료를 수집하고 놀이 활동 시 함께 활용할 수 있도록 준비해야 한다.
- 딱지치기, 제기차기, 공기놀이, 고무줄놀이, 비석치기, 팽이 돌리기와 같은 전통놀이를 일상생활 속에서 지속적으로 할 수 있도록 자료와 환경을 마련해 준다.

참고문헌

교육과학기술부 · 보건복지부(2012). 3-5세 연령별 누리과정 해설서.

교육부(2000). 유아를 위한 전통문화 교육활동 지도자료. 교육부.

김민수, 고영근, 임홍빈, 이승재(1991). 국어대사전. 서울: 금성출판사.

김수영, 김수임, 정정희(2012). 놀이지도(3판). 경기: 양서원.

김원준(2010). 전통놀이 프로그램이 유아의 기초체력 및 신체적 자아개념에 미치는 영향. 한국산학기술학회, 11(1), 198-208.

김현자, 노희연, 이윤경, 이영(2016). 놀이지도. 서울: 동문사.

박찬옥, 김진희, 이경진(2013). 누리과정 교사용 지도서 전통문화내용 분석. 유아교육학논집, 17(5), 441-464.

박찬옥, 정남미, 임경애(2004). 유아놀이지도. 서울: 학문사.

박선희, 이송은(1998). 유아를 위한 문학활동. 경기: 정민사.

배영희(2004). 유치원 전통놀이 프로그램의 교육적 의미와 가치. 동국대학교 박사학위논문.

서영숙, 고민경(2004). 유치원의 전통문화교육 실태와 활성화 방안 연구. 유아교육 · 보육 행정연구, 8(2), 201-236.

서윤희, 변선주, 최기영(2010). '유치원 교육활동 지도서'에 나타난 전통문화교육 관련 활동 분석. 열린유아교육연구, 15(4), 129-149.

손혜영(2007). 자연물을 이용한 전통놀이가 유아의 감성지능에 미치는 영향. 공주대학교 석사학위논문.

이은화, 홍용희, 조경자, 엄정애(2001). 한국의 전통 아동 놀이 고찰. 유아교육연구, 21(1), 117-140.

이은화(1989). 전통놀이의 유아교육현장 적응을 위한 연구. 연세대학교 대학원 박사학위 논문.

정선아(2016). '어린이는 놀이로 세상을 배운다'에 대한 비판적 성찰: "세계-내-존재" 와 "세계-의-존재" 관점에서. 어린이교육비평, 6, 1-19.

진영미, 박향아(2016). 집단 전통놀이 활동이 유아의 사회성 발달과 정서지능에 미치는 영향. 생태유아교육연구. 15(1), 215-242.

최상수(1985). 한국민속놀이의 연구. 서울: 성문각.

유아놀이와 교사의 역할

유아교사는 유아의 놀이에 영향을 주는 사회적 환경으로서 유아놀이의 질을 결정짓는 중요한 변인이다. 유아놀이 지도에서 교사의 역할이 중요하다는 주장은 1960~1970년대의 피아제, 비고츠키, 서턴스미스 등 여러 학자에 의해 놀이와 인지발달의 관계가 밝혀지면서 제기되었다. 교사의 놀이 지도 역할을 본격적으로 연구한 스밀란스키(Smilansky, 1968)에 의하면, 교사가 놀이에 개입함으로써 유아의 사회극놀이가 양적, 질적으로 향상되었다고 한다(이숙재, 2016).

유아교사의 적절한 개입은 유아가 놀이에 적극적으로 참여하도록 유도할 뿐만 아니라 유아의 놀이를 심화·확장시키며, 유아의 놀이 행동을 교육적으로 이끄는 역할을 한다. 이와 같이 유아의 놀이가 교육적으로 가치 있는 활동이 되도록 하는 데 있어서 교사의 역할이 중요하며, 유아가 놀이를 통해 의미 있는 학습을 경험할 수 있도록 민감하고 반응적인 교사의 지원이 필요하다.

스밀란스키 이후 국내외에서 교사의 놀이 지도 역할이나 개입 효과를 분석한 많은 연구가 이루어졌으나, 결과가 일치하지 않아 논쟁이 되고 있다. 일부 연구에서는 교사 개입이 유아의 상상놀이 참여 빈도를 높이고 놀이 내용 및 수준을 높이거나 인지놀이를 촉진시키는 긍정적 효과가 있으며(유애열, 1994; Howes & Smith, 1995), 친사회적 행동, 과학적 태도에 긍정적 효과가 있음을 밝혔다(남미경, 이윤경, 2011). 그러나 부정적 측면을 보고한 연구들도 있다. 교사가 개입하지 않을수록 오히려 유아가 수준 높은 사회적 놀이를 하며, 교사가 강압적이거나 무감각하게 개입하면 오히려 놀이를 방해하게 된다는 연구(Davies, 1997)가 발표되었다. 그리고 교사 존재 여부에 따라 유아가 놀이로 인식하는 정도에 차이가 있다는 연구결과 보고도 있다(원계선, 2016 ; 조성연, 박은혜, 2014; Howard, Jenvey, & Hill, 2006; Russo, 2009). 즉, 유아는 교사가 개입하는 활동을 놀이보다는 학습 상황으로 이해하는 경향이 있다는 것이다.

그러므로 교사는 놀이의 교육적 활용을 위해 적절한 놀이 환경과 사회적 경험을 제공하고, 유아의 놀이를 체계적으로 관찰하며, 필요 시 유아의 놀이에 개입하는 등의 다양한 역할을 수행해야 한다. 교사의 놀이 개입이 유아의 놀이를 확장하는 데 도움을 주기도 하지만, 교사가 놀이에 직접 참여함으로써 자칫 놀이 맥락을 깨뜨려서 유아의 놀이를 방해하거나 중단하게 만들 수도 있다. 따라서 교사의 놀이 개입에 대해 좀 더 심도 있게 탐색할 필요가 있다(유한나, 2013).

일반적으로 유아놀이에 대한 교사의 역할은 놀이 준비, 놀이 활동 개입, 놀이 평가에 대한 역할이 있다.

1. 놀이 준비

유아놀이를 위해 교사가 사전에 계획하고 준비해야 할 것은 놀이 환경 구성, 놀이 활동 계획과 놀이 시간에 대한 계획 등이다.

1) 놀이 환경 구성

유아놀이를 위한 물리적 환경을 구성할 때에는 유아의 심리적 안정, 신체적 안전, 발달적 적합성, 다양성을 고려해야 하며, 구성 원리는 다음과 같다(교육과학기술부 · 보건복지부, 2013).

- 공간은 유아가 활동할 수 있을 만큼 충분히 넓어야 한다.
- 시설 설비와 교구는 유아의 연령 및 신체발달에 적합하여 유아가 성인의 도움 없이 스스로 사용하고 정리할 수 있도록 한다.
- 유아에게 매력적이고 교육적으로 의미 있는 활동을 제공하도록 환경을 구성한다. 이를 위해 유아에게 활동 선택권을 주는 다양한 홍미영역을 실내외 공간에 배치할 수 있다.
- 청결하고 안전한 환경을 제공하고, 적정 온도나 습도를 유지해야 한다.
- 환경은 유아의 발달 특성에 적합하여야 한다. 예를 들면, 유아의 연령이 낮을수록 일상적이고 개별적인 보살핌을 위한 환경 구성이 필요하고, 감각적인 경험의 기회가 많이 포함되는 환경을 제공해야 한다.
- 유아가 장시간 유치원이나 어린이집에 머물 경우에는 혼자 놀거나 쉴 수 있는 공간이 필요하며, 일상적인 보살핌이나 낮잠을 위한 물건이나 놀잇감 보관을 위한 저장 공간을 마련한다.

2) 놀이 활동 계획

유아교육기관에서 유아를 위한 놀이 활동을 계획할 때에는 다음과 같은 사항에 유의해야 한다(이숙재, 2016).

- 주간교육계획안과 일일교육계획안을 작성할 때 각 홍미영역별로 놀이 활동을 구성한다.
- 유아의 홍미나 발달 정도 등 개인차를 고려하여 다양한 수준의 놀이 활동을 준비한다. 홍미영역별로 놀이 활동의 종류와 양을 적절하게 준비한다. 홍미영역에서 너무 많은 놀이 활동을 제공하면 유아가 혼란스러울 수 있고, 너무 적게 제공하면 놀이에 대한 홍미를 상실할 수도 있다.
- 유아의 의견을 반영하여 생활주제와 관련된 놀이 활동을 선정하고, 각 홍미영

역의 놀이가 상호 연관되도록 계획한다. 예를 들어, 생활주제가 '동물'인 경우에는 역할놀이 영역에 '동물원 놀이', 쌓기 영역에 '아기돼지 삼형제 집짓기', 조작놀이 영역에서 '기린 퍼즐 맞추기' 등을 계획할 수 있다.

- 실외 놀이도 실내 놀이만큼 중요하므로 영유아가 실외에서 다양한 놀이를 할 수 있도록 준비한다.

3) 놀이 시간 계획

유아교사는 하루 일과 중 자유놀이 시간을 언제, 얼마 동안 실시할 것인가를 사전에 계획해야 한다. 일반적으로 자유놀이 시간은 장소에 따라 실내 자유놀이와 실외 자유놀이로 구분된다. 실내 자유놀이는 영유아가 등원하면서 시작하는데, 반일제 학급은 약 40분~1시간 정도, 종일제는 오전·오후에 걸쳐서 2시간 30분 이상 이루어진다. 대근육 활동을 포함한 실외 자유놀이는 일일 1시간 이상 확보하는 것이 바람직하다.

일과 중 실내외 자유놀이의 시간과 순서는 고정된 것이 아니며, 영유아의 연령과 발달 수준, 흥미, 참여도, 시기, 기후, 기관의 교육방향 및 운영 유형 등을 고려하여 융통성 있게 계획한다.

2. 놀이 실행

유아놀이가 진행되는 동안 교사는 다양한 유형의 개입을 시도하여 유아의 놀이를 확장시켜 주는 역할을 한다. 이뿐만이 아니라 교사는 놀이 관찰을 통해 유아의 요구를 파악하고 민감하게 대처할 수 있으며, 유아 간 갈등이 발생할 때 적절한 중재를 시도하여 유아가 즐겁게 놀이할 수 있도록 조력하고 사회성 발달을 증진시킬 수 있어야 한다.

1) 놀이 활동 개입

자유놀이 개입 유형에 대한 연구(서현아, 권말순, 2007)에 따르면, 자유놀이에 대한 교사의 개입은 참여 유형이 가장 높았고, 칭찬, 시범, 대화의 순으로 나타났다. 교사의 경력에 따라 개입 유형에 차이가 있었는데, 5년 이하 경력의 교사는 5년 이상 경력의 교사보다 명령, 칭찬, 교수의 개입 유형을 많이 나타냈고, 5년 이상 경력의 교사는 참여, 유지, 재지시의 개입 유형을 많이 하는 경향을 나타냈다.

이 장에서는 존슨 등(Johnson, Christie, & Wardle, 2005)이 분류한 놀이 개입 유형을 살펴보고자 한다. 존슨 등은 교사의 놀이 개입방법을 방관자, 무대 관리자, 공동 놀이자, 놀이 리더, 교수자로 점차 개입의 강도를 높여 가는 연속적인 개입방법을 제시하였다.

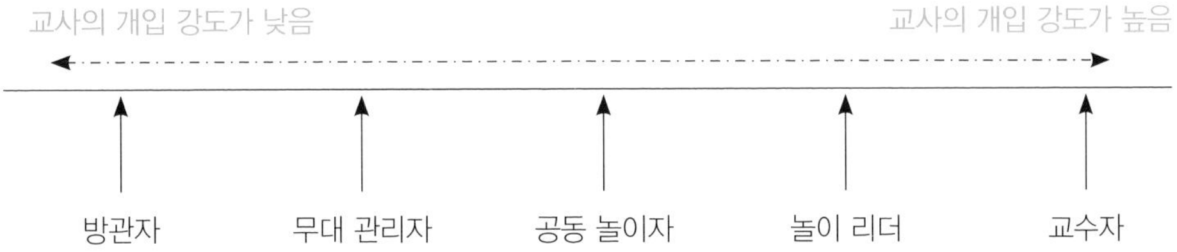

[그림 9-1] 교사의 놀이 개입 유형의 연속선

(1) 방관자(unlooker)

가장 소극적인 개입방법으로, 교사가 유아를 가까운 거리에서 지켜보면서 머리를 끄덕이거나 미소를 짓는 행동을 통해 비언어적인 승인을 나타낸다. 이때 교사는 유아의 놀이에 직접적으로 참여하지 않는 대신에 유아놀이에 관심이 있음을 표현함으로써 유아가 놀이 활동이 중요함을 인식하게 한다. 교사는 관찰을 통해 유아가 선호하는 놀잇감, 놀이 친구 등을 파악할 수 있으며, 적절한 개입방법을 결정하는 데 도움을 받을 수 있다.

(2) 무대 관리자(stage manager)

교사가 유아의 놀이에 참여하지는 않지만 준비와 진행을 도와주고, 조언해 주는 개입방법이다. 교사는 유아가 요구하는 자료를 제공하기도 하고, 놀이 안에서 도움을 주는 역할을 할 수 있다. 예를 들어, 가게놀이에서 메뉴판과 가격표를 만드는 것을 도와줄 수 있다. 교사가 상황에 적절한 제안 및 도움을 주어 놀이를 확장시킬 수 있다.

(3) 공동 놀이자(co-player)

교사가 유아와 동등한 놀이자로서 놀이에 참여하는 방법이다. 예를 들어, 가게놀이에서 교사가 손님의 역할을 하거나 병원놀이에서 환자 역할을 한다. 그러나 유아가 놀이를 주도하고, 교사는 이에 따른다. 이와 같은 놀이 개입은 놀이를 활성화시키고 발전시킬 수 있을 뿐 아니라 교사와 유아 간에 친밀감을 형성할 수 있다.

(4) 놀이 리더(play leader)

교사가 주도권을 가지고 놀이를 이끌어 가는 적극적인 개입방법이다. 교사는 놀이 주제를 확장시키기 위해 새로운 소품을 제공하기도 하고, 놀이가 비교육적으로 흐를 때 새로운 주제를 제안하기도 한다. 유아의 놀이가 바람직하지 않은 장면으로 진전될 때, 혹은 유아가 스스로 놀이 시작을 하지 못할 때 교사가 놀이 리더로 개입하면 효과적이다.

(5) 교수자(instructor)

교사가 놀이에 함께 참여하는 것이 아니라 놀이 외부에 있으면서 놀이를 완전히 통제하는 방식이다. 유아의 역할을 지시하거나 놀이 주제와 관련된 인지적 질문을 하는 형태로 나타난다. 유아가 혼자 극놀이에 참여하지 못할 때 적절히 사용할 수 있다. 교사 개입을 통한 놀이 확장이나 촉진보다는 인지 학습에 초점을 두는 개입 유형이라고 할 수 있다.

만약 교사가 개입 강도가 너무 낮은 방관자 역할이나 개입 강도가 너무 강한 교수자의 역할만을 한다면 바람직하지 않겠지만 각각의 개입 유형이 가지고 있는 장점이 있으므로 놀이 유형과 상황에 따라 유아교사가 적절한 유형의 개입방법을 선택하는 것이 필요하다.

2) 놀이 관찰을 통한 과정 평가 자료의 수집

유아는 언어적 표현 능력의 한계를 갖고 있기 때문에 관찰을 통해 유아의 행동을 이해하기 위한 정보를 얻을 수 있다. 이에 더하여 교사가 계획하고 준비한 놀이 활동을 통해 유아가 교육목표를 달성했는지를 확인하는 것 또한 관찰을 통해 가능하다. 그러므로 유아놀이 실행 중에 수행해야 할 중요한 유아교사의 역할은 놀이 관찰 및 과정 평가 자료의 수집이다.

(1) 놀이 관찰을 통한 놀이 지지

교사는 유아놀이 관찰을 통해 유아의 요구를 파악할 수 있다. 예를 들면, 가게놀이를 하고 있던 유아가 가게 간판을 만들고 싶어 할 때 교사는 가게 간판을 만들기에 적합한 크기의 우드락이나 하드보드지를 제공해 줄 수 있다. 앞서 언급한 다양한 놀이 개입을 적절히 수행하기 위해 선행되어야 할 것은 교사의 관찰이라고 할 수 있다. 유아놀이 관찰을 통해 교사는 놀이 개입방법을 선택하고 조력함으로써 유아의 놀이를 확장하고 촉진할 수 있다.

(2) 과정 평가 자료 수집

교사가 계획하고 준비하여 제공한 놀이 활동을 유아가 어떻게 수행하는지 관찰한 자료는 중요한 평가 자료가 된다. 놀이 활동이 내포하는 교육목표가 무엇이며, 유아가 어느 정도 달성했는지 관찰을 통해 평가 자료를 수집할 수 있다. 교사는 놀이 활동 준비 단계에서부터 평가를 위한 자료 수집방법에 대한 계획도 수립하고 유아놀이가 진행되는 동안에 평가 자료를 수집해야 한다.

3) 갈등 중재 및 정서적 지원

교사는 유아가 심리적으로 안전한 환경에서 편안한 마음으로 또래와 놀이할 수 있도록 정서적 지원을 해야 한다. 놀이에 참여하지 못하는 유아, 친구들을 위협하거나 공격하는 유아에 대한 지원과 유아 간에 발생하는 갈등을 중재하는 역할을 통해 학급의 모든 유아가 편안한 마음으로 놀이 활동에 몰입할 수 있도록 해야 한다.

(1) 갈등 중재

유아는 놀이하면서 여러 가지 대인 간, 개인 내 갈등 상황에 직면하게 된다. 친구와 싸우거나 놀잇감을 빼앗기고 따돌림을 당하는 상황이 발생하기도 하고, 때로는 놀이가 원하는 대로 진행되지 않아 좌절감을 느끼는 경우도 있다. 유아는 아직 자신의 감정과 욕구를 조절하는 능력이 부족하기 때문에 기쁨, 슬픔, 분노 등의 감정에 따라 충동적으로 행동하는 경향이 있다. 그러므로 교사는 유아가 자신의 정서 상태를 인식하도록 돕고, 상황에 맞게 감정을 표현하고, 다른 사람의 입장을 이해할 수 있도록 지도해야 한다. 유아의 발달 수준에 따라 교사가 직접 개입하기보다는 유아가 스스로 문제를 해결할 수 있도록 기회를 제공하는 것이 필요하다.

(2) 정서적 지원

교사는 유아의 능력을 인정하고 존중하며 친절하고 우호적인 반응을 보임으로써 유아가 놀이에 적극적으로 참여하도록 정서적으로 지원하는 역할을 해야 한다. 이를 위해 교사는 유아가 놀이하는 동안에 미소 짓기, 고개 끄덕이기, 격려와 칭찬으로 유아의 놀이를 수용하고 있음을 표현해야 한다. 또한 놀이에 참여하지 못하고 배회하는 유아에게 관심을 보이고 적절한 도움을 주어야 한다.

3. 놀이 평가

유아의 놀이가 진행되는 동안에 교사는 유아의 놀이 행동을 세심하게 관찰하여 진행되는 놀이를 확장하고 지지해야 한다. 그와 동시에 유아의 놀이 관찰, 감독의 결과를 체계적으로 관리하는 등 놀이에 대한 전반적인 평가를 시행해야 한다. 놀이를 통한 체계적인 평가는 유아발달과 학습의 정도에 대한 정보, 유아의 놀이 참여 및 흥미도 정도 등에 대한 정보를 제공해 준다. 이러한 분석을 토대로 교사는 놀이 지도를 계획하고 실천할 수 있다.

최근 현장에서 널리 사용하고 있는 방법으로 포트폴리오 평가가 있다. 유아를 관찰, 기록한 자료는 다양한 방법으로 수집된 다른 자료들과 함께 포트폴리오를 구성하게 되고, 포트폴리오 평가를 통해 시간의 흐름에 따른 유아의 발달을 평가하게 된다.

참고문헌

교육과학기술부 · 보건복지부(2013). 3~5세 연령별 누리과정: 교사용 지침서.

남미경, 이윤경(2011). 모래놀이에서의 교사개입이 유아의 친사회적 행동과 과학적 태도에 미치는 영향. **육아지원연구**, 6(2), 77-103.

서현아, 권말순(2007). 유치원 자유선택활동시간에 나타난 교사의 놀이개입 유형 분석. **열린유아교육연구**, 12(2), 227-248.

원계선(2016). 교사와 또래 존재 여부 및 활동 공간에 따른 유아의 유치원 활동에 대한 놀이 인식. **유아교육 · 보육복지연구**, 20(1), 381-404.

유애열(1994). 유아의 상상놀이와 교사 개입에 관한 연구. 연세대학교대학원 박사학위논문.

유한나(2013). 교사의 놀이 개입에 대한 유아의 생각과 기대. 이화여자대학교 대학원 석사학위논문.

이숙재(2016). **영유아놀이의 이론과 실제**. 서울: 창지사.

조성연, 박은혜(2014). 유아의 그림을 통해 본 유아교육기관에서의 놀이에 대한 이미지. **유아교육학논집**, 19(2), 35-57.

Davies, M. (1997). The teacher's role in outdoor play: Preschool teachers' beliefs and practices. *Journal of Australian research in Early Childhood Education, 1*, 10-20.

Howard, J., Jenvey, V., & Hill, C. (2006). Children's categorization of play and learning based on social context. *Early Child Development and Care, 176*, 379-393.

Howes, C., & Smith, E. (1995). Relations among child care quality, teacher behavior, children's play activities, emotional security, and cognitive activity in child care. *Early Childhood Research Quarterly, 10*(4), 381-404.

Johnson, J. E., Christie, J. F., & Wardle, F. (2005). *Play, development, and early education*. Boston, MA: Allyn and Bacon.

Russo, H. L. (2009). *Play, peer relationships, and academic learning: Exploring the views of teachers and children.* Doctoral Dissertation, Teachers College, Colombia University.

Smilansky, S. (1968). *The effects of sociodramatic play on disadvanteged preschool children.* New York: Wiley.

유아놀이에 대한 최신 쟁점

이 장에서는 유아교육 관련 연구에서 논의가 되고 있는 주제를 살펴볼 것이다. 유아교육이 시작된 이래로 줄곧 현장에서 주지해 온 '놀이학습'이라는 용어의 모호함을 극복하는 일, 유아교육에서 가장 중요하게 고려되는 자유선택활동의 운영에 있어 제한규칙의 역할과 한계에 대한 고민, 21세기 디지털 테크놀로지의 발달로 인한 유아놀이 매체 관련 갈등, 중요성에 비하여 실천하기 어려운 실외놀이, 이상의 쟁점과 연계된 교사의 역할에 대한 재조명 등을 다룰 것이다.

1. 놀이와 교육(학습)의 관계에 대한 담론

어떤 종류의 교육이 놀이 교육일까? 교실에서 영유아의 놀이 경험을 구성하는 교육적 실제는 무엇을 어떻게 하는 것을 말하는가? 이러한 질문에 답하는 것은 영유아놀이를 주제로 하는 문헌의 방대함에도 불구하고 매우 어려운 일이다. 그러나 이론적 · 경험적 연구는 지속적으로 영유아에게는 놀이에 대한 본능적 능력이 있고,

놀이는 영유아기 학습의 중심이 된다고 강력하게 말한다(Rogers, 2001).

놀이와 학습의 관계에 대한 두 가지 큰 쟁점은 놀이=학습이라는 생각이 일반인들에게 호소력이 없다는 현실과 놀이중심 교육이 오히려 진정한 영유아의 놀이를 방해하고 있다는 주장이다(엄정애, 2010). 일반적으로 놀이라는 단어는 생산적인 일과 대비되는 용어로 자주 사용되며(Hirsh-Pasek & Golinkoff, 2008), 교육(학습)이라는 단어와도 상호 대립적인 딜레마 관계에 놓여 있다(조용환, 2000).

유아교육에 있어 놀이와 교육의 결합은 몇 가지 이유로 어려운 문제이다. 첫째, 전통적으로 놀이 개념은 사람들이 보편적으로 더 가치 있다고 인식하는 일의 반대에 있다. 둘째, '작업으로서의 놀이'에 대한 이론은 사실상 놀이가 사회적 통제 기술과 아동기의 본질과 목적에 대한 가정과 신념을 전달하는 수단이 된다고 함으로써 매우 모호하다(Gibbons, 2007). 셋째, 세계 여러 국가에서 보이는 놀이 교육은 놀이가 미래 삶에 필요한 능력을 학습하는 도구가 되고 있음을 의미하는데, 놀이의 혁신적이고 모방적이며 삶을 향상시키는 특성보다 사회적 실재론을 강조한다. 이와 같은 놀이에 대한 엇갈리고 때로는 역설적인 개념은 중요한 맥락을 제공한다. 서양의 유아교육에 대한 지배적인 담론은 놀이의 가치와 이점에 대해 합의하고 있으나 여전히 놀이의 잠재적인 이점을 이론적이고 실제적으로 현실화시키기에 본질적인 어려움이 있다(Rogers, 2001).

유아기의 놀이 개념을 받아들이면 우리는 자발적이며, 아동이 주도하고, 본능적으로 동기화된 활동을 상상하기 쉽다. 대조적으로 교육에 대한 일반적인 이해는 교수 학습과정을 지지하는 환경과 전략을 제공하는 성인의 역할을 교육의 시작이라고 생각하게 된다. 점차로 교육의 실제는 표준, 책임, 검사를 강조하는 경제 용어로 결정된다(Edward & Usher, 2008).

유아교육의 역사 속에서 살펴보더라도 놀이와 학습의 관계는 기계적인 학습, 학습지, 제한적 놀이 활동을 중심으로 하는 학문중심 접근과 최상의 학습 전략으로 놀이를 주장하는 전인적 접근 사이를 오간다(Zigler & Bishop-Josef, 2006). 즉, 유아에게 학업에 대한 압력이 증가하면 반대로 놀이를 통한 긴장 이완과 즐길 기회는 제한된다(Golinkoff, Hirsh−Pasek, & Singer, 2006).

일부 학자들은 놀이에 학습이 반드시 수반되어야만 가치가 있는 것인지 의문을 제기한다. 놀이는 발달 촉진을 위한 도구적 성격이 아니라 유아에게 삶의 표현이자 생활 그 자체이다(임재택, 하정연, 이소영, 2013). 그러므로 많은 연구자는 유아가 발달을 촉진할 목적이 아닌 단순히 즐길 권리의 향유로서 놀이를 보장받아야 한다고 주장한다(송하나, 2010; 원계선, 현은선, 2017; 이종희, 조은진, 김송이, 2009). 1959년에 유엔의 '아동권리선언'에서는 아동의 놀이권, 레크리에이션권을 명확하게 규정하였다(황옥경 외, 2014). 즉, 제7조에 "교육 받을 권리와 놀 수 있는 권리"를 규정함으로써 교육을 목적으로 하는 것이 아닌 순수한 놀이 권리를 명시하고 있다. 유니세프는 유엔 아동권리협약이 제시하는 주요원칙을 바탕으로 아동의 권리를 명시하였는데, 구체적으로 제28조에 "교육에 대한 권리"를 언급하고 있으며, 제31조에 "휴식과 여가를 즐기고, 자신의 연령에 적합한 놀이와 오락활동에 참여하며, 문화생활과 예술에 자유롭게 참여할 수 있는 권리"를 보장하고 있다(국제연합, 1989).

한편, 교육적 목표를 염두에 두는 구조적인 놀이가 아닌 순수하게 즐길 목적의 놀이가 갖는 가치를 언급하기도 한다. 송하나(2010)는 놀이의 진정한 힘은 충분히 즐거움을 느끼는 것이기 때문에 학습이 반드시 수반되어야 하는 것은 아니라고 하였다. 이와 같은 즐거움은 뇌 발달과 연관된다. 영유아기의 즐거운 놀이를 통한 환경 탐색의 기회는 뇌 발달에 기여한다. 뇌 발달의 가장 기본적인 기제는 시냅스의 형성이다. 신경단위인 뉴런의 끝부분인 시냅스는 출생 전부터 연결되기 시작하여 출생 시 수천만 개의 시냅스가 연결된 상태로 태어난다. 시냅스의 형성은 일차적으로 유전과 영양 공급을 비롯한 태내 환경의 영향을 받는다. 그러나 뇌 발달의 개인차는 출생 후 시냅스의 소멸과 활성화 과정을 통해 이루어진다. 즉, 필요한 시냅스는 계속 사용하여 활성화되고 불필요한 것은 소멸되면서 시냅스의 정리가 이루어진다. 그러나 유아교육현장에서는 놀이를 학습의 도구로 인식하는 경향이 강하기 때문에 유아의 관점에서 놀이의 진정한 의미를 훼손하지 않은 채 놀이 활동에 몰입할 기회를 제공하는 데 한계점이 있다.

다른 한편으로는 유아교육에서 사용하는 놀이라는 용어가 유아의 관점에서 인식되기보다는 성인, 교사의 시각에서 인식되어 온 것은 아닌지 검토할 필요가 있다. 유치원의 자유선택활동 시간에 이루어지는 활동이 놀이이고, 나머지는 놀이가 아닌 활동인가? 유치원에서 이루어지는 다양한 활동 중 과연 어떤 활동들이 놀이 활동이며, 놀이가 아닌 활동인가를 교사 역시 명확하게 구분할 수 없을 것이다(원계선, 2016).

이에 대해 최근 국내외에서 수행된 다수의 연구결과는 유아교육기관에서 이루어지는 활동을 유아가 놀이로 인식하는 것이 교사의 생각과 다를 수 있음을 보여준다(양옥승, 이정란, 나은숙, 2002; 조성연, 박은혜, 2014; Howard, Jenvey, & Hill, 2006; Wing, 1995). 윙(Wing, 1995)에 따르면, 유아의 유치원 활동 놀이 인식에는 활동의 의무성, 평가적 요소, 아동의 노력 정도, 교사의 개입 수준, 활동 마무리 의무 여부, 사용되는 자료의 유형, 학문적 내용, 재미 요소 등 다양한 요소가 관여한다. 유아는 교사가 함께하지 않는 상황을 더 놀이로 인식하고(원계선, 2016; 조성연, 박은혜, 2014; Howard, Jenvey, & Hill, 2006; Russo, 2009), 혼자 활동하는 경우보다 또래와 함께하는 경우를 더 놀이로 인식하며(원계선, 2016; 정진희, 1998; 정희정, 2010; 조성연, 박은혜, 2014; Howard, Jenvey, & Hill, 2006), 실내 활동보다 실외에서 활동할 때를 더 놀이로 인식한다(양옥승, 이정란, 나은숙, 2002; 원계선, 2016). 행동이 놀이인가 아닌가를 규정하기 위해서는 놀이 참여자 자신의 인식이 중요하므로 이와 같은 탐구는 놀이학습을 표방하는 유아교육의 계획과 운영에 있어 중요하다. 놀이의 놀이다움을 회복하기 위해 유아의 인식을 알아보는 것은 매우 의미 있다.

유아교육에서 학습과의 관계에서만 놀이를 언급하는 것에 재고가 필요하다. 유아기의 놀이는 학습의 매개로서 여전히 강력한 힘을 갖는다. 그러나 교육의 목표가 명확한 활동과 함께 단지 즐거움이 목적인 순수한 놀이 활동의 기회도 제공할 근거를 마련하는 것이 필요하다.

2. 자유놀이와 제한규칙

자유놀이란 교사가 통제하거나 지시하는 프로그램과는 구별되는 것으로서 유아 자신의 선택과 결정에 따라 유아가 자유롭게 놀이하도록 자유가 주어지는 것이며, 유아가 한 가지 혹은 여러 가지 활동을 선택하여 즐기는 것을 의미한다(양옥승, 이정란, 나은숙, 2002). 자유로운 선택과 결정에는 놀잇감, 놀이 활동의 선택만이 아니라 놀이 공간, 놀이 시간, 놀이 친구의 자유로운 선택까지도 포함한다.

이와 같이 자유놀이를 자유놀이가 아닌 다른 활동과 구별되게 하는 가장 큰 특성은 '자유'이다. 그러므로 자유놀이가 자유놀이다워지려면 '자유'가 최대한 보장되어야 한다. '자유'의 사전적 의미는 "외부적인 구속이나 무엇에 얽매이지 아니하고 자기 마음대로 할 수 있는 상태"이다(원계선 외, 2013).

그러나 서로의 자유로운 선택이 상호 충돌하는 관계가 성립되면 문제해결을 위한 타협과 조정이 필요하게 된다. 유아교육기관의 한정된 놀잇감의 수와 공간은 영유아 간의 갈등을 유발하게 된다. 이러한 분쟁과 갈등을 관리하기 위한 방법은 사후 해결 방법과 사전 예방법이 있다. 사후 해결 방법은 문제가 발생한 후에 문제해결 과정을 거쳐 해결하는 방법이고, 사전 예방법은 갈등 상황 자체가 발생하지 않도록 지도하는 방법이다. 즉, 예견되는 갈등 상황을 사전에 이야기 나누기 등을 통해 충분히 이해시키는 방법과 관련 규칙을 만들고 안내하여 지키도록 지도하는 방법이 있다. 실제 유아교육 현장에서는 유아의 관점에서보다 교사의 관점에서 놀이를 제한하고 통제하는 방식으로 운영하고 있다. 예를 들어, 교사는 자신이 정한 규칙대로 유아가 자신의 이름표를 영역별 판에 붙여 놀이할 수 있도록 인원수를 제한하고, 눈에 보이지는 않지만 경계선이 존재하여 영역별 교구를 가지고 정해진 공간을 넘어 이동할 수 없도록 공간을 제한하기도 한다. 드물게는 유아가 특정 영역을 독점하는 문제 발생을 예방하기 위해 흥미영역에서의 놀이 시간을 제한하는 규칙을 적용하기도 한다(원계선 외, 2013).

이와 같이 현장에서 사용하는 자유놀이 시간에 대한 제한규칙은 매우 다양하다. 많은 유아교사는 자유놀이 운영 시 제한규칙이 필요한 것으로 인식하고 있으며, 영역별 인원수와 놀이 공간에 대한 제한규칙을 가장 많이 적용하고 있었다(원계선 외, 2013).

자유선택활동 시 놀이 인원수를 제한하는 규칙은 유아에게 이름표 사용에 대한 스트레스와 유아 간의 과도한 경쟁, 규칙 위반의 사례를 유발하였다. 결과적으로 인원수 제한규칙은 도덕성 발달 제한, 사회정서발달 저해와 안전사고의 위험, 자유선택 행동의 저해 등의 역기능이 있었다(이유정, 원계선, 2016).

놀이 공간에 관한 연구로는 한미라와 이연선(2006)의 기관 유형에 따른 비교 연구가 있다. 생태유아교육기관과 일반유아교육기관은 놀이의 종류, 놀잇감의 이동 가능성, 놀이 인원이 다르다고 하였으며, 유아교육기관에서의 흥미영역별 환경 구성은 사실상 닫힌 공간을 의미하고, 유아에게 제한된 공간을 활용하는 훈련을 요구하여 결과적으로 유아들의 자유놀이를 제한할 수 있음을 지적하였다.

피아제는 갈등이 인지발달을 위해 불가피한 것이라고 하였으며, 김희태(2004) 역시 연구를 통해 자유놀이 시간에 발생하는 갈등을 통해 유아들은 사회적 기술을 연습할 기회를 갖게 되며, 사회적 규칙의 필요성을 이해하는 계기가 될 수 있음을 지적하였다. 이유정과 원계선(2016)은 교사에 의해 제시된 인원수 제한규칙을 해제한 후에 유아들의 자유놀이를 관찰 · 연구하였다. 연구결과, 유아들은 갈등이 발생할 때 서로의 의견을 나누고 다양한 해결 방법을 창안하고 합의한 후에 규칙을 정했다.

이상의 최근 자유놀이에 대한 다양한 연구는 유아교육 현장의 자유놀이 시간 제한규칙에 대한 심도 있는 다양한 연구의 필요성과 이를 기반으로 한 제한규칙의 기능에 대한 재논의의 필요성을 시사한다.

3. 21세기 디지털 테크놀로지와 유아놀이매체

오래전부터 많은 학자가 영유아교육에 있어 구체적인 실물 자료 활용이 효과적이라고 언급해 왔다. 17세기에 코메니우스(Comenius)는 영유아는 감각적 경험을 통해 효율적으로 학습할 수 있기 때문에 모든 학습은 영유아의 감각을 자극하도록 제시해야 한다고 주장하면서 1658년에 유아 대상의 언어교육 교재인 '세계도회(orbis sensualium pictus)'를 제작하였는데, 이것이 세계 최초의 그림교과서이다(김병희, 김유라, 2013).

루소(Rousseau)는 아동중심의 자연주의적 교육을 주장하면서 경험을 통한 교육이 이루어져야 함을 강조하였고, 사물 이외에 그 어느 것도 교육을 대신할 수 없다고 하였다. 페스탈로치(Pestalozzi) 역시 적절한 감각적 경험을 통해 유아의 잠재적 가능성을 계발할 수 있으며, 실물 교수 학습이 가장 효과적인 학습방법이라고 주장하였다.

19세기의 유치원 창설자인 프뢰벨(Fröbel)은 놀이의 교육적 가치를 언급하면서 놀이매체로서 구체물인 은물(gifts)과 실물을 활용하는 작업(occupation)을 창안하였다. 몬테소리(Montessori)는 도구 활용 소근육 활동을 통한 지적 기능 개선에 관심을 갖고 몬테소리 교구를 직접 창안하였으며, 이것을 유아교육에 직접 적용해 봄으로써 그 효과를 입증하였다.

21세기 새 시대를 맞으면서 고도로 발전된 디지털 테크놀로지는 사회 전반에 영향을 미치게 되었다. 이세돌과 커제 9단을 꺾었던 인공지능 '알파고'의 최신 버전인 '제로'가 바둑 세계챔피언들을 잇달아 격파하고, 러시아 인공지능 작가가 톨스토이의 소설 『안나 카레니나』를 무라카미 하루키의 문체로 쓴 소설 『트루 러브』가 베스트셀러가 되는 시대가 되었다.

테크놀로지의 영향은 유아교육을 포함한 교육 현장에도 영향을 미치고 있다. 2000년대 초반에 많은 유아교육 전문가는 유아교육에 컴퓨터 매체를 도입하는 것에 대한 우려를 표명하였다. 유아의 발달·심리적 특성을 반영한 최적의 교육전략은 구체물, 실물을 중심 매체로 전달하는 방법이라고 믿고 있었으며, 컴퓨터 매체의 일방향적 특성은 유아의 창의적 사고 계발을 방해하고 사회적 상호작용을 제한할 것이라는 우려 때문이었다. 그러나 지금은 테크놀로지의 활용은 더 이상 선택과 논란의 문제는 아닌 듯하다.

최근 디지털 네이티브(Digital Native)라는 새로운 용어가 생겼다. 디지털 네이티브는 디지털 환경에서 태어나고 자란 세대를 일컫는 말로, 디지털 생활환경의 급속한 변화에 따라 디지털 언어를 자유자재로 사용하는 새로운 세대를 지칭하는 용어이다. 우리나라의 디지털 테크놀로지 기술은 우수하여 새로운 기기가 빠르게 출시되고 보급 또한 매우 넓고 빠르다. 우리나라 유아들은 가히 디지털 네이티브라고 불릴 만한 환경 속에서 나고 자란다. 실제로 최근 유아교육 현장에서는 컴퓨터, 인터넷, 멀티미디어, 스마트폰, 로봇, 3D 프린터, 그리고 이에 사용되는 소프트웨어나 애플리케이션 등을 포함하는 디지털 테크놀로지를 적극적으로 활용하고 있다. 디지털 네이티브인 유아는 테크놀로지를 통해 새로운 경험을 하고, 자신의 생각을 표현하며 공유하는 능력을 가지고 있다(임은미, 2012).

디지털 테크놀로지가 유아놀이에 미치는 영향을 다음과 같이 정리할 수 있다(김수영 외, 2017).

첫째, 테크놀로지의 발달로 유아의 놀이는 실생활에서 존재하는 것뿐만 아니라 가상의 세계에서도 존재하게 된다.

둘째, 테크놀로지를 활용한 놀잇감을 통해 유아는 상호작용하고 감정을 전달할 수 있는 실제적인 놀이 대상을 만나게 된다.

셋째, 유아는 테크놀로지를 친근한 매체이자 도구로 인식하고, 창의적이고 능동적으로 사용하게 된다. 그러한 과정에서 유아는 좀 더 복잡한 인지적 사고를 자극받게 되며, 질 높은 놀이를 하게 된다. 물론 이것은 교사나 부모의 적절한 개입이 이루어지는 것을 전제로 한다.

4. 영유아 건강과 실외놀이

실외놀이는 실내놀이보다 공간적으로 여유롭기 때문에 자유로움을 경험할 수 있으며, 복합적이고 창조적인 놀이가 좀 더 쉽게 이루어질 수 있다(Dighe, 1993). 활동적으로 움직일 수 있는 실외 공간에서 유아는 실내 공간에서보다 또래와의 상호작용을 더 많이 하게 된다. 많은 학자의 연구를 종합한 실외놀이의 가치는 다음과 같다.

첫째, 실외놀이는 유아의 운동기술의 발달과 신체발달에 영향을 미친다. 유아는 실내 공간에서보다 실외 공간에서 대근육 운동이나 신체활동을 더 많이 하게 된다. 넓은 공간을 뛰어다니거나 놀이시설을 이용해 기어오르기, 미끄러지기, 균형 잡기와 같은 전반적인 신체활동을 하게 된다. 이와 같은 신체활동 경험을 통해 유아는 자신을 통제할 수 있는 능력을 기르며, 이를 바탕으로 정서적 만족감이나 활동에 대해 성취감을 느끼게 된다.

둘째, 실외놀이는 유아에게 다양하고 풍부한 정서적인 경험을 하게 한다. 실외 공간은 사계절의 날씨를 경험할 수 있는 장소임과 동시에 계절에 따라 여러 가지 나무와 꽃, 나비, 지렁이, 달팽이 등과 같은 생물을 경험할 수 있는 장소이다. 유아는 실내에서의 계속적인 집중으로 인해 가지게 된 긴장과 억압으로부터 해방감을 느낄 수 있게 된다(이기숙, 2002).

셋째, 실외놀이는 유아 간 상호작용을 자연스럽게 촉진한다. 실외 공간에서의 언어적 상호작용은 실내보다 빈번할 뿐 아니라 더 복잡한 구조를 나타낸다. 즉, 실내는 제한된 공간, 소음의 특성 때문으로 사회적 놀이가 제한되기도 하지만 실외 공간은 자료가 덜 구조적이고 공간적 제약이 적기 때문에 폭넓고 다양한 극놀이 주제가 실현될 수 있다(Tizard, Philips, & Plewis, 1976). 이와 같은 상호작용의 촉진은 결과적으로 유아의 대인 관계 기술 습득에도 기여한다.

넷째, 실외놀이는 실내놀이를 확장하고 보충하는 역할을 한다. 대부분의 실내 활동은 실외 공간에서도 실시될 수 있으며, 실내에서 실시하기 어려운 활동까지 첨가하여 다양하게 운영할 수 있다. 즉, 역할놀이, 음률활동, 미술활동 등 일반적으로 실내 공간에서 이루어지는 놀이뿐 아니라 물놀이, 모래놀이 등 실내 공간에서 실시하기 어려운 놀이를 첨가하여 실시함으로써 실내놀이를 확장하고 보충할 수 있다.

최근에는 유아 비만 측면과 연계하여 실외놀이에 대한 가치가 재조명되고 있다. 급속한 경제발전과 더불어 서구화된 식생활과 편리해진 생활양식에 따라 영유아 비만이 급속하게 증가하고 있어 유아 건강의 중요한 문제로 부각되고 있다(김수영 외, 2017). 우리나라 소아청소년 비만 유병률(만 6~18세)은 2016년에 남자 15.3%, 여

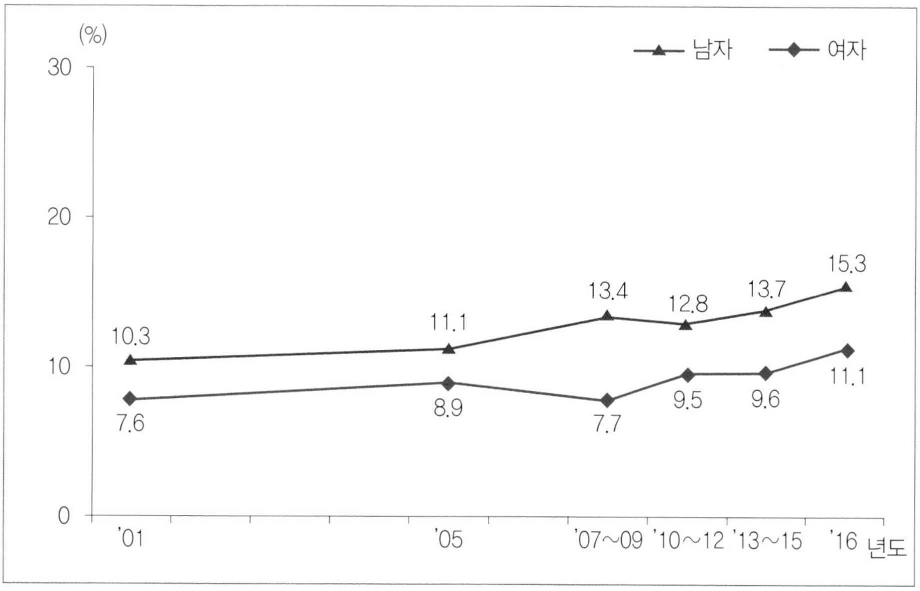

[그림 10-1] 소아청소년(만 6~18세) 비만 유병률 추이

자 11.1%이며, 남녀 모두 2010년 이후 증가하였다. 6~11세의 경우에 남자는 9.7%, 여자는 6.7%, 12~18세의 경우에 남자는 19.1%, 여자는 14.3%로 남자가 여자보다 높았다(보건복지부 질병관리본부, 2017). 특히 유아 비만에 문제가 되는 것은 세포가 비대해지는 성인 비만과 달리 지방세포 수가 증가하는 형태로 나타나 치료가 어렵고, 비만 유아의 2/3 이상이 성인 비만으로 이행되기 때문이다(하애화, 김정화, 유경숙, 2008).

이에 많은 연구가 수행되었다. 영양 지식이나 식습관 측면에서의 연구(김정화, 하애화, 유경숙, 2008; 송효현, 2013; 이송숙, 김영희, 2003; 하애화, 유경숙, 김정화, 2008), 신체활동량과의 상관성 연구(김은정, 박태섭, 안나영, 2016; 하애화, 김정화, 유경숙, 2008), 비만 유아의 놀이 등 비만과 관련 변인과의 관련성을 중심으로 수행된 실태 연구(김선영, 강의정, 2007; 임원신, 2000)와 비만문제 해결을 위한 프로그램 개발 및 실행 효과 분석 연구(김원준, 나승희, 2010; 박형곤, 김군도, 박찬호, 2012)들이 수행되었다.

이상과 같이 실외 활동의 가치는 유아의 사회정서 · 인지 · 언어 · 신체 발달에 긍정적인 영향을 미친다는 점과 비만 예방의 측면에서 조명된다. 특히 대근육을 충분히 활용하는 신체활동을 할 수 있는 공간으로 실외 공간에 대한 관심이 높아지고 있다. 유아교육과정 운영에 있어서 일과 중 일정 시간을 실외활동으로 계획하도록 규정하고 있다. 그러나 유아교육 현장에서는 안전문제로 인한 불안감, 실외놀이에 대한 교육적 신념 부족, 형식적 학습을 중심으로 하는 교육과정 운영에 대한 압박감 등을 이유로 충분한 실외놀이 시행의 어려움이 있다(김은희, 유준호, 2012).

그러므로 교사 및 학부모를 대상으로 실외놀이의 중요성에 대한 인식 개선을 위한 교육프로그램을 개발하고 교육을 시행해야 할 것이다. 그 밖에 활용 가능한 다양한 실외놀이 프로그램을 개발하여 현장에서 실외놀이 활성화가 이루어질 수 있도록 해야 한다.

5. 교사의 역할에 대한 재조명

1) 놀이와 학습에 대한 교사의 역할

유아교육 연구자와 현장의 교사는 놀이를 유아기 학습의 중심요소로 이해하고 있다. 우리나라의 3~5세 연령별 누리과정의 편성 및 운영 지침에도 '유아의 발달 특성 및 경험을 고려하여 놀이를 중심으로 편성한다'(교육과학기술부, 2013)라고 언급하여 놀이 활동을 중심으로 교육활동을 시행하도록 강조하고 있다. 그러나 놀이가 자발적이고 즐겁고 목적이 없는 행동이라는 특성을 가지는 반면에 학습이나 일은 외적으로 동기화되고 지루하며 유(有) 목적적인 행동이라는 특성을 가지기 때문에(정진, 성원경, 2011) 놀이와 학습의 연계를 실천하는 일이 쉽지 않다.

유아는 교사 없이 혼자 놀이를 하거나 또래와 함께 놀이하는 상황을 놀이로 인식하는 경향이 있었고, 특히 또래와 함께하는 활동을 놀이로 인식하였으며, 실내 활동보다 실외 활동을 놀이로 인식하였다. 이는 연구 대상인 유아는 교사가 존재하는 상황보다 교사가 부재한 상황의 활동을 더 놀이로 인식하고 있음을 의미한다(원계선, 2016; Howard, Jenvey, & Hill, 2006). 그러므로 놀이와 학습의 상관성과 관련하여 교사는 유아가 놀이라고 인식할 수 있도록 환경 및 학습 활동을 구성하는 노력이 필요하다.

놀이와 놀이를 통한 학습의 중요성에 대한 그들의 관점과 병행하여 많은 교사는 놀이-중심 교육 적용의 방해요소를 강조한다. 일부 장애물은 상황에 따른 것이고 나머지는 일반적인 사회적 · 시스템적 장애물이라고 묘사된다. 일부 교사들은 이러한 장애를 제거하기 위한 다양한 전략을 제시하고, 어떤 교사들은 극복할 수 없는 것으로 생각한다. 어떤 교사에게는 장애였던 것이 실제로 다른 교사에게는 놀이를 장려하는 데 도움을 주었다는 점은 주목할 만하다. 놀이 중심 교육을 적용하는 데 있어 공통적으로 장애가 되는 요소는 다음과 같다(Dockett, 2001).

- **학교 행정**: 교장(원장)은 교사의 교수법 운영 자율성에 힘을 행사할 수 있다. 어

떤 기관의 책임자는 놀이-기반 교육을 특별히 장려하겠지만 그렇지 않은 책임자도 있다.

- 시스템 문제: 이는 교사가 교육과정에 부가적인 교수자료를 활용하기를 바라는 압력뿐 만이 아니라 새로운 프로그램과 업무 기술 및 방식에 집중하도록 기대하는 국가적 교육 시스템과 관련된 장애이다. 더욱이 교육(보육)일지와 같은 필수적인 보고서 작성과 책임감은 교사의 교육열과 놀이를 교육에 적용할 시간을 침해한다. 예를 들면, 국가적 차원에서 시행하고 있는 유아교육기관 평가 시스템은 교사가 평가지표 틀에 맞춘 보여 주기 위한 보고서 작성에 많은 열정과 시간을 투자하게 하여 정작 수업 준비에 많은 시간을 투입하기 어렵다는 문제점을 야기한다.
- 교육과정 기대: 일부 교사는 정형화된 교육과정의 운영에 대한 압박으로 놀이 중심 교육활동 실행에 방해를 받는다. 심지어 놀이가 특별한 교육성과를 위한 노력을 방해한다고 생각하기도 한다. 그러나 또 다른 교사들은 놀이를 이와 같은 성취를 위한 도구로 여긴다. 교육과정의 기대는 학교 환경만이 아니라 유아교사에게도 압력으로 느껴진다. 유치원에도 교육과정과 평가에 대한 압력이 어느 정도 있다.
- 부모 기대: 교사들의 일반적인 시각은 부모들이 놀이를 학습 촉진의 가치가 있다고 생각하지 않는다는 것이다. 1학년 학급 교사의 경우에 그러한 경우가 더 많아서 부모들이 자녀의 학교에서의 성취에 더욱 관심을 보인다고 보고한다.
- 학급 관리: 어떤 경우에는 유아 집단이 놀이에 필요한 기술이 없거나 놀이를 방해한다. 이러한 상황에서 교사는 놀이 활동을 계획하는 것이 무의미하다고 생각한다.
- 동료: 놀이 중심 프로그램을 실행하는 데 동료 교사가 지지하는 요인으로 작용할 수도 있고, 방해하는 요인으로 작용할 수도 있다. 예를 들어, 초등학교 병설 유치원의 경우에 초등교원의 의견이 유치원 교사의 놀이중심 교육 실천에 영향을 미친다.

이상의 걸림돌 중 대부분은 케이건(Kagan, 1990)이 언급했던 태도적 · 구조적 · 기능적 장애물이다. 케이건(Kagan, 1990)은 놀이에 대해 긍정적 태도와 놀이에 몰입할 의지, 학습 환경 구조(시간, 공간, 자원, 교육과정을 포함하는) 수립, 기능적 요소 모두가 교사의 놀이 준비에 영향을 미친다고 주장했다. 베넷 등(Bennett et al., 1997)도 유사한 장애물을 언급하였는데, 특히 국가 수준의 교육과정과 교사가 아동의 학습 성과를 보여 주어야 한다는 압박감과 관련된다.

2) 자유놀이 제한규칙과 유아교사의 역할

유아놀이에 대한 교사의 개입은 이익과 불이익이라는 양면성이 있기 때문에 논란의 쟁점이었다. 교사의 참여는 아동의 놀이를 풍부하게 해 주며 아동의 인지 및 사회적 기술 발달에 도움을 준다. 한편 교사가 놀이를 통해 더욱 구조화된 인지활동을 제공하면서 놀이를 통제하게 되면 교사의 개입은 아동의 놀이를 방해하게 된다(Johnson, Christie, & Wardle, 2005; Seefeldt & Barbour, 1998).

1960년대까지 교사는 유아의 놀이를 방해해서는 안 된다는 인식이 보편적이었다. 성인의 역할은 놀이 환경을 마련해 주고 유아의 놀이를 관찰하는 것이었다. 성인의 개입은 놀이를 방해하고 진솔한 감정을 표현하지 못하게 하여 놀이의 치료적 효과를 반감한다고 믿었다(Johnson, Christie, & Yawkey, 1987).

그러나 1960~1970년대에 이르러 이러한 믿음에 변화가 생겼다. 스밀란스키의 놀이연구를 통해 유아놀이에서 교사의 역할을 매우 중요하게 인식하게 되었다. 스밀란스키는 문화적으로 혜택을 받지 못하는 아동 대부분이 사회극놀이를 하지 않는다는 것을 발견하였다. 아동의 자연적 성장 과정과 유아교육기관의 비지시적인 풍부한 환경은 빈곤 아동에게 필요한 지원을 제공하기에는 충분하지 않았다. 부모 및 교사의 긍정적인 개입이 없다면 이러한 유아들은 극놀이 발달에 필수적으로 요구되는 것이 부족하게 된다(Smilansky, 1971).

이스라엘 빈곤 아동을 대상으로 수행한 스밀란스키의 연구는 놀이 훈련에 대한 연구 모형을 제공해 주었다. 이 연구의 결과는 전 세계 다른 연구자들이 놀이 훈련에 관심을 가지도록 영향을 주었다. 더욱이 연구자들은 사회극놀이 훈련의 내부 개입과 외부 개입을 포함하고 있는 스밀란스키의 놀이 전략을 사용하면서 주제 환상

극놀이 훈련을 사용하였다. 사회적 극놀이 훈련에서 교사는 아동 극놀이에서 역할을 맡아 연기하면서 적극적으로 참여하게 되는데, 이것을 내부 개입(중재)이라고 한다. 만약 교사가 외부에서 제안하고 질문하는 방식으로 지도한다면 이것을 외부 개입이라고 한다. 주제 환상극놀이는 더 구조화된 유형의 훈련이다. 이러한 훈련에서 성인은 스토리를 읽어 주거나 아동에게 역할을 지정해 줌으로써 아동을 돕는다(Johnson, Christie, & Wardle, 2005).

1970년 무렵 비고츠키는 아동과 함께 성인이 놀이하는 것은 아동이 친구들과 놀이하는 것만큼 중요하다고 믿었다. 비고츠키에 따르면, 성인은 아동이 혼자 힘으로 할 수 없는 놀이에 몰입하도록 도움을 줄 수 있다(Seefeldt & Barbour, 1998). 1990년대의 연구자들은 아동 놀이에서 교사의 특정 역할에 대해 연구하였다. 발달에 적절한 실제와 함께 아동의 놀이에 대한 교사의 개입이 증가하였다. 아동이 시작하고 교사가 지지하는 놀이는 발달적으로 적절한 실제에서 중요한 부분이 되었다(Bredekamp & Copple, 1997). 이는 놀이의 질에 대한 관심도 증가시켰다. 최근 연구자들은 성인이 아동 놀이에 개입하고 놀이를 강화시키는 방법의 중요성에 대해 논의하고 있다.

영유아발달 측면에서 놀이의 중요성은 지속적으로 강조되어 왔다. 영유아교사는 학급 내 많은 유아의 수, 좁은 공간, 적은 수의 교구 등 환경적 요인을 이유로 유아놀이에 대해 제한규칙을 적용하고 있다. 즉, 유아 스스로 놀이할 영역을 선택하는 것에 자유를 부여하면서 동시에 시간, 인원, 공간에 대한 제한을 당연시함으로써 이상적인 자유놀이의 의미에서 멀어지고 있다(원계선 외, 2013).

자유놀이 시간의 제한규칙은 유아의 놀이를 지시하고 규제하는 요소로 작용한다. 많은 유아교사는 자유놀이 지도 시 유아 간에 반복적으로 발생하는 갈등 지도에 대해 좌절감을 느낀다(윤향미, 장영희, 2013; 이유정, 원계선, 2016). 교사는 유아의 안전과 갈등을 최소화시켜 안전한 놀이 환경을 제공할 목적으로 제한규칙을 적용하지만 오히려 제한규칙 때문에 유아 간 갈등과 안전사고가 발생하기도 한다(이유정, 원계선, 2016).

다수의 연구(Christie & Wardle, 1992; Griffing, 1982; Rogers & Sawyers, 1988; Johnson, Christie, & Wardle, 2005)에서는 놀이 시간이 길면 놀이를 통해 얻는 것이 더 많다고 하였다. 타르만과 타르만(Tarman & Tarman, 2011)의 연구에 따르면, 자유놀

이 시간이 충분히 주어지면 많은 유아가 극놀이와 구성놀이에 몰입한다. 반대로 자유놀이 시간이 짧은 경우에는 대부분의 유아가 단독놀이나 병행놀이를 하며, 치우기를 거부하거나 공격 행동, 방해 행동 등의 행동 · 정서 문제가 발생하기도 한다. 타르만과 타르만은 적절한 자유놀이 시간은 30분에서 60분이라고 제안하였다.

교사는 충분한 놀이 시간을 제공하고 실내외에 안전한 환경을 만들어 줌으로써 놀이를 격려해야 한다. 그리고 놀이에 개입하기 전에 유아를 관찰하고 유아가 놀이 아이디어를 확장하고 풍부히 할 수 있도록 새로운 경험을 제공해야 한다. 교사는 유아놀이에 너무 지시적이 되지 않도록 주의해야 하며 스스로 창의적 기술을 개발할 수 있도록 도와야 한다(Tarman & Tarman, 2011).

3) 디지털 테크놀로지 발달과 유아교사의 역할

앞서 언급하였듯이 교육 분야로 디지털 테크놀로지가 유입되는 것은 피할 수 없는 일이며, 피해서도 안 되는 일이다. 유아교육 분야도 마찬가지이다. 유아교사는 유아가 테크놀로지의 무한한 가용성을 인지하고, 자신의 필요에 따라 내용을 재구성할 수 있는 디지털 네이티브로 자라난다는 사실을 지각해야 한다.

더불어 적절한 테크놀로지 과정과 자원을 창출 · 사용 · 운영하여 유아의 학습을 촉진하기 위해서는 교육 테크놀로지를 적용하려는 교사들이 전문적인 역할을 감당할 수 있도록 먼저 준비되어야 한다. 그러므로 교사가 디지털 테크놀로지에 관한 지식과 기술을 습득해야 하는 것은 필수적이며, 예비유아교사 단계에서도 디지털 테크놀로지를 활용한 교수법과 관련된 내용이 다루어져야 할 것이다. 다시 말해서 유아교사가 디지털 테크놀로지를 교수 자료 제작에 활용하는 방법과 유아가 디지털 기기를 적절히 활용하도록 지도하는 방법을 다루어야 한다. 그뿐만이 아니라 현직 교사교육 과정에도 관련 내용을 다루도록 하여 재교육해야 한다.

유아교육에서 디지털 테크놀로지의 활용은 기계에 지나치게 의존적인 성인을 만드는 것이 되어서는 안 된다. 디지털 테크놀로지를 적절히 활용할 수 있는, 즉 기계와 협업이 가능한 역량을 갖춘 사람으로 육성하는 것을 목표로 해야 한다(김대식, 2018).

더불어서 현직교사교육 및 예비유아교사 교육과정에 테크놀로지 활용을 담기 위해서는 적절성을 검토할 수 있는 준거가 필요하다. 이를 위한 신뢰할 만한 기초 연구가 다양하게 수행되어야 한다.

4) 실외놀이와 유아교사의 역할

실외놀이의 교육적 가치와 중요성은 다양하게 논의되어 왔다. 그러나 중요성에 대한 인식만큼 영유아에게 실외놀이 기회를 충분히 제공하지 않고 있다. 일부 교사는 실외놀이의 가치에 대한 신념 부족, 안전에 대한 불안감과 교육과정 운영에 대한 압박감으로 실외놀이 시간을 충분히 계획하지 못하고 있다.

그러므로 영유아에게 충분한 실외놀이 시간을 제공하기 위해 교사와 관련하여 다음과 같은 노력이 있어야 할 것이다. 첫째, 예비교사교육 단계 및 현직교사교육에서 실외놀이의 중요성과 가치에 대한 교사 인식을 제고하도록 노력해야 한다. 둘째, 실외놀이의 가치 및 안전성을 주제로 하는 부모의 인식 개선 교육이 필요하다. 셋째, 이상을 과학적으로 뒷받침할 관련 연구들이 이루어져야 한다. 즉, 실외놀이의 가치, 실외놀이 안전성 등을 주제로 하는 다양한 연구가 수행되어야 할 것이다. 넷째, 다양하고 실용성 있는 실외놀이 프로그램이 개발되어 유아교육 현장에 보급되어야 한다.

참고문헌

교육과학기술부 · 보건복지부(2013). 3~5세 연령별 누리과정 해설서.

국제연합(1989). 유엔아동권리협약.

김대식(2018). 인공지능 시대의 인류와 교육. 머지않은 미래 사회의 급격한 변화와 영유아교육의 질 제고: 교수-학습방법. **2018 한국육아지원학회 춘계학술대회**. 2018. 6. 2. 서울: 이화여자대학교 교육관 B동.

김병희, 김유라(2013). 세계 최초의 그림책『세계도회』에 나타난 언어교육론 고찰. **어린이문학교육연구, 14**(3), 95-112.

김선영, 강의정(2007). 유아의 연령과 성별 및 비만도에 따른 놀이 행동에 관한 연구. 한국보육학회지, 7(2), 73-89.

김수영, 김수임, 정정희(2017). 놀이지도(4판). 경기: 양서원

김원준, 나승희(2010). 신체활동 프로그램이 비만유아의 체성분과 기본운동능력에 미치는 영향. 한국산학기술학회논문지, 11(11), 4266-4272.

김은정, 박태섭, 안나영(2016). 유아 비만도별에 따른 운동능력과 신체활동량의 관계 연구. 한국발육발달학회지, 24(3), 259-267.

김은희, 유준호(2012). 유아교사가 인식하는 실외놀이의 어려움과 활성화 방안. 유아교육학논집, 16(4), 27-52.

김정화, 하애화, 유경숙(2008). 어머니의 영양지식에 따른 유아기 자녀의 비만도 및 식습관 차이. 한국식생활문화학회지, 23(5), 646-654.

김희태(2004). 자유놀이에서 나타나는 유아들의 사회적 갈등의 의미. 열린유아교육연구, 8(4), 217-233.

박형곤, 김군도, 박찬호(2012). 유아체육프로그램이 정상체중유아와 비만유아의 체력과 혈중지질 및 성장관련인자에 미치는 영향. 생명과학회지, 22(3), 380-386.

보건복지부 질병관리본부(2017). 2016 국민건강통계.

송하나(2010). 신경심리학적 관점에서 본 놀이와 학습. 한국육아지원학회 추계학술대회 자료집. 35-44.

송효현(2013). 어머니의 식습관과 영양지식이 유아의 식습관 및 유아비만에 미치는 영향. 아동복지연구, 11(2), 67-82.

양옥승, 이정란, 나은숙(2002). 유아의 관점에서 본 자유놀이. 열린유아교육연구, 7(1), 143-165.

엄정애(2010). 교육과정의 관점에서 본 놀이와 학습. 한국육아지원학회 추계학술대회 자료집. 47-56.

원계선(2016). 교사와 또래 존재 여부 및 활동 공간에 따른 유아의 유치원 활동에 대한 놀이 인식. 유아교육 · 보육복지연구, 20(1), 381-404.

원계선, 박서연, 장수지, 정유나, 윤미영, 이지연, 이하나, 한아녕(2013). 어린이집 자유놀이의 제한 규칙 운영 실태와 교사의 인식. 육아정책연구, 7(2), 46-62.

원계선, 현은선(2017). 유아의 놀이 권리에 대한 부모의 인식과 실행에 관한 연구. 한국보육지원학회지, 13(1), 143-166.

윤향미, 장영희(2013). 자유선택활동 운영에서의 유아교사가 겪는 갈등과 어려움 탐구. 유아

교육연구, 33(4), 267-289.

이기숙(2002). 유아교육개론. 서울: 양서원.

이송숙, 김영희(2003). 유아 비만과 관련된 유아 특성과 어머니의 식생활관리 및 양육행동. 생활과학연구논총, 7(1), 203-221.

이종희, 조은진, 김송이(2009). 놀이. 아동학회지, 30(6), 309-321.

임원신(2000). 비만 아동의 기질과 대처방식 및 놀이 양상에 관한 연구. 한국유아체육학회지, 1(1), 51-65.

이유정, 원계선(2016). 유아의 자유선택활동과 놀이 인원수 제한규칙. 한국보육지원학회지, 12(1), 57-81.

임은미(2012). 디지털 세대를 위한 교육 테크놀로지의 가치 재조명: 유아교육에의 활용방안을 중심으로. 유아의 행복한 삶을 위한 교육 테크놀로지의 이해와 실천. 한국육아지원학회 추계학술대회 자료집, 59-77. 서울: 이화여자대학교.

임재택, 하정연, 이소영(2013). 숲에서 유아들이 경험하는 놀이 탐색. 유아교육연구, 33(2), 343-367.

정진, 성원경(2011). 유아놀이지도 이론과 실제. 서울: 학지사.

정진희(1998). 유아의 놀이성에 따른 놀이와 일에 대한 인식. 이화여자대학교 교육대학원 석사학위논문.

정희정(2010). 놀이 유형에 대한 유아의 선호도 및 창의성과의 관계. 동아대학교 교육대학원 석사학위논문.

조성연, 박은혜(2014). 유아의 그림을 통해 본 유아교육기관에서의 놀이에 대한 이미지. 유아교육학논집, 18(2), 35-57.

조용환(2000). 놀이와 교육의 딜레마. 2000년도 중앙유아교육학회 추계 학술대회 논문집: 다문화 시대의 유아교육. 서울: 중앙유아교육학회.

하애화, 김정화, 유경숙(2008). 어머니의 비만 스트레스와 어머니 및 유아 자녀의 비만도, 식품 섭취 및 활동량에 대한 연구. 동아시아식생활학회지, 18(5), 651-661.

하애화, 유경숙, 김정화(2008). 학령 전 비만 아동의 식습관과 어머니의 식습관에 대한 연구. 동아시아식생활학회지, 18(6), 927-938.

한미라, 이연선(2006). 생태유아교육기관과 일반유아교육기관의 자유놀이: 자유선택활동 시간을 중심으로. 생태유아교육연구, 5(1), 1-23.

황옥경, 한유미, 김정화, 양효현, 서예지, 박진우, 손주환, 임수현(2014). 한국 아동의 놀 권리 현주소와 대안. 서울: (사)유니세프한국위원회.

Bennett, N., Wood, L., & Rogers, S. (1997). *Teaching through play: Teacher's thinking and classroom practice*. Buckingham, UK: Open University Press.

Bredekamp, S., & Copple, C. (1997). *Developmentally appropriate practice in early childhood programs*. Washington, DC: NAEYC.

Christie, J. F, & Wardle, F. (1992). How much time is needed for play? *Young Children, 47*(3), 28-32.

Dighe, J. (1993). Children and the earth. *Young Children, 48*(3), 58-63.

Dockett, S. (2001). The challenge of play for early childhood educators. In. S. Rogers (Ed.), *Rethinking play and pedagogy in early childhood education: Concepts, contexts, and cultures* (pp. 32-47). NY: Routedge.

Edward, R., & Usher, R. (2008). *Globalisation and pedagogy* (2nd ed.). London: Routledge.

Gibbons, A. (2007). The politics of processes and products in education: An early childhood metanarrative crisis? *Educational Philosophy and Theory, 39*(3), 301-311.

Golinkoff, R. M., Hirsh-Pasek, K., & Singer, D. G. (2006). Why play=learning: A challenge for parents and educators. In D. G. Singer, R. M. Golinkoff, & K. Hirsh-Pasek (Eds.), *Play=learning: How play motivates and enhances children's cognitive and social-emotional growth* (pp. 3-12). New York: Oxford University Press.

Griffing, P. (1982). Encouraging dramatic play in early childhood. In J. F. Brown (Ed.), *Curriculum planning for young children* (pp. 38-47). Washington, DC: NAEYC.

Hirsh-Pasek, K., & Golinkoff, R. M. (2008). *Why play=learning. Encyclopedia on Early Childhood Development.* Montreal, Quebec: CEECD(Centre of Excellence for Early Childhood Development).

Howard, J., Jenvey, V., & Hill, C. (2006). Children's categorization of play and learning based on social context. *Early Child Development and Care, 176*, 379-393.

Johnson, J. E. F., Christie, J., & Wardle, F. (2005). *Play, development, and early education.* Boston: Pearson Education, Inc.

Johnson, J. E., Christie, J. F., & Yawkey, T. D. (1987). *Play and early childhood development.* Glenview, IL: Scott, Foresman.

Kagan, S. L. (1990). Children's play: The journey from theory to practice'. In E. Klugman & S. Smilansky (eds.), *Children's play and learning: Perspectives and policy Implications* (pp. 173-185). New York: Teachers College Press.

Rogers, S. (2001). Play and pedagogy: A conflict of interests? In. S. Rogers (Ed.), *Rethinking play and pedagogy in early childhood education.* (pp. 5-18). New York: Routedge.

Rogers, C. S., & Sawyers, J. K. (1988). *Play in the lives of children*. Washington, DC: NAEYC.

Russo, H. L. (2009). *Play, peer relationships, and academic learning: Exploring the views of teachers and children.* Doctoral Dissertation, Teachers College, Colombia University.

Seefeldt, C., & Barbour, N. (1998). *Early childhood educaion*. New Jersey: Upper Saddle River.

Smilansky, S. (1971). Can adults facilitate play in children? Theoretical and practical consideration. Proceeding of a conference, *Play: The child strives toward self-realization* (pp. 39-50). Washington, DC: NAEYC

Tarman, B., & Tarman, I. (2011). Teachers' intervention in children's play and social interaction. *Elementary Education Online, 10*(1), 325-337.

Tizard, B., Philips, J., & Plewis, I. (1976). Play in pre-school centres-the effects on play of the child's social class and of the educational orientation of the centre. *Child Psychology, 17*, 265-274.

Wing, L. A. (1995). Play is not the work of the child: Young children's perceptions of work and play. *Early Childhood Research Quarterly, 10*, 223-247.

Zigler, E. F., & Bishop-Josef, S. J. (2006). The cognitive child versus the whole child: Lessons from 40 years of Head Start. In D. G. Singer, R. M. Golinkoff, & K. Hirsh-Pasek (Eds.), *Play=learning: How play motivates and enhances children's cognitive and social-emotional growth* (pp. 15-35). New York: Oxford University Press.

제3부

게임과 유아발달

게임에 대한 이해

1. 게임의 정의 및 특성

1) 게임의 정의

놀이는 인간과 동물의 삶에서 즐거움을 주는 행동이며 자연발생적인 행동으로 여긴다. 특정 목표가 없는 자발적이면서도 즉흥적인 활동인 놀이는 재미를 추구하는 본능적으로 동기화된 행동인데, 게임 활동 역시 놀이의 한 형태로 참여자에게 즐거움을 준다(Schaefer & Reid, 2001). 게임에 대한 역사는 선사시대까지 거슬러 올라가는데, 환경에 대한 적응 면에서 의미 있는 역할을 한다고 생각되었다(Sutton-Smith, 1961).

게임은 놀이에 비해 좀 더 목적지향적인 행동과 진지함을 수반한다. 대부분의 게임은 참여자의 역할과 제한된 행동 및 기대되는 행동, 그리고 게임 방법을 규정하는 규칙이 있다. 결과적으로 비구조화된 놀이와 비교하여 게임 행동은 범위와 영역이 제한적이다(Schaefer & Reid, 2001).

자유놀이는 원초아적 욕구를 충족하는 반면에 게임은 자아 과정을 수반한다. 매우 간단한 게임이라고 하더라도 놀이에 비하여 상당한 인지적 능력을 필요로 한다. 예를 들면, '큰 수 작은 수 카드게임'을 하기 위해서는 수세기를 할 수 있어야 하고, 기본적인 숫자 인지가 가능해야 하며, 크다/작다의 개념이 있어야 한다. 이와 반대로 물놀이나 점토놀이를 할 때에는 인지적, 언어적으로 대단한 능력이 요구되지는 않는다. 게임을 하기 위해서는 좌절을 견딜 수 있어야 하고, 행동, 차례, 규칙 준수에 의한 제약과 실패를 수용할 수 있어야 한다. 게임을 끝까지 하기 위해서는 상당한 집중과 인내가 요구된다. 더욱이 게임을 하는 것은 이기기 위해서 개인의 기술을 발휘하고자 하는 도전성을 포함한다.

게임을 규정짓는 마지막 특성은 대인 간의 상호작용에 있다. 역사를 통해 게임은 둘 혹은 그 이상의 사람이 관계하는 사회적 활동으로 발달해 왔다. 대부분의 게임에서 참여자의 행동은 상호 의존적이다. 이는 게임의 결과가 한 명의 놀이자의 행동이 아니라 놀이자들의 상호작용에 달려 있음을 의미한다. 대조적으로 비구조화된 놀이는 둘 혹은 그 이상의 유아들 간의 적은 상호작용으로 수행될 수 있다(Schaefer & Reid, 2001).

정진과 성원경(2011)은 게임이란 구조화된 놀이로서 규칙, 승패, 경쟁적 상황, 사회적 과정 등과 같은 중요한 요소들과 관련하여 다음과 같이 다양한 측면에서 정의 내릴 수 있다고 하였다.

- 게임은 참여자가 두 편으로 나뉘어서 일정한 규칙에 따라 서로 이기려고 노력하는 지적 · 신체적 경쟁이다.
- 게임은 스릴이 있고 승패가 명확해서 몰입할 수 있고, 만족감을 맛볼 수 있는 '승패 있는 놀이'이다.
- 게임은 제한된 한계가 있지만 공식적으로 허용되는 경쟁 활동이기 때문에 사회화 과정에서 나오는 심리적인 스트레스나 갈등의 해결 수단이 될 수 있다.
- 조직적인 놀이로서 게임은 시간을 구조화하는 방법이다. 자유놀이를 통하여 충분한 경험을 할 수 없거나 그 주의 교과내용과 연결된 것을 교사가 목적을 가지고 조직화할 수 있는 활동이다.

이상의 정의를 정리하면, '게임은 구조화된 놀이로서 둘 이상의 편을 나누어 규칙에 따라 경쟁하여 이기려고 노력하는 놀이 활동'이다.

2) 게임의 특성

(1) 역사적 관점

게임은 선사시대 이래로 인류 사회의 일부분이다. 고고학과 비교문화 연구에서는 인간 문명이 긴 역사를 통해 방대한 양의 다양한 게임을 발전시켜 왔음을 발견하였다. 수백 가지의 주사위 게임, 추측게임, 카드게임, 판게임, 고리-막대기 게임, 수세기 게임, 파티게임, 숨기 게임, 쫓기 게임, 실내 운동 게임, 실외 운동 게임, 노래/라임, 춤 게임 등의 유형이 있다. 예를 들면, 북부아메리카 원주민은 1,400개 이상의 게임을 했다(Wood & Goddard, 1940).

인류 초기의 게임은 적응 및 생존과 직접적으로 연관된 것으로 보인다. 선사시대 때 인간의 육체적인 민첩함과 강인함은 가치 있는 능력으로 인정받았다. 선사시대의 인류는 막대, 뼈, 돌을 던짐으로써 공놀이의 초기 형태와 같은 놀이를 했다. 세월이 흐르면서 이러한 물체들은 굴리거나 잡기 쉽도록 둥근 공 모양으로 변화되었다. 기원전 2,050년 이집트의 상형문자에서 인류가 공놀이 하는 모습이 발견되었다. 많은 사회에 대한 연구를 살펴보면, 공놀이는 거의 대부분 발견되는 보편적 활동이다(Sutton-Smith, 1961). 에스키모인은 이끼로 채운 가죽 공을 만들었으며, 탐험가들은 인도양 외딴 섬에 사는 부족들도 공놀이를 했음을 발견하였다. 고대 로마인도 공기를 주입한 돼지 가죽 공을 만들어 사용했다. 공놀이는 몇 가지 생존과 밀접한 관련이 있는 적응행동과 관련이 있다. 의미 없는 물체를 놀이자들끼리 반복적으로 주고받는 게임은 실제로 가치가 있는 물건이나 자원을 공유하는 행동의 연습으로서 이는 협력의 가치와 집단 소유의 가치를 강화하는 데 기여한다. 던지기 게임 역시 사냥을 위해 무기를 정확하게 던지는 연습의 기능을 한다. 오늘날 공은 근대 문명 어디에서나 볼 수 있는 스포츠를 조직하는 데 중요한 물건이다.

또한 게임은 정신적 믿음과 의식으로부터 진화해 왔다. 술래잡기는 나무나 돌로 만들어진 물체를 만지면 악령을 피하거나 주문을 깰 수 있다는 고대 미신으로부터 유래되었다. 이러한 의식은 다른 사람을 터치함으로써 악령을 통과할 수 있다는 믿음으로 이어졌다. 오늘날에도 술래잡기의 본질적인 특징은 남아 있다. 바로 손가락으로 건드리는 사람을 술래로 만든다는 것이다.

장님놀이는 선사시대에 인간을 희생제물로 바치는 의식으로부터 유래되었다. 이 게임은 대략 기원전 1,000년에 고대 그리스에서 남아들이 하는 놀이로서 뮤인다(muinda), 브레이즌 플라이(brazen fly)라고 불렸다. 여러 명의 아동이 한 아동을 파피루스 껍질로 때리는 동안에 그 아동은 눈을 가리고 있다. 엘리자베스 여왕 시대에 장님놀이는 영국에서 매우 유명한 놀이였는데, 초기의 희생 의식에 기원하는 가학–피학적 특성이 유지되었다. 진보한 버전에서는 장님이 밧줄로 약하게 맞는 것이었다. 이 게임은 때리는 것 대신 애무하기(fondling)로 변화하여 영국에서 장난삼아 하는 놀이로 매우 유명해졌다. 이와 같은 감각적인 버전은 영국 사회가 극적으로 변화함에 따라 빅토리아 시대에 금지되었다. 오늘날 이 게임은 폭력성과 성적인 함축성이 사라졌으며 과거에 비해 그 인기도 상당히 줄어들었다.

근대 게임은 인류 초기의 공격성의 체계와 조직에 근원을 두고 있다. 체스, 체커, 주사위놀이는 모두 전쟁 · 전투 전략과 직접적인 상관이 있다. 카드놀이는 고대 아시아 문화에서 젊은 귀족들에게 군사 전략을 가르치기 위한 목적에 기원을 두고 있다. 세월이 흐름에 따라 군사 전략과 동일시되었던 카드놀이는 점차 금전적 힘과 가치 개념으로 대체되었다. 다시 말해서, 오늘날 카드놀이는 태초의 의미는 사라졌고 지적인 경쟁을 통한 즐거움 이외의 다른 직접적인 목적은 없다.

역사를 통해 살펴볼 때 다른 여러 가지 유형의 게임이 서로 다른 문화권에서 일반적으로 발견된다. 특정 문화의 게임은 사회적으로 우세한 관심과 압박감, 구성원 간의 갈등 및 전체로서의 사회적 집단의 갈등을 반영한다.

서턴스미스(Sutton-Smith, 1971)는 비교문화 연구를 통해 우연에 의한 게임은 불확실성의 예측하기 힘든 환경, 즉 음식 공급, 기후, 두뇌 회전 패턴이 매우 다양한 환경에 시달리는 문화에서 압도적으로 많다는 것을 발견하였다. 환경 극복에 대한 인간 통제의 결여가 능력이나 전략에 의해 결과가 결정되는 것이 아닌 우연(확률)에 의해 결정되는 게임에 잘 드러난다. 반면에 술래잡기, 숨바꼭질, 중심인물 게임과 같은 게임은 사회적 독립 연습에 대한 불안감을 나타낸다. 연구에 따르면, 중심인물

게임과 같은 게임이 우세한 문화에서는 청소년의 조기 독립성에 관한 공동체의 관심이 훨씬 크다.

이상과 같이 오늘날의 게임이 고대 문화에 근원을 두고 있음을 알 수 있다. 인류 역사에서 게임의 보급은 다양할 뿐만 아니라 인간의 경험 측면에서 지속적인 중요성을 보여 준다.

(2) 이론적 기초

초기 게임 놀이는 우세한 문화적 관심과 심리적 욕구를 숙달하고 연습할 사회적 기회를 사회 구성원에게 제공하는 도구적 역할을 한 것으로 보인다(예를 들어, 자원 공유하기, 먹잇감 사냥하기, 악령 물리치기). 게임의 형식을 빌려 이러한 관심을 추상화함으로써 실제 세계의 예측 불가능하고 위협적인 상황에 대한 통제 연습과 적응이 가능하게 된다. 초기 놀이 이론가들은 게임에 대한 인간의 관심을 설명하기 위해 생물학적 · 유전학적 개념을 차용했다. 그로스(Groos, 1898)는 연습 이론을 개발했는데, 게임 놀이를 후의 삶에서 필수적인 행동 패턴을 연습하는 것으로 본능적이고 도구적인 것으로 보았다. 그의 이론은 인간과 동물의 놀이 관찰에 기초한 것인데, 인간의 놀이 행동과 생활 행동, 동물의 생존 기술 개발의 유사성에 초점을 두고 있다. 그로스에 따르면, 모든 게임 놀이는 종족 고유의 생존 기술을 연습하기 위한 인간 본능의 파생물이다.

게임 놀이를 본능이라는 정의로 설명하기에 완벽하게 들어맞지는 않지만 '연습'이라는 언급은 게임 놀이에 대한 이론에 보편적으로 남아 있다. 피아제, 애버던(Avedon)과 서턴스미스(Sutton-Smith)는 게임 놀이가 아동의 사회화에 특별한 역할을 한다고 설명하였다. 게임 놀이는 그 자체가 사회적이고, 규칙, 문제해결, 자기훈련, 정서적 통제를 배우고 따르는 것과 지도자와 주어진 역할을 수용하는 것 등 사회화의 주요한 요소를 함유하고 있다(Serok & Blum, 1983).

사회화와 공격성 통제라는 게임의 특성은 게임 관련 문헌에 상당히 자주 언급된다. 게임은 사회적으로 용인되는 방식으로 공격성을 표현할 기회를 제공한다. 밀버그(Milberg, 1976)는 인간이 싸움의 결과로 나타나는 분노와 적대감을 수용 가능한 형태로 제공하기 위해서 놀이와 게임을 만들었다고 이론화하였다. 싸움은 위협적인 자극에 대한 인간의 자연스러운 반응이지만 사회가 발달하면서 공격성 증가를 통제할 필요가 생긴 것이다.

리들(Redl, 1958)은 모든 게임에는 공격성, 힘, 지배/항복이 내재한다고 하였다. 거의 모든 게임은 경쟁을 포함하는데, 이것이 공격성의 상징적 표현이다. 체스나 체커게임에는 상징적 공격성이 본질적으로 포함되어 있어서 한 편이 상대편 말을 잡거나 무력화시킴(중립화함)으로써 상대편을 공격한다. 게임은 사회적으로 용인된 방식으로 타인을 굴복시키는 도구가 된다. '지도자를 따르라'와 '사이먼 가라사대'와 같이 많은 게임은 지배에 관한 체계를 갖추고 있다. 게임 이론은 테러 행위의 진화 연구와 인류의 협동과 갈등 연구뿐만 아니라 포유동물의 짝 선택 연구에도 사용되어 왔다(Maynard-Smith, 1984).

[그림 11-1] 체스게임

[그림 11-2] 체커게임

프로이트는 놀이의 핵심으로 카타르시스 개념을 강조하였다(Strachey, 1962). 카타르시스는 억압된 정서적 · 심리적 에너지 방출을 포함한다. 프로이트는 성격 형성의 기초적 과정을 기본적 욕구의 억압이라고 이론화하였는데, 그 과정에서 사회적으로 용인되는 방식으로 긴장을 해소할 필요가 있다. 이러한 에너지를 해소하는 하나의 방법은 게임 놀이를 통해서이다. 게임 놀이에 대한 카타르시스 이론은 장님 놀이가 예전에는 공격적이고 성적인 욕구를 해소하거나 대체하기 위해 했다는 해석을 지지한다. 펠러(Peller, 1954)는 정신분석학적 관점에서 게임 놀이가 충동을 해소하는 것(일차적 과정)만이 아니라 불안에 숙달(이차적 과정)되게 한다고 설명하였다. 펠러는 게임 놀이를 기본적 충동을 승화하는 도구로 보았다. 게임에 내재되어 있는 규칙과 구조는 사회적으로 용인되지 않는 충동을 성공적으로 억압하고 승화하기 위한 초자아의 역할을 나타낸다. 그러므로 게임 놀이는 남근기 특성인 공격적인 감정을 해결하기 위해 특히 중요하다.

미첼과 마송(Mitchell & Masson, 1948)은 게임 놀이에 대해 유사한 개념화를 시도했는데, 그것이 바로 잉여에너지 이론이다. 그러나 이는 심리적 에너지와 대조적으로 과도한 신체적 에너지를 해소하는 것에 초점을 두고 있다. 이 이론은 게임 놀이가 임의적이며 무목적적이고 즐거움의 형태일 뿐 그 이상이 아니라고 주장한다.

어떤 사람들은 놀이와 게임의 주된 '목적'을 참여자에게 즐거움과 이완을 제공하는 것이라고 가정해 왔다. 예를 들면, 우드와 고더드(Wood & Goddard, 1940)는 고대 게임 중 하나인 공놀이는 던지기, 받기에 포함된 리듬과 반복성이 놀이자에게 정서 이완과 평정 효과를 주기 때문에 발생한 것이라고 가정했다. 긴장된 에너지 방출이 안정을 제공하지만 동시에 신체적 노력이나 다른 형태의 일을 통해 소진된 에너지를 재생시킨다(Milberg, 1976).

(3) 특성

일반적으로 게임은 놀이와 혼용되는데 피아제, 스밀란스키, 서턴스미스 등과 같은 학자에 따르면, 놀이가 게임보다 더 포괄적이며, 게임은 놀이의 일부분이라고 말한다. 게임은 보통 경쟁적 요소를 내포한다. 유아기 놀이의 개방적 결말(달성해야할 목표가 없음)이라는 특성과 대조적으로 게임의 결과물은 참여자가 경쟁하는 상대를 이기기 위해서 매우 중요하게 다루어진다. 서턴스미스(Sutton-Smith, 1971)는 게임을 사회적으로 용인되는 공격성과 경쟁의 상황을 제공하는 '권력의 모델'이라고 언급했다.

게임과 놀이의 차이점을 살펴봄으로써 게임이 갖는 특성을 좀 더 정확하게 이해할 수 있다.

- 게임에는 일정한 규칙과 승패가 있다.
- 게임은 놀이보다 더 활발한 상호적 개입이 있으며, 그에 따른 경쟁성이 있다.
- 게임은 일정한 형식의 내용이 반복적으로 나타나는 특성이 있다.

• 게임 시작 전에 합의된 규칙에 따르는 행위이므로 비언어성을 특징으로 한다.

2. 유아의 게임 발달 및 가치

1) 게임의 발달

게임 놀이는 유아놀이발달의 마지막 단계에서 중심적인 위치를 차지한다. 놀이에서 협력에 대한 연구를 살펴보면, 협력은 22개월에 발생하지만(Ross & Kay, 1980) 아동기가 될 때까지 놀이의 결정적인 요소가 되지는 않는다(Stoll, Inber, & James, 1968; Zigler & Child, 1956). 놀이 발달에 대한 이론들은 게임 놀이가 초기 잠복기(5~8세 사이)에 출현한다는 것에 동의한다. 잠복기 아동의 게임 놀이는 더 실제적이고 복잡한 형태의 놀이 탐색에 대한 그들의 준비도와 흥미를 나타낸다. 게임 놀이와 관련된 학령기 아동의 인지적 · 사회적 · 정서적 발달과 정체성 발달 특성은 다음과 같다.

(1) 인지

피아제는 인지발달 단계와 연계하여 정의하였다. 연습놀이(2개월~2세까지), 상징놀이(2~7세까지), 그리고 규칙 있는 게임(7~11세까지)의 3단계 놀이발달단계를 정의하였다. 영아기 놀이의 최초 형태는 영아의 감각운동적 행동으로 구성된다. 이러한 자기중심적 신체 움직임은 원시적인 자아 인식의 출현과 심리발달 첫 단계의 나르시스적 특성을 반영한다. 학령전기에 유아의 놀이는 환상과 상징화로 가득하다. 이때 유아는 실생활의 사건뿐만 아니라 성인의 행동을 모방하는 역할놀이를 시작한다. 강한 정서와 마술적 사고가 상징놀이에서 두드러지게 나타난다. 놀이에 반영된 심리적 관심은 대체로 유아의 유의미한 성인과의 관계에 중점을 둔다. 초등학교를 입학할 즈음에 놀이는 점차 현실 사회 현상에 근접한 대인 간의 상호작용과 상황을 포함하면서 현실성이 증가하고 복잡해진다.

7세에서 11세 사이의 아동은 '구체적 조작기'로서 보존, 분류, 순서 이해 능력이 있다(Piaget, 1952, 1967). 이때의 아동은 정보를 비교하고 대조하는 능력을 발달시키고, 그들의 지각을 좀 더 현실과 일관되게 한다. 인지적 과정은 감각과 경험에 의한 인상을 초월하면서 무엇이 정확하고 현실적인지를 결정하는 과정이 된다. 정보 조직과 분류는 이 단계의 아동에게 중요한 것이 된다. 그러므로 형식적 게임의 조직, 규칙, 절차는 이 단계 아동의 순서(질서)에 대한 감각과 현실주의 감각에 적절하다.

(2) 정서

펠러(Peller)는 놀이에 대한 정신분석학적 이론에서 게임 놀이를 선호하는 것을 남근기적 집착을 감소시키는 것과 연관지었다. 남근기적 놀이는 기본적인 심리성적 삼각관계에 초점을 둔 특유의 환상과 마법적 사고의 특징을 갖는다(Freud, 1923). 극놀이를 통해 유아는 자신이 부러워하는 성인의 입장으로 자신을 환상화할 수 있다. 남근기적 욕구는 성인에 대한 동일시로 해결되고, 유아의 흥미는 상상놀이에서 성인 세계의 삶과 유사한 게임으로 이동된다. 게임 놀이는 또한 동일한 성의 또래와의 동일시를 촉진하는데, 이것이 남근기적 긴장을 풀어 준다. 유아가 사회 규범 안에서 살아가는 자율적 성격을 형성하기 위해서는 먼저 남근기적 집착으로부터 벗어나야 한다.

(3) 사회성

사회적 이론가들은 게임 놀이가 아동이 단지 우정, 동지애를 형성할 목적만이 아니라 성인 세계의 권위에 대항할 목적으로 함께 집단을 만들 준비가 되어 있음을 드러내는 것이라고 주장한다. 미드(Mead, 1934)는 사회화 과정에서 게임의 중요성을 인식한 초기의 사람이기도 한데, 특히 인간의 사회적 지위 인식 형성을 위해 게임이 중요하다고 하였다. 게임 참여를 통해 아동은 자신과 타인을 구별하는 것을 학습한다. 미드는 게임 행동을 구속하는 규칙을 따름으로써 아동이 '일반화된 타자'로서 사회의 권력에 대해 학습한다고 강조하였다. 리들(Redl, 1958)은 게임에 내재된 힘과 통제 개념을 강조하면서 게임을 '권력의 모델'이라고 불렀다. 그는 인간이 다른 사람에 의해 지배 받도록 하는 것이 대부분의 게임의 중심적인 측면이라고 주장하였다. 즉, 많은 게임에서 리더가 선택되면 다른 놀이자는 리더를 따르도록 되어 있다. 그 과정은 실제 세계에서 자신보다 더 힘이 있는 사람을 다루는 법을 배우는 것과 유사하다. 반대로 게임에서 리더 역할은 책임을 맡고, 타인에게 영향을 끼치고, 공정하게 권력을 행사하는 것을 배울 기회를 제공한다.

많은 저자는 사회화 과정에서 게임의 중요성을 강조해 왔다. 세록과 블룸(Serok & Blum, 1983)은 게임을 사회화의 기본적인 요소가 들어 있는 작은 세계라고 기술하였다. 기본적인 요소는 규칙 확정, 집단의 규범 수용, 공격성 통제라는 요소들로서 놀이 과정의 필수적 요소이다. 게임 놀이는 새로운 지식 습득, 새로운 역할과 행동 실험, 게임의 요구와 공동체의 규범에 적응할 기회를 제공한다. 게임은 아동이 사회적으로 용인된 방식으로 경쟁심과 공격적 충동을 다루어 볼 수 있는 기회를 제공한다. 규칙을 다루는 것은 특히 의미 있는 과정이다. 아동은 규칙, 경쟁의 공정함에 대한 해석을 두고 다투기도 하면서 협상과 타협의 과정을 연습한다. 규칙이 위반되었을 때 진일보한 사회화 경험이 발생한다. 처음에는 또래 압력이 느껴질 수 있고, 규칙 위반자는 종종 낙인찍히거나 게임을 계속하기 위해 또래에게 사과를 해야만 한다. 이러한 과정을 통해 아동은 규칙위반 행위의 혐오스러운 결과에 대해 더욱 민감해지게 된다.

(4) 정체성

역할이 있는 게임은 아동의 정체성 및 자아존중감 발달과 관련이 있다. 바우마이스터(Baumeister, 1986, 1987)는 아동의 정체성은 시간이 지남에 따라 세 개의 자아-정의 과정을 거치면서 확대·발달한다고 가정했다. 가장 단순한 형태인 자아-정의 유형 1은 자신(정체, 신분)의 안정된 모습에 대한 수동적 습득을 포함한다. 특정 성, 특정 가족에의 소속, 특별한 신체적 특성 소유 등과 같이 자신에 대해 지각하기 시작하는 것이 초기 자기-정의의 예이다. 이러한 정체성 특성은 수동적으로 습득된다. 즉, 개인이 이러한 것을 습득하기 위해 특별히 노력한 것이 없다.

단일 변형이라고 불리는 자아-정의 유형 2는 일련의 특정 준거 충족에 기초한 정체성의 별도의 변화를 포함한다. 이러한 요소는 수동적으로 습득되는 것은 아니지만 대부분 아동 개인의 선택에 의한 것이 아니라 보편적인 아동발달 이정표 상의 특성이라고 할 수 있다. 걷기를 배우고 자전거 타기를 배우는 것, 학교에 입학하는 것이 단일 변형의 사례이다. 자아-정의 유형 2는 인간이 살면서 새로운 사회 조직에 가입하거나 의사가 되거나 부모가 되어서 정체성의 새로운 측면을 가지게 되기 때문에 일생을 통해 발생한다.

자아-정의 유형 3은 계급에 따라 명명되고 외부의 수량화할 수 있는 계급적 차원에 기초한 정체성 습득을 포함한다. 자아-정의 유형 3은 개인의 능력에 기초하는데, 지속적인 변화의 대상이며 종종 복합적인 차원을 포함한다. 또래 중에 누군가를 부유한 사람, 똑똑한 사람, 성공한 사람, 인맥 좋은 사람, 중요한 사람으로 보는 것이 자아-정의 유형 3의 예이다.

바우마이스터는 아동이 하는 게임 안에서 역할 구조는 정체성 발달 진보 정도를 나타낸다고 하였다. 즉, 게임 내의 역할이 안정적인지, 외부적으로 정의된 역할을 수동적으로 습득한 것인지, 자기-선택적인지, 불안정적인지 등의 역할 구조를 통해 아동의 정체성 발달 정도를 알 수 있다. 바우마이스터와 센더(Baumeister & Sender, 1988)는 2세 6개월에서 15세 아동 339명을 대상으로 연구를 수행하였는데, 아동에게 게임 안에 내포된 역할구조에 따라 정리된 게임 목록에 있는 게임 중 좋아하는 게임을 답하도록 질문하였다. ① 유형1 게임은 놀이자가 게임하는 동안에 하나의 안정된 역할을 하는 '사이먼 가라사대'와 같은 게임들로 구성되었다. ② 유형 2 게임은 숨바꼭질, 장님놀이 등과 같이 게임을 하는 동안에 놀이자가 역할을 바꾸어서 할 수 있는 게임들로 구성되었다. ③ 유형3 게임은 야구, 모노폴리, 체스 등과 같이 놀이자가 게임을 하는 동안에 여러 개의 역할로 변화할 수 있고 하위 역할(체스와 같이 계급 차이가 있는 여러 개의 역할을 동시에 사용이 가능)을 사용할 수 있다. 유형 3의 많은 게임은 놀이자가 한 개의 지속적인 역할(주연)을 유지하면서 동시에 하위 역할(조연)을 교환한다. 예를 들어, 야구에서 팀 구성원은 항상 같지만 놀이자는 타자, 내야수, 외야수, 러너 등의 하부 역할을 교대하게 된다.

연구결과는 상징놀이 발달단계에 있는 아동은 사전에 정한 하나의 규칙, 안정적인 역할(불변의 역할)이 있는 비경쟁적인 게임을 선호함을 보여 준다. 이론적으로 이러한 게임은 학령전 아동이 자기정체성의 안정적인 모습(외모)을 인식하는 데 도움이 된다. 초기 잠복기 아동은 좀 더 복잡하면서 실제 세계에서 아동에게 중요한 인물을 간접적으로 대표하는 역할들이 있으며, 역할 교체가 가능한 게임을 선호한다.

청소년기에는 더욱 다양한 역할 구조를 가능하게 하는 능력에 기초한 경쟁적 게임을 선호한다.

비경쟁적 게임에서 경쟁적 게임으로 발달하는 사이에 과도기가 있다. 즉, 경쟁적 게임이지만 운에 따라 결과가 결정됨으로써 경쟁의 요구와 위협이 희석되는 게임이다. 바우마이스터와 센더(Baumeister & Sender, 1988)에서 밝혀졌듯이, 우연-기반 경쟁게임은 5세에서 8세 아동(유형 2의 연령 범위)이 선호한다. 그러한 게임은 아동이 전략적으로나 기술적으로 상대에게 대처하지 않으면서 새롭고 다양한 역할을 실험할 수 있게 한다. 이 발달단계에서 아동의 정체성은 유동적인데, 그들은 단지 자아-정의를 위한 기초로서 또래와 비교하기 시작한다(Ruble, 1983). 아동기 후기가 되어야 정체성과 자아-정의는 자아를 점점 더 성취와 동등한 것으로 인식하게 되면서 또래와 비교하는 능력과 측정의 문제에 관심을 두게 된다(Erikson, 1968).

2) 게임의 가치

게임의 가치는 놀이가 유아발달에 미치는 긍정적 영향과 동일하며, 이에 더하여 게임 활동에서 더 유익함을 얻을 수 있는 측면이 있다. 게임의 가치를 정리하면 다음과 같다.

(1) 지적 · 도덕적 자율성 신장에 도움이 된다

유아들이 스스로 규칙을 만들어 보고 그 규칙에 따라 실행하는 과정에서 문제가 발생했을 때 문제의 해결방법을 찾아보는 경험은 지적 · 도덕적 자율성을 기르는 데 도움이 된다.

(2) 탈중심화를 촉진한다

유아들은 이기기 위한 전략을 정하기 위하여 동일한 집단의 구성원과 서로 논의하게 된다. 이러한 상황에서 상대방의 입장을 존중하는 기회를 갖게 됨으로써 자기중심적 사고에서 차츰 벗어나 탈중심화가 이루어지게 된다.

(3) 사회성 및 도덕성 발달에 도움을 준다

그룹 게임에서 정해진 규칙에 따라 행동하고 질서를 지키며 옳고 그름을 판단해 봄으로써 유아의 사회성 · 도덕성 발달이 이루어진다.

(4) 언어발달에 도움을 준다

게임의 방법이나 규칙을 정하면서 자신의 생각을 언어적으로 표현해 보거나 상대방의 이야기를 듣는 경험, 게임 내용과 관련된 어휘, 게임 준비를 위한 쓰기 활동 등은 유아의 언어발달을 도울 수 있다.

(5) 인지발달에 도움을 준다

게임 내용에 포함된 수, 공간, 위치, 속도, 거리, 색깔, 모양 등 기본 개념을 이해하고 물리적 특성과 논리적 사고의 기회를 제공함으로써 유아의 인지발달을 돕는다.

(6) 준법정신 확립에 도움을 준다

게임의 규칙에는 사회 집단이라는 범주 내에서 실행되어야 할 규칙들이 반영된다. 그러므로 게임에서 제시되는 규칙을 자율적으로 지킴으로써 사회생활에 필요한 준법정신을 기르게 된다.

(7) 심리치료에 효과가 있다

놀이치료는 언어적으로 자신의 감정과 생각, 갈등을 표현하기 어려운 아동을 이해하기 위한 방법으로 개발되었다. 오늘날 게임은 의사소통을 이끌어 내는 활동적인 놀이로, 놀이치료 분야에서 활발하게 사용되고 있다(Berlin, 2001).

임상가들은 게임 놀이를 아동의 정신분석학적 갈등 해결과 정서적 성장을 위해 이용한다. 게임 놀이는 직간접적인 방식으로 아동의 정서적 성장을 촉진한다. 게임 진행 과정은 사회화, 현실 실험, 불안의 극복을 돕는다. 게임 놀이는 치료사와 아동 간의 치료적 동맹을 강화시키고 갈등의 표현과 해결을 위한 은유적인 단계를 제공하는 데 도움이 된다(Reid, 2001).

3. 그룹 게임의 유형

게임의 유형은 분류 기준에 따라 다양하다. 상업성을 기준으로 상업적인 목적으로 기획하여 만든 게임과 상업성이 아닌 특별한 목적을 달성하기 위해 제작한 게임으로 분류할 수 있다. 그 밖에 게임의 승패 결정 요인, 게임 그룹의 크기, 게임 실행 시 대형, 참여자 연령, 게임 내용이 포함하는 생활주제 등을 기준으로 분류할 수 있다.

1) 게임의 승패 결정 요인에 따른 유형

게임의 승패가 무엇에 의해 결정되는지에 따라 세 가지 유형으로 분류할 수 있다(Schaefer & Reid, 2001).

(1) 신체적 기술 게임

신체적 기술 게임은 승패가 놀이자의 운동 능력에 달려 있으며, 대근육 운동 게임과 소근육 운동 게임으로 세분화할 수 있다. 대근육 운동 게임은 잡기, 간단한 공 게임, 그리고 릴레이 달리기 등과 같은 것이며, 소근육 운동 게임은 공기놀이, 젓가락으로 콩 옮기기 게임 등과 같은 것이다. 신체적 기술 게임은 기본 운동 능력 증진에 도움이 된다. 기본 운동 능력은 이동 운동, 비이동 운동, 조작운동으로 구성된다. 신체적 기술 게임은 걷기, 달리기, 뛰기 등의 이동 운동 경험과 구르기, 비틀기, 균형잡기 등의 비이동 운동 경험, 그리고 던지기, 차기, 잡기 등과 같은 조작 운동 경험을 제공한다.

신체적 기술 게임이 유아를 흥분하게 하는 요소가 있기 때문에 심리치료에 부적절하다고 생각할 수 있으나, 사실은 과잉행동, 충동성 아동이 대근육을 활용하는 신체 기술 게임 놀이를 통해 자신의 운동을 다듬어 갈 기회를 갖게됨으로써 자기조절 능력이 향상될 수 있다.

(2) 인지적 전략 게임

전략 게임의 결과는 기본적으로 참여자의 인지적 능력에 달려 있다. 체스, 체커, 우노, 카드 게임 등이 전략 게임에 속하며, 전략 게임의 장점은 다음과 같다.

- 두 사람이 놀이에 참여할 수 있다.
- 아동의 인지적 강점과 약점의 관찰 기회를 제공한다.
- 신체적 게임과 달리 공격성을 상징적으로 표현하도록 한다.
- 전략 게임은 지적 노력, 집중, 자아–통제를 포함하는 자아과정을 활성화한다.

(3) 확률(우연) 게임

확률 게임은 빙고, 룰렛, 사다리보드게임, 일부 카드게임(전쟁게임) 등이 속한다. 순전히 확률에 따라 승패가 결정되는 게임은 대부분 단순한 수준인 경향이 있기 때문에 게임을 처음 소개하는 용도로 사용하기에 좋다. 확률 게임은 성인의 지적 · 경험적 · 기타 능력의 우월성을 중립화하기 때문에 치료적 가치를 갖는다. 우연에 의해 승패가 결정되기 때문에 참여자의 경쟁성이 적다. 확률 게임에서 승리는 다른 대상에 대한 승리가 아닌 확률에 대한 승리라고 할 수 있다. 그런데 실제 게임의 경쟁성이 약할 때 참여자는 참여 동기가 낮고 즐거움을 덜 느낀다고 한다(Holmes, 1964; Rapoport, 1966; Steele & Tedeschi, 1967).

2) 그룹 크기에 따른 게임 유형

게임을 하는 그룹의 크기에 따라 소그룹 게임과 대그룹 게임으로 나눌 수 있다.

(1) 소그룹 게임

자유선택활동 시간에 주로 수 · 조작 영역에서 이루어지는 게임 활동으로서 판게임과 카드게임 유형이 있다. 2명에서 4명의 유아가 함께하는 게임으로, 게임을 하는 동안에 게임 내용에 포함된 수학적 개념이나 생활주제 관련 지식을 학습하게 된다.

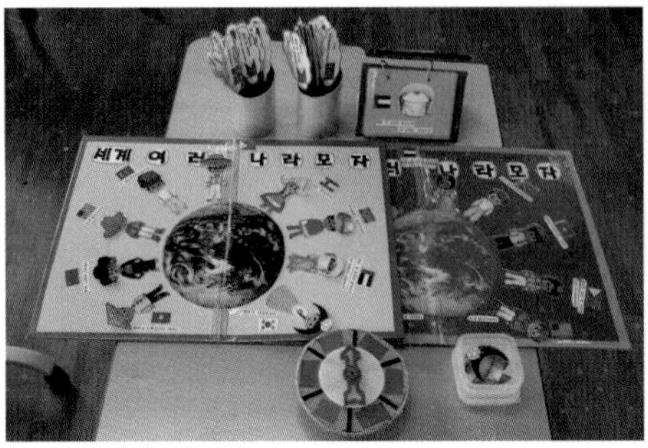

[그림 11-3] 판게임

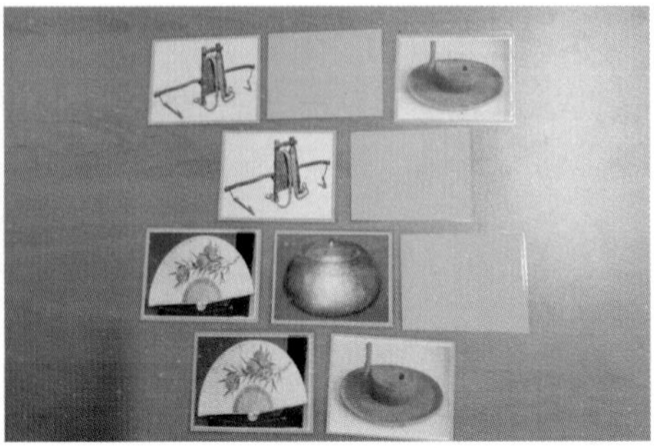

[그림 11-4] 카드게임

(2) 대그룹 게임

대그룹 게임은 일반적으로 교사 주도 하에 진행되는 구조화된 게임을 말한다. 그러므로 대부분 학급 유아 전체가 참여하고 신체적인 경쟁 활동인 경우가 많기 때문에 넓은 공간을 필요로 한다.

3) 게임 대형에 따른 유형

게임이 진행될 때 집단 내 구성원의 자리 배치 형태에 따라 게임을 분류할 수 있으며, 원 대형, 자유 대형, 편 대형으로 구분할 수 있다.

(1) 원 대형 게임

적은 수의 유아가 둥글게 앉아서 하는 게임이다. 자유선택활동 시간의 흥미영역에서 이루어지는 소그룹 게임은 보통 2명에서 4명이 참여하는 게임으로, 원 대형의 형태로 진행한다. 유아는 책상에 둘러앉거나 부분 카펫이 깔린 바닥에 둘러앉아 판 또는 카드 게임을 한다. 이러한 게임은 주사위 등을 활용하는 확률에 의해 승패가 결정되는 게임이나 인지적 능력에 따라 승패가 결정되는 인지적 전략 게임 등 다양한 수준의 게임이 포함된다.

판 또는 카드 게임과 같은 소그룹 게임과 달리 좀 더 많은 유아가 참여하는 원 대형 게임으로는 '고양이 방울달기' '오뚝이 맞추기' '수건돌리기'와 같은 게임이 있다. 이러한 게임은 일반적으로 지시(규칙)가 적기 때문에 게임을 통해 유아가 간단한 규칙을 이해하고 지키는 경험을 할 수 있다는 특징이 있다. 또한 게임을 하는 동안에 집단 구성원의 얼굴을 모두 볼 수 있기 때문에 집단에 대한 소속감을 느낄 수도 있다. 또 다른 특징은 이기고 지는 결과가 뚜렷이 구분되지 않고 누구나 성취감과 자신감을 형성하도록 도움을 준다는 점이다. 그러므로 집단에 대한 소속감을 고취시키려 할 때나 연령이 낮은 유아에게 적용하기에 적절한 유형이다.

(2) 자유 대형 게임

자유 대형 게임은 게임이 진행되는 동안에 유아가 자유로이 공간을 이동할 수 있는 게임이다. 유아교육기관에서는 교실이 충분히 넓다면 교구장, 책상, 의자를 재배치한 후 교실 내에서 게임을 진행하기도 하지만 일반적으로 유희실, 강당 등과 같이 대근육 활동실로 이동하여 게임을 진행한다. 원 대형 게임과 같이 비교적 지시가 적고 이기고 지는 결과가 뚜렷이 구분되지 않는다는 특징이 있다. 간단한 형태와 모양, 색깔, 수 등과 관련된 짝짓기 활동이나 음악을 이용하여 움직임과 멈춤을 반복하는 다양한 형태의 게임이 있다. 이러한 형태의 게임은 다른 대형 게임에 비해 유아가 좀 더 자유롭게 장소를 이동하면서 자신의 신체를 최대한 활용할 수 있기 때문에 신체 활동량이 많다는 특징이 있다.

많은 유아가 동시에 움직이는 게임이기 때문에 게임 중간에 교사가 개입하기 어렵다. 그러므로 게임이 시작되기 전에 게임 방법과 규칙에 대해 충분히 설명해야만 원활하게 게임이 진행될 수 있다. 자유 대형 게임으로는 '같은 수(색깔) 막대 찾기' '나뭇잎 밟기' '신체 마주대기' 등이 있다.

(3) 편 대형 게임

일반적으로 두 편으로 집단을 나누어 게임을 하는 것으로, 게임이 끝나면 게임의 승패가 결정된다. 게임의 승패 결정은 유아에게 과도한 경쟁심을 유발할 수 있기 때문에 경쟁심 조절과 승패 결과에 승복할 수 있는 심리발달단계에 도달한 유아에게 적절하다. 그러므로 편 대형 게임은 어린 연령보다는 높은 연령의 유아에게 적합한 게임으로, 게임에 필요한 지시와 규칙이 많다.

어린 시기에 원 대형 게임과 자유 대형 게임을 통해 게임에 대한 의미를 이해하고 정해진 규칙을 지켜야 한다는 인식을 충분히 갖도록 한 후에 편 대형 게임을 실시한다. 편 대형 게임은 자기편이 이길 수 있도록 유아 자신이 최대한 노력하고 서로 협력함으로써 성취감을 느낄 수 있다는 것이 특징이다. 이기고자 하는 강한 욕구는 과도한 경쟁으로 이어지고 규칙을 어기는 사례가 발생할 가능성도 있다. 따라서 승패 판정의 주요 준거를 규칙 준수에 두어야 한다. 게임 시작 전에 지켜야 할 규칙에 대해 구체적으로 합의하고, 게임을 마친 후에는 그 규칙에 따라 평가하는 것이 중요하다.

편 대형 게임을 처음 시작할 때에는 편 의식이 생길 수 있는 게임부터 실시하도록 한다. 예를 들면, 자기 자리에서 일어나 자기편이 앉아 있는 자리를 한 바퀴 돌아온 후 다음 친구와 악수하는 형태의 게임을 함으로써 편 의식이 형성되도록 도와준다. 그 다음 출발선과 목표물(반환점)이 있는 게임을 실시할 수 있다. 릴레이 게임을 이해하는 것이 어렵기 때문에 처음에는 편 구성원의 수행을 개별 평가하여 점수를 합산하는 방식으로 게임을 실시하고 점차 릴레이 게임을 소개한다. 편 대형 게임에는 '팥 주머니 이고 돌아오기' '씨 뿌리고 거두기' '편지 배달하기' '장보기' '낚시' '과일 수확하기' 등이 있다.

4) 연령에 따른 게임 유형

(1) 3세 게임

게임의 의미를 이해하도록 돕는 활동부터 시작해야 한다. 지시가 적고 규칙이 간단하여 게임 방법에서 기억할 부분이 적은 게임이 바람직하다. 유아가 타인과의 경쟁이 아닌 자신의 성취 여부를 확인할 수 있게 조직된 게임이 바람직하며, 게임 수행에 유아가 성공하여 성취감과 자신감을 느낄 수 있도록 수준을 조절하는 것이 중요하다. 주로 대근육을 활용하여 자유롭게 움직여 보고 정해진 방법대로 신체를 조절해 보는 게임 활동을 제공한다. 고도의 인지적 능력을 요구하는 전략 게임이나 세련된 운동기술, 사회적 기술을 요구하는 게임은 발달적으로 적절하지 않다. 이 연령에 적절한 게임으로는 '종이상자 굴 지나가기' '자리 바꾸기' 와 같이 지시가 적어 기억하기 쉽고 대근육 활동을 동반하는 게임이다.

(2) 4세 게임

3세보다 조금 더 기억할 내용이 많은 게임을 제공한다. 원 게임이나 자유 대형 게임과 같이 편이 없는 게임을 제공하면서 점차 편 게임을 시도해 볼 수 있다. 처음에는 편 의식이 생길 수 있는 게임부터 시작한다. 예를 들어, '공 전달하기' 게임은 양편으로 나누어 앉은 후에 유아가 공을 같은 편의 뒤에 있는 유아에게 전달하여 마지막 유아가 공을 들고 제일 앞에 있는 같은 편 유아에게 가져다주는 게임이다. 이와 같은 게임을 통해 편에 대한 개념을 확고히 하게 된다.

편 개념이 형성된 후에는 다양한 편 게임을 경험해 볼 수 있도록 지도한다. 일대일 개별평가 편 게임에 익숙해지면 연속해서 하는 릴레이 편 게임을 지도할 수 있다.

(3) 5세 게임

3세, 4세와 비교하여 신체적 · 인지적 발달 수준이 높기 때문에 수준 높은 신체적 기술을 요구하는 게임이나 인지적 발달 수준에 적합한 게임을 시도할 수 있다. 예를 들어, '비석치기'의 경우 다양한 게임 방법이 있는데, 4세는 손에 돌을 들고 뛰어가서 선을 넘지 않게 선 후에 비석을 향해 돌을 던져 비석을 쓰러뜨리는 게임 방법이 적절하다면, 5세는 가랑이 사이에 돌을 끼우고는 두발 모아 뛰기로 비석까지 간 후에 비석을 쓰러뜨리는 방법으로 시도할 수 있다. 4세에 소개한 릴레이 편 게임은 신체운동 기술을 숙달시킬 뿐만 아니라 속도감을 느끼게 하므로 5세 유아에게 적합하다.

4. 게임에서의 경쟁성

1) 경쟁성에 대한 이해

(1) 경쟁성 연구

인간의 경쟁성에 대한 연구는 오래되지 않았다. 경쟁성 연구의 선구자라고 할 수 있는 도이치(Deutsch, 1949)는 경쟁성에 대한 이론을 협동과 관련지어 정립하였으며, 이 이론은 존슨과 존슨(Johnson & Johnson, 1989, 2003)에 의해 더 발달되었는데,

[그림 11-5] 협동과 경쟁의 사회심리 과정

그들은 두 가지 측면을 주목했다. 첫 번째는 주어진 상황에 있는 사람들의 목적에 대한 상호의존성의 유형과 관련된 것이고, 두 번째는 상황 안에 있는 사람들의 행동 유형에 관련된 것이다.

목적에 대한 상호의존성은 정적 상관과 부적 상관의 두 가지 유형으로 분류할 수 있다. 즉, 나의 목적 달성 가능성이 타인의 목적 달성 가능성과 정적 상관관계에 있는가 아니면 부적 상관관계에 있는가의 문제이다.

행동 유형에는 목적 달성의 기회를 향상시키는 '효과적 행동'과 목적 달성의 기회를 악화시키는 '난폭한 행동'이 있다. 존슨 등은 상호의존성과 행동의 결합 조합이 세 가지의 기본적인 사회심리 과정인 대체성, 태도, 융통성에 어떤 영향을 미치는지를 설명했다. 이러한 세 가지 개념은 협동과 경쟁의 주요 효과를 창출해 나가는 사회적 · 심리적 과정을 이해하는 데 필수적이다. 대체성(한 사람의 행동이 다른 사람의 의도를 어떻게 만족시키는가)은 분업화나 특별한 역할 부여 등을 통해 실현하는 것으로, 가족, 회사, 학교 등 모든 사회 조직의 중심 기능이다. 긍정적 대체성은 타인이 나의 요구를 충족시킬 행동을 하도록 허용하는 것이다. 부정적 대체성은 타인의 영향을 반대하는 노력과 거부를 말한다.

태도는 자신의 환경이나 자아에 대해 호의적으로 혹은 부정적으로 반응하는 성향을 말한다. 진화론의 자연선택설에 따르면, 인간은 자신에게 유리함을 제공하는 자극에 긍정적으로 반응하고 해를 입히는 자극에 대해 부정적으로 반응한다. 유익한 사물에 대해서는 선호, 수용, 접근, 강화와 같은 긍정적 반응을 보이고, 해를 입히는 사물에 대해서는 불선호, 회피, 거절, 공격 등과 같은 부정적 반응을 보인다. 그러므로 이와 같이 인간의 타고난 성향은 경쟁, 협동과 사랑의 기초가 된다. 협동의 기본적인 심리는 "우리는 서로를 위해 존재한다." "우리는 서로에게 이득이 된다."는 긍정적 태도이고, 반대로 경쟁의 기본적인 심리는 "우리는 서로 적대적이다."라는 부정적 태도를 나타낸다.

융통성은 타인이 내가 원하는 것에 영향을 미치는 것을 수용할 준비도를 나타낸다. 부정적인 융통성은 타인이 원하는 것을 거절하는 것에 대한 준비도를 말한다.

상호의존성이 전혀 없다면 갈등도 일어나지 않을 것이다. 즉, 갈등이 있다는 것은 어떤 유형이든 상호의존성이 존재함을 암시하는 것이다(Johnson & Johnson, 1989, 2003).

이상과 같이 협동과 경쟁에 대한 이론은 계속해서 개인 간, 개인 내, 집단 간, 집단 내의 다양한 측면에 대한 많은 논의를 생성한다. 일반적으로 협력관계는 경쟁관계와 비교하여 다음과 같은 긍정적인 특성을 더 많이 보여 준다(Deutsch, 2006).

- 효과적인 의사소통이 나타난다. 아이디어가 언어화되고, 집단 구성원은 서로에게 집중하고, 다른 구성원의 의견을 수용하고, 서로의 영향을 받는다. 타인을 이해하거나 의사소통하는 데 어려움이 거의 없다.
- 토론하는 동안에 친근함, 친절함, 덜 고집스러움이 나타난다. 구성원은 집단의 해결법에 만족하며 구성원의 기여를 긍정적으로 생각한다. 부가적으로 협력적 집단의 구성원은 동료의 존경을 얻고자 하는 욕구와 다른 구성원에 대한 의무감이 높다고 자신을 평가한다.
- 집단 내에서 업무 분담, 과제 성취 지향, 토론이 질서정연하게 나타나며, 생산성이 높다.
- 개인적 생각에 대한 가치와 자신감만이 아니라 타인의 생각에 동의하는 것과

신념과 가치에 대한 기본적 동질감이 협력적 집단에서 습득된다.

- 타인의 요구에 반응적이 됨으로써 타인을 인식하고 존중하게 된다.
- 타인의 목적을 달성하기 위한 타인의 권력 사용을 인정한다. 타인의 능력이 강화될수록 자신도 강화된다. 자신의 역량이 강화됨으로써 타인의 역량 또한 강화된다.
- 이해관계가 상충할 때 각자의 관심을 인식하도록 노력하고, 모든 이의 요구에 반응적인 해결법을 찾는다.

협력 과정과 대조적으로 경쟁 과정은 다음과 같은 반대의 효과가 있다(Deutsch, 2006).

- 이해가 상충하는 집단에게 거짓 약속을 하거나 환심을 사는 전략, 허위 정보를 제공하는 방법으로 그 집단이 이득을 얻지 못하게 함으로써 의사소통이 단절된다. 서로의 의사소통이 정직하거나 유익하다고 믿을 수 없게 되는 순간 의사소통은 쓸모없는 것으로 간주된다.
- 고집과 부주의는 상호 부정적인 태도와 상대방의 의도에 대한 의심으로 이어진다. 타인을 인식할 때 부정적 특성에 집중하고 긍정적 특성을 무시하는 경향이 있다.
- 일을 서로 나누려 하지 않고 다른 사람이 한 일을 반복하게 된다. 만약 일을 나누게 되면 다른 사람이 한 일을 계속 점검해야 한다고 느낀다.
- 반대에 대한 반복적 경험과 아이디어에 대한 심각한 거부 때문에 자신이나 다른 사람에 대한 자신감이 저하된다.
- 상충하는 당사자는 자신의 힘을 기르려고 노력하고 다른 이의 힘을 약화시키려 한다. 타인의 힘이 강해지는 것을 자신에 대한 위협으로 여긴다.
- 경쟁 과정에서 갈등 해결은 신체적 · 심리적 위협이나 폭력과 같이 강압적인 전략을 사용하여 한쪽이 다른 쪽을 강요하는 것이다. 각 측이 권력과 합법성에서 우위를 추구함에 따라 갈등 문제의 범위를 확대하는 경향이 있다. 즉, 갈등은 권력 다툼과 도덕 원리의 문제가 되고 더 이상 지정된 시간과 장소에서의 특

정 문제로 국한되지 않는다.

경쟁은 파괴적인 것으로부터 건설적인 것까지 다양하다. 불공정하고 규제받지 않는 경쟁은 파괴적인 경쟁의 극단에 있고, 공정하고 규제받는 경쟁은 중앙에 있고, 건설적인 경쟁은 긍정적인 경쟁의 극단에 있다. 건설적인 경쟁은 승자만이 아니라 패자도 얻는 것이 있다. 테니스 경기와 같은 게임은 경기를 통해 패자 역시 자신의 경기력을 향상시킬 수 있는 기회를 갖게 되므로 건설적인 경쟁이다(Deutsch, 2006).

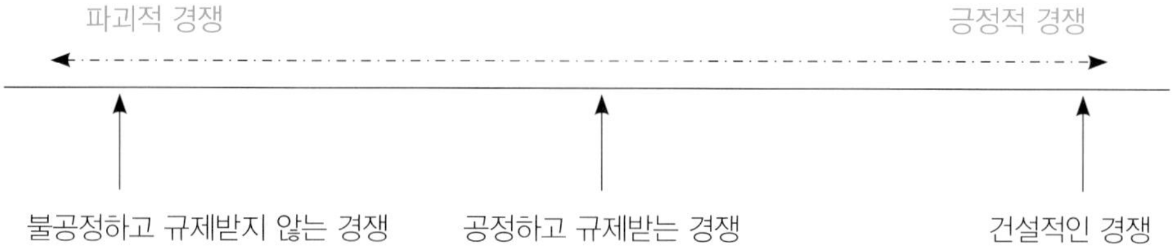

[그림 11-6] 도이치의 경쟁의 연속선

(2) 경쟁성의 정의

경쟁의 사전적 의미는 "같은 목적에 대하여 이기거나 앞서려고 서로 겨룸"(국립국어원, 1999)이다. 경쟁을 정의하려는 다양한 시도를 정리하면, 경쟁에는 '상호 배타성'만 있는 것이 아니라 '상호 협력성'도 내포된다. 게임을 하기 위해서는 상대편을 이기려고 하는 노력으로 배타성을 보인다. 그러나 공정한 게임을 위해 서로 합의한 규칙을 지키기 위한 협력성과 같은 편 구성원 간에 목표 달성을 위한 협력성을 내포하기도 하다.

(3) 경쟁성 발달

경쟁성은 유아의 발달단계에 따라 특징이 다르게 나타나는데, 처음에는 개인적 욕구 충족을 위한 경쟁성이 점차적으로 사회적 집단에 대한 경쟁성으로 발달된다. 영아기에는 부모와 다른 영아들과의 관계 속에서 경쟁이 발생하는데, 장난감 등을 얻기 위하여 자신의 우월성을 표현하는 것이고, 목적한 바를 성취했을 때 영아는 큰 기쁨을 느끼게 된다. 유아기의 경쟁심은 유아가 활동에 몰입하도록 하는 자극제 기능을 한다. 뿐만이 아니라 사회적으로 용인되는 방법으로 경쟁을 경험함으로써 사회성 발달에도 도움이 된다. 아동기는 또래로부터 인정받기를 원하는 심리가 강한 시기이므로 자신의 집단과 경쟁적 위치에 있는 집단 사이의 갈등을 해결하기 위해 경쟁이 나타난다. 경쟁성은 연령이 높아질수록 증가하고, 초기 발달단계에는 부모와 개인적 차원에서 경쟁성이 나타나고 점차적으로 집단 사이의 경쟁으로 발달하게 된다. 〈표 11-1〉에서 제시된 것처럼 5세 이전의 유아는 대체로 개인과 집단의 욕구 충족과 목적을 달성하고 개인적 동기에 의해 경쟁을 하지만 차츰 사회적 동기로 인하여 경쟁하게 되는 발달적 특성이 나타난다(정진, 성원경, 2011).

〈표 11-1〉 유아 게임과 경쟁성 발달

연 령	게임의 발달	경쟁성의 발달
1~2세	게임의 기본적인 능력을 획득하고 성인과 함께하는 게임을 한다.	
2~3세	자율적으로 게임을 수용한다.	애정 획득과 보상적 행동으로서 경쟁을 한다.
3~4세	게임 상대를 신뢰하고 즐길 줄 안다.	경쟁행동이 시작된다.
4~5세	자신의 특별한 경험을 기초로 하여 규칙을 만들 수 있다.	경험을 통해 적절한 경쟁적 과제를 선택할 수 있다.
5~7세	서로 대립되는 두 그룹을 형성하여 게임을 한다.	경쟁동기가 강하고 가장 거리낌 없이 경쟁심을 표현한다.
7세 이후	게임 활동의 질서와 경쟁에 대한 좋은 습관을 형성하고 게임의 승패가 분명하다.	사회적 동기를 가지고 경쟁한다.

2) 경쟁성의 가치

경쟁 분야의 선구자인 사회심리학자 도이치(Deutsch, 1949)는 경쟁을 '적대적 상호의존'이라고 정의하였는데, 이는 경쟁 참여자들이 서로의 목표 달성에 배타적이며 부정적으로 관련되어 있다는 뜻이다(이정민, 2012). 집단 게임, 특히 편 게임은 경쟁성을 필연적으로 동반하게 된다. 이와 같은 집단 게임의 경쟁성에 대하여 학자마다 다른 견해를 가지고 있다.

경쟁성의 부정적 영향에 집중하는 견해는 다음과 같다. 두 집단이 경쟁 상태에 있을 때에는 싸움, 이기심, 타인을 배려하지 않기 등과 같은 상호 적대적인 태도가 나타나며(Perry & Bussey, 1984), 결과적으로 집단 게임의 경쟁적 요소가 공격성과 같이 사회정서 발달에 부정적인 영향을 미친다(김도수, 1996; 김민성, 1993; 서지영, 1993).

이와는 반대로 게임지도 방법을 적절하게 적용하면 부정적 영향을 감소시키고 긍정적 효과를 거둘 수 있다는 견해도 있다(정진, 성원경, 1994; Kamii & DeVries, 1985).

한 연구에 따르면 경쟁적 행동은 게임의 전체 과정, 즉 게임의 준비 · 실시 · 평가 단계 모두에서 나타나는데, 특히 대집단 편 게임에서 더 두드러지게 나타났다. 과도한 경쟁성은 이기기 위해 같은 편끼리 협동하기, 규칙 지키기의 긍정적인 행동도 나타나지만 규칙 위반하기, 잘하는 친구와 한편하기 등의 부정적인 행동이 나타나 경쟁성이 유아발달에 미치는 양면성이 드러났다(최기영, 2002).

이상과 같이 유아는 게임을 할 때 협동적이 되기도 하고, 경쟁적이 되기도 한다. 그러므로 교사는 게임 과정에서 자연스럽게 발생하는 경쟁성을 지나치게 강조하거나 부정적으로 다루지 않도록 주의해야 한다.

일반적으로 경쟁성은 다음과 같은 가치를 갖는다.

(1) 개인적인 성장을 돕는다

게임에서의 경쟁성은 다른 사람의 권리와 감정에 대한 민감성을 가지고 친구를 사귈 수 있는 사회성 발달을 돕는다. 뿐만 아니라 개인의 성장을 자극하고 도전하도록 능동적 자세를 만들어 주며 개인의 발달과 학습 수준을 높여 준다.

(2) 자아개념 형성에 도움이 된다

게임에서 경쟁적 상황을 경험하는 것은 자아(ego) 성장의 좋은 기회가 된다. 즉, 규칙이라는 현실적 제약을 고려하게 하여 원초아적 욕구를 유보할 기회를 제공한다. 경쟁적 상황에서 높은 자아개념을 가진 사람은 그 자신을 더 능력이 있는 것으로 인식하고 자아존중을 바탕으로 하는 행동을 더 많이 한다.

(3) 탈중심화를 돕는다

게임에서의 경쟁은 개별적인 놀이자가 상대의 능력을 능가하려고 노력할 때 발생한다. 게임에서 이기기 위해서는 타인의 입장을 고려하는 능력인 탈중심화가 요구된다. 예를 들면, 전통놀이의 하나인 고누놀이의 경우 다음 순서에서 상대방이 말을 어느 곳으로 옮길지를 예측하는 능력이 필요한데, 이러한 예측은 자신의 관점만이 아닌 타인의 관점을 이해할 때 가능하다. 이와 같이 게임의 경쟁성은 유아의 탈중심화를 돕는다.

(4) 흥미 유발에 도움이 된다

흥미는 비경쟁적인 상황에서보다 경쟁적인 상황에서 더 높게 나타나므로 경쟁성은 흥미를 유발시키는 데 도움이 된다.

(5) 공격성에 대한 보상 기능을 한다

경쟁은 사회적으로 용인되는 공격성을 표현하는 것이다. 다시 말해서, 대상에 대해 경쟁성을 나타내도록 허용함으로써 사회적으로 용인되지 않는 공격성을 금지시키는 역할을 한다.

(6) 동기 유발에 도움이 된다

경쟁성은 활동에 적극적으로 참여하게 하는 동기유발 요인이 된다. 경쟁적인 게임은 이기려는 욕구, 즉 상대방을 이기거나 앞서기 위한 욕구에 의해 동기가 유발된다. 그러므로 게임을 통해서 유아는 각자의 수준에서 자신의 가능성을 최대한 발휘할 수 있다.

이상과 같이 게임에서 나타나는 경쟁성은 개인적인 성장, 자아 개념의 향상, 그리고 탈중심화, 흥미 및 동기 유발에 도움을 줄 수 있다. 따라서 경쟁성을 협동과 배타적인 범주로 보고 무조건 피하거나 지나치게 경쟁의식을 갖도록 하여 유아의 성장과 발달에 방해가 되는 일이 없도록 지도해야 한다. 교사는 무엇보다 자발적인 욕구에 의해 나타나는 경쟁성을 자연스럽게 표현할 수 있는 기회를 마련해 주고, 어떻게 경쟁해야 하는지에 대한 건설적인 방법과 경쟁성을 적절하게 조절하는 방법을 이해시켜야 한다. 유아들이 지나친 경쟁성을 보일 때 잠시 중단하여 흥분을 가라앉히게 하는 것도 경우에 따라서는 필요하다. 그리고 교사 스스로 게임 도중에 응원을 부추겨 지나친 경쟁성을 일으키는 일이나 교사가 직접 집단 구성원으로 게임에 참여하는 일 등은 지나치게 경쟁적 분위기를 만들 수 있으므로 삼가야 한다.

참고문헌

김도수(1996). 게임유형이 초등학교 학습자의 정의적 영역의 발달에 미치는 영향. 한국교원대학교 대학원 석사학위논문.

김민성(1993). 놀이형태에 따른 아동의 심리반응 연구. 고려대학교 대학원 석사학위논문.

서지영(1993). 집단게임의 교육적 효과측정을 위한 평가도구의 개발. 고려대학교 대학원 석사학위논문.

이정민(2012). 유아들의 경쟁을 유발하는 교사의 전략과 전략사용 이유. 이화여자대학교 대학원 석사학위논문

정진, 성원경(1994). 유아놀이와 게임활동의 실제. 서울: 학지사.

정진, 성원경(2011). 유아놀이지도 이론과 실제. 서울: 학지사.

최기영(2002). 집단게임에 나타난 유치원 아동의 경쟁성에 관한 연구. 열린유아교육연구, 6(4), 153-172.

Baumeister, R. F. (1986). *Identity: Cultural change and the struggle for self*. New York: Oxford University Press.

Baumeister, R. F. (1987). How the self became a problem: A psychological review of historical research. *Journal of Personality and Social Psychology, 52*, 163-176.

Baumeister, R. F., & Sender, P. S. (1988). Identity development and the role structure of children's games. *Journal of Genetic Psychology, 150*, 19-37.

Berlin, I. N. (2001). The use of competitive games in play therapy. In C. E. Schaefer & S. E. Reid (eds.), *Game play: Therapeutic use of childhood games*(pp. 109-129, 2nd ed.). New york: John Wiley & Sons, Inc.

Bow, J. N., & Goldberg, T. E. (1986). Therapeutic use of games with a fine motor component. In C. Schaefer & S. Reid (Eds.), *Game play: Therapeutic uses of childhood games* (pp. 243-256). New York: Wiley.

Deutsch, M. (1949). A theory of cooperation. and competition, *Human Relations, 2*, 129-151.

Deutsch, M. (2006). Cooperation and competition. In. M. Deutsch, P. T. Coleman, & E. C. Marcus (Eds.), *The handbook of conflict resolution: Theory and practice* (pp. 23-42). San Francisco: Jossey-Bass.

Erikson, E. (1968). *Identity: Youth and crisis*. New York: Norton.

Freud, S. (1923). *The ego and the id*. London: Hogarth Press.

Groos, K., & Baldwin, E. L. (1898). *The play of animals*. New York: Appleton.

Holmes, D. J. (1964). *The adolescent in psychotherapy*. Boston: Little, Brown.

Johnson, D. W., & Johnson, R. T. (1989). *Cooperation and competition: Theory and research*. Eldina, MN: Interaction.

Johnson, D. W., & Johnson, R. T. (2003). *Social interdependence: The interrelationships among theory, research, and practice*. The center for cooperative learning, The University of Minnesota.

Kamii, C., & DeVries, R. (1985). 유아를 위한 그룹게임(*Group games in early education: Implications of piaget's theory*). (이윤경, 장여희, 정미라, 이현순 역). 서울: 교문사. (원저는 1980년 출판).

Kendall, P. C., & Braswell, L. (1985). *Cognitive-behavioral therapy for impulsive children*. New York: Guilford Press.

Maynard-Smith, J. (1984). Game theory and the evolution of behaviour. *Behavioral and Brain Sciences, 7*, 95-125.

Mead, G. H. (1934). *Mind, self and society*. Chicago: University of Chicago Press.

Milberg, A. (1976). *Street games*. New York: McGraw-Hill.

Mitchell, E. D., & Masson, B. S. (1948). *The theory of play*. New York: Burns.

O'Conner, K. J. (1991). *The play therapy primer: An integration of theories and techniques*. New York: Wiley.

Peller, L. E. (1954). Libidinal development as reflected in play. *Psychoanalysis, 3*, 3-11.

Perry, D., & Bussey, K. (1984). *Social development*. Englewood Cliffs, NJ: Prentice-Hall, Inc.

Rapoport, A. (1966). *Two-person game theory: The essential ideas*. Ann Arbor: University of Michigan Press.

Reid, S. E. (1993). It's all in the game: Game play therapy. In T. Kottman & C. Schaefer (Eds.), *Play therapy in action: A case book for practitioners* (pp. 527-560). New York: Aronson.

Reid, S. E. (2001). The psychology of play and games. In C. E. Schaefer & S. E. Reid (Eds.), *Game play: Therapeutic use of childhood games*(pp. 1-36, 2nd ed.). New York: John Wiley & Sons, Inc.

Redl, F. (1958). The impact of game ingredients on children's play behavior. *Proceeding of the Fourth Conference on Group Processes, 4*, 33-81.

Ross, H. S., & Kay, D. A. (1980). The origins of social games. In K. Rubin (Ed.), *Children's play* (pp. 29-53). San Francisco: Jossey-Bass.

Ruble, D. (1983). The development of social comparison processes and their role in achievement-related self-socialization. In E. T. Higgins, D. Ruble, & W. Hartup (Eds.), *Social cognition and behavior: Developmental perspectives* (pp. 162-188). New York: Cambridge University Press.

Schachter, R. S. (1974). Kinetic psychotherapy in treatment of children. *American Journal of Psychotherapy, 28*, 430-437.

Schachter, R. S. (1984). Kinetic psychotherapy in treatment of depression in latency age children. *Intrnational Journal of Group Psychotherapy, 34*, 83-91.

Schachter, R. S. (1986). Techniques of kinetic psychotherapy. In C. Schaefer & S. Reid (Eds.), *Game play: Therapeutic uses of childhood games* (pp. 95-107). New York: Wiley.

Schaefer, C. E., & Reid, S. E. (Eds.) (2001). *Game play: Therapeutic use of childhood games* (2nd ed.). New York: John Wiley & Sons, Inc.

Serok, S., & Blum, A. (1983). Therapeutic uses of games. *Residential Group Care and Treatment, 1*, 3-14.

Steele, M. W., & Tedeschi, J. T. (1967). Matrix indices and strategy choices in mixed motive games. *Journal of Conflict Resolution, 11*, 198-205.

Stoll, C. T., Inber, M., & James, S. F. (1968). *Game experiences and socialization: An exploration of sex differences.* Baltimore: Johns Hopkins University Press.

Strachey, J. (1962). The Standard Edition of the Complete Psychological Works of Sigmund

Freud, Volume III (1893-1899): Early Psycho-Analytic Publications, London: The Hogarth Press and the Institute of Psycho-Analysis.

Sutton-Smith, B. (1961). Cross-cultural study of children's game. *American Philosophical Society Yearbook*, 426-429.

Sutton-Smith, B. (1971). Play, games and controls. In J. P. Scott (Ed.), *Social control* (pp. 84-100). Chicago: University of Chicago Press.

Wood, C., & Goddard, G. (1940). *The complete book of games*. Garden City, NY: Garden City Press.

Zigler, E., & Child, I. L. (1956). Socialization. In G. Lindzey & E. Aronson (Eds.), *Handbook of social psychology* (pp. 210-248). Reading, MA: Addison-Wesley.

유아를 위한 게임의 지도 원칙과 방법

1. 게임의 목적 및 선정

1) 게임의 목적

유아는 게임을 통하여 개인적인 발달뿐만 아니라 다른 사람과 상호작용하며 더불어 살아가는 사회성을 학습하게 된다. 그러므로 유아교육 현장에서 교사는 철저한 계획과 준비를 통해 게임을 선정, 운영해야 할 것이다. 정진과 성원경(2011)은 게임의 효율적 운영을 위해서는 무엇보다 뚜렷한 목적을 정하는 것이 선행되어야 한다고 하면서 게임의 목적을 다음과 같이 언급하였다.

- 신체의 조화롭고 균형 있는 발달과 기본 운동 능력 기르기: 운동 감각 기르기, 감각기관을 협응하여 활동하기, 신체기관에 대해 관심을 가지고 활용하기, 대근육 활동하기, 소근육 활동하기, 놀이기구를 이용하여 신체 활동하기 등
- 안전한 생활하기: 안전하게 놀이하기, 규칙 지키기, 교통규칙을 이해하고 지키

기 등

- 기본 생활습관과 자기조절능력 기르기: 질서 지켜 행동하기, 감정과 욕구를 절제하기, 옷을 바르게 입고 벗기, 올바른 식사 습관 형성하기, 신발 바르게 신고 벗기 등
- 집단생활 경험하기: 다른 사람과의 관계 알기, 더불어 사이좋게 지내기, 집단 활동에 적극적으로 참여하기, 협동하여 문제 해결하기 등
- 사회현상과 환경에 대해 이해하기: 규칙을 이해하고 지키기, 직업에 관심 가지기, 주변 환경오염 대비와 보전하기 등
- 다양한 문화에 대해 이해하기: 우리나라의 상징과 전통문화 경험하기, 다른 나라의 문화에 대해 관심 가지기 등
- 정서적 안정감과 긍정적 태도 기르기: 활동에 적극적으로 참여하기, 시작한 활동에 열중하여 성취감 가지기, 자신의 감정을 적절히 표현하고 조절하기, 정서적 만족감 가지기, 자신과 다른 사람의 생각과 표현을 존중하기 등
- 기초적 언어능력 신장과 바른 언어생활 습관 기르기: 듣고 따르기, 바른 태도로 말하기, 말소리 듣기, 묻는 말에 대답하기, 경험 · 생각 · 느낌 말하기, 상황에 따라 말하기, 바른 태도로 말하기, 글자에 관심 가지기, 글자로 놀이하기, 쓰기 도구에 관심 가지기 등
- 기초적 사고능력과 창의적 문제해결능력 기르기: 우리 몸에 대해 관심 가지기, 생물에 대해 관심 가지기, 사물 분류하기, 사물의 순서 짓기, 수의 개념 이해하기, 일상생활에서 수 활용하기, 전체와 부분 경험하기, 시간 · 공간에 관한 기초 개념 가지기, 기본 도형의 인식 및 구성하기, 특이한 상황에 관심 가지기 등

2) 게임 선정 시 고려할 점

좋은 게임이란 유아가 지니는 모든 힘을 활발하게 움직이게 하고, 장기간 흥미를 지속시키게 하며, 능력을 최대한 개발시킬 수 있는 것이어야 한다. 그러므로 교사는 유아의 발달 특성, 흥미, 그리고 게임의 목적과 주제 내용에 따라 선정하여 집단의 크기, 장소와 시간을 고려하여 운영해야 한다(정진, 성원경, 2011).

유아를 위한 게임 선정 시 고려할 점을 정리하면 다음과 같다.

- 유아의 발달단계에 적합한 게임을 선정한다.
- 집단에 적합한 게임을 선정한다. 집단 구성원의 흥미 정도, 성취감, 환경이나 진행상의 안전을 충분히 고려한다.
- 장소와 시간에 알맞은 게임을 선정한다.
- 게임 자체의 신체적·정서적·인지적·사회적 목적에 따라 선정한다.
- 생활주제에 적합한 게임을 선정하고 일과 진행을 고려한다.

2. 게임의 지도원칙과 교사의 역할

1) 게임의 지도원칙

유아를 위한 게임을 지도할 때에는 교사가 일방적으로 게임 방법 및 규칙을 알려주는 방법보다는 유아중심적 방법으로 지도해야 한다. 규칙은 성인의 권위에서 나오는 것이 아니라 집단 구성원 간의 합리적 사고에 의한 합의 과정을 거쳐 만들어지는 것임을 알 수 있도록 지도해야 한다.

게임을 지도할 때 몇 가지 고려해야 할 원칙을 제시하면 다음과 같다(정진, 성원경, 2011).

- 유아가 게임에 자발적으로 참여하도록 지도해야 한다.
  교사가 게임을 제시하더라도 유아가 참여할 것을 강요해서는 안 된다. 그러므로 교사는 유아가 관심을 가질 수 있도록 게임 자료를 제작하고, 게임 활동 도입부에 흥미 유발을 계획해야 한다.
- 유아의 발달 수준을 고려하여 게임의 규칙을 단계적으로 정하도록 한다.
  예를 들어, 동일한 게임의 경우에도 유아의 발달 수준에 따라 게임의 규칙을 달리 정하여 운영한다. 예를 들면, 1~4까지의 수가 포함된 카드게임의 경우에 발달 수준이 낮은 유아는 '같은 수 카드 게임'으로 운영할 수 있고, 발달 수준이 높아짐에 따라 '더 큰 수 게임'이나 '합해서 5 만들기 게임'으로 운영할 수 있다. '의자 차지하기' 게임 역시 3세 유아인 경우에는 의자의 수와 유아의 수를 같게 해야겠지만 연령이 높아지고 활동성이 증가하게 되면서부터는 전체 유아의 수보다 의자의 수를 하나씩 줄여서 운영할 수 있다.

- 처음 제공되는 게임은 성공적인 경험을 할 수 있도록 간단하고 쉬운 게임 방법을 선택하도록 한다.

  만 3세를 위한 게임은 기억할 내용이 많지 않으면서 지키기 쉬운 규칙의 게임을 선정하여 지도한다. 예를 들면, '오뚜기 맞추기'와 같은 게임은 유아가 기억할 규칙이 적고, 성공 가능성이 높으며, 타인과의 경쟁을 통한 승패가 없다.

- 사회 · 언어 · 인지 · 운동 기술뿐만 아니라 일상생활에 필요한 기술을 다룰 수 있는 다양한 게임을 선정하도록 한다.

  유아들은 게임을 통하여 협동하는 일, 서로의 의견을 교환하여 결정하는 일, 글자의 형태를 인식하는 일, 수를 이해하는 일, 물체의 특성을 이해하는 일, 자신의 신체를 민첩하게 조정하는 일, 일상생활과 관계된 일 등을 경험할 수 있어야 한다.

- 이긴 사람이나 편에게 상이나 특별한 특권을 주는 것은 피해야 한다.

  게임 결과를 강조하기보다는 진행 과정에서 느낀 점을 중점적으로 평가한다.

- 흥미로운 게임을 제공하도록 한다.

  재미있게 게임을 한다면 좀 더 새롭고 어려운 기술을 이용할 수 있게 된다. 교육적으로 가치 있는 게임일지라도 이기는 결과에만 초점을 둔다면 그 가치가 사라지게 된다.

- 규칙에 대한 융통성이 있어야 한다.

  규칙은 모든 사람이 동의한다면 변경할 수 있고, 유아들이 필요한 규칙을 정해 볼 수 있는 기회를 갖도록 배려해야 한다.

- 게임의 모든 전략에 대해 이해하거나 게임에 지루함을 느낄 때 좀 더 복잡한 규칙이 있는 게임으로 바꿔 보도록 한다.

- 경쟁성을 줄이도록 한다.

  이기는 것이 아니라 놀이의 흥미에 초점을 맞추고 경쟁성을 조심스럽게 다루도록 한다.

- **고정화된 성 유형이나 자존감을 손상시키는 방법으로 편을 나누게 해서는 안 된다.**
  '짝짓기' '동대문' '열 꼬마 인디언'과 같이 놀이와 연결하여 자연스럽게 편을 나누는 방법을 이용할 수 있다.
- **유아들의 발달 수준에 적합한 기술을 요구하는 게임을 선정한다.**
  게임이 너무 쉬우면 싫증이 나고 너무 어려우면 혼란을 줄 수 있다. 반면, 다양한 발달 수준을 지닌 집단에게는 우연(chance)의 요소가 포함된 게임을 제공해 주는 것이 유아들이 게임을 수용하는 데 도움이 된다.

2) 게임지도를 위한 교사의 역할

게임의 교육적 목적을 달성하고 유아의 발달을 자극할 수 있는 게임을 실시하기 위해서는 무엇보다 교사의 역할이 중요하다. 효율적인 게임지도를 위한 교사의 역할을 게임 활동 준비, 진행, 평가의 세 단계로 나누어 살펴보고자 한다.

- 게임 활동 준비 단계에서의 교사의 역할

대부분의 게임 활동은 대·소 근육을 활용하는 활동이므로 여러 가지 이유로 신체활동이 부족한 유아를 위해 적극적으로 계획될 필요가 있다. 교사는 이야기 나누기, 동화, 동시, 새 노래 배우기 등의 활동 유형을 통해 생활주제가 담고 있는 지식, 기술, 태도를 전달한다. 대·소 집단 게임 활동은 이와 같은 선수 활동과 연계된 사후 활동의 형태로 계획하기에 적절한 경우가 많다. 예를 들면, 봄꽃에 대한 이야기 나누기를 통해 봄에 피는 꽃의 이름과 특성을 학습한 후 '벚꽃 붙이고 돌아오기' 게임(16장 참조)을 할 수 있다.

교사는 주기적으로 다양한 게임 활동을 계획하고 유아의 흥미를 끌 수 있는 도입 방법을 구상하여 본 활동을 위한 자료를 준비한다. 전체 유아가 참여하는 대집단 게임이라면 전체 유아가 활동하기에 자료의 수가 부족하지 않은지 고려해야 한다. 전년도에 활용한 자료라면 자료 구성품 중 분실이나 파손된 것이 있는지 사전에 검토하고 보완하는 작업을 거쳐야 한다.

소집단 게임 활동 자료의 경우에도 게임 구성품이 빠짐없이 있는지 확인하고, 유아들에게 소개하기 전에 교사가 한 번 게임을 해 보는 것이 좋다.

• 게임 활동 진행 단계에서의 교사의 역할

교육적인 목표에 초점을 두는 게임 활동을 진행해야 한다. 모든 게임 활동의 중요한 목표 중 하나는 규칙 준수의 중요성 인식과 실천이다. 그러므로 게임 활동을 진행하는 동안에 규칙이 잘 지켜지는지를 유아 자신이 확인할 수 있도록 지도하는 것이 중요하다. 원 대형 게임 및 편 대형 게임을 시행하는 경우에는 [그림 11-1]과 같이 게임 활동을 지켜보는 유아들이 게임의 규칙이 잘 지켜지는지 확인 가능하도록 유아와 게임 자료를 배치하는 것이 중요하다.

규칙 준수 여부를 점검할 때에도 교사의 관찰 결과에 기초한 언급보다는 앉아서 게임을 관전한 유아들에게 발표할 기회를 줌으로써 규칙 준수 여부와 이기고 지는 결과를 판정하는 것은 권위 있는 성인에 의한 것이 아니라 게임을 하기 전에 구성원이 합의했던 규칙에 근거한다는 것을 유아들이 인식할 수 있도록 지도한다.

게임에 지나치게 몰입하여 흥분한 경우, 특히 경쟁이 과열되어 자리에서 이탈하는 유아가 발생하거나 다른 팀 유아의 진로를 방해하는 행위 등이 나타날 때에는 릴레이 게임이라고 하더라도 잠시 게임을 멈추고 흥분을 가라앉힐 수 있도록 지도한다.

때에 따라 교사가 사전에 계획한 게임 방법이 유아에게 부적절하다는 것이 발견

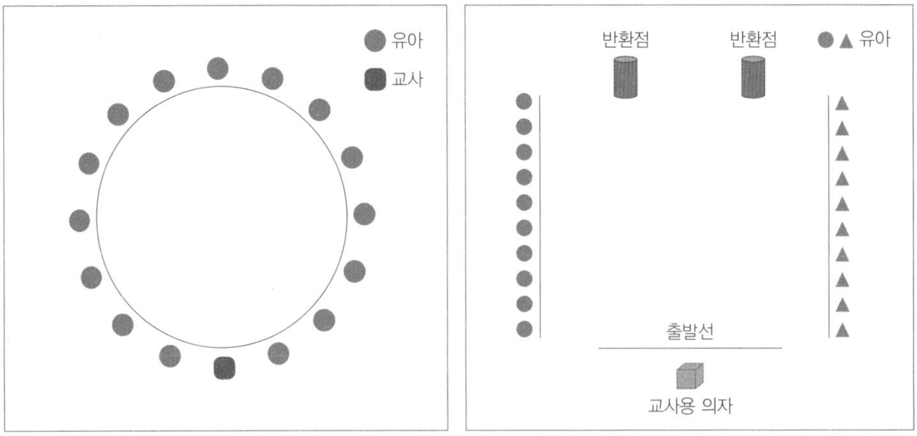

[그림 11-1] 원 대형 게임과 편 대형 게임 기본 배치도

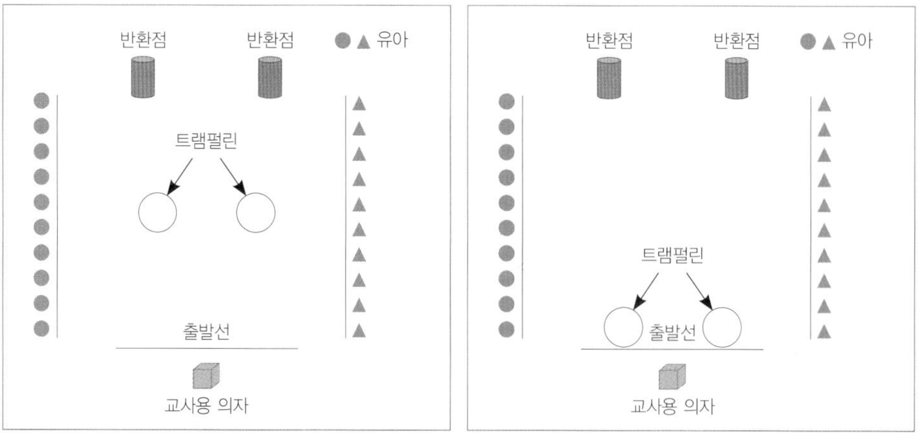

[그림 11-2] 게임 진행 중 수정 예시

될 때가 있다. 그런 경우에 교사는 융통성 있게 유아들과 문제를 즉석에서 논의하고 게임 방법을 바꿀 수 있어야 한다. 예를 들어, [그림 11-2]와 같이 출발선을 출발한 유아가 중앙의 트램펄린 위에서 세 번 뛰고 다시 달려서 반환점을 돌아오는 게임의 경우, 트램펄린이 중앙에 있다면 유아가 세 번을 뛰는 일이 거의 불가능하다. 즉, 대부분의 유아가 지키기 어려운 규칙을 만든 것이 된다. 출발선에서 뛰어오던 유아는 관성의 힘 때문에 유아의 의지와 관계없이 1회 또는 2회 뛴 후 몸이 트램펄린 밖으로 튕겨 나가게 된다. 이러한 문제점을 인지했다면 교사는 게임을 중단하고 문제를 논의한 후 트램펄린을 출발선 바로 앞으로 옮기거나, 1회만 뛰는 것으로 바꾸어 해 볼 것을 제안해야 한다.

• 게임 활동 평가 단계에서의 교사의 역할

대부분의 게임은 활동의 결과로 승패가 나타나고, 이에 따라 유아의 경쟁성이 발달한다. 그러나 게임 활동의 교육목표가 유아가 이기게 하는 것이 아니듯이, 유아에게 게임 활동은 이기기 위해서만 하는 것이 아님을 인식하도록 지도해야 한다. 따라서 게임 활동을 평가할 때 점수판 등을 활용한 승패를 먼저 다루기보다는 게임 규칙을 모두가 잘 준수했는지, 어떠한 규칙이 지키기 어려웠는지, 왜 그랬는지, 게임을 통해 무엇을 학습하고 느끼게 되었는지 등을 먼저 다루고 마지막으로 승패를 판정하는 것이 바람직하다.

연령이 높아질수록 유아는 경쟁심이 강해지면서 게임에서 지는 것에 불만을 호소하고, 때로는 패배의 원인이라고 생각되는 특정 또래를 비난하기도 한다. 교사는 유아의 경쟁이 과열되지 않도록 승패 결과에 지나치게 의미를 부여하지 말아야 하며, 이긴 편에게 특혜를 주는 행동에 주의해야 한다.

3. 게임 지도방법

이 장에서는 자유선택활동 시간의 흥미영역에 제공되는 소집단 게임과 대집단 게임으로서의 원 대형 게임, 자유 대형 게임, 편 대형 게임의 일반적인 지도방법을 소개하겠다.

1) 소그룹 게임 지도방법

흥미영역에 제공되는 소그룹 게임은 판게임, 카드게임과 같이 2명에서 4명의 유아가 함께할 수 있는 게임을 말한다. 이와 같은 게임 교구의 활용방법은 3가지로 안내할 수 있다. 첫 번째 방법은 전체 유아를 대상으로 교구를 소개하는 방법이다. 두 번째는 흥미영역에서 소그룹으로 소개하는 방법이다. 세 번째는 흥미영역에서 개별적으로 소개하는 방법이다.

• 대집단으로 설명하는 방법

비슷한 유형의 게임을 자주 경험해 본 학급에게 적절한 방법이다. 아침 모임 시간, 주제 중심 이야기 나누기 시간, 귀가를 위한 모임 시간 등 일과 중 대집단 활동 시간에 새로운 교구를 소개할 때 일반적으로 다음과 같이 시행한다.

① 게임의 주제나 소재를 활용하여 흥미를 유발한다.
② 게임 자료를 하나씩 살펴본다.
③ 게임 방법을 생각해 보도록 기회를 주고, 다양한 생각을 격려한다.

④ 게임 규칙(게임 방법)이 적혀 있는 자료를 보면서 게임 방법을 알아본다(게임 교구의 난이도에 따라 게임 시작의 처음을 유아와 함께하는 시범을 보일 수 있다).
⑤ 게임 자료 배치 장소를 안내한다.

• 흥미영역에서 소집단으로 설명하는 방법

대집단으로 설명하는 방법과 마찬가지로 비슷한 유형의 게임을 자주 경험해 본 학급에게 적절한 방법이다. 자유선택활동 시간 도중에 흥미영역(수 · 조작 영역)에 있는 유아들을 중심으로 새로운 게임 교구를 소개하는 방법이다. 일반적으로 다음과 같이 시행한다.

① 자유선택활동 시간에 흥미영역(수 · 조작 영역)에서 새로운 게임을 가지고 왔음을 알리고 주변에 모이도록 한다.
② 교사는 소그룹으로 모인 유아들에게 자료를 보여 주고, 어떻게 하는 게임일지 생각하여 발표해 보도록 한다.
③ 유아의 생각에 긍정적으로 반응하고 게임 규칙(게임 방법)판을 읽어 보면서 게임 방법을 알아본다.
④ 원하는 유아와 함께 게임 규칙(게임 방법)에 따라 게임을 한다. 그동안 나머지 유아들은 게임 활동을 지켜본다.
⑤ 1회의 게임이 끝난 후 교사는 게임 자료를 정리하면서 원하는 유아들이 함께 게임을 할 수 있도록 유도한다.
⑥ 자유선택활동 평가 시간에 흥미영역에 새로운 게임 교구가 제공되었음을 알린다.

• 흥미영역에서 개별 유아에게 설명하는 방법

대집단을 대상으로 설명하여 유아가 이해하기에 다소 어려움이 있거나 언어적으로 설명하여 이해시키기에 어려움이 있는 게임에 적절한 방법이다. 자유선택활동 시간에 흥미영역에서 새로운 게임에 관심을 보이는 유아와 함께 게임을 직접해 봄으로써 안내한다. 교사는 원하는 유아가 있다면 학급의 다른 유아와도 게임을 반복한다.

교사와 게임을 해 본 유아가 그렇지 않은 유아에게 가르쳐 줄 수 있도록 안내한다. 이 경우에도 자유선택활동이 시작되기 전이나 마친 후 전체 집단 유아에게 새로운 게임 교구가 홍미영역에 제공되었음을 간단하게 알리는 것이 좋다.

① 자유선택활동 시간에 홍미영역에서 자료를 제시하면서 관심을 보이는 유아에게 함께 게임할 것을 권한다.
② 유아와 게임 자료를 함께 살펴본다.
③ 게임 규칙(게임 방법)이 적혀 있는 자료를 보면서 게임 방법을 알아본다.
④ 게임 규칙(게임 방법)에 따라 유아와 함께 게임을 한다.
⑤ 게임을 경험한 유아가 그렇지 않은 유아와 게임을 하여 또래교수가 활발히 일어나도록 안내한다.
⑥ 자유선택활동 평가 시간에 홍미영역에 새로운 게임 교구가 제공되었음을 알린다.

2) 대그룹 원 대형 게임 지도방법

원 대형 게임을 실시할 때 다음과 같은 절차로 지도할 수 있다.

① 전체 유아를 둥글게 의자나 바닥에 앉게 한다.
② 게임의 주제, 소재를 활용하여 그림 자료, 인형, 노래 부르기, 수수께끼 등의 방법으로 게임에 대한 흥미를 유발한다.
③ 게임 자료를 하나씩 보여 주면서 탐색할 기회를 제공한다.
④ 게임 자료를 이용하여 할 수 있는 게임에 대해 생각해 보게 한 후 발표할 기회를 주고, 다양한 생각을 격려한다.
⑤ 게임의 방법과 규칙을 함께 정한다. 이때 앞 단계에서 발표된 유아의 의견 중 한 가지를 선정하여 수정・보완하는 방식으로 정함으로써 게임 방법이 유아의 생각에서 나올 수 있음을 알게 한다.
⑥ 필요한 경우, 시범 게임을 한 번 정도 시행하여 유아가 이해할 수 있도록 돕는다.

⑦ 게임을 한다. 게임의 과정에서 교사는 함께 정한 규칙이 잘 지켜지는지를 중심으로 평가한다. 이때 교사는 유아의 행동을 평가하는 방식이 아니라 함께 게임을 하는 유아가 말할 수 있도록 질문함으로써 유아가 게임 규칙에 집중할 수 있도록 지도한다.
⑧ 게임을 마친 후 게임 활동에 대한 평가 시간을 갖는다. "게임을 해 보니 어떤가요?" "어떤 부분이 재미있었나요?" "게임을 하고 난 후 알게 된 것이 있나요?" 등 게임 활동의 교육목표를 중심으로 관련된 질문을 하여 평가한다.
⑨ 게임 자료를 함께 정리하고 다음 활동에 대한 안내를 한다. 이때 게임 자료가 흥미영역에서 소그룹으로 활동할 수 있도록 제공할 수 있는 자료라면 반복 경험을 할 수 있도록 제공한다.

3) 대그룹 자유 대형 게임 지도방법

자유 대형 게임을 실시할 때 다음과 같은 절차로 지도할 수 있다.

① 율동실로 이동하여 대집단으로 모여 앉게 한다.
② 게임의 주제, 소재를 활용하여 그림 자료, 인형, 노래 부르기, 수수께끼 등의 방법으로 게임에 대한 흥미를 유발한다.
③ 게임 자료를 하나씩 보여 주면서 탐색할 기회를 제공한다.
④ 게임 자료를 이용하여 할 수 있는 게임에 대해 생각해 보게 한 후 발표할 기회를 주고, 다양한 생각을 격려한다.
⑤ 게임의 방법과 규칙을 함께 정한다. 이때 앞 단계에서 발표된 유아의 의견 중 한 가지를 선정하여 수정 · 보완하는 방식으로 정함으로써 게임 방법이 유아의 생각에서 나올 수 있음을 알게 한다. 또한 게임 도중에 유아들이 행동을 멈추고 교사를 주목할 수 있는 방법에 대해 안내한다. 이는 자유 대형 게임의 특성 상 유아가 넓은 공간에 흩어져 있기 때문에 게임 중간에 교사가 전달할 내용이 있을 때를 대비한 것이다.
⑥ 전체 유아를 게임 진행에 알맞게 넓게 서도록(혹은 앉도록) 한다.

⑦ 게임을 한 번 한다. 게임의 과정에서 교사는 함께 정한 규칙이 잘 지켜지는지를 중심으로 관찰한다.

⑧ 유아를 그 자리에 앉거나 모여 앉도록 한 후 게임을 중간 평가한다. "게임을 해 보니 어떤가요?" "게임 규칙을 모두가 잘 지켰나요?" "어떤 규칙이 지켜지지 않았나요?" 등의 질문을 통해 유아가 규칙 준수에 대해 평가해 보도록 기회를 제공한다. 이 단계에서 교사는 게임 규칙 수정에 대한 필요성이 느껴질 수 있다. 그런 경우 유아에게 규칙을 수정할 것을 제안하고 함께 수정한다.

⑨ 게임을 다시 하기 위해 전체 유아를 넓게 서도록(혹은 앉도록) 한다.

⑩ 게임을 한다. 게임의 과정에서 교사는 규칙이 잘 지켜지는지를 중심으로 관찰한다. 유아의 집중과 흥미 정도, 교사의 활동 시간 계획 등을 고려하여 게임을 반복한다.

⑪ 전체 유아를 모여 앉도록 한다.

⑫ 게임 활동에 대한 평가 시간을 갖는다. "게임을 해 보니 어떤가요?" "어떤 부분이 재미있었나요?" "게임을 하고 난 후 알게 된 것이 있나요?" 등 게임 활동의 교육목표를 중심으로 관련된 질문을 하여 평가한다.

⑬ 게임 자료를 함께 정리하고 다음 활동에 대한 안내를 한 후 교실로 이동한다.

4) 대그룹 편 대형 게임 지도방법

전체 집단을 대상으로 하는 편 대형 게임 역시 교실 공간에서 시행하기에 적합하지 않은 경우가 많다. 만약 율동실과 같은 공간으로 이동을 해야 한다면 교실에서 간단하게 흥미 유발, 게임 자료 살펴보기, 게임 방법 등을 이야기 나눈 후에 공간을 이동할 수도 있고, 공간 이동을 한 후에 전체 수업을 진행하는 방법도 있다.

만 3세 유아는 아직 편에 대한 개념이 형성되지 않았으며 처음으로 대집단 게임을 경험하는 시기이기 때문에 편의상 편 대형으로 나누어 앉힌 후 게임을 진행하더라도 편 이름을 정하거나 집단 간 승부를 내는 평가를 하지 않는다.

승부를 평가하기 위한 편 대형 게임의 지도방법을 설명하면 다음과 같다.

• 개별 평가 게임

① 유아를 양편으로 나누어 의자 혹은 바닥에 앉히고, 양편의 수를 맞춘 후에 편 이름을 정한다.

② 게임의 주제, 소재를 활용하여 그림 자료, 인형, 노래 부르기, 수수께끼 등의 방법으로 게임에 대한 흥미를 유발한다.

③ 게임 자료를 하나씩 보여 주면서 탐색할 기회를 제공한다.

④ 게임 자료를 이용하여 할 수 있는 게임에 대해 생각해 보게 한 후 발표할 기회를 주고, 다양한 생각을 격려한다.

⑤ 게임의 방법을 함께 정한다. 이때 앞 단계에서 발표된 유아의 의견 중 한 가지를 선정하여 수정·보완하는 방식으로 정함으로써 게임 방법이 유아의 생각에서 나올 수 있음을 알게 한다.

⑥ 출발선, 목적물, 게임에 활용할 자료를 적절한 위치에 배치한다. 당일 율동실을 제일 먼저 사용하는 학급이라면 사전에 기본적인 자료를 배치해 둘 수도 있다.

⑦ 필요한 경우, 교사 혼자 혹은 유아와 함께 시범을 보인다.

⑧ 게임에서 지켜야 할 규칙을 정한다. 이때 유아가 필요한 규칙을 생각하고 발표할 수 있도록 기회를 줌으로써 규칙은 구성원의 합의에 의해 합리적으로 정해지는 것임을 알도록 지도한다.

⑨ 양편의 첫 번째 주자가 게임을 한다. 게임의 과정에서 교사는 규칙이 잘 지켜지는지를 중심으로 관찰한다.

⑩ 게임을 마친 첫 번째 주자를 교사 양옆에 세운 후 게임을 평가한다. 주자에게 게임을 해 본 경험을 이야기할 기회를 주고, 앉아 있는 유아에게 규칙 준수 여부를 질문한다. 규칙 준수 여부를 확인할 때 교사가 사전에 정한 규칙들을 한 가지씩 말해 줌으로써 유아들이 기억할 수 있도록 돕는다. 만약 양편의 주자 모두가 규칙을 잘 지켰다면 박수로 격려해 주고, 누가 더 빨랐는지를 확인한 후에 점수를 준다. 양편의 주자가 모두 규칙을 지키지 못했다면 점수를 주지 않음으로써 과정(규칙을 잘 지키는 것)이 결과(빠르기)보다 중요함을 인식하도록 지도한다.

⑪ 첫 번째 주자는 자리로 돌아가 앉도록 하고 다음 주자가 앞으로 나와 게임을 한다. 마찬가지 방법으로 게임을 평가한다.

⑫ 마지막 주자까지 게임을 한 후 게임 활동에 대한 평가 시간을 갖는다. "게임을 해 보니 어떤가요?" "어떤 부분이 재미있었나요?" "게임을 하고 난 후 알게 된 것이 있나요?" 등 게임 활동의 교육목표를 중심으로 관련된 질문을 하여 평가한다.

양편의 점수판을 확인한다. 유아와 함께 수를 세어 보고 어느 팀이 더 많은지 확인한다. 이때 지나치게 경쟁심을 부추기지 않도록 이긴 편에게만 박수를 쳐 주거나 특혜를 주지 않도록 한다. 이긴 편이 먼저 교실로 가도록 앞줄에 세우는 것 또한 특혜라고 할 수 있다. 유아의 집중과 흥미 정도, 교사의 활동 시간 계획 등을 고려하여 한 번 더 게임을 반복할 수 있다.

⑬ 게임 자료를 함께 정리하고 다음 활동에 대한 안내를 한 후 교실로 이동한다.

• 릴레이 게임

릴레이 게임은 속도감을 느낄 수 있는 게임으로, 여러 번 반복할 수 있다. 연속해서 게임이 진행되어야 한다는 게임의 특성 때문에 중간에 멈추지 않고 할 수 있는 게임에 적절하다. 예를 들어, 주자가 달려가서 중앙에 놓인 큰 주사위를 던져 나온 수만큼 물건의 그림을 떼어 가지고 와서 다음 유아와 악수하면 다음 유아가 출발하는 게임은 적절하지 않다. 지켜야 할 중요한 규칙의 준수 여부를 게임이 종료된 후에 확인할 수 없기 때문이다. 이러한 유형의 게임은 개별 평가 게임으로 진행해야 한다.

릴레이 게임의 일반적인 지도 절차는 다음과 같다.

① 유아를 양편으로 나누어 의자 혹은 바닥에 앉히고, 양편의 수를 맞춘 후에 편 이름을 정한다.

② 게임의 주제, 소재를 활용하여 그림 자료, 인형, 노래 부르기, 수수께끼 등의 방법으로 게임에 대한 흥미를 유발한다.

③ 게임 자료를 하나씩 보여 주면서 탐색할 기회를 제공한다.

④ 게임 자료를 이용하여 할 수 있는 게임에 대해 생각하게 한 후에 발표할 기회를 주고, 다양한 생각을 격려한다.

⑤ 게임의 방법을 함께 정한다. 이때 앞 단계에서 발표된 유아의 의견 중 한 가지를 선정하여 수정・보완하는 방식으로 정함으로써 게임 방법이 유아의 생각에서 나올 수 있음을 알게 한다. 게임이 릴레이로 진행됨을 말한다.

⑥ 출발선, 목적물, 게임에 활용할 자료를 적절한 위치에 배치한다. 당일 율동실을 제일 먼저 사용하는 학급이라면 사전에 기본적인 자료를 배치해 둘 수도 있다.

⑦ 필요한 경우, 교사가 유아와 함께 시범을 보인다.

⑧ 게임에서 지켜야 할 규칙을 정한다. 이때 유아가 필요한 규칙을 생각하고 발표할 수 있도록 기회를 줌으로써 규칙은 구성원의 합의에 의해 합리적으로 정해지는 것임을 알도록 지도한다.

⑨ 게임을 진행한다. 이때 양편의 첫 번째 주자 뒤에 3명의 주자가 기다리도록 하여 릴레이가 잘 연결되도록 한다. 게임을 마친 유아는 자신의 자리에 돌아가 앉아 게임을 응원하도록 한다. 게임의 과정에서 교사는 규칙이 잘 지켜지는지를 중심으로 관찰한다.

⑩ 게임을 마친 후 게임을 평가한다. "게임을 해 보니 어떤가요?" "규칙은 잘 지켰나요?" 등의 질문을 한다. 규칙 준수 여부를 확인할 때에는 교사가 사전에 정한 규칙들을 한 가지씩 말해 줌으로써 유아들이 기억할 수 있도록 돕는다. 릴레이 게임은 속도감이 있어 유아가 흥분하기 쉬우며, 많은 유아가 출발선 근처에 있어 게임 진행을 잘 관찰하기 어렵기 때문에 유아가 규칙 준수 여부를 바르게 평가하기 어렵다. 그러므로 규칙 준수에 대한 강조를 위해 교사는 처음 릴레이 게임을 진행할 때 유심히 관찰하고 규칙 준수 여부를 평가하는 것이 필요하다. "선생님이 잘 지켜보았는데, 한 사람도 빠짐 없이 모두 △△△규칙은 잘 지켰어요. 그런데 ○○편에서는 두 명의 친구가 출발선을 지키지 않았고, ◇◇편에서는 세 명의 친구가 출발선을 지키지 않았어요. 그래서 이번 게임은 이긴 편이 없어요." 그런 다음 "게임 규칙을 잘 지키면서 한 번 더 게임을 해 보자."와 같은 교사의 개입이 필요하다.

⑪ 두 번째 게임을 한 후 평가한다. 규칙을 모두 잘 지킨 경우에는 속도를 기준으로 승패를 평가한다. 유아의 집중과 흥미 정도, 교사의 활동 시간 계획 등을 고려하여 여러 차례 게임을 반복할 수 있다.

⑫ 전체 게임을 마친 후 게임 활동에 대한 평가 시간을 갖는다. "게임을 해 보니 어떤가요?" "어떤 부분이 재미있었나요?" "게임을 하고 난 후 알게 된 것이 있나요?" 등 게임 활동의 교육목표를 중심으로 관련된 질문을 하여 평가한다.

⑬ 게임 자료를 함께 정리하고 다음 활동에 대한 안내를 한 후 교실로 이동한다.

4. 승부 평가를 위한 다양한 자료

1) 숫자판 평가 자료

그림과 같이 0에서 10까지 숫자가 적혀 있는 숫자카드를 두 벌 만들어 삼각대에 고리로 끼운다. 연령이 높은 유아에게 적합하다.

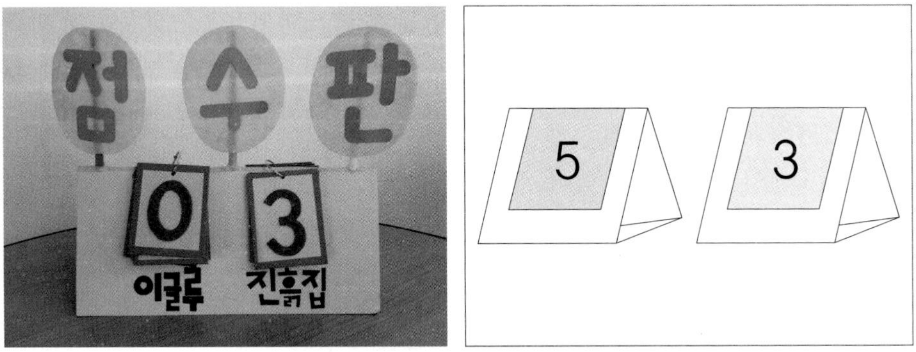

[그림 12-1] 숫자판 평가 자료

2) 융판 · 자석 평가 자료

융판과 융판 자료, 함석판과 자석 자료를 이용하여 점수판을 만들 수 있다. 예를 들면, [그림 12-2]와 같이 바나나 융판 자료를 이긴 편의 융판에 한 개씩을 붙여 준 후 모든 유아가 게임을 마친 후에 함께 바나나의 개수를 세어 볼 수 있다. 아직 수 개념이 발달하지 않은 유아에게는 숫자판 평가 자료보다는 이와 같은 자료가 적절하다.

[그림 12-2] 융판 평가 자료

3) 막대 평가 자료

음료수 빈 통 등과 같은 것을 활용하여 게임과 관련된 막대 자료를 준비한 후 이긴 편의 통에 막대를 한 개씩 꽂는 평가 자료이다. 게임을 마친 후 막대를 한 개씩 꺼내어 수를 비교하면서 승패를 확인한다.

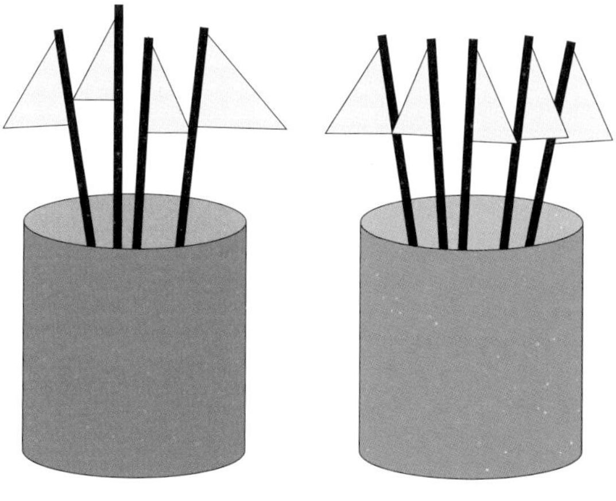

[그림 12-3] 막대 평가 자료

4) 실물 활용 평가 자료

주변에서 구하기 쉬운 실물이나 놀잇감을 이용하여 점수를 표현하는 방법이다. 예를 들면, 여러 개의 솔방울과 바구니 2개를 준비하여 이긴 편의 바구니에 솔방울을 한 개씩 담아 게임을 마친 후 두 개의 바구니에 담긴 솔방울의 개수를 확인하면서 승패를 확인한다. 또는 쌓기 영역에 있는 적목을 여러 개 준비하여 이긴 편의 기본 밑판에 한 개씩 쌓아 게임을 마친 후에 수를 비교하면서 승패를 확인한다.

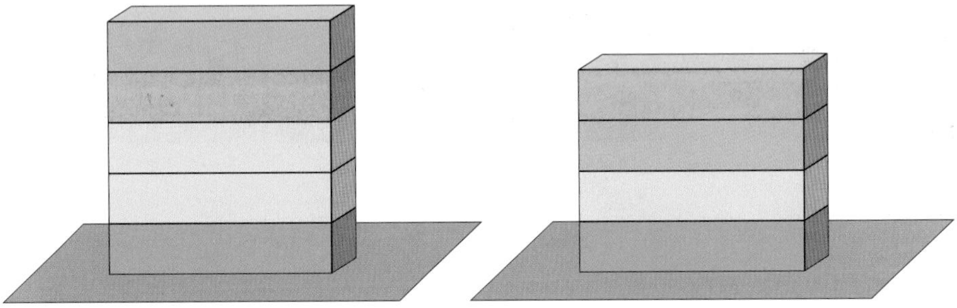

[그림 12-4] 실물 활용 평가 자료

참고문헌

정진, 성원경(2011). 유아놀이지도 이론과 실제. 서울: 학지사.

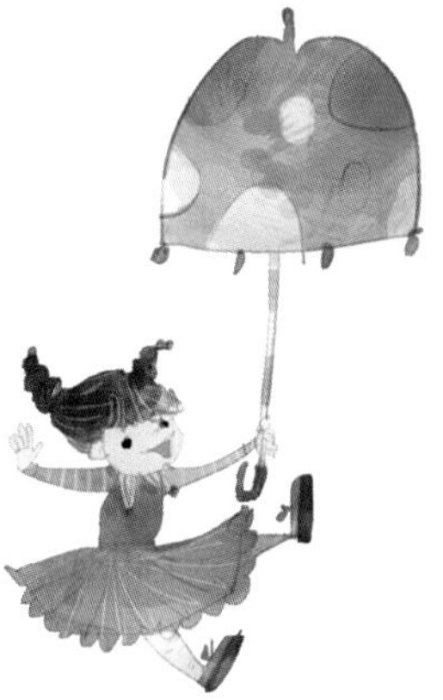

제4부

유아놀이 실제

실내 자유놀이 활동

1. 비밀상자 속 그림카드
2. 와르르 무너졌다
3. 쿠션 산을 넘자
4. 생일축하놀이를 해요
5. 신문지에 던져요
6. 어디가 아픈지 표현해요
7. 촉감 휴지를 뽑아요
8. 나뭇잎처럼 움직여 보기
9. 나비가 훨훨~
10. 따르릉~ 전화놀이
11. 우레탄블록으로 의자, 화장대 만들기
12. 음률체조 '나는 할 수 있어요'
13. 영역과 놀잇감 짝짓기
14. 집게를 안전하게 사용해요
15. 같은 나뭇잎 카드를 찾아보아요
16. 내가 꾸민 세계인 얼굴
17. 어떤 일을 할까요?
18. 여름 옷차림 명화 퍼즐
19. 육상 교통 빙고 게임
20. 트리 꾸미기 게임
21. 곡식 속 가을 글자
22. 과일 패턴 놀이
23. 세계 요리사 대회
24. 썰매를 타요
25. 우리 가족 덮기 게임
26. 친환경 에너지야, 고마워!
27. 함께하는 올림픽 경기 수수께끼
28. OHP필름에 봄꽃 그리기
29. 그림 속 숨은그림찾기
30. 봄나들이
31. 공룡섬을 찾아서
32. 나도 고흐처럼
33. 독도의 보물찾기 게임
34. 모자 쓰고 인사해요
35. 물고기는 맑은 물을 좋아해요
36. 작은집 창가에서

NO	연령	주제	활동명	NO	연령	주제	활동명
1	0	놀이는 재미있어요	비밀상자 속 그림카드	19	3	교통기관	육상 교통 빙고 게임
2	0	낯설어요	와르르 무너졌다	20	3	겨울과 놀이	트리 꾸미기 게임
3	0	움직여요	쿠션 산을 넘자	21	4	가을	곡식 속 가을 글자
4	1	새로운 것도 좋아요	생일축하놀이를 해요	22	4	여름	과일 패턴 놀이
5	1	낯설어요	신문지에 던져요	23	4	건강과 안전	세계 요리사 대회
6	1	좋아하는 놀이가 있어요	어디가 아픈지 표현해요	24	4	겨울	썰매를 타요
7	1	좋아하는 놀이가 있어요	촉감 휴지를 뽑아요	25	4	나와 가족	우리 가족 덮기 게임
8	2	알록달록 가을이에요	나뭇잎처럼 움직여 보기	26	4	생활도구	친환경 에너지야, 고마워!
9	2	봄나들이 가요	나비가 훨훨~	27	4	세계 여러 나라	함께하는 올림픽 경기 수수께끼
10	2	어린이집이 좋아요	따르릉~ 전화놀이	28	5	봄	OHP필름에 봄꽃 그리기
11	2	나는요	우레탄블록으로 의자, 화장대 만들기	29	5	세계 여러 나라	그림 속 숨은그림찾기
12	2	나는요	음률체조 '나는 할 수 있어요'	30	5	봄	봄나들이
13	3	유치원/ 어린이집과 친구	영역과 놀잇감 짝짓기	31	5	동물	공룡섬을 찾아서
14	3	여름	집게를 안전하게 사용해요	32	5	세계 여러 나라	나도 고흐처럼
15	3	동식물과 자연	같은 나뭇잎 카드를 찾아보아요	33	5	우리나라	독도의 보물찾기 게임
16	3	세계 여러 나라	내가 꾸민 세계인 얼굴	34	5	세계 여러 나라	모자 쓰고 인사해요
17	3	우리 동네	어떤 일을 할까요?	35	5	환경과 생활	물고기는 맑은 물을 좋아해요
18	3	여름	여름 옷차림 명화 퍼즐	36	5	세계 여러 나라	작은집 창가에서

1. 비밀상자 속 그림카드

활동명	비밀상자 속 그림카드	생활주제	놀이는 재미있어요
활동목표	• 그림카드를 보며 친숙한 사물의 이름을 들어본다. • 그림카드를 상자에서 꺼내어 잡아본다.		
교육과정 관련 요소	• 의사소통: 듣기-경험과 관련된 말 듣고 알기 • 신체운동: 신체 조절과 기본운동하기-소근육 조절하기		
대상연령	만 0세	활동유형	언어 영역
교수자료	비밀상자(궁금지 상자), 그림카드		
활동방법	1. 그림카드를 넣은 비밀상자를 제시하여 영아가 흥미를 보이면 탐색할 수 있도록 한다. -○○야, 이게 뭐지? -(상자를 흔들며) 어, 선생님이 상자를 흔드니 소리가 나네! -○○도 상자를 흔들어 보자. 2. 비밀상자 속에 손을 넣어 그림카드를 꺼내 보도록 한다. -(교사가 먼저 넣어 보고) 우리 ○○가 상자 속에 손을 넣어 볼까? -상자 속에 뭐가 있네. 상자 밖으로 쏘옥 꺼내 볼까? 3. 영아가 꺼낸 그림카드 속 사물의 이름을 반복적으로 들려 준다. -(영아가 꺼낸 카드를 가리키며) 이건 무슨 그림이지? -공이구나. 떼굴떼굴 굴러가는 공이네. -이번에는 딸랑이 그림을 꺼냈구나. 우리 교실에 있는 '딸랑딸랑' 딸랑이구나.		
	1. 그림카드를 넣은 비밀상자를 제시하여 영아가 흥미를 보이면 탐색할 수 있도록 한다. -여기 상자가 있네. 흔드니까 소리도 나네. 뭐가 들어 있나 봐. 2. 비밀상자 속에 손을 넣어 그림카드를 꺼내 보도록 한다. -○○이가 상자 속에 있는 걸 꺼내 볼까? -공이 그려진 카드를 꺼냈구나. 3. 영아가 꺼낸 그림카드와 똑같은 물건을 보여 준다. -이번에 나온 물건은 어디에 있는 것일까? -○○이가 꺼낸 카드와 똑같은 공이 여기 있네.		
활동의 유의점	• 그림카드는 실제 사물을 사진으로 찍어 제시한다. • 그림카드의 사물은 영아들이 평소 자주 접할 수 있는 사물들로 구성한다.		

출처: 보건복지부(2013a).

2. 와르르 무너졌다

<table>
<tr><td>활동명</td><td>와르르 무너졌다</td><td>생활주제</td><td>낯설어요</td></tr>
<tr><td>활동목표</td><td colspan="3">• 스펀지블록을 쌓고 무너뜨려 본다.
• 블록에 붙어 있는 사진 속의 익숙한 얼굴에 관심을 가진다.</td></tr>
<tr><td>교육과정
관련 요소</td><td colspan="3">• 신체운동: 신체 조절과 기본운동하기-소근육 조절하기
• 사회관계: 더불어 생활하기-안정적인 애착형성하기</td></tr>
<tr><td>대상연령</td><td>만 0세</td><td>활동유형</td><td>신체 영역</td></tr>
<tr><td>교수자료</td><td colspan="3">선생님, 엄마, 영아의 얼굴 사진을 붙인 스펀지블록</td></tr>
<tr><td rowspan="2">활동방법</td><td colspan="3">1. 영아와 함께 사진이 붙어 있는 스펀지블록을 탐색한다.
-이게 뭘까? 꾸욱 눌러 볼까?
-스펀지블록이 푹신푹신하네.
-어, 여기에 선생님 사진이 붙어 있네.
-이건 ○○이 얼굴이네. ○○이 엄마 얼굴도 있다.
2. 교사의 도움을 받아 영아가 스펀지블록을 무너뜨려 본다.
-선생님 블록 위에, 엄마 블록, 그 위에 ○○이 블록…….
-(교사가 블록을 무너뜨리며) 어, 와르르르 무너졌다.
-○○도 해 볼까?
</td></tr>
<tr><td colspan="3">1. 영아와 함께 사진이 붙어 있는 스펀지블록을 탐색한다.
-이게 누구 얼굴이지?
-네모난 블록이네?
-여기 맨 밑에 선생님 사진이 붙어 있는 블록을 놓아 보자.
2. 영아에게 스펀지블록을 쌓아 보고 무너뜨려 보도록 한다.
-○○가 스펀지블록을 쌓아 볼까?
-와, 선생님 블록 위에 ○○이 블록이 있네. 한 개 더 쌓아 볼까?
-우리 스펀지블록을 밀어 볼까?
-(영아가 스펀지블록을 밀도록 도와주며) 무너졌네.</td></tr>
<tr><td>활동의
유의점</td><td colspan="3">• 안전을 위하여 스펀지블록 주변의 공간을 확보한다.</td></tr>
</table>

출처: 보건복지부(2013a).

3. 쿠션 산을 넘자

활동명	쿠션 산을 넘자	생활주제	움직여요
활동목표	• 단단한 쿠션이나 계단 매트를 기어서 오른다. • 잡고 기어오르며 쿠션과 베개의 탄력과 촉감을 느껴 본다.		
교육과정 관련 요소	• 신체운동: 신체 조절과 기본운동하기–기본운동하기 • 자연탐구: 과학적 탐구하기–생활도구 탐색하기		
대상연령	만 0세	활동유형	신체 영역
교수자료	쿠션, 베개 혹은 영아용 스펀지 계단, 매트		
활동방법	1. 커다란 쿠션에 영아와 함께 누워 본다. –여기 푹신한 쿠션이 있네. 한번 누워 볼까? –(쿠션을 손으로 눌러 보며) 쿠션이 푹신푹신하고 부드럽구나. 2. 교사가 쿠션을 넘어 영아가 있는 쪽으로 기어간다. –선생님이 쿠션을 넘어서 ○○이한테 가 볼게. 영차, 영차, 다 왔다. 3. 영아가 쿠션 쪽으로 오면 영아의 몸을 살짝 들어 쿠션 위에 올라갈 수 있도록 도와준다. –○○이도 선생님한테 기어오렴. 영차! 영차! –(쿠션을 넘어오면) 와~ ○○이가 기어왔구나. 선생님과 만났네. 4. 영아가 쿠션 산을 올라갈 때 전래동요나 추임새 등을 넣어 영아를 지지해 준다. –♬ 우리 ○○이 나가신다. 길을 비켜라~ –○○ 음마 음마 음마 우리 아기 잘도 긴다.		
	1. 9개월 전후의 영아들에게 스펀지 계단을 손으로 만져 보며 스펀지 계단에 흥미를 갖도록 한다. –손으로 만져 보니까 푹신푹신하네. 2. 교사는 영아가 스펀지 계단을 오르내릴 수 있도록 도와준다. –우리 계단을 올라가 볼까? –(선생님이 손을 내밀며) 선생님이 손을 잡아 줄게. –○○이도 올라와 보자. 조심조심, 천천히, 잘한다. –우아~ 다 올라왔네. 선생님이랑 만났네. 만나서 반가워요. 3. 영아가 스펀지 계단에 익숙하게 오르내리면 잡기놀이 등과 연계해 활동을 진행할 수 있다. –우리 ○○이가 어디 있나? 여기 쿠션 위에 있구나. 어흥, 잡았다!		
활동의 유의점	• 새로운 쿠션을 제시하거나 영아가 좋아하는 놀잇감을 쿠션 위에 올려놓으면 영아가 쿠션에 올라가는 것에 흥미를 갖는다. • 영아가 처음 스펀지 계단을 오르고 내려올 때 불안해하지 않도록 교사는 영아 뒤에서 잡아 준다. • 스펀지나 쿠션 밑에 매트나 이불 등을 깔아 넘어지거나 떨어졌을 때 다치지 않도록 위험 요소를 제거한다. • 영아가 우유를 마신 직후에는 토하거나 힘들어 할 수 있으므로 피하는 것이 좋다.		

출처: 보건복지부(2013a).

4. 생일축하놀이를 해요

활동명	생일축하놀이를 해요	생활주제	새로운 것도 좋아요
활동목표	• 생일을 축하하는 흉내를 낸다. • 생일축하놀이를 하며 즐거움을 표현한다.		
교육과정 관련 요소	• 예술경험: 예술적 표현하기–모방 행동 즐기기 • 사회관계: 나와 다른 사람의 감정 알기–나의 감정을 나타내기		
대상연령	만 1세	활동유형	역할 · 쌓기 영역
교수자료	모형 케이크, 밀가루 반죽, 모형 초, 소꿉놀이용 그릇, 숟가락, 포크, 모형 칼		
활동방법	1. 모형케이크를 제공하고 관심을 보이는 영아와 케이크를 탐색해 본다. –여기에 케이크가 있구나. 이건 무슨 케이크예요? –○○이는 무슨 케이크가 좋아요? –(음식 모형을 케이크 위에 올려놓은 영아에게) 이렇게 과일을 얹어서 과일 케이크도 만들 수 있네. 2. 모형 케이크를 이용하여 생일축하놀이를 해 본다. –○○이가 생일 하고 싶구나. –우리 생일 노래 불러 줄까? ♬ 생일 축하합니다~ –초도 꽂아 볼까요 ? ○○이가 초를 많이 꽂았네요. –이제 촛불을 붙여 볼까요? 성냥을 '치익' 하고 켜서… 아이고, 안 켜졌네. 3. 생일 축하 노래를 부른 후, 촛불을 꺼 보고 케이크도 잘라 보고 함께 나눠 먹는 흉내를 내 본다. –♬ 사랑하는 ○○이, 생일 축하합니다~ –케이크도 잘라 주세요. 케이크를 접시에 담아 주세요. –(먹는 흉내를 내며) 맛있는 케이크를 먹자. 음, 맛있겠다. 		
활동의 유의점	• 영아들은 생일 노래가 끝나고 촛불을 끄는 것을 가장 좋아하기 때문에 다른 영아와 분쟁이 생길 수 있다. 생일축하놀이를 반복해서 해 볼 수 있도록 한다. • 생일축하놀이 에피소드를 영아의 흥미와 요구에 따라 가감하여 진행하도록 한다. • 각자 밀가루 반죽에 초 모형을 꽂아 개별 케이크를 만들어서 놀이할 수 있다. • 빈 색연필 깍지에 펠트지나 EVA로 초 모형을 만들어서 활용할 수 있다.		

출처: 보건복지부(2013a).

5. 신문지에 던져요

<table>
<tr><th>활동명</th><td>신문지에 던져요</td><th>생활주제</th><td>낯설어요</td></tr>
<tr><th>활동목표</th><td colspan="3">• 신문지를 구기고 찢어 본다.
• 신문지를 향해 던지며 즐거움을 표현한다.</td></tr>
<tr><th>교육과정
관련 요소</th><td colspan="3">• 신체운동: 신체 조절과 기본운동하기−소근육 조절하기
• 사회관계: 나와 다른 사람의 감정 알기−나의 감정을 나타내기</td></tr>
<tr><th>대상연령</th><td>만 1세</td><th>활동유형</th><td>신체 영역</td></tr>
<tr><th>교수자료</th><td colspan="3">신문지</td></tr>
<tr><th>활동방법</th><td colspan="3">1. 신문지를 구기고 찢으며 탐색한다.
−신문지를 구겼구나.
−신문지를 들고 이렇게 '쭈욱' 찢어 볼까요?
−(길게 찢은 신문지를 던지며) 신문지를 뿌려 보자.
2. 신문지 조각을 모아 교사와 함께 신문지 공을 만들어 놀이한다.
−찢은 신문지로 동글동글 공을 만들어 보자.
−신문지 공을 하늘 높이 던져 보자. 하나, 둘, 셋~
−○○는 신문지 공을 높이 던졌네요.
3. 천장에 길게 늘여 붙인 신문지를 공으로 맞추게 한다.
−(선생님이 시범을 보이며) ○○야, 신문지를 손으로 '툭툭' 쳐 보자.
−○○야! 이번에는 공으로 신문지를 맞혀 볼까요?
−공으로 맞추니깐 '딱!' 소리가 난다.</td></tr>
<tr><th>활동의
유의점</th><td colspan="3">• 신문지 탐색을 충분히 한 뒤 구기고 찢기를 할 수 있도록 한다.
• 영아의 소근육 발달에 따라 교사가 미리 신문지를 조금 찢어 놓을 수 있다.
• 신문지의 결을 보고 영아가 쉽게 찢을 수 있도록 돕는다.
• 신문지가 떨어지지 않도록 천장에 잘 고정시킨다.
• 목표물을 정확히 맞히기 힘든 연령이므로 '신문지를 공으로 맞히기' 놀이를 진행할 때 신문지를 넓게 부착한다.</td></tr>
</table>

출처: 보건복지부(2013a).

6. 어디가 아픈지 표현해요

활동명	어디가 아픈지 표현해요	생활주제	좋아하는 놀이가 있어요
활동목표	• 어디가 아픈지 동작이나 간단한 언어로 표현한다. • 다른 사람이 아픈 곳에 주의를 기울인다.		
교육과정 관련 요소	• 의사소통: 말하기-표정, 몸짓, 말소리로 말하기 • 사회관계: 나와 다른 사람의 감정 알기-다른 사람에게 주의 기울이기		
대상연령	만 1세	활동유형	언어 영역
교수자료	인형, 펠트지, 반창고, 벨크로, 유성펜, 가위 교구 제작방법: ① 연한 살구색 펠트지를 3×7cm 길이로 자른 후 모서리를 둥글게 만든다. ② 펠트지 뒷면에 벨크로테이프의 거친 면을 붙여 준다. ③ 펠트지 앞면에 실제 밴드처럼 갈색 유성펜으로 점을 찍어 준다.		
활동방법	1. 교사는 인형을 가리키며 간단한 이야기를 들려 준다. -우리 반에 새로운 친구가 놀러왔는데 밖에서 놀다가 '쿵' 넘어졌대요. -어디가 아픈지 물어보자. 2. 아픈 곳을 말하면 영아가 그곳에 만든 반창고를 붙여 보도록 한다. -(아픈 인형 흉내를 내며) 나는 무릎이 너무 아파. -무릎에 반창고를 붙여 줄래? -(반창고를 많이 붙이는 영아에게) 얼굴도, 배도 많이 아프대요? 3. 영아가 원하는 곳에 반창고를 붙여 보도록 한다. -○○이가 인형의 아픈 곳에 반창고를 많이 붙여 주었구나. -아픈 데도 '호' 해 주었어요? -인형이 또 어디가 아프대요?		
활동의 유의점	• 반창고 자료를 넉넉하게 준비하여 충분히 놀이할 수 있도록 한다.		

출처: 보건복지부(2013a).

7. 촉감 휴지를 뽑아요

활동명	촉감 휴지를 뽑아요	생활주제	좋아하는 놀이가 있어요
활동목표	• 오감으로 다양하게 탐색한다. • 촉감 휴지를 잡고 뽑기를 반복한다.		
교육과정 관련 요소	• 신체운동: 감각과 신체 인식하기-감각기관으로 탐색하기 • 자연탐구: 탐구하는 태도 기르기-탐색 시도하기		
대상연령	만 1세	활동유형	감각 · 탐색 영역
교수자료	휴지 케이스(휴지 케이스 위에 하드보드지를 대어 고정시키면 더욱 튼튼해짐), 촉감 천으로 만든 휴지		
활동방법	1. 휴지 케이스를 탐색한다. -여기 상자 안에는 무엇이 들어 있을까요? 한번 흔들어 볼까요? -상자 위에 구멍이 있어요. 구멍으로 상자 안에 무엇이 있는지 볼까요? 2. 촉감 휴지를 한 장씩 뽑아 본다. -'쏙' 휴지가 나왔어요. -○○가 뽑아볼까요? -□□이는 보들보들 휴지를 뽑았구나. 3. 휴지를 뽑으며 다양한 촉감을 느껴 본다. -뽑은 휴지가 어떤 느낌인지 만져 볼까? 와, 보들보들하다! -○○이도 뽑아 볼까? 이번에는 어떤 휴지가 나올까? -부드러운 휴지, 볼록볼록한 휴지… 정말 많이 나왔어요. 4. 촉감 휴지를 넣었다 뺐다를 반복하며 손, 얼굴 등으로 촉감을 느껴 본다. -휴지가 다시 '쏙' 들어갔어요. -휴지를 다시 뽑아서 손을 닦아 볼까요? 얼굴도 닦아 보자.		
활동의 유의점	• 연령이 어린 영아가 많을 경우에는 촉감 휴지를 길게 연결하여 촉감 휴지를 뽑는 활동에 집중할 수 있도록 한다. • 휴지와 휴지를 겹쳐지게 접어 한 장이 뽑히면서 다른 한 장이 나올 수 있게 준비한다. • 촉감의 재질을 여러 가지로 준비하여 다양하게 탐색할 수 있도록 한다. • 놀잇감에 적극적인 관심을 갖고 유지할 수 있도록 휴지 케이스를 꾸며 제공한다.		

출처: 보건복지부(2013b).

8. 나뭇잎처럼 움직여 보기

활동명	나뭇잎처럼 움직여 보기	생활주제	알록달록 가을이에요
활동목표	• 음악을 들으며 나뭇잎처럼 몸을 움직여 본다. • 나뭇잎이 떨어지는 모습과 떨어진 나뭇잎을 주워 관찰해 본다.		
교육과정 관련 요소	• 예술경험: 예술적 표현하기-움직임으로 표현하기 • 자연탐구: 탐구하는 태도 기르기-호기심 가지기		
대상연령	만 2세	활동유형	신체 영역
교수자료	낙엽, 낙엽 옷, 낙엽 가면, 가을 분위기를 느낄 수 있는 음악 CD 교구 제작방법 〈재료〉 펠트지, 끈, 가위 ① 펠트지를 커다란 나뭇잎 모양으로 자른다. ② 자른 나뭇잎 모양 펠트지를 끈으로 연결하여 영아가 조끼처럼 입어 볼 수 있도록 만든다. 		
활동방법	1. 땅에 떨어진 나뭇잎을 살펴보며 그 모양이나 색깔 등에 대해 이야기 나눈다. -이것은 무엇일까요? -이 나뭇잎은 어떤 색깔인가요? -이렇게 생긴 나뭇잎을 본 적이 있나요? -두 나뭇잎의 모양이 어떻게 다른가요? -이 나뭇잎은 뾰족뾰족하게 생겼네요. 2. 낙엽 옷을 입거나 가면을 쓰고 낙엽이 흔들리는 모습, 떨어지는 모습 등을 몸으로 표현해 본다. -우리가 낙엽이 되어서 움직여 볼까요? -바람이 부니 나뭇잎이 흔들리네요. 떨어질 것 같아요. 3. 가을 분위기를 느낄 수 있는 음악을 들으며 자유롭게 몸을 움직여 본다. -음악에 맞추어서 움직여 볼까요? -○○ 나뭇잎은 빙글빙글 돌면서 떨어지네요.		
활동의 유의점	• 바람이 부는 날, 바깥놀이터에 나가 나뭇잎이 떨어지는 모습을 관찰한 후 활동해 본다.		
확장 활동	• 낙엽을 주워 모은 후 하늘 위로 뿌려 보는 나뭇잎 비 놀이로 확장할 수 있다.		

출처: 보건복지부(2013c).

9. 나비가 훨훨~

활동명	나비가 훨훨~	생활주제	봄나들이 가요
활동목표	• 나비를 상상하면서 흉내내어 본다. • 나비의 움직임에 관심을 갖는다.		
교육과정 관련 요소	• 예술경험: 예술적 표현하기–모방과 상상놀이하기 • 자연탐구: 과학적 탐구하기–주변 동식물에 관심 가지기		
대상연령	만 2세	활동유형	역할 영역
교수자료	나비 날개 〈재료〉 펠트지, 가위, 고무줄 ① 영아의 사이즈에 맞게 펠트지를 나비 날개 모양으로 자른다. ② 배낭끈과 같이 나비 날개에 고무줄을 달아 영아가 어깨에 멜 수 있게 한다.		
활동방법	1. 나비 날개를 자유롭게 탐색한다. –이것은 뭘까? –날개구나. 누구의 날개일까? 2. 나비 날개를 어깨에 멘 영아의 모습을 탐색한다. –○○이는 어떤 나비 날개를 달고 싶니? –△△이는 분홍 나비가 되었구나. –나비로 변신한 너희의 모습이 어떻니? 3. 나비 흉내를 낸다. –훨훨 날아서 어디로 갈까요? –저기 있는 꽃 위에 앉아 볼까? –하늘을 날아다녔더니 배가 고프네. 무엇을 먹을까? –'아함' 졸려. 조금 쉬어야겠다.		
활동의 유의점	• 나비가 되어 상상놀이를 할 수 있도록 교사도 함께 나비 날개를 달고 놀이에 참여한다. 영아들의 상상을 돕는 질문, 관련된 노래 등을 하여 놀이를 격려한다. • 보육실에 있는 전신거울에 영아들의 모습을 비춰 보며 자신의 변화된 모습을 관찰해 본다.		
확장 활동	• 나비 날개 모형을 교사가 모두 제작하여 제시하는 대신, 영아가 날개에 폼폼이, 스티커, 스탬프 등을 이용하여 꾸며 볼 수 있다.		

출처: 보건복지부(2013c).

10. 따르릉~ 전화놀이

활동명	따르릉~ 전화놀이	생활주제	어린이집이 좋아요
활동목표	• 엄마, 아빠에게 전화하는 흉내를 내며 정서적인 안정감을 느낀다. • 전화 거는 상황에서 자신의 생각과 느낌을 말로 표현할 수 있다.		
교육과정 관련 요소	• 사회관계: 나와 다른 사람의 감정 알기–나의 감정을 나타내기 • 의사소통: 말하기–낱말과 간단한 문장으로 말하기		
대상연령	만 2세	활동유형	역할 영역
교수자료	놀잇감 전화기		
활동방법	1. 놀잇감 전화기로 전화 거는 흉내를 내며 영아와 자유롭게 이야기를 나눈다. –여보세요, 여기는 ○○어린이집 ○○반입니다. △△ 있나요? –여보세요. ○○아, 선생님이야. 뭐하고 있니? 2. 영아가 엄마, 아빠에게 전화 거는 흉내를 낼 수 있도록 한다. –○○아, 엄마, 아빠한테 전화해 볼까? –여보세요. ○○이 엄마예요? ○○이가요 엄마 보고 싶대요. 빨리 오세요. –여보세요. □□이 엄마예요? □□이가 하고 싶은 말이 있대요. □□이 바꿔 드릴게요. 3. 교사와 영아가 엄마, 영아의 역할을 맡아 전화 거는 흉내를 내본다. –선생님이 ○○이 엄마라고 하자. –○○이가 선생님한테 전화 걸어 볼래?		
활동의 유의점	• 말이 서툰 영아의 경우에는 영아가 하고 싶은 말을 교사가 표현해 주도록 한다. • 교사가 먼저 전화 거는 모습을 보여 주고, 차츰 영아가 전화 거는 흉내를 내볼 수 있도록 한다. • 영아와 교사가 엄마, 아빠, 할아버지, 할머니, 영아 등의 역할을 번갈아 맡아 전화 거는 흉내를 내본다.		

출처: 보건복지부(2013c).

11. 우레탄블록으로 의자, 화장대 만들기

활동명	우레탄블록으로 의자, 화장대 만들기	생활주제	나는요
활동목표	• 블록을 이용하여 화장대 모양을 만들어 본다. • 화장하는 놀이를 통해 친구와 어울리는 경험을 한다.		
교육과정 관련 요소	• 자연탐구: 수학적 탐구하기–공간과 도형에 관심 가지기 • 사회관계: 더불어 생활하기–또래와 관계하기		
대상연령	만 2세	활동유형	쌓기 영역
교수자료	우레탄블록		
활동방법	1. 화장대에 앉아 꾸미기 놀이를 할 때 우레탄블록으로 화장대를 만드는 것에 대해 자연스럽게 이야기 나눈다. –○○가 화장대에 앉아서 머리를 빗고 있구나. –○○는 거울을 보면서 로션을 얼굴에 바르고 있네. –여기에 있는 우레탄블록으로 화장대를 만들어 볼 수 있을까? 2. 우레탄블록을 탐색한 후, 블록으로 화장대, 의자 등을 만들어 본다. –네모난 우레탄블록이네. 어떻게 화장대를 만들어 볼 수 있을까? –○○는 우레탄블록을 옆으로 길게 놓아서 긴 화장대를 만들었네. –○○는 블록을 위로 쌓았구나. 화장대가 높아졌네. –○○ 화장대는 가운데가 뻥 뚫려 있네. 재미있는 모양이구나.		
활동의 유의점	• 우레탄블록은 크기가 크므로 넉넉한 공간을 마련해 주어야 안전사고를 예방할 수 있다.		
확장 활동	• 영아가 만든 화장대에 안전거울을 잘라서 붙여 주어 실제 화장대와 흡사하게 만들어 주면 놀이에 대한 흥미를 높일 수 있다.		

출처: 보건복지부(2013c).

12. 음률체조 '나는 할 수 있어요'

<table>
<tr><td>활동명</td><td>음률체조 '나는 할 수 있어요'</td><td>생활주제</td><td>나는요</td></tr>
<tr><td>활동목표</td><td colspan="3">• 노래를 듣고 리듬에 맞춰 몸을 움직여 본다.
• 몸의 여러 부위를 인식하고 움직임으로 표현한다.</td></tr>
<tr><td>교육과정 관련 요소</td><td colspan="3">• 예술경험: 예술적 표현하기–움직임으로 표현하기
• 신체운동: 감각과 신체 인식하기–신체를 인식하고 움직이기</td></tr>
<tr><td>대상연령</td><td>만 2세</td><td>활동유형</td><td>음률 영역</td></tr>
<tr><td>교수자료</td><td colspan="3">나는 할 수 있어요
작사 · 작곡: 서혜린

엉덩이를 흔들어요 하나 둘 셋
엉덩이를 흔들어요 하나 둘 셋
나는 나는 할 수 있어요
엉덩이를 흔들 수 있어요

무릎을 구부려요 하나 둘 셋
무릎을 구부려요 하나 둘 셋
나는 나는 할 수 있어요
무릎을 구부릴 수 있어요</td></tr>
<tr><td>활동방법</td><td colspan="3">1. '나는 할 수 있어요' 음악을 들어 본다.
2. 노래를 들으며 가사에 맞춰서 몸을 움직여 본다.
–'엉덩이를 흔들어요 하나 둘 셋'
–엉덩이를 어떻게 흔들어 볼 수 있을까?
–○○이 엉덩이가 씰룩씰룩 움직이는구나.
–'무릎을 구부려요 하나 둘 셋'
–무릎을 굽혔다가 펴 보자.
–○○이가 앉았다가 일어났다가 하네.
–○○ 다리가 구부려졌다가 펴졌네.
3. 음악과 동작에 익숙해질 때까지 반복하여 가사에 맞춰 몸을 자유롭게 움직여 본다.</td></tr>
<tr><td>활동의 유의점</td><td colspan="3">• 영아가 가사에 맞추어 동작을 따라하기 어려워할 경우, 부분 부분 음악을 나누어 진행할 수 있고, 교사가 천천히 노래를 불러 주면서 동작을 따라해 보도록 할 수도 있다.
• 영아 수가 많을 경우, 움직임에 방해받지 않도록 넓은 공간에서 실시하도록 하고 영아 간의 간격을 충분히 두도록 한다.</td></tr>
<tr><td>확장 활동</td><td colspan="3">• 노래와 동작에 익숙해지면 일과 중 전이체조로 진행할 수 있다.
• 가사에 나오는 신체 부위와 동작 외에 여러 가지 신체 부위와 동작을 넣어 움직여 볼 수 있다.</td></tr>
</table>

출처: 보건복지부(2013c).

13. 영역과 놀잇감 짝짓기

활동명	영역과 놀잇감 짝짓기	생활주제	유치원/어린이집과 친구
활동목표	• 흥미영역에서 할 수 있는 놀이에 대해 관심을 가진다. • 사진 속의 놀잇감과 물건을 흥미영역과 맞게 짝지을 수 있다.		
교육과정 관련 요소	• 자연탐구: 수학적 탐구하기–기초적인 자료 수집과 결과 나타내기		
대상연령	만 3세	활동유형	수 · 조작 영역
교수자료	원판(쌓기놀이 영역, 역할놀이 영역, 수 · 조작 영역, 언어 영역, 과학 영역, 미술 영역, 음률 영역 사진), 각 영역별 놀잇감 사진 카드 		
활동방법	1. 우리 반에 어떤 영역이 있는지 이야기 나눈다. –우리 반에 있는 놀이 영역은 무엇이 있니? 2. 유아가 현재 어떤 영역에서 놀이하고 있는지 이야기 나눈다. –지금 ○○이는 어느 영역에서 놀이하고 있을까? 3. 영역별 놀잇감에 대해 이야기 나눈다. 4. 교구를 탐색한 후 영역별 관련 놀잇감을 짝짓는다. –원판 그림에는 어떤 그림이 있니? –쌓기 영역에는 어떤 놀잇감으로 짝을 만들어 줄까? 5. 교구로 제시된 놀잇감 외에 어떤 놀잇감이 있는지 찾아본다.		
활동의 유의점	• 교구 제작 시 각 흥미영역을 한눈에 알아볼 수 있도록 대표되는 놀잇감으로 사진을 제공한다. • 처음 입학하여 자유선택활동의 방법과 영역에 대한 경험이 부족하거나 장애가 있을 경우에는 사전에 교실의 흥미영역을 충분히 탐색한 후 활동하도록 한다. • 영역과 놀잇감을 짝짓기 어려워하는 경우를 위해 힌트를 제공한다.		
확장 활동	• 두 명의 유아가 영역을 선택한 후, 그 영역에 가서 보이는 놀잇감을 차례를 지켜 말하기 게임을 진행할 수 있다(언어 영역에는 그림책이 있고, 색연필이 있고……).		

14. 집게를 안전하게 사용해요

활동명	집게를 안전하게 사용해요	생활주제	여름
활동목표	• 생활도구 사용 시 위험할 수 있음을 안다. • 집게를 안전하게 사용하는 방법을 안다.		
교육과정 관련 요소	• 신체운동 · 건강: 안전하게 생활하기–안전하게 놀이하기 • 자연탐구: 과학적 탐구하기–간단한 도구와 기계 활용하기		
대상연령	만 3세	활동유형	수 · 조작 영역
교수자료	다양한 집게, 여러 가지 동물 그림 도안(토끼, 꽃게, 사자, 병아리, 오리, 개구리, 까마귀), 바구니 2개 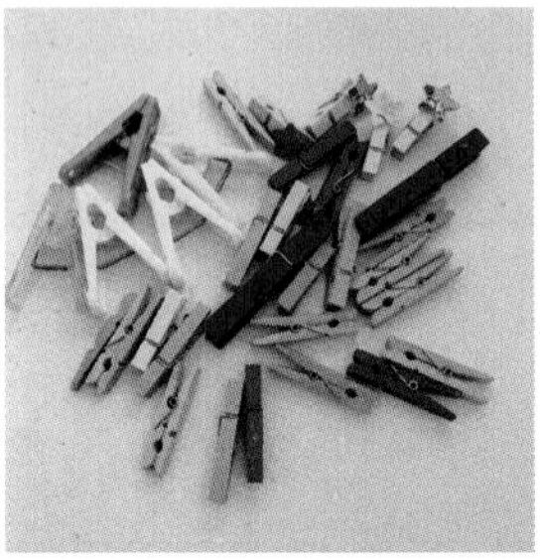  		
활동방법	1. 여러 가지 집게를 보여 주고 집게의 모양과 이름 등을 질문해 흥미를 유발한다. 2. 유아가 알고 있던 집게에 대한 자신의 생각을 말할 수 있게 유도하고 유아의 생각에 긍정적인 반응을 보인다. 3. 나무집게의 쓰임에 대해 물어보고 교사가 추가적으로 설명한다. 4. 나무집게를 이용해 동물들의 신체를 표현할 수 있는 교구를 보여 주고 활동방법을 제시한다. 5. 교사가 준비한 동물들의 이름을 유아에게 물어보고 직접 집게를 이용해 동물의 신체 부위를 표현해 볼 기회를 준다. 6. 자유놀이시간에 흥미 영역에서 할 수 있음을 공지한다.		
활동의 유의점	• 집게를 준비할 때 유아들의 힘으로 사용할 수 있는 것으로 제공한다. • 동물 그림의 두께가 너무 얇지 않게 준비한다. • 유아들이 사용하기에 위험하지 않은 집게로 준비한다.		
확장 활동	• 빨래집게를 이용해 옷을 널어 본다. • 여러 가지 동물을 이용해 동물원 놀이를 해 본다.		

15. 같은 나뭇잎 카드를 찾아보아요

활동명	같은 나뭇잎 카드를 찾아보아요	생활주제	동식물과 자연
활동목표	• 나무마다 잎사귀, 열매, 가지의 모양이 다르다는 것을 알고 특징에 따라 분류한다. • 친구와 협동하여 다양한 놀이를 즐긴다.		
교육과정 관련 요소	• 사회관계: 다른 사람과 더불어 생활하기–친구와 사이좋게 지내기 • 자연탐구: 과학적 탐구하기–생명체와 자연현상 알아보기		
대상연령	만 3세	활동유형	수 · 조작 영역
교수자료	나뭇잎 사진 자료 10cm×10cm 카드(귤나무, 상수리나무, 가시나무, 느티나무, 단풍나무, 은행나무, 동백나무, 소나무) 각 2장씩 2세트 		
활동방법	1. 나무별로 나뭇잎 사진을 2장씩 준비한 뒤 코팅하여 카드를 준비한다. 2. 교구를 보면서 놀이 방법을 이야기 나눈다. –우리가 밖에서 살펴보았던 나무를 찾을 수 있니? 3. 게임을 한다. 〈활동방법 1〉 ① 2종류의 카드를 2세트씩 준비한다. ② 순서를 정한 후 한 세트의 카드는 그림이 보이게 바닥에 깔아 놓는다. ③ 다른 한 세트의 카드는 모아서 한 장씩 뒤집는다. ④ 바닥에 놓여 있는 카드 가운데 같은 사진의 카드가 있으면 가져간다. ⑤ 더 많은 카드를 찾는 사람이 이긴다. 〈활동방법 2〉 ① 순서를 정한 후 두 세트의 카드를 섞어서 바닥에 깔아 놓는다. ② 어디에 무슨 카드가 있는지 자세히 살피고 기억하도록 한다. ③ 그 자리에 그대로 카드를 엎어 놓는다. ④ 자리를 기억하여 동시에 뒤집어서 같은 카드가 나오면 가져간다. ⑤ 더 많은 카드를 찾는 사람이 이긴다.		
활동의 유의점	• 나무를 탐색할 수 있는 충분한 사전 활동을 실시한다. • 유아의 수준에 따라서 나뭇잎의 종류를 다르게 제시한다.		
확장 활동	• 우리 반 나무로 적합한 것을 찾아보고 이름을 알아본 뒤, 우리 반 나무로 정한다. • 나무 그림에 우리 반 친구들의 이름을 적어 팻말을 만든다.		

16. 내가 꾸민 세계인 얼굴

활동명	내가 꾸민 세계인 얼굴	생활주제	세계 여러 나라
활동목표	• 나라마다 사람의 생김새가 서로 다름을 안다. • 지시카드의 글에 관심을 갖고 읽는다.		
교육과정 관련 요소	• 사회관계: 사회에 관심 갖기－세계와 여러 문화에 관심 가지기 • 의사소통: 읽기－읽기에 흥미 가지기		
대상연령	만 3세	활동유형	언어 영역
교수자료	얼굴 모양 본, 얼굴 부분 조각 그림, 지시카드, 지시카드를 담을 비밀 상자 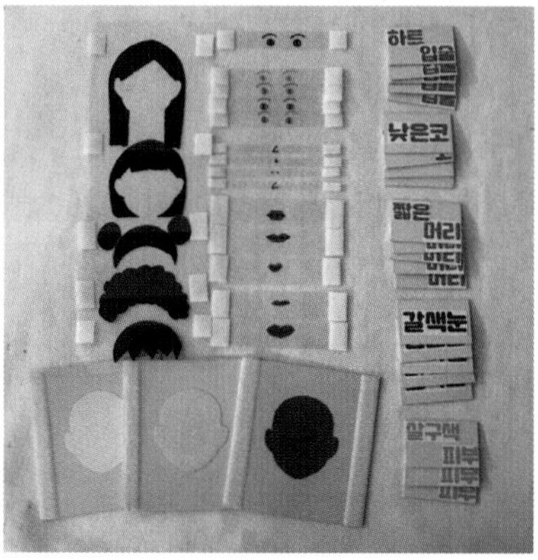		
활동방법	1. 교사는 얼굴 모양 본, 얼굴 부분 조각 그림을 붙여 둔 판, 지시 카드를 담을 비밀 상자(4등분하여 각 얼굴의 부분별로 나누어 담아 준비)를 언어 영역에 준비해 둔다. 2. 원하는 유아는 다음과 같이 활동할 수 있다. 〈활동방법〉 ① 원하는 얼굴 모양 본을 고른다. ② 비밀 상자에서 각각 지시카드를 꺼내어 읽어 본다. ③ 지시카드대로 얼굴 부분 조각 그림을 골라 얼굴을 꾸민다. 3. 혹은 유아가 꾸미고 싶은 대로 얼굴 모습을 완성한 후, 지시카드를 찾아 어떻게 꾸몄는지 놓아 보거나 말해 볼 수 있다. 4. 교사는 활동하는 유아와 언어적 상호작용을 함으로써 표현능력을 길러 준다. －어떤 얼굴이 되었니? 우리의 모습과 같은 점은 무엇이니? 다른 점은 무엇이니?		
활동의 유의점	• 어떻게 꾸몄는지 말하거나 써 볼 수 있도록 자료를 추가로 제시할 수 있다. • 어떤 얼굴 모습이 좋거나 나쁘다는 인식을 갖지 않도록 유의하며, 사람마다 생긴 모습이 다를 수 있다는 것에 초점을 두도록 한다.		
확장 활동	• 미술 영역에서 자유롭게 다양한 머리와 얼굴 부분 모습을 그림으로 그리고, 자신이 그린 그림과 관련된 지시카드를 만들면 교사가 코팅하여 언어 영역에 추가로 제시해 줄 수 있다.		

17. 어떤 일을 할까요?

활동명	어떤 일을 할까요?	생활주제	우리 동네
활동목표	• 우리 동네에서 볼 수 있는 여러 가지 직업에 대해 관심을 갖는다. • 직업 퍼즐 책을 활용하여 일하는 사람들의 다양한 모습을 탐색한다. • 우리 동네 사람들이 하는 일을 간단한 문장으로 말한다.		
교육과정 관련 요소	• 의사소통: 말하기–낱말과 문장으로 말하기 • 사회관계: 사회에 관심 갖기–지역사회에 관심 갖고 이해하기		
대상연령	만 3세	활동유형	언어 영역
교수자료	직업 그림 카드, 3단 직업 퍼즐 책   		
활동방법	1. 언어 영역에서 직업 퍼즐 책을 보며 소방관(경찰관, 그 외 직업)이 하는 일에 대해 이야기 나눈다. –이 옷을 입는 직업은 무엇일까? –소방관(주유원, 그 외 직업)은 무슨 일을 할까? 2. 내가 해 보고 싶은 직업을 정한 뒤, 준비된 자료를 이용하여 놀이한다. 3. 퍼즐을 혼자 또는 친구와 함께 맞추어 본다.		
활동의 유의점	• 직업 퍼즐 책에 있는 직업에 관한 이야기 나누기를 사전 활동으로 시행한다.		
유의점	• 역할놀이 영역에 퍼즐에 있는 직업의 의상을 제공하여 가상놀이를 통해 직업의 기능을 이해할 수 있도록 한다.		

18. 여름 옷차림 명화 퍼즐

활동명	여름 옷차림 명화 퍼즐	생활주제	여름
활동목표	• 명화 속의 여름철 옷차림에 관심을 갖는다. • 명화의 부분을 보고 전체를 완성할 수 있다.		
교육과정 관련 요소	• 예술경험: 예술 감상하기–다양한 예술 감상하기 • 자연탐구: 수학적 탐구하기–공간과 도형의 기초 개념 알아보기		
대상연령	만 3세	활동유형	수 · 조작 영역
교수자료	여름 옷차림이 잘 나타나는 명화 사진, 명화 퍼즐 자료  		
활동방법	1. 여름 옷차림 관련 명화를 보여 주며 이야기 나눈다. –이곳은 어디일까? –이 그림에서 아이들은 어떤 옷을 입고 있니? –아이들은 왜 반바지와 소매가 짧은 옷을 입고 있을까? –모자를 쓰고 있는 아이도 있구나? 왜 모자를 썼을 것 같니? 2. 여름 명화 퍼즐을 유아가 자유롭게 맞춰 보도록 안내한다. –이 조각들을 맞춰 그림을 완성할 수 있겠니? 3. 퍼즐 조각을 맞춰 그림을 완성해 본다. –이 그림 옆에는 어떤 퍼즐 조각이 필요할까?		
활동의 유의점	• 유아가 명화를 충분히 탐색하도록 하여 명화 속 여름철 옷차림에 관심을 갖도록 한다. • 명화 퍼즐을 수 · 조작 영역에 비치해 놓고 유아들이 퍼즐을 맞추면서 자연스럽게 명화를 감상할 수 있도록 한다. • 유아의 수준을 고려하여 명화 퍼즐의 조각 수를 더 많거나 적게 만들 수 있다.		
확장 활동	• 여름철 다양한 날씨(비 오는 모습, 햇빛이 쨍쨍한 모습, 바람이 부는 모습 등)에 관한 명화 퍼즐을 이용해 여름철 날씨에 관심을 가지며 퍼즐을 맞춰 볼 수 있다. • 명화 속에 나오는 여름 모자를 보고 모자 꾸미기나 그리기 활동을 할 수 있다.		

19. 육상 교통 빙고 게임

활동명	육상 교통 빙고 게임	생활주제	교통기관
활동목표	• 다양한 육상 교통기관에 관심을 가진다. • 규칙이 있는 게임에 즐겁게 참여한다.		
교육과정 관련 요소	• 의사소통: 듣기–이야기 듣고 이해하기 • 자연탐구: 탐구하는 태도 기르기–호기심을 유지하고 확장하기		
대상연령	만 3세	활동유형	수 · 조작 영역
교수자료	여러 가지 육상 교통기관의 그림, 게임판(택시, 오토바이, 기차, 버스, 구급차, 소방차)   		
활동방법	1. 여러 가지 교통기관에 관한 PPT자료를 보여 준다. 2. 이야기에 나오는 다양한 교통기관에 대해 이야기 나눈다. –어떤 교통기관이 나왔는지 이야기해 보자. 3. 빙고 게임 자료를 소개한다. –어떤 게임을 하는 놀잇감처럼 보이니? 4. 게임 방법을 알아본다. ① 두 명의 유아가 빙고판을 나누어 갖는다. ② 빙고판에 교통기관을 모두 붙인다. ③ 순서를 정한 후 돌림판의 화살표를 돌린다. ④ 돌림판을 돌려 나온 교통기관이 모두 떼어지면 이긴다. 5. 게임을 평가한다.		
활동의 유의점	• 유아의 수준에 맞추어 게임의 규칙을 변형할 수 있다. • 교통기관이 유아들에게 익숙해질 수 있도록 사전에 다양한 활동을 경험한다.		
확장 활동	• 새로운 게임 방법을 유아들과 함께 의논한 후, 게임을 한다. • 빙고판의 칸 수와 교통기관의 종류를 늘려 활동한다.		

20. 트리 꾸미기 게임

활동명	트리 꾸미기 게임	생활주제	겨울과 놀이
활동목표	• 손의 힘과 방향을 조절하여 룰렛을 돌려 본다. • 트리에 꾸민 장식물을 세어 보고 수량을 비교해 본다. • 게임의 약속과 규칙을 지켜야 함을 안다.		
교육과정 관련 요소	• 신체운동 · 건강: 신체 조절과 기본운동하기–신체 조절하기 • 자연탐구: 수학적 탐구하기–수와 연산의 기초 개념 알아보기 • 사회관계: 다른 사람과 더불어 생활하기–사회적 가치를 알고 지키기		
대상연령	만 3세	활동유형	수 · 조작 영역
교수자료	부직포로 만든 크리스마스트리, 룰렛 판, 꾸미기 재료(종, 초, 산타, 눈사람) 양말, 지팡이, 산 등 코팅 자료  		
활동방법	1. 크리스마스트리의 모습을 회상해 본다. –크리스마스트리를 본 적이 있나요? –그 트리는 어떤 것들로 꾸며져 있었나요? 2. 크리스마스트리 장식하기 게임에 대해 이야기 나눈다. ① 두 팀으로 나누어 가위바위보를 하여 순서를 정한다. ② 룰렛판을 돌려서 나오는 그림을 붙인다. ③ 이기고 지는 승패 없이 서로 다르게 장식된 트리를 보고 다른 점을 이야기 나눈다. 3. 각자의 크리스마스트리를 보면서 어떻게 꾸며졌는지 비교해 본다. –어떤 장식으로 트리가 꾸며졌나요? –양말은 누구 트리에 더 많이 있나요? 4. 게임을 하고 난 뒤 느낌을 말해 본다. –트리를 꾸며 보니까 어땠나요? –여기 룰렛판에 있는 것 외에 장식해 주고 싶은 것이 더 있나요?		
활동의 유의점	• 이기고 지는 승패가 없이 서로 다르게 장식된 트리를 보고 누구 트리에 장식물이 더 많은지, 그리고 어떤 점이 서로 다른지에 대해서 이야기 나누는 것에 더 초점을 두도록 한다.		
확장 활동	• 교실에서 크리스마스트리 장식하기 활동을 하면서 교실을 크리스마스 분위기로 꾸며 본다.		

출처: 보건복지부 · 교육부(2014).

21. 곡식 속 가을 글자

활동명	곡식 속 가을 글자	생활주제	가을
활동목표	• 가을에 관련된 글자들을 알아보며 글자의 모양에 관심을 가진다. • 자석의 성질을 알아본다.		
교육과정 관련 요소	• 의사소통: 읽기-읽기에 흥미 가지기 • 자연탐구: 과학적 탐구하기-물체와 물질 알아보기		
대상연령	만 4세	활동유형	언어 영역
교수자료	곡식(쌀, 보리, 조, 콩 등), 큰 그릇, 자석 글자, 자석, 가을에 관련된 사진 글자판  		
활동방법	1. 자석 글자가 숨겨진 쌀을 담은 그릇을 보여 주며 활동을 설명한다. -이 통 안에는 여러 가지 글자가 숨어 있답니다. -숨어 있는 글자를 손을 쓰지 않고 어떻게 꺼낼 수 있을까요? -자석에 붙어 있는 글자를 사진 글자판에 있는 글자에 맞추어 주세요. 2. 자석으로 쌀 안에 숨겨진 글자를 찾아본다. 3. 꺼낸 글자를 사진 글자판에 맞추어 보며 친숙한 글자를 찾아본다.		
활동의 유의점	• 그릇 안에 카드에 적힌 단어에 해당하는 글자를 미리 숨겨 준비한다. • 글자를 읽는 것에 중점을 두기보다는 같은 글자의 모양을 찾아 붙이면서 친숙한 글자에 관심을 가질 수 있도록 격려한다.		
확장 활동	• 하나의 단어가 아닌 자음과 모음을 구별하여 단어를 만들어 볼 수 있다. • 유아가 글자에 관심을 보이는 경우, 같은 글자(모음과 자음)가 들어 있는 다른 글자들을 비교할 수 있다.		

22. 과일 패턴 놀이

활동명	과일 패턴 놀이	생활주제	여름
활동목표	• 패턴의 규칙성을 찾아본다. • 여름 과일에 대해 관심을 가진다.		
교육과정 관련 요소	• 자연탐구: 탐구하는 태도 기르기–탐구 과정 즐기기 • 자연탐구: 수학적 탐구하기–규칙성 이해하기		
대상연령	만 4세	활동유형	수 · 조작 영역
교수자료	도입용 과일 그림(포도, 자두, 복숭아, 수박, 참외), 패턴카드(과일 그림), 과일 그림 낱장 카드(또는 과일 모형) 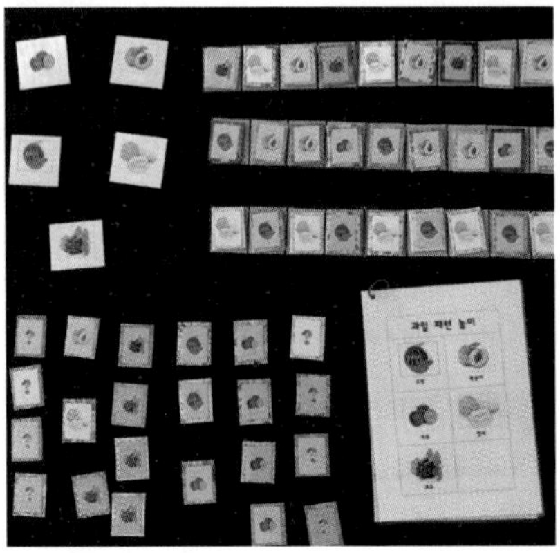		
활동방법	1. 과일 그림을 보며 이야기 나눈다. –무슨 과일이니? –이 과일을 먹어 본 적이 있니? 맛은 어땠니? 2. '가나' 형태의 패턴 카드를 탐색하고 활동방법을 알아본다. –과일이 어떤 순서로 놓여 있니? –참외, 수박, 참외, 수박⋯ 이렇게 놓여 있구나. –그 순서대로 과일카드(모형)를 놓아볼까? –? 부분에 어떤 과일이 와야 할까? 3. 앞과 같은 방법으로 다양한 패턴카드 활동을 한다('가나다' '가가나' '가나나' 형태 등). 4. 활동 후 과일 배열에서 규칙성을 찾을 수 있는지 평가한다.		
활동의 유의점	• '가나' 형태의 패턴카드를 충분히 익힌 후에 '가나다' '가가나' '가나나' 형태 등으로 활동을 한다. • 활동에 익숙해지면 과일의 종류를 늘려 패턴을 제시한다.		
확장 활동	• 패턴 활동에 익숙해지면 패턴카드의 과일 순서를 기억한 후 카드를 보지 않고 과일카드를 순서대로 놓아본다. • 여름 곤충, 여름 꽃 등으로 패턴 활동을 한다.		

23. 세계 요리사 대회

활동명	세계 요리사 대회	생활주제	건강과 안전
활동목표	• 세계 여러 나라의 음식에 관심을 가진다. • 친구와 함께 요리사 놀이에 참여한다. • 게임 규칙을 이해하고 친구와 즐겁게 게임을 할 수 있다.		
교육과정 관련 요소	• 신체운동 · 건강: 건강하게 생활하기–바른 식생활하기 • 의사소통: 말하기–느낌, 생각, 경험 말하기 • 사회관계: 사회에 관심 갖기–세계와 여러 문화에 관심 가지기		
대상연령	만 4세	활동유형	역할놀이 영역
교수자료	세계의 요리사 그림, 세계 여러 나라의 음식 사진, 요리사 모자, 요리사 복장, 모형 음식들, 상(메달, 트로피, 상장)		
활동방법	1. 요리사가 하는 일에 대해 이야기 나눈다. –요리사는 무슨 일을 할까? –요리사가 하는 일은 음식을 만드는 일 외에 또 무엇이 있을까? 2. 세계의 요리사들이 모여 요리경연대회를 하면 어떤 음식을 만들지 이야기해 본다. –세계의 요리사가 만드는 음식은 어떤 음식일까? –대한민국의 요리사가 세계대회에 나가면 어떤 음식을 만들 것이라고 생각하니? 3. 세계 요리사 대회 놀이를 하기 위해 필요한 준비를 한다. –세계 요리사 대회를 알리기 위해 무엇을 준비할까? –세계 요리사 대회를 하려면 누가 있어야 할까? 4. 세계 요리사 대회에 필요한 사람과 그 역할을 정하여 놀이해 본다. 5. 세계 요리사 대회에서 우승한 사람을 위해 시상식을 한다.		
활동의 유의점	• 교사는 놀이를 관찰하고 유아와 상호작용을 통해 세계 여러 나라 음식의 특성을 살려 역할놀이를 할 수 있도록 지도한다. • 세계 여러 나라의 다양한 문화에 대해 개방적인 태도를 가질 수 있도록 각 음식의 특성을 찾아보고 관심을 확장해 나갈 수 있도록 한다.		
확장 활동	• 세계 요리사 대회를 위한 소품을 미술 영역과 쌓기 영역에서 만들어 볼 수 있다. • 세계 요리사 대회에서 우승을 한 사람에게 주는 상(트로피, 상장, 목걸이, 왕관 등)을 다양하게 만들어 볼 수 있다.		

출처: 보건복지부(2013d).

24. 썰매를 타요

활동명	썰매를 타요	생활주제	겨울
활동목표	• 겨울에 할 수 있는 놀이에 관심을 갖고 즐긴다. • 1~10까지의 수세기와 수량 대응을 해 본다. • 게임 규칙을 이해하고 친구와 즐겁게 게임을 할 수 있다.		
교육과정 관련 요소	• 의사소통: 말하기-느낌, 생각, 경험 말하기 • 자연탐구: 탐구하는 태도 기르기-호기심을 유지하고 확장하기 • 자연탐구: 수학적 탐구하기-수와 연산의 기초 개념 알아보기		
대상연령	만 4세	활동유형	수 · 조작 영역
교수자료	입체적으로 제작한 눈썰매장 게임판(함석판을 사용하여 제작), 자석이 부착된 말 2개, 정사면체 주사위 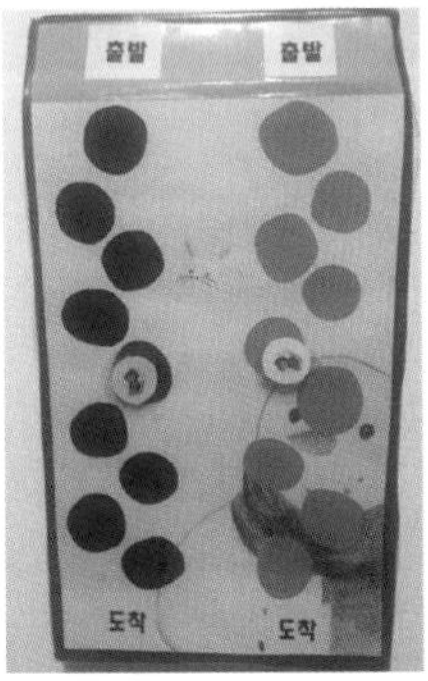 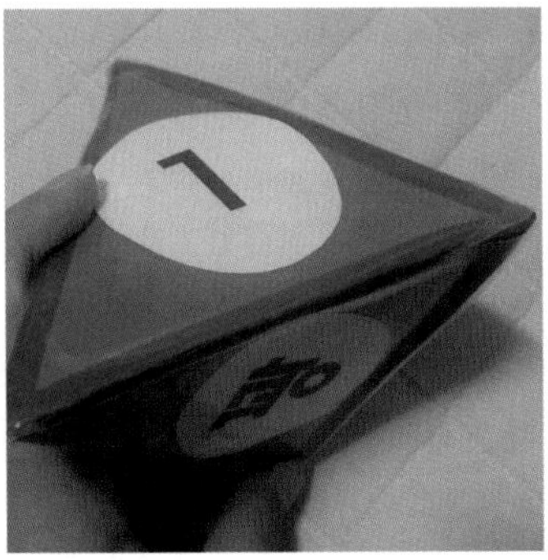 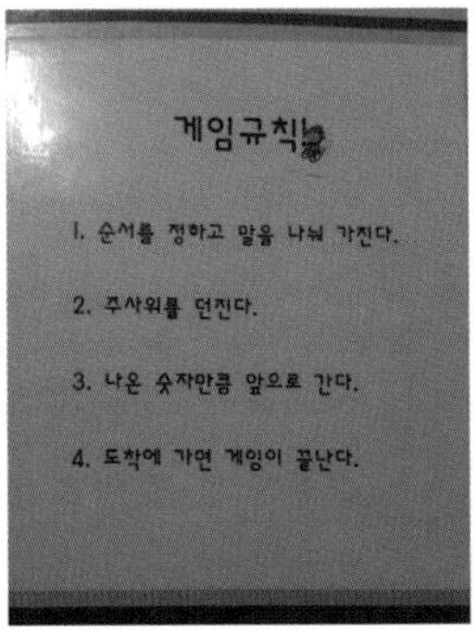		
활동방법	1. 눈썰매를 타 보았던 경험에 대해 이야기 나눈다. -너희는 눈썰매를 타 본 적이 있니? -어디에서 타 보았니? -눈썰매는 어디에서 타는 것이 재미있니? 2. '눈썰매를 타요' 교구를 보며 놀이 방법을 알아본다. -선생님이 '눈썰매를 타요' 놀이를 준비했어. -말은 어디에 놓아야 할까? -주사위를 던져 나오는 숫자만큼 말을 어떻게 해야 할까? -기울어져 있는 곳에 게임말을 놓았는데, 어떻게 하면 움직이지 않을까? -3칸을 내려왔는데 이제 도착까지 몇 칸 남았니?		
활동의 유의점	• 자력이 약한 자석으로 만들 경우, 게임 말이 부착되지 않을 수 있으므로 자료를 만들 때 자력이 강한 것을 사용한다.		
확장 활동	• 주사위가 아닌 다른 방법(가위바위보)으로 게임을 할 수 있다.		

25. 우리 가족 덮기 게임

활동명	우리 가족 덮기 게임	생활주제	나와 가족
활동목표	• 집에서 가족이 하는 일이 다양함을 안다. • 게임 규칙을 지키며 즐겁게 활동에 참여한다.		
교육과정 관련 요소	• 사회관계: 다른 사람과 더불어 생활하기–공동체에서 화목하게 지내기 • 자연탐구: 수학적 탐구하기–수와 연산의 기초 개념 형성하기		
대상연령	만 4세	활동유형	수 · 조작 영역
교수자료	우리 가족 덮기 게임 자료(가족이 하는 일 주사위, 게임판, 게임판을 덮을 수 있는 덮기카드) 		
활동방법	1. 준비된 게임 자료를 보며 가족이 하는 일에 대해 이야기 나눈다. 2. 게임 방법과 규칙에 대해 알아본다. 3. 게임 방법에 따라 게임을 한다. ① 게임판을 나누어 갖는다. ② 자신이 가지고 있는 게임판의 가족이 하는 일을 살펴본다. ③ 순서를 정한다. ④ 가족이 하는 일 주사위 2개를 던진다. ⑤ 자신의 게임판에 해당하는 가족이 하는 일이면 덮기카드로 게임판을 덮는다. ⑥ 게임판을 모두 덮을 때까지 게임을 한다. 4. 게임을 하고 난 후 가족이 하는 일의 다양함을 아는지 언어적 상호작용을 통해 평가한다.		
활동의 유의점	• 덮기카드와 주사위를 정확하게 인식할 수 있도록 설명한다. • 가족이 하는 다양한 일에 대해 사전에 유아들과 충분히 이야기를 나눈 후, 활동을 진행하도록 한다.		
확장 활동	• 역할놀이 영역에서 가족이 하는 다양한 일을 표현해 볼 수 있다. • 우리 가족이 하는 일 그림 카드를 사용하여 이야기 꾸미기를 할 수 있다.		

26. 친환경 에너지야, 고마워!

<table>
<tr><td>활동명</td><td>친환경 에너지야, 고마워!</td><td>생활주제</td><td>생활도구</td></tr>
<tr><td>활동목표</td><td colspan="3">• 친환경 에너지의 종류와 쓰임에 관심을 가진다.
• 친구와 함께 언어 게임에 즐겁게 참여할 수 있다.</td></tr>
<tr><td>교육과정
관련 요소</td><td colspan="3">• 의사소통: 읽기–읽기에 흥미 가지기
• 자연탐구: 탐구하는 태도 기르기–호기심을 유지하고 확장하기</td></tr>
<tr><td>대상연령</td><td>만 4세</td><td>활동유형</td><td>언어 영역</td></tr>
<tr><td>교수자료</td><td colspan="3">게임판 2개(자석판), 돌림판 1개, 그림 · 글자 자석 카드 각 7장(태양열 자동차, 태양열 주택, 물레방아, 풍차 등), 어린이 그림 1쌍
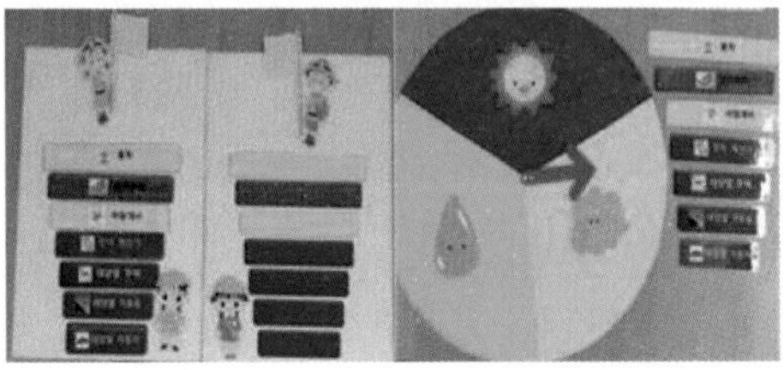</td></tr>
<tr><td>활동방법</td><td colspan="3">1. 게임 자료를 탐색하며 이야기 나눈다.
–어떤 그림 · 글자 카드가 있니?
–이 카드 중에서 태양(물, 바람) 에너지를 이용하는 생활도구는 무엇일까?
2. 놀이 방법에 대해 이야기 나눈다.
–돌림판에 바람 에너지 그림이나 글자가 나오면 어떤 카드를 게임판 위에 놓을 수 있을까?
3. 놀이를 진행한다.
① 게임판과 그림 · 글자 카드, 어린이 그림을 나누어 가진다.
② 가위바위보로 게임 순서를 정한다.
③ 순서대로 돌림판을 돌려 화살표가 가리키는 에너지를 확인한다.
④ 화살표가 가리키는 에너지를 이용하는 생활도구의 카드를 찾아 게임판의 탑 위에 색깔을 맞추어 1장씩 올려놓는다.
⑤ 게임판의 탑이 그림 · 글자 카드로 다 채워지면 “친환경 에너지야, 고마워!”라고 말한다.
4. 게임을 한 친환경 에너지의 종류와 쓰임에 관심을 갖는지 평가한다.</td></tr>
<tr><td>활동의
유의점</td><td colspan="3">• 사전에 현장체험이나 동네 돌아보기 등의 활동을 통해 친환경 에너지를 사용하는 물건을 직접 관찰한 후 활동하면 좋다.
• 자료를 제작할 때 게임판의 탑 색깔과 그림 · 글자 카드, 어린이 그림은 모두 자석판을 이용하여 제작한다.</td></tr>
<tr><td>확장 활동</td><td colspan="3">• 언어 영역에서 친환경 에너지를 사용하는 물건의 그림 사전을 만들어 본다.
• 유아가 친환경 에너지를 직접 경험할 수 있는 활동해 본다(바람개비 만들어 돌려 보기, 전자계산기 사용해 보기 등).</td></tr>
</table>

27. 함께하는 올림픽 경기 수수께끼

<table>
<tr><td>활동명</td><td>함께하는 올림픽 경기 수수께끼</td><td>생활주제</td><td>세계 여러 나라</td></tr>
<tr><td>활동목표</td><td colspan="3">• 세계인이 함께하는 올림픽 경기에 관심을 가진다.
• 올림픽 경기의 특징에 대해 문장으로 표현한다.</td></tr>
<tr><td>교육과정 관련 요소</td><td colspan="3">• 의사소통: 듣기-낱말과 문장으로 듣고 이해하기
• 의사소통: 말하기-낱말과 문장으로 말하기
• 사회관계: 사회에 관심 갖기-세계와 여러 문화에 관심 가지기</td></tr>
<tr><td>대상연령</td><td>만 4세</td><td>활동유형</td><td>언어 영역</td></tr>
<tr><td>교수자료</td><td colspan="3">수수께끼 카드(수영, 역도, 피겨 스케이팅, 축구, 양궁, 펜싱 등)

</td></tr>
<tr><td>활동방법</td><td colspan="3">1. 문제를 낼 사람과 문제를 맞힐 사람을 정한다.
2. 수수께끼를 낸다.
① 수수께끼를 내는 사람이 올림픽 경기 수수께끼 카드를 가져간다.
② 수수께끼를 내는 사람이 카드의 그림과 내용을 보고 올림픽 경기의 특징을 설명한다.
③ 답을 맞힌 사람에게 카드를 준다.
④ 수수께끼 카드를 모두 사용하면 게임이 끝난다.
3. 활동 후 올림픽 경기 종목에 대해 언어로 표현할 수 있는지 평가한다.</td></tr>
<tr><td>활동의 유의점</td><td colspan="3">• 사전 활동으로 세계 올림픽 경기에 대해 이야기 나눈다.</td></tr>
<tr><td>확장 활동</td><td colspan="3">• 올림픽 경기 수수께끼 카드를 활용해 팬터마임 활동을 할 수 있다.
• 수수께끼 책 만들기 활동을 할 수 있다.</td></tr>
</table>

28. OHP필름에 봄꽃 그리기

활동명	OHP필름에 봄꽃 그리기	생활주제	봄
활동목표	• 봄에 피는 꽃의 종류를 안다. • 봄꽃의 색과 모양을 다양하게 표현한다. • 봄꽃 그리기를 즐긴다.		
교육과정 관련 요소	• 자연탐구: 과학적 탐구하기-생명체와 자연환경 알아보기 • 예술경험: 예술적 표현하기-미술 활동으로 표현하기 • 예술경험: 예술적 표현하기-아름다움 찾아보기		
대상연령	만 5세	활동유형	미술 영역
교수자료	봄꽃 사진자료, OHP필름, 유성펜, 유성매직, 흰 종이, 테이프 		
활동방법	1. 바깥놀이터 혹은 유아들이 보았던 봄꽃에 대해 이야기 나눈다. 2. 봄에 볼 수 있는 꽃의 종류에 대해 사진 자료를 보며 이야기 나눈다. 3. OHP필름에 봄꽃 그리기 활동을 소개한다. 4. 유아들과 함께 창문에 꾸민 봄꽃을 감상하고 평가한다. 〈OHP필름에 봄꽃 그리기〉 ① 봄꽃 그림카드를 소개한다. ② 원하는 그림카드를 선택하여 OHP필름에 유성매직이나 유성펜으로 테두리를 그린다. ③ 흰 종이에 OHP필름을 뒤집어 놓고 유성매직으로 색칠한다. ④ 활동이 끝나면 색칠된 OHP필름을 창문에 붙인다.		
활동의 유의점	• 활동 전에 유치원 주변의 화원 또는 꽃이 많은 공원으로 산책을 나가서 다양한 종류의 봄꽃을 카메라로 찍어 교실에 미리 전시해 둔다.		
확장 활동	• 봄꽃 외에 창문을 꾸밀 것(봄의 곤충과 동물 등)을 OHP필름에 그려 붙여 보는 활동을 한다. • 봄꽃을 솜방망이로 찍기, 데칼코마니, 모자이크 등 다양한 방법과 재료로 만들어 보는 활동을 한다.		

29. 그림 속 숨은그림찾기

<table>
<tr><td>활동명</td><td>그림 속 숨은그림찾기</td><td>생활주제</td><td>세계 여러 나라</td></tr>
<tr><td>활동목표</td><td colspan="3">• 세계 여러 나라의 문화가 담긴 그림에 관심을 가진다.
• 그림을 주의 깊게 관찰하며 숨은그림을 찾아본다.
• 두 그림을 비교하며 다른 점과 비슷한 점을 알아본다.</td></tr>
<tr><td>교육과정 관련 요소</td><td colspan="3">• 사회관계: 사회에 관심 갖기–세계와 여러 문화에 관심 가지기
• 예술 경험: 예술 감상하기–다양한 예술 감상하기
• 자연 탐구: 탐구하는 태도 기르기–호기심을 유지하고 확장하기</td></tr>
<tr><td>대상연령</td><td>만 5세</td><td>활동유형</td><td>수 · 조작 영역</td></tr>
<tr><td>교수자료</td><td colspan="3">숨은그림찾기 판(브뤼겔의 〈어린이들의 놀이〉, 김홍도의 〈빨래터〉, 시냐크의 〈우물가의 여인들〉), 종이 현미경
</td></tr>
<tr><td>활동방법</td><td colspan="3">1. 브뤼겔의 명화 〈어린이들의 놀이〉를 감상한 후 영역 놀이로 진행한다.
2. 종이 현미경을 OHP그림 아래쪽에 넣어 어떤 그림이 있는지 탐색한다.
3. 그림 옆 부분에 제시된 부분 그림을 찾아본다.
–아이들이 무슨 놀이를 하고 있니?
–굴렁쇠 굴리는 아이는 어느 부분에 있을까?
4. 김홍도의 〈빨래터〉, 시냐크의 〈우물가의 여인들〉 그림을 보며 다른 점과 같은 점에 대해 알아본다.</td></tr>
<tr><td>활동의 유의점</td><td colspan="3">• 유아들이 부분 그림을 찾아보며 그림을 자세히 살펴볼 수 있는 경험을 제공하면서 뒷면의 전체 그림도 감상할 수 있도록 한다.
• 그림에 나타난 모습을 보며 우리나라와 다른 나라의 문화는 다른 점도 있고, 비슷한 점도 있음을 자연스럽게 느낄 수 있도록 지도한다.</td></tr>
<tr><td>확장 활동</td><td colspan="3">• 명화 외에도 우리나라와 다른 나라의 문화를 알 수 있는 동화 그림도 추가하여 '그림 속 숨은그림찾기' 책을 만들어 제시할 수 있다.
• 그림에 나타난 모습을 신체로 표현해 보는 활동을 할 수 있다.</td></tr>
</table>

30. 봄나들이

<table>
<tr><td>활동명</td><td>봄나들이</td><td>생활주제</td><td>봄</td></tr>
<tr><td>활동목표</td><td colspan="3">• 봄에 볼 수 있는 동물이 있음을 안다.
• 동화를 주의 깊게 듣는다.
• 동화 내용을 극놀이로 표현한다.</td></tr>
<tr><td>교육과정 관련 요소</td><td colspan="3">• 자연탐구: 과학적 탐구하기–생명체와 자연환경 알아보기
• 의사소통: 듣기–이야기 듣고 이해하기
• 예술경험: 예술적 표현하기–극놀이로 표현하기</td></tr>
<tr><td>대상연령</td><td>만 5세</td><td>활동유형</td><td>언어 영역</td></tr>
<tr><td>교수자료</td><td colspan="3">'봄나들이' 막대동화 자료, 동극 머리띠
</td></tr>
<tr><td>활동방법</td><td colspan="3">1. '봄나들이' 동화에 대해 회상한다.
–병아리가 어떤 기분으로 나들이를 갔을까?
2. 동화의 상황에 따른 주요 대사나 동작에 대해 이야기 나누고 표현해 본다.
–깜짝 놀란 병아리가 개구리에게 뭐라고 이야기했니?
–너희는 깜짝 놀라면 어떤 표정을 짓니? 우리 함께 해 보자.
3. 동극을 하기 위한 준비에 대해 이야기 나눈다.
–동극을 하기 위해서는 무엇이 필요할까?
–우리 교실에 있는 것 중 소품으로 사용하면 좋은 것은 어떤 것이 있을까?
4. 동극에 사용할 소품을 이용하여 무대에 배치한다.
5. 동극의 역할을 정한다.
6. 동극을 할 때 지켜야 할 약속에 대해 이야기 나눈다.
–동극을 하는 사람들은 어떻게 해야 할까?
–동극을 보는 사람들은 어떻게 해야 할까?
7. 동극을 한 후 평가한다.
–어떤 친구가 잘해 주었니?
–어떤 부분을 바꾸면 동극이 더 재미있을까?</td></tr>
<tr><td>활동의 유의점</td><td colspan="3">• 사전에 동화를 듣고 동화에 대해 충분히 이야기 나누어 동화 내용에 친숙해지도록 한다.
• 유아들이 동극을 할 때, 대사와 행동을 자유롭게 표현할 수 있도록 한다.</td></tr>
<tr><td>확장 활동</td><td colspan="3">• 동극에 적합한 대본을 유아들과 함께 만들어 재공연한다.
• '봄나들이' 후속 이야기 꾸미기 활동을 한다.</td></tr>
</table>

31. 공룡섬을 찾아서

<table>
<tr><td>활동명</td><td>공룡섬을 찾아서</td><td>생활주제</td><td>동물</td></tr>
<tr><td>활동목표</td><td colspan="3">• 공룡의 생활과 공룡이 살았던 시대에 대해 관심을 가진다.
• 규칙을 지키며 즐겁게 놀이한다.</td></tr>
<tr><td>교육과정 관련 요소</td><td colspan="3">• 자연탐구: 과학적 참여하기–생명체와 자연환경 알아보기
• 사회관계: 다른 사람과 더불어 생활하기–친구와 사이좋게 지내기</td></tr>
<tr><td>대상연령</td><td>만 5세</td><td>활동유형</td><td>수 · 조작 영역</td></tr>
<tr><td>교수자료</td><td colspan="3">게임판, 공룡말, 공룡 먹이, 규칙판, 공룡그림 카드

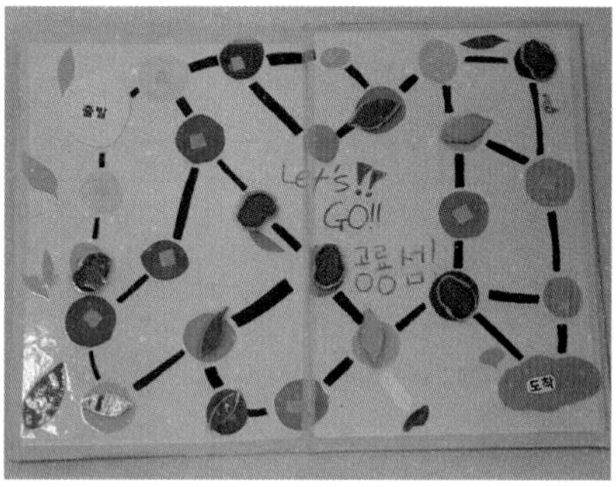

</td></tr>
<tr><td>활동방법</td><td colspan="3">1. 2명이 순서를 정하고 말을 나누어 갖는다.
2. 공룡 먹이를 자유롭게 게임판 위에 놓는다.
3. 주사위를 굴려 나온 수만큼 공룡 말을 옮긴다.
4. 공룡이 도착한 칸에 있는 먹이가 자신의 말이 먹을 수 있는 먹이이면 가져간다.
5. 공룡섬에 먼저 도착하면 게임이 끝난다.</td></tr>
<tr><td>활동의 유의점</td><td colspan="3">• 공룡의 종류를 충분히 만들어 놓고 선택할 수 있도록 한다.</td></tr>
<tr><td>확장 활동</td><td colspan="3">• 우리 반 친구들이 좋아하는 공룡 그래프 만들기 활동을 한다.
• 여러 종류의 공룡을 사는 곳이나 먹는 것에 따라 분류한다.</td></tr>
</table>

32. 나도 고흐처럼

활동명	나도 고흐처럼	생활주제	세계 여러 나라
활동목표	• 다른 나라 화가의 미술 작품을 보며 심미감과 독특한 화풍을 느낀다. • 재료를 이용하여 다양한 선으로 모양을 표현해본다.		
교육과정 관련 요소	• 예술경험: 예술 감상하기 –다양한 예술 감상하기 • 예술경험: 예술적 표현하기 –미술 활동으로 표현하기		
대상연령	만 5세	활동유형	미술 영역
교수자료	그림 감상 자료: 고흐의 그림(〈별이 빛나는 밤에〉 〈프로방스의 추수〉) 미술 재료: 우드락(약 17cm × 17cm 크기), 물감, 아이스크림 막대(혹은 점토 칼이나 칫솔), 핸디 코트		
활동방법	1. 고흐의 그림을 보며 감상한다. –무엇을 그린 그림일까? –어떤 색으로 표현했니? –선의 모양이 어떻니? –어떤 재료를 사용하여 그렸을까? 2. 미술 영역에 모여 준비된 재료를 탐색하며 무엇을 표현할지 생각해 보도록 한다. –(핸디코트를 보여 주며) 한번 만져 볼까? 어떤 느낌이 나니? –무엇을 표현하면 좋을까? (고흐의 그림을 감상했던 것을 회상해 보도록 한다. 고흐의 그림처럼 밤하늘의 모습이나 가을철에 추수하는 모습 혹은 가을의 자연 풍경 등을 떠올려 보도록 한다.) 3. 표현하고 싶은 것에 대해 생각한 후 작품을 만든다. –우드락 위에 핸디코트를 넓게 발라 주세요. 핸디코트 위 ○○가 원하는 물감을 짜서 칠해 봅시다. –손, 칫솔, 아이스크림 막대로도 문질러 보자. –핸디코트가 마르기 전에 붙이고 싶은 것(나뭇잎, 나뭇가지, 구슬 등)으로 꾸며 보자.		
활동의 유의점	• 핸디코트를 손으로 다루어야 하므로 물이 가까운 영역에서 활동을 진행하거나 바깥에서 좀 더 자유롭게 활동할 수 있도록 해도 좋다. • 핸디코트를 손으로 만지기 싫어하는 유아의 경우, 1회용 비닐장갑을 준비하여 사용할 수 있도록 한다. • 나뭇가지나 나뭇잎 등 유아들과 바깥놀이를 하면서 주운 자연물 재료를 붙여 꾸밀 수도 있다(핸디코트가 마르기 전에는 다른 접착 도구를 사용하지 않아도 붙는다). • 전지 크기의 우드락을 사용하여 공동 작품으로 진행할 수도 있다.		
활동 평가	• 다른 나라 화가의 작품을 감상하고, 자신의 작품을 표현해 내는지 평가한다.		

33. 독도의 보물찾기 게임

활동명	독도의 보물찾기 게임	생활주제	우리나라
활동목표	• 우리 영토인 독도에 관심을 가진다. • 독도에 여러 가지 생물이 살고 있음을 안다. • 규칙을 지켜 게임을 한다.		
교육과정 관련 요소	• 사회관계: 사회에 관심 갖기–우리나라에 관심 갖고 이해하기 • 의사소통: 말하기–느낌, 생각, 경험 말하기 • 자연탐구: 수학적 탐구하기–수와 연산의 기초 개념 형성하기		
대상연령	만 5세	활동유형	수 · 조작 영역
교수자료	독도 풍경이 담긴 게임판 2개, 조각 그림(19장씩 2세트: 독도의 자연생물 그림), 기억력 그림카드(앞면은 독도 풍경, 뒷면은 조각 그림의 자연생물 그림) 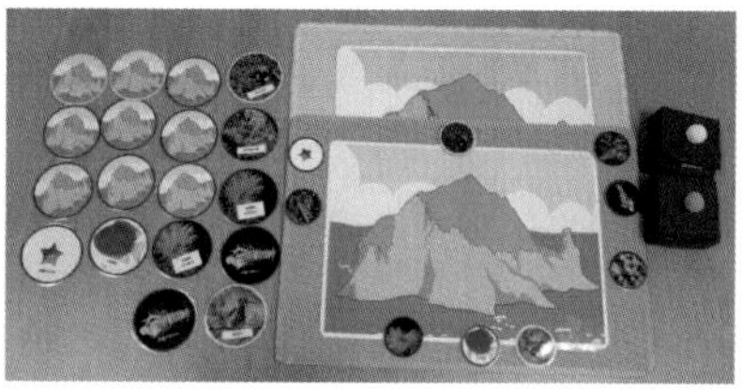		
활동방법	1. 게임 자료를 살펴보며 게임 방법에 대해 이야기 나눈다. 2. 게임 규칙에 대해 이야기 나눈다. ① 게임판 가장자리에 조각 그림(19장)을 붙인다. ② 기억력 그림카드는 뒷면 그림이 보이지 않게 뒤집어 놓는다. ③ 게임 순서를 정한다. ④ 차례로 2장의 기억력 그림카드를 뒤집는다. ⑤ 같은 그림이 나오면 기억력 그림카드 2장을 가져간다. ⑥ 가져온 카드와 같은 게임판 위의 조각 그림을 찾아서 게임판의 독도 풍경을 꾸민다. ⑦ 서로 다른 그림이 나오면 원하는 그림카드를 다시 제자리에 뒤집어 놓는다. ⑧ 기억력 그림카드가 모두 없어질 때까지 게임을 계속한다. ⑨ 완성된 독도 풍경을 감상하며 각자의 카드 수를 세어 보고 누가 가장 많은지 비교해 본다. 3. 게임 방법에 따라 게임을 한다. 4. 게임을 하고 난 후 독도에 사는 여러 가지 생물에 관심을 갖는지 평가한다.		
활동의 유의점	• 독도의 위치 찾아보기, 독도에 관한 동화 듣기 등을 통해 독도가 우리나라의 영토로서 중요한 이유를 생각해 보도록 한다. • 독도에 사는 생물들을 찾아보는 활동을 사전에 경험해 보도록 한다.		
확장 활동	• 독도 수비대와 독도에 사는 천연기념물들에게 보내는 편지를 쓰는 활동으로 연계한다. • 독도의 천연기념물과 생물들에 대한 조사활동으로 연계한다.		

34. 모자 쓰고 인사해요

<table>
<tr><td>활동명</td><td>모자 쓰고 인사해요</td><td>생활주제</td><td>세계 여러 나라</td></tr>
<tr><td>활동목표</td><td colspan="3">• 여러 나라의 다양한 전통 모자에 관심을 갖고 특징을 알아본다.
• 여러 나라의 인사말을 알아보고 인사해 본다.</td></tr>
<tr><td>교육과정
관련 요소</td><td colspan="3">• 사회관계: 사회에 관심 갖기–세계와 여러 문화에 관심 가지기
• 의사소통: 말하기–낱말과 문장으로 말하기</td></tr>
<tr><td>대상연령</td><td>만 5세</td><td>활동유형</td><td>언어 영역</td></tr>
<tr><td>교수자료</td><td colspan="3">나라별 모자–인사말 기본판, 나라별 사람, 세계지도, 인사말 막대, 뽑기통

</td></tr>
<tr><td>활동방법</td><td colspan="3">1. 세계 여러 나라 모자 교구를 소개한다.
–이 모자를 본 적이 있니?
–왜 이런 모자를 쓸까?
2. 게임 방법을 소개한다.
① 인사말 뽑기통에서 인사말 막대를 하나 뽑은 후 어느 나라의 인사말인지 확인한다.
② '나라별 모자–인사말 기본판'에서 해당하는 나라의 모자를 떼어 나라별 전통의상을 입은 사람 인형에 씌워 준 후 그 나라의 인사말로 인사한다.
③ 2~3명이 함께하는 경우 순서를 정해 돌아가며 한다.
④ 9개국의 모자를 모두 씌어 주고 인사를 하면 놀이가 끝난다.
3. 게임 후 여러 나라의 다양한 모자와 인사말에 관심을 갖는지 평가한다.</td></tr>
<tr><td>활동의
유의점</td><td colspan="3">• 다문화 가정의 유아가 있다면 그 나라의 모자와 인사말을 첨가하여 활동할 수 있다.</td></tr>
<tr><td>확장 활동</td><td colspan="3">• 동화 '모자가 좋아'를 들어 본다.</td></tr>
</table>

35. 물고기는 맑은 물을 좋아해요

활동명	물고기는 맑은 물을 좋아해요	생활주제	환경과 생활
활동목표	• 깨끗한 물에서 물고기가 살 수 있음을 안다. • 깨끗한 물을 보전하기 위해 우리가 할 수 있는 일에 대해 관심을 가진다.		
교육과정 관련 요소	• 사회관계: 사회에 관심 갖기–세계와 여러 문화에 관심 가지기 • 의사소통: 말하기–낱말과 문장으로 말하기		
대상연령	만 5세	활동유형	수 · 조작 영역
교수자료	오염된 바다 사진, 게임 자료(깨끗한 바다 게임판 2장, 오염된 바다 게임판 1장, 물고기 20마리, 수질오염 방지 돌림판) 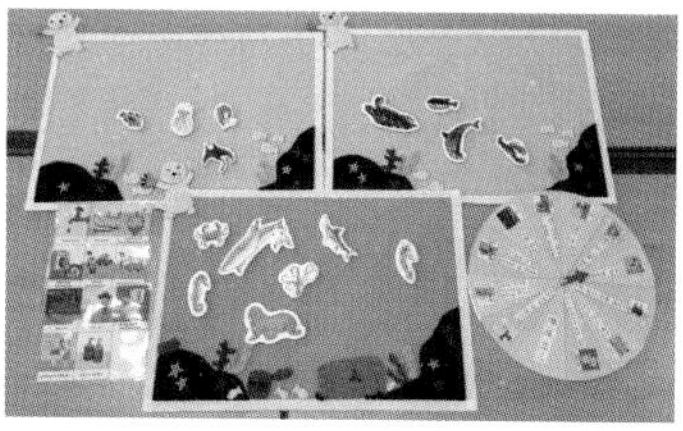		
활동방법	1. 오염된 바다 사진을 보며 이야기 나눈다. –왜 물고기들이 죽어 있을까? –바닷물이 더러워진 이유는 무엇일까? 2. 물을 오염시키는 그림카드를 보며 이야기한다. 3. 게임판(깨끗한 바다 그림)을 보여 주며 이야기 나눈다. –이 바다는 어떤 바다일까? –바다 속에는 무엇이 살고 있니? 4. 수질 오염 방지 카드를 보며 이야기 나눈다. –깨끗한 물을 지키려면 우리는 어떻게 해야 할까? 5. 돌림판을 보며 이야기 나눈다. 6. 활동방법에 대해 이야기 나눈다. ① 물고기 20마리 그림을 오염된 바다 위에 올려놓는다. ② 게임판을 하나씩 나누어 가진 후 순서를 정하여 돌림판을 돌린다. ③ 돌림판의 화살표가 수질 오염 방지 그림을 가리키면 물고기 한 마리를 자기 게임판(깨끗한 바다)으로 옮겨 놓는다. ④ 오염된 바다에 있던 물고기가 없어질 때까지 게임을 한다. ⑤ 자기 게임판에 물고기를 더 많이 옮겨 놓은 유아가 이긴다. 7. 게임 후 생활 속 수질 오염 예방 방법에 대해 관심을 갖도록 한다.		
활동의 유의점	• 비누, 치약, 손 세정제를 적게 쓰는 것, 물을 아껴 쓰는 것도 깨끗한 물 보전의 방법임을 알고 실천할 수 있도록 한다.		
확장 활동	• 다양한 방법으로 물을 표현하고 물고기 도장 찍기나 물고기를 그려 오려 붙이는 활동으로 바다 꾸미기를 해 본다.		

36. 작은집 창가에서

활동명	작은집 창가에서	생활주제	세계 여러 나라
활동목표	• 세계 여러 나라의 악기에 관심을 갖고 연주할 수 있다. • 리듬을 패턴으로 만들어 노래를 부를 수 있다.		
교육과정 관련 요소	• 사회관계: 사회에 관심 갖기－세계와 여러 문화에 관심 가지기 • 자연탐구: 수학적 탐구하기－규칙성 이해하기		
대상연령	만 5세	활동유형	음률 영역
교수자료	리듬 패턴 제작표, 악기 그림 16개, 세계 여러 나라의 악기, 노래가 녹음된 CD, CD플레이어 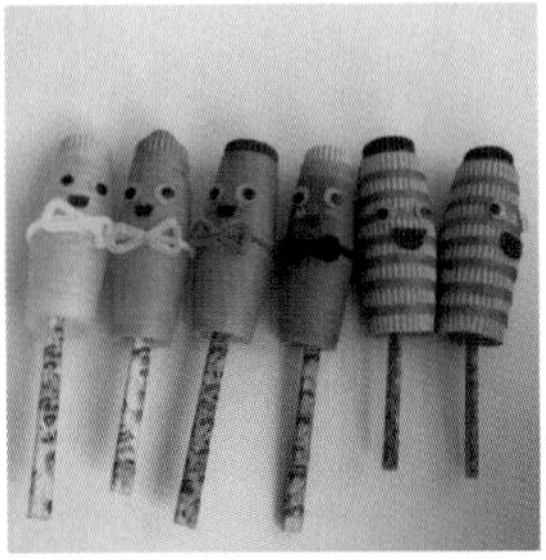   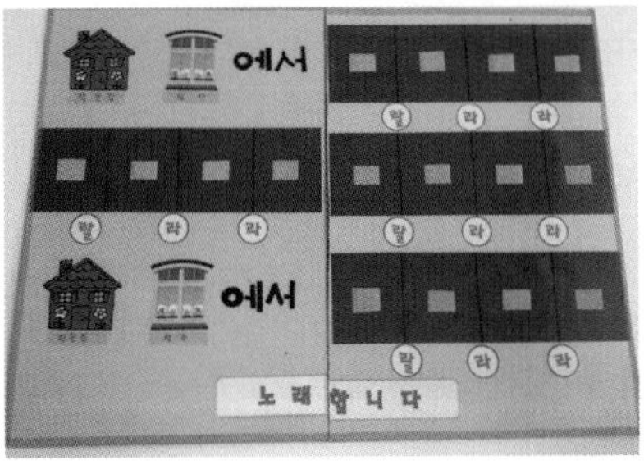 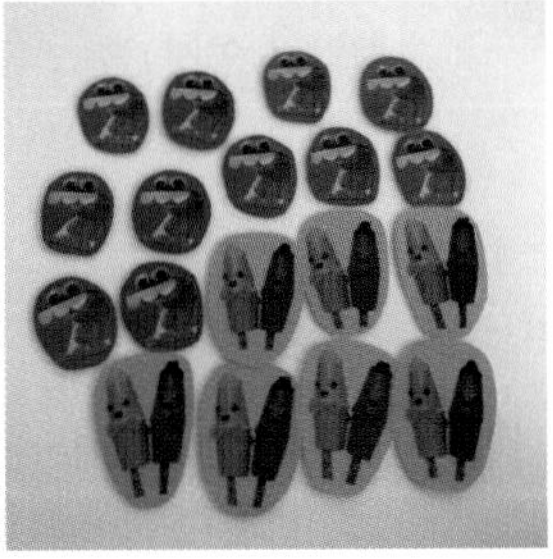		
활동방법	1. 음률 영역에 '작은 집 창가에서' 노래가 녹음된 자료와 CD 플레이어를 준비해 둔다. －원하는 유아는 리듬 패턴 제작표의 '랄라라' 가사 부분을 자기 생각대로 연주하고 싶은 악기 그림을 붙여 패턴을 만든다. －붙여 놓은 리듬 패턴에 따라 악기 연주를 하면서 노래를 불러 본다. －여러 악기를 사용하여 다양한 패턴을 만들어 보고, 그에 맞추어 악기 연주를 하면서 노래를 부른다. 2. 교사는 음률 영역에 제시한 여러 악기를 유아들과 함께 살펴보며 소개한다.		
활동의 유의점	• 사전에 '작은집 창가에서' 노래를 배워 충분히 익힌다. • 유아가 어려워할 경우, 처음에는 한 가지 악기만 제시해 준다. • 대집단으로 활동방법을 안내한 후 흥미영역(음률 영역)에 제공한다.		
확장 활동	• 유아의 흥미가 지속될 경우, 악기를 추가하여 제공할 수 있다.		

참고문헌

보건복지부(2013a). 어린이집 표준보육과정에 기초한 영아보육프로그램 0세.

보건복지부(2013b). 어린이집 표준보육과정에 기초한 영아보육프로그램 1세.

보건복지부(2013c). 어린이집 표준보육과정에 기초한 영아보육프로그램 2세.

보건복지부(2013d). 어린이집 표준보육과정에 기초한 유아보육프로그램 4세.

보건복지부 · 교육부(2014). 3세 누리과정 교사용 지도서.

실외 자유놀이 활동

1. 돗자리에서 하늘을 봐요
2. 바람개비를 단 유모차를 타요
3. 그릇에 물을 담고 쏟아 봐요
4. 솜방망이로 두드려요
5. 차에 기름을 넣어요
6. 무지개 낙하산 놀이
7. 나뭇가지에 매달린 물체 탐색하기
8. 눈 위의 꼬리 그림
9. 나무도 따뜻하게 해 줘요
10. 새싹 찾아보기
11. 하늘 웅덩이
12. 돌멩이 가족
13. 그림자 따라 그리기
14. 우리 집에 왜 왔니?
15. 눈 위에 그린 그림
16. 유치원 바깥에 놀이 영역을 만들어요
17. 설거지하기
18. 숲에서 놀자
19. 꼬고 묶는 나무, 풀놀이
20. 가을동산에서 은행 줍기

NO	연령	주제	활동명
1	0	봄	돗자리에서 하늘을 봐요
2	0	봄	바람개비를 단 유모차를 타요
3	0	여름	그릇에 물을 담고 쏟아 봐요
4	1	여름	솜방망이로 두드려요
5	1	교통기관	차에 기름을 넣어요
6	2	가을	무지개 낙하산 놀이
7	2	가을	나뭇가지에 매달린 물체 탐색하기
8	2	겨울	눈 위의 꼬리 그림
9	2	겨울	나무도 따뜻하게 해 줘요
10	3	봄	새싹 찾아보기
11	3	여름	하늘 웅덩이
12	3	환경과 생활	돌멩이 가족
13	4	나	그림자 따라 그리기
14	4	가족	우리 집에 왜 왔니?
15	4	겨울	눈 위에 그린 그림
16	5	유치원	유치원 바깥에 놀이 영역을 만들어요
17	5	가족	설거지하기
18	5	동식물과 자연	숲에서 놀자
19	5	동식물과 자연	꼬고 묶는 나무, 풀놀이
20	5	가을	가을동산에서 은행 줍기

1. 돗자리에서 하늘을 봐요

활동명	돗자리에서 하늘을 봐요	생활주제	봄
활동목표	• 바깥에서 햇볕을 쬔다. • 바깥에서 볼 수 있는 자연물의 아름다움을 탐색한다.		
교육과정 관련 요소	• 자연탐구: 과학적 탐구하기-주변 자연에 관심 가지기 • 예술경험: 예술 감상하기-아름다움 경험하기		
대상연령	만 0세	활동유형	바깥놀이
교수자료	야외 돗자리 대형(두툼한 것으로)		
활동방법	1. 날씨가 좋은 날 테라스나 옥상 야외 공간에 넓은 돗자리를 펴고 영아들과 함께 앉는다. -와, 밖에 나오니까 좋다! 햇볕도 따뜻하고 바람도 살랑살랑 부네. -돗자리 위에 앉아 보자. 2. 영아에게 주변에서 관찰되는 다양한 것의 이름을 들려 주거나 주변 사물의 특징을 간단하게 언어로 표현해 준다. -(나비를 가리키며) 나비가 '팔랑팔랑' 날아가네. -(바람이 불어 머리나 옷이 날리는 것을 가리키며) '살랑살랑' 바람이 분다.		
활동의 유의점	• 기거나 걷기 시작하는 영아들이 함께 있어 이동이나 활동량이 많은 경우에는 특히 안전사고가 나지 않도록 안전한 곳을 선택하여 나들이해야 한다.		
확장활동	• 교실에 돌아와 바깥에서 보았던 동식물이나 사물들이 있는 그림책을 보여 주면서 어휘를 다시 한 번 들려 준다.		

출처: 보건복지부(2013a).

2. 바람개비를 단 유모차를 타요

활동명	바람개비를 단 유모차를 타요	생활주제	봄
활동목표	• 바람이 불면 돌아가는 바람개비에 관심을 가진다. • 바람개비의 색, 모양, 움직임을 감상한다.		
교육과정 관련 요소	• 자연탐구: 탐구하는 태도 기르기–사물에 관심 가지기 • 예술경험: 아름다움 찾아보기–예술적 요소에 호기심 가지기		
대상연령	만 0세	활동유형	바깥놀이
교수자료	바람개비, 유모차, 돗자리		
활동방법	1. 바람이 부는 날, 유모차에 바람개비를 달아 영아가 볼 수 있도록 한다. –(영아와 입바람을 불면서) 와, 바람개비가 돌아가네! 뱅그르르 돌아가네. –한 번 더 해 볼까? 후우~ 돌아간다. 빙글빙글 돌아간다. –(바람개비가 움직이지 않으면) 어? 멈췄네. 돌아가지 않네. 왜 돌아가지 않을까? –(바람이나 손으로 바람개비를 돌아가게 하며) 다시 빙글빙글 돌아간다. –유모차가 움직이니까 바람개비도 돌아가네.		
활동의 유의점	• 안전하고 견고한 바람개비를 유모차에 부착한다. • 영아가 돌아가는 바람개비를 만져 보고 싶어서 손을 내밀면 바람개비가 멈췄을 때 만져 보게 한다. • 영아가 손으로 탐색해도 다치지 않을 재질로 바람개비를 제작한다.		
확장활동	• 교실 벽면에 바람개비를 부착하고 '바람개비' 어휘를 익힐 수 있도록 교사가 손가락으로 가리키면서 말한다.		

출처: 보건복지부(2013a).

3. 그릇에 물을 담고 쏟아 봐요

활동명	그릇에 물을 담고 쏟아 봐요	생활주제	여름
활동목표	• 그릇에 물을 담고 쏟아지는 현상에 관심을 가진다. • 소근육을 조절하여 그릇을 잡을 수 있다.		
교육과정 관련 요소	• 자연탐구: 탐구하는 태도 기르기-사물에 관심 가지기 • 신체운동: 신체 조절과 기본운동하기-소근육 조절하기		
대상연령	만 0세	활동유형	바깥놀이
교수자료	큰 대야, 작은 그릇 및 플라스틱 그릇들		
활동방법	1. 실외로 나가 그늘 아래에 돗자리를 깔아 영아가 자유롭게 앉거나 기어다닐 수 있는 공간을 준비해 준다. 2. 돗자리 위에 물이 담긴 대야와 작은 그릇 및 플라스틱 그릇들이 담긴 바구니를 놓아두고 영아가 관심을 보이면 탐색할 수 있도록 한다. -○○아, 여기에 물이 담긴 커다란 그릇이 있구나. 물을 한번 만져 볼까? -(교사가 영아의 손에 물을 묻히며) 아이, 차가워! -대야 옆에는 작은 그릇들이 있구나. 3. 영아가 물이 담긴 대야에 그릇을 넣어 물을 담았다가 쏟았을 때 영아의 행동을 언어로 표현해 준다. -(그릇에 물을 담으며) ○○가 물이 담긴 대야에 그릇을 넣었더니 그릇에 물이 담겼구나. -(그릇의 물을 쏟으며) ○○가 물이 담긴 그릇을 기울이니 물이 쭈르르르 쏟아졌네. 4. 영아가 활동에 익숙해질 수 있도록 반복한다.		
활동의 유의점	• 활동 중 영아의 옷이 젖을 수 있으므로 미리 여벌 옷과 수건을 준비한다.		
확장활동	• 물뿌리개를 이용해 물이 담겨지고 쏟아지는 모습을 관찰해 보는 활동으로 확장할 수 있다.		

출처: 보건복지부(2013a).

4. 솜방망이로 두드려요

활동명	솜방망이로 두드려요	생활주제	여름
활동목표	• 두드려서 여러 가지 소리를 만든다. • 두드리며 즐거움을 표현한다.		
교육과정 관련 요소	• 예술경험: 예술적 표현하기－리듬 있는 소리로 반응하기 • 사회관계: 나와 다른 사람의 감정 알기－나의 감정을 나타내기		
대상연령	만 1세	활동유형	바깥놀이
교수자료	솜방망이		
활동방법	1. 교사가 준비한 솜방망이를 영아가 탐색할 수 있도록 한다. －막대기에 폭신폭신한 것이 붙어 있네요. 2. 솜방망이로 실외놀이터 기구, 자연물, 시설 등을 두드려 본다. －솜방망이로 바닥을 두드려 볼까요? －어떤 소리가 날까요? －솜방망이로 미끄럼틀도 두드려 보자. －둥둥 소리가 나네요. －이번에는 어떤 것을 두드려 볼까요? 3. 영아가 잘 알고 있는 노래를 부르며 두드려 보거나 영아의 움직임에 맞추어 다양한 의성어를 표현해 준다. －'곰 세 마리' 노래를 부르며 솜방망이를 두드려 볼까요? －(영아의 두드림에 따라) 콩콩콩! 둥둥탁!		
활동의 유의점	• 솜방망이로 두드리는 곳의 재질에 따라 차이가 나는 소리를 다양한 의성어로 표현해 준다.		
확장활동	• 솜방망이와 북을 이용해 교실 안에서 두드려 볼 수 있도록 기회를 주고 소리를 의성어로 표현해 준다.		

출처: 보건복지부(2013a).

5. 차에 기름을 넣어요

활동명	차에 기름을 넣어요	생활주제	교통기관
활동목표	• 차에 기름을 넣는 모방놀이를 즐긴다. • 자동차를 이용한 신체활동에 즐겁게 참여한다.		
교육과정 관련 요소	• 예술경험: 예술적 표현하기–모방 행동 즐기기 • 신체운동: 신체활동에 참여하기–기구를 이용하여 신체활동 시도하기		
대상연령	만 1세	활동유형	바깥놀이
교수자료	탈 수 있는 자동차(영아 수의 1/2개), 주유기(영아 수의 1/2개), 스펀지(영아 수만큼 준비), 세제통(영아 수만큼 준비)		
활동방법	1. 교사는 영아가 자동차를 타고 놀이할 수 있도록 한다. –○○가 자동차를 타고 미끄럼틀 옆으로 갔어요. –□□는 자동차를 타고 어디를 가나요? 2. 영아가 주유기에 관심을 보이면 자동차에 기름을 넣는 흉내를 내본다. –(교사가 주유기 사용법을 보여 주며) 이렇게 자동차에 기름을 넣어 주는 거예요. –자동차에 기름을 넣어 줄까요? –기름을 많이 넣을까요? –자, 다 됐습니다. 이제 출발하세요. 3. 자동차를 닦는 놀이를 해 본다. –자동차가 더러워요. –자동차를 닦아 줄까요? –○○가 스펀지로 자동차를 닦아 주고 있구나.		
활동의 유의점	• 영아가 차에 기름을 넣는 행동을 충분히 반복해 볼 수 있도록 격려한다.		
확장활동	• 주유놀이를 실내에서 할 수 있도록 확장한다.		

출처: 보건복지부(2013b).

6. 무지개 낙하산 놀이

활동명	무지개 낙하산 놀이	생활주제	가을
활동목표	• 무지개 낙하산을 이용하여 신체놀이를 한다. • 무지개 낙하산 놀이를 또래와 함께해 본다.		
교육과정 관련 요소	• 신체운동: 신체활동에 참여하기–기구를 이용하여 신체운동하기 • 사회관계: 더불어 생활하기–또래와 관계하기		
대상연령	만 2세	활동유형	바깥놀이
교수자료	무지개 낙하산, 공		
활동방법	1. 다양한 색으로 이루어진 낙하산을 탐색해 본다. –정말 아주 큰 동그라미네요. –낙하산이 무지개처럼 알록달록하네요. 2. 무지개 낙하산을 잡고 다양한 방법(흔들어 보기, 던져 보기, 움직여 보기 등)으로 놀이하며, 낙하산이 움직이는 모습을 이야기해 본다. –낙하산을 잡고 흔들어 볼까요? –와, 출렁출렁 파도가 움직이는 것 같네요. –낙하산을 하늘 위로 올려볼까요? –달팽이 노래를 부르며 빙글 빙글 돌아보자. 3. 무지개 낙하산 위에 공을 올려놓고 공이 떨어지지 않게 조절하며 움직여 본다. –낙하산 위의 공이 떨어지지 않으려면 어떻게 흔들어야 할까? –◯◯이는 팔을 빨리 움직여야 한다고 생각하는구나. –□□이는 낙하산을 높이 들어야 한다고 생각하는구나. –공이 아래로 내려가네요. –떨어지지 않게 힘을 모아 보아요.		
활동의 유의점	• 신체활동이 활발히 이루어지도록 공간이 넓은 곳을 확보한다. • 크기가 큰 고무공을 낙하산 위에 올려놓아 공의 움직임이 관찰될 수 있도록 한다.		
확장활동	• 낙하산 잡고 흔들기, 낙하산 밑으로 기어가기 등 다양한 방법으로 활동을 전개할 수 있다.		

출처: 보건복지부(2013c).

7. 나뭇가지에 매달린 물체 탐색하기

활동명	나뭇가지에 매달린 물체 탐색하기	생활주제	가을
활동목표	• 실외놀이터에 있는 나무의 변화를 살펴본다. • 나무에 매달린 물체의 모양과 움직임에 관심을 가진다.		
교육과정 관련 요소	• 자연탐구: 과학적 탐구하기-자연을 탐색하기 • 예술경험: 예술 감상하기-아름다움 즐기기		
대상연령	만 2세	활동유형	바깥놀이
교수자료	색을 입힌 솔방울, 모형 과일 등		
활동방법	1. 실외놀이터에 나가 주변에 있는 나무에 관심을 가지고 탐색해 본다. -놀이터에 시원한 가을바람이 부네. -와, 나무에 여러 가지 물건이 매달려 있어요. -○○아, 이것은 무엇일까? 2. 나뭇가지에 매달린 물체를 탐색하며 이야기 나눈다. -○○아, 이것은 무엇일까? -○○가 알록달록하게 색깔 입혀 준 솔방울이네요. -여러 가지 과일이 있어요. 어떤 과일이 있나 볼까요? -이 과일은 무슨 색일까요? -가을에 열리는 주황색 감이에요. 3. 다양한 열매, 과일을 실외놀이터에 있는 여러 나무에 매달아 나무를 꾸며 본다. -○○는 보라색 솔방울을 달아 주었구나. 포도송이 같이 보이네. -○○는 나뭇잎을 달아 주었구나. 바람이 부니까 나뭇잎이 움직인다.		
활동의 유의점	• 우천 시에는 창가에 여러 가지 사물을 매달아 탐색해 보도록 수정한다.		
확장활동	• 물체를 탐색해 보며 자연스럽게 나무를 탐색하는 활동으로 확장한다.		

출처: 보건복지부(2013c).

8. 눈 위의 꼬리 그림

활동명	눈 위의 꼬리 그림	생활주제	겨울
활동목표	• 눈 위에서 걷기를 통해 기본 신체능력을 기른다. • 눈 위를 지나면서 발자국과 신문지 공의 자국이 남는 것을 경험한다.		
교육과정 관련 요소	• 신체운동: 신체조절과 기본운동하기-기본운동하기 • 자연탐구: 과학적 탐구하기-자연을 탐색하기		
대상연령	만 2세	활동유형	바깥놀이
교수자료	신문지, 부드러운 털실		
활동방법	1. 신문지를 구겨 공을 만들어 본다. -이것은 무엇일까요? -신문지 공을 만들어 볼까요? 공처럼 만들려면 신문지를 어떻게 해야 할까? -○○이는 두 손으로 신문지를 구기고 있네. -□□이는 발로 꾹꾹 밟고 있구나. -엉덩이로 눌러 볼까? 2. 공 모양이 되면 테이프로 털실을 이어 붙인다. -털실을 본 적이 있나요? -만져 보니 느낌이 어떤가요? -털실을 풀어 보니 기다란 줄이 되었네. 털실을 공에 붙여 보자. -공이 어떻게 변했나요? -○○이는 털실을 잡고 공을 끌고 가고 있네. 3. 실외로 이동하여 신문지 공을 이용해 놀이한다. -○○이는 털실을 손목에 묶었구나. -□□이가 걸으니까 공이 따라가네. -눈 위도 걸어 볼까요? -□□이가 갈 때마다 눈 위에 그림이 그려지네요.		
활동의 유의점	• 끈이 너무 길면 자신의 다리에 엉키거나 다른 영아가 밟아서 사고가 날 수 있으므로 유의한다.		
확장활동	• 신문지 공의 크기를 다르게 하여 다양한 넓이의 길을 만들어 관찰한다.		

출처: 보건복지부(2013c).

9. 나무도 따뜻하게 해 줘요

활동명	나무도 따뜻하게 해 줘요	생활주제	겨울
활동목표	• 겨울나무의 잎과 가지를 관찰해 보고, 나무를 만져 보며 탐색한다. • 부직포로 나무를 감싸 주고, 나무의 모양과 재질을 탐색한다.		
교육과정 관련 요소	• 자연탐구: 과학적 탐구하기-자연을 탐색하기 • 예술경험: 아름다움 찾아보기-예술적 요소 탐색하기		
대상연령	만 2세	활동유형	바깥놀이
교수자료	벨크로가 부착된 부직포, 다양한 굵기의 나뭇가지		
활동방법	1. 겨울나무가 서 있는 그림을 보며 감상한다. -나무를 보니 기분이 어떻니? -어떻게 하면 따뜻하게 해 줄 수 있을까? -□□는 겨울 옷을 입혀 주고 싶구나. 2. 부직포와 나뭇가지를 탐색한다. -나무를 만져 보니 느낌이 어떠니? -어떻게 하면 나무가 춥지 않을까? -□□가 나무를 천으로 덮어 주었구나. 3. 실외로 이동하여 나무를 관찰한다. -○○이는 춥지 않니? 그래, 옷을 많이 입어서 안 춥구나. -이 나무는 어떨까? 어떻게 하면 안 추울까? -나무에게도 옷을 입혀 주자. 4. 나무에 부직포를 두르고 찍찍이를 붙여서 감싸 준다. 작은 부직포로 손에 닿는 나뭇가지를 개별적으로 감싸 준다.		
활동의 유의점	• 부직포 이외에 헌 옷이나 지푸라기를 이용할 수 있다.		
확장활동	• 부직포 위에 영아의 사진을 붙여 등·하원 시 가족과 함께 관찰해 본다.		

출처: 보건복지부(2013c).

10. 새싹 찾아보기

활동명	새싹 찾아보기	생활주제	봄
활동목표	• 계절의 변화에 관심을 가진다. • 봄이 되면 새싹이 자란다는 것을 안다.		
교육과정 관련 요소	• 자연탐구: 탐구하는 태도를 기르기–호기심을 유지하고 확장하기 • 자연탐구: 과학적 탐구하기–생명체와 자연환경 알아보기		
대상연령	만 3세	활동유형	바깥놀이
교수자료	확대경, 새싹 사진		
활동방법	1. 새싹 사진을 보며 이야기 나눈다. –이것은 무엇일까요? –새싹의 크기가 어떤가요? 2. 확대경을 소개한다. –이 물건을 사용해 본 적이 있나요? –이 물건의 이름은 무엇일까요? –확대경은 어떻게 사용하는 것일까요? –확대경을 통해 보면 어떻게 보이나요? –확대경은 작은 것도 크게 확대해서 볼 수 있는 편리한 물건이며, 돋보기라고도 합니다. 3. 확대경을 가지고 어린이집이나 실외놀이터의 주변을 돌아보며 새싹을 찾아본다. –새싹이 보이나요? –새싹이 어떻게 보이나요? –확대경을 사용하지 않는다면 새싹을 볼 수 있을까요? –(확대경을 제공하면서) 확대경으로 새싹을 찾아보니 어떻게 보이나요?		
활동의 유의점	• 유아들 사이에 다툼이 발생하지 않도록 확대경을 여러 개 준비한다. • 한 유아가 찾은 새싹을 다른 유아들이 볼 때 안전사고가 나지 않도록 주의한다.		
확장활동	• 유아가 발견한 새싹을 사진에 담아 교실에서 다시 한 번 살펴본다. • '물잔디 키우기' '고구마 싹 틔우기' 등의 식물 기르기 활동으로 연계한다.		

출처: 보건복지부(2013d).

11. 하늘 웅덩이

활동명	하늘 웅덩이	생활주제	여름
활동목표	• 비가 온 뒤의 모습을 관찰한다. • 자연의 아름다움을 느낀다.		
교육과정 관련 요소	• 자연탐구: 탐구하는 태도 기르기-호기심을 유지하고 확장하기 • 예술경험: 아름다움 찾아보기-미술적 요소 탐색하기		
대상연령	만 3세	활동유형	바깥놀이
교수자료	교사용 사진기		
활동방법	1. 비가 온 뒤에 생긴 물웅덩이를 관찰한다. -여기 빗물이 고여 물웅덩이가 생겼네요. -웅덩이 안에 무엇이 있나요? -웅덩이에 비친 하늘과 구름이 보이나요? 2. 물속에 비친 하늘과 유아의 모습을 감상한다. -웅덩이 안에 하늘도 있고 ○○이도 있네요. 3. 하늘 웅덩이에 나뭇잎 배를 띄워 본다. -물결이 일어나요. -바람을 불어 볼까요?		
활동의 유의점	• 물웅덩이에서 진흙, 달팽이, 무지갯빛 등을 찾아 관찰하도록 한다.		
확장활동	• 하늘 웅덩이에 비친 여러 가지 모습을 사진으로 찍어 실내에서도 감상해 본다.		

출처: 보건복지부(2013d).

12. 돌멩이 가족

<table>
<tr><th>활동명</th><td colspan="2">돌멩이 가족</td><th>생활주제</th><td>환경과 생활</td></tr>
<tr><th>활동목표</th><td colspan="4">• 주변의 돌에 대하여 관심을 가지고 관찰한다.
• 가족에 대한 사랑을 표현한다.</td></tr>
<tr><th>교육과정 관련 요소</th><td colspan="4">• 자연탐구: 과학적 탐구하기−자연현상 알아보기
• 사회관계: 가족을 소중히 여기기−가족과 화목하게 지내기</td></tr>
<tr><th>대상연령</th><td colspan="2">만 3세</td><th>활동유형</th><td>바깥놀이</td></tr>
<tr><th>교수자료</th><td>채집 비닐백, 자연물
(풀, 나뭇잎, 나뭇가지 등)</td><td colspan="3">돌과 물
작사: 윤석중/작곡: 전석환
바윗돌 깨뜨려 돌덩이 돌덩이 깨뜨려 돌멩이
돌멩이 깨뜨려 자갈돌 자갈돌 깨뜨려 모래알
랄라 랄랄라 랄랄라 랄라 랄랄라 랄랄라</td></tr>
<tr><th>활동방법</th><td colspan="4">1. '돌과 물' 노래를 불러 본 후 돌을 채집하러 갈 것임을 이야기한다.
−선생님이 어린이집에 오다가 예쁜 돌을 하나 발견했어요.
−돌멩이 가족을 만들어 주고 싶은데 우리 친구들이 도와줄 수 있나요?
−우리 집에 있는 가족을 생각하며 돌멩이들을 모아 돌멩이 가족을 만들어 봐요.
2. 나의 돌멩이 가족을 하나씩 찾는다.
−아빠 돌, 엄마 돌, 내 돌, 동생 돌도 찾아보아요.
−너무 큰 돌은 위험해요.
−내 주먹보다 작은 돌을 찾아보아요.
−돌멩이 가족의 집을 꾸밀 예쁜 나뭇잎이나 풀도 찾아보아요.
3. 유아들과 채집한 돌멩이와 나뭇잎 등을 함께 살펴본다.
−○○이가 무엇을 모았는지 이야기해 볼까요?
−□□이는 엄마 돌, 아빠 돌, □□ 돌, 누나 돌을 모았어요.
−돌멩이 가족 집을 꾸밀 나뭇잎도 주웠어요.</td></tr>
<tr><th>활동의 유의점</th><td colspan="4">• 돌의 크기가 너무 커서 유아가 다루기 어렵거나 안전사고의 위험이 없는지 주의한다.
• 필요 이상으로 너무 많은 자연물을 채집하지 않도록 지도한다.</td></tr>
<tr><th>확장활동</th><td colspan="4">• 채집한 돌을 교실로 가지고 와서 종이 상자, 크레파스, 반짝이 풀 등을 이용하여 돌멩이 가족 꾸미기 및 집 만들기 활동으로 확장한다.</td></tr>
</table>

출처: 보건복지부(2013d).

13. 그림자 따라 그리기

활동명	그림자 따라 그리기	생활주제	나
활동목표	• 그림자를 따라 그림을 그린다. • 그림자의 변화를 탐색한다.		
교육과정 관련 요소	• 예술경험: 아름다움 찾아보기–미술적 요소 탐색하기 • 자연탐구: 과학적 탐구하기–자연현상 알아보기		
대상연령	만 4세	활동유형	바깥놀이
교수자료	크레파스 또는 분필		
활동방법	1. 그림자에 대해 이야기 나눈다. –바닥에 ○○의 그림자가 생겼네요. –그림자는 어떤 모양인가요? –○○가 팔을 양쪽으로 쭉 뻗으면 그림자가 어떻게 될지 궁금한데요? –어어! 그림자도 ○○를 따라 움직이네요. 2. 그림자 그리기를 제안한다. –바닥의 그림자를 따라 그려 볼 수 있을까요? –그림자를 따라 그리려면 ○○는 어떻게 해야 할까요? 3. 그림자 그리기를 한다. 4. 그림자 그리기에 대해 이야기 나눈다. –그림자가 무엇처럼 보였나요? –○○이의 그림자와 □□이의 그림자는 다른 점이 있나요?		
활동의 유의점	• 바닥에 드리워진 그림자뿐만 아니라 벽면에 드리워진 그림자 그리기를 해 보도록 한다.		
확장활동	• 사물과 그림자 연결하기 카드게임 활동 자료를 홍미영역에 제공한다. • OHP, 스크린을 활용하여 그림자를 보고 사물 알아맞히기 활동으로 연계할 수 있다.		

출처: 보건복지부(2013e).

14. 우리 집에 왜 왔니?

활동명	우리 집에 왜 왔니?	생활주제	가족
활동목표	• 실외놀이에 즐겁게 참여한다. • 친구의 이름을 안다.		
교육과정 관련 요소	• 신체운동: 신체활동에 참여하기–바깥에서 신체활동하기 • 사회관계: 다른 사람과 더불어 생활하기–공동체에서 화목하게 지내기		
대상연령	만 4세	활동유형	바깥놀이
교수자료	'우리 집에 왜 왔니?' 음원		
활동방법	1. 노래를 들어 본다. –노래를 잘 들어 보세요. 2. 노래를 함께 불러 본다. 3. 놀이 방법에 대해 이야기 나눈다. –편을 어떻게 나눌까요? –친구 이름 뒤에 꽃이라는 말을 붙여서 '□□ 꽃'이라고 해요. –가위바위보는 누가 할까요? 4. 놀이 시 유의할 점을 이야기 나눈다. –여러 친구가 함께 놀이를 할 때 주의할 점은 무엇일까요? 5. '우리 집에 왜 왔니?' 놀이를 한다. * 대여섯 번 정도 노래를 불러 몇몇 유아가 편을 이동한 후 교사는 "이쪽 편에는 몇 송이의 꽃이 있나요?" 라고 질문하여 유아가 수를 세어 보는 기회를 제공한다.		
활동의 유의점	• 자칫 발생할 수 있는 유아 간의 넘어지기와 부딪히기 등의 안전사고에 유의한다.		
확장활동	• 전래놀이 동요 책을 소개하고 언어 영역에 제공한다.		

출처: 보건복지부(2013e).

15. 눈 위에 그린 그림

활동명	눈 위에 그린 그림	생활주제	겨울
활동목표	• 눈의 색과 형태를 표현해 보고 감상한다. • 눈의 성질에 대해서 안다.		
교육과정 관련 요소	• 예술경험: 예술 감상하기–다양한 예술 감상하기 • 자연탐구: 과학적 탐구하기–자연현상 알아보기		
대상연령	만 4세	활동유형	바깥놀이
교수자료	가구 염색 물감, 파스텔 가루, 물감, 붓, 눈, 물이 담긴 분무기나 케첩통(유아 수만큼)		
활동방법	1. 눈 쌓인 실외놀이터에서 눈을 관찰한다. –흰 눈을 손으로 살짝 만져 봐요. 느낌이 어떤가요? –눈을 꽁꽁 뭉쳐서 만져 보세요. 느낌이 어떤가요? 2. 눈으로 할 수 있는 놀이를 생각해 본다. –눈을 가지고 무슨 놀이를 할 수 있을까요? –흰 눈을 하얀 종이라고 생각하고 그림을 그릴 수 있을까요? 3. 흰 눈 위에 그림을 그려 보고, 막대기나 손가락으로 그리는 방법 외에 어떤 방법이 있는지 이야기 나눈다. –흰 눈 위에 색깔이 있는 그림을 그리려면 어떻게 해야 할까요? –○○이의 이야기대로 물감을 눈 위에 떨어뜨리면 되겠구나. 4. 붓에 물감을 묻혀 눈 위에 떨어뜨려 보고, 분무기로 물을 뿌려 나타나는 색과 형태를 관찰한다. –분무기로 물을 뿌리니 어떻게 되었나요? –어떤 그림이 되었나요? 5. 눈 위에 그린 그림에 대해 이야기 나눈다. –눈 위에 그린 그림이 어떻게 되었나요? –종이에 그림을 그렸을 때와 다른 점은 무엇인가요?		
활동의 유의점	• 두세 명이 공동 작품을 만들어 본다.		
확장활동	• 눈사람을 만든 후, 그것을 꾸미는 데 이 활동을 활용할 수 있다.		

출처: 보건복지부(2013e).

16. 유치원 바깥에 놀이 영역을 만들어요

활동명	유치원 바깥에 놀이 영역을 만들어요	생활주제	유치원
활동목표	• 자연에 관심을 가진다. • 자연을 소중히 여기는 태도를 갖는다. • 바깥에서도 다양한 놀이를 할 수 있음을 안다.		
교육과정 관련 요소	• 자연탐구: 탐구하는 태도 기르기–호기심을 유지하고 확장하기 • 자연탐구: 과학적 탐구하기–자연현상 알아보기		
대상연령	만 5세	활동유형	바깥놀이
교수자료	컴퓨터, 프로젝터, 교실 환경 사진(영역별 사진), 바깥 환경 사진(놀이터, 모래놀이터, 마당, 텃밭, 화단 등)		
활동방법	1. 자유선택활동 영역 사진을 보며 교실에서 할 수 있는 놀이에 대해 이야기 나눈다. 2. 바깥놀이터의 다양한 부분을 찍은 사진을 보며 바깥에서 할 수 있는 놀이에 대해 이야기 나눈다. –이곳에서 어떤 놀이를 할 수 있을까? –놀이 영역 이름을 무엇이라 지어 주면 좋겠니? 3. 마당, 텃밭, 화단에서 놀이할 다양한 요소를 찾아본다. –이곳에서 할 수 있는 것은 무엇일까? –땅 속에는 무엇이 있을까? 4. 마당, 텃밭, 화단에서의 경험을 교실과 연계하는 방법에 대해 이야기 나눈다. –오늘 바깥놀이를 하면서 제일 마음에 들었던 것을 이야기해 보자. –너희가 발견한 그것(자연물)은 비가 오고, 바람이 불고, 해가 비치면 어떻게 달라질까? 5. 교실에서 했던 놀이 중에 바깥에서도 할 수 있는 놀이(하고 싶은 놀이)에 대해 이야기 나눈다. –교실에서 했던 놀이 중에 바깥놀이터에서 하면 더 재미있을 것 같은 놀이가 있니? –왜 그렇게 생각했니? –○○놀이를 바깥놀이터 어디에서 하면 좋을까?		
활동의 유의점	• 유아가 교실과 바깥의 자연을 연계하여 탐구할 수 있도록 교사가 지속적으로 관심을 가져야 한다.		
확장활동	• 바깥놀이 영역 이름을 지은 후 영역판을 만들어 바깥에 배치한다.		

출처: 교육과학기술부(2012).

17. 설거지하기

활동명	설거지하기	생활주제	가족
활동목표	• 가족을 위해 내가 도울 수 있는 일이 있다는 것을 안다. • 설거지하는 방법을 알고 그릇을 깨끗이 씻는다.		
교육과정 관련 요소	• 사회관계: 다른 사람과 더불어 생활하기–가족과 협력하기 • 자연탐구: 과학적 탐구하기–간단한 도구와 기계 활용하기		
대상연령	만 5세	활동유형	바깥놀이
교수자료	설거지 순서도 PPT, 여러 가지 주방 도구, 그릇을 씻을 통, 그물망 그릇, 물, 부엌 세제, 수세미		
활동방법	1. 놀이터에서 지저분해진 주방 도구를 소개한다. –우리가 사용하는 주방 도구의 모습이 어떻니? –지저분해진 그릇을 어떻게 하면 좋을까? –그릇을 씻는 것을 무엇이라고 할까? 2. 설거지를 하기 위한 도구를 소개한다. –설거지를 하려면 무엇이 필요할까? –이 도구를 어떻게 사용하면 될까? 3. 설거지 순서도를 보며 설거지하는 방법을 알아본다. 4. 설거지를 한다. 5. 설거지를 해 본 경험에 대해 이야기 나눈다. –그릇이 어떻게 되었니? –설거지를 해 보니 어땠니? –어떤 점이 재미있었니? –어떤 점이 힘들었니? 6. 가족을 위해 할 수 있는 일을 말해 본다.		
활동의 유의점	• 가정에서 부모님을 도와 설거지를 하는 등 가정과 연계하여 활동한다.		
확장활동	• 역할놀이 영역에서 청소하기, 빨래하기 등의 놀이를 해 볼 수 있다.		

출처: 교육과학기술부(2012).

18. 숲에서 놀자

활동명	숲에서 놀자	생활주제	동식물과 자연
활동목표	• 자연물의 특징을 탐색한다. • 자연물을 활용한 놀이를 즐긴다.		
교육과정 관련 요소	• 의사소통: 듣기–이야기 듣고 이해하기 • 의사소통: 말하기–느낌, 생각, 경험 말하기 • 자연탐구: 탐구하는 태도 기르기–탐구 과정 즐기기 • 자연탐구: 과학적 탐구하기–생명체와 자연환경 알아보기		
대상연령	만 5세	활동유형	바깥놀이
교수자료	숲에서 나는 식물을 활용한 놀이 사진 자료 9장(풀가면, 꽃놀이, 땅따먹기, 소꿉놀이, 토끼풀 반지, 풀씨름, 풀찧기, 풀파마, 풀피리)		
활동방법	1. 사진을 보며 자연물을 이용해서 어떤 놀이를 할 수 있을지 이야기 나눈다. –숲에서 할 수 있는 놀이는 무엇이 있을까? –이 놀이에 사용된 식물은 어떤 것일까? –어떤 놀이를 하는 모습이니? –어떻게 놀이하는 걸까? 2. 주변의 숲을 산책하면서 자연물을 이용해 자유롭게 놀이한다. 3. 사진에서 본 놀이 이외에 다른 놀이도 해 보도록 격려한다. –사진에서 본 놀이 외에 다른 놀이도 해 보자. –○○으로 또 무슨 놀이를 할 수 있을까?		
활동의 유의점	• 열매 등을 함부로 따거나 먹지 않도록 주의한다. • 해충에게 물리거나 나뭇가지에 긁히지 않도록 모자, 긴 소매, 긴 바지 등을 입는다. • 교사가 의도하지 않은 다양한 활동도 자유롭게 할 수 있도록 한다.		
확장활동	• 과학 영역에서 숲에서 찾은 다양한 자연물을 관찰한다. –숲에서 무엇을 가지고 왔니? –어떤 냄새가 나니? –이름은 무엇일까?		

출처: 교육과학기술부(2012).

19. 꼬고 묶는 나무, 풀놀이

활동명	꼬고 묶는 나무, 풀놀이	생활주제	동식물과 자연
활동목표	• 나무와 짚으로 만든 물건에 관심을 가진다. • 나무와 짚의 다양한 쓰임새에 대해 안다. • 나무와 짚으로 만들 수 있는 물건과 할 수 있는 놀이를 생각하고 표현해 본다.		
교육과정 관련 요소	• 신체운동 · 건강: 신체활동에 참여하기-바깥에서 신체 활동하기 • 사회관계: 사회에 관심 갖기-우리나라에 관심 갖고 이해하기 • 예술경험: 예술적 표현하기-미술 활동으로 표현하기		
대상연령	만 5세	활동유형	바깥놀이
교수자료	짚(풀), 가위, 철끈, 나뭇잎, 나뭇가지, 물이 담긴 분무기, 다양한 풀잎, 나무와 풀로 만든 활동 사진 PPT, 전통 줄다리기 PPT		
활동방법	1. 나무와 짚으로 만든 물건을 보거나 사용해 본 경험에 대해 이야기 나눈다. 2. 나무와 짚으로 만든 칡공, 나뭇가지 동물, 짚고리, 솔방울 목걸이, 솟대 등의 PPT 자료를 제시한다. -이것은 무엇일까? -이것으로 만든 물건을 본 적이 있니? -이 물건은 어떻게 사용했을까? -이 그림에서 짚은 무엇으로 사용되었니? 3. 나무와 짚을 소개해 주고 탐색한다. 4. 나무와 짚을 이용하여 만들 수 있는 것에 대해 생각해 보고 직접 만들어 본다. 5. 우리가 만든 나무와 짚 놀잇감, 새끼줄을 이용하여 놀이를 한다. 6. 나무와 짚으로 만든 놀잇감을 이용하여 놀이한 느낌에 대해 이야기 나눈다.		
활동의 유의점	• 짚이 마르면 먼지가 생기거나 쉽게 부서지기 때문에 물을 뿌려 가며 활동을 진행한다. • 유아들이 사용하는 짚에 이물질이 들어가지 않도록 한다. • 짚을 탐색할 때 유아의 얼굴에 던지지 않도록 한다.		
확장활동	• 짚으로 만든 새끼줄로 전통 줄다리기 활동을 한다.		

출처: 교육과학기술부(2012).

20. 가을동산에서 은행 줍기

활동명	가을동산에서 은행 줍기	생활주제	가을
활동목표	• 가을에는 열매가 익음을 안다. • 열매를 거두는 경험을 한다. • 은행의 특성을 탐색하고 관찰한다.		
교육과정 관련 요소	• 자연탐구: 과학적 탐구하기–생명체와 자연환경 알아보기 • 신체운동 · 건강: 신체 인식하기–감각기관 활용하기		
대상연령	만 5세	활동유형	바깥놀이
교수자료	은행 실물이나 은행 사진, 은행을 주울 때 사용할 유아용 비닐장갑, 은행을 담을 봉지		
활동방법	1. (은행 실물 또는 사진 자료를 보여 주며) 은행을 보았거나 먹어 본 경험에 대해 이야기 나눈다. 2. 은행에 대해 알아본다. 3. 산책을 갈 것임을 알리고, 그 곳에서 할 수 있는 활동에 대해 안내한다. 4. 가을동산으로 산책을 가서 무르익은 가을철 자연의 모습을 감상한다. –나무의 모습이 어떻게 변했니? –나뭇잎은 어떻게 되었니? 5. 유아들과 은행을 주우며 관찰한다(원하는 유아에게 비닐장갑을 나누어 준다). –은행을 만져 보니 느낌이 어떻니? –냄새도 맡아 보자. 어떤 향이 나니? –은행 겉껍질을 벗겨 내서 씨앗이 어떻게 생겼는지 살펴보자. 6. 산책을 다녀온 후 경험을 이야기 나누고, 수집해 온 자연물을 함께 살펴본다. –지난 번 산책을 갔을 때와 어떻게 달랐니? –은행을 주울 때 느낌이 어땠니?		
활동의 유의점	• 은행 알레르기 여부를 사전에 확인해야 하며, 은행이 직접 살에 닿지 않도록 주의한다. • 은행 자체에서 냄새가 많이 나므로 겉껍질 벗기기 및 씨앗 말리기는 실외에서 실시한다.		
확장활동	• 가을에 추수하는 열매, 과일, 곡식에 대해 조사하여 이야기 나누기를 한다. • 사후활동으로 주워 온 은행을 구워 먹을 수 있다.		

출처: 교육과학기술부(2012).

참고문헌

교육과학기술부(2012). 5세 누리과정 교사용 지도서 1~11.

보건복지부(2013a). 어린이집 표준보육과정에 기초한 영아보육프로그램 0세.

보건복지부(2013b). 어린이집 표준보육과정에 기초한 영아보육프로그램 1세.

보건복지부(2013c). 어린이집 표준보육과정에 기초한 영아보육프로그램 2세.

보건복지부(2013d). 3세 누리과정에 기초한 어린이집 프로그램 ①.

보건복지부(2013e). 4세 누리과정에 기초한 어린이집 프로그램 ①.

전통놀이 활동

1. 우리 집에 왜 왔니?
2. 칠교놀이
3. 남생아 놀아라
4. 산가지놀이
5. 여우야 여우야 뭐하니
6. 사방치기
7. 비석치기
8. 8자 놀이
9. 딱지치기
10. 투호놀이

NO	연령	주제	활동명
1	2	우리나라	우리 집에 왜 왔니?
2	3	우리나라	칠교놀이
3	3	우리나라	남생아 놀아라
4	3	우리나라	산가지놀이
5	3	우리나라	여우야 여우야 뭐하니
6	3	우리나라	사방치기
7	4	우리나라	비석치기
8	4	우리나라	8자 놀이
9	5	우리나라	딱지치기
10	5	우리나라	투호놀이

1. 우리 집에 왜 왔니?

활동명	우리 집에 왜 왔니?	생활주제	우리나라
활동목표	• 바깥에서 전통놀이를 해 본다. • 친구들과 함께 전통놀이를 해 본다.		
교육과정 관련 요소	• 신체운동: 신체활동에 참여하기–바깥에서 신체활동하기 • 사회관계: 더불어 생활하기–또래와 관계하기		
대상연령	만 2세	활동유형	전통놀이
교수자료	'우리 집에 왜 왔니' 음원		
활동방법	1. '우리 집에 왜 왔니?' 노래를 들으며 자유롭게 불러 본다. –노래를 들어 보니 어떻니? 2. 짝을 지어 움직여 본다. –노래를 들어 보니 '우리 집에 왜 왔니?'는 친구 집에 놀러가는 노래네요. –자기 집에 놀러왔으면 하는 친구는 누가 있을까? –다른 집에 놀러갔으면 하는 친구는 누가 있을까? –○○와 △△는 집에 친구가 놀러왔으면 좋겠구나. 그러면 둘이 손을 잡고 서 보자. –선생님은 □□와 친구네 집에 놀러갈 거예요. □□는 다른 친구 집에도 가보고 싶대요. 3. '우리 집에 왜 왔니?' 노래에 맞춰 움직여 본다. –노래를 부르며 친구 집에 놀러가 볼까요? –노래에 맞춰 움직여 보자.		
활동의 유의점	• 움직임에 방해가 되지 않도록 실외놀이터의 빈 공간에서 활동한다. • 영아의 경우에 가위바위보는 어려울 수 있으므로 가위바위보를 하지 않고 이름을 불리는 영아가 왔다 갔다 하도록 한다.		

출처: 보건복지부(2013).

2. 칠교놀이

<table>
<tr><th>활동명</th><td>칠교놀이</td><th>생활주제</th><td>우리나라</td></tr>
<tr><th>활동목표</th><td colspan="3">• 칠교놀이에 관심을 가진다.
• 모양과 크기에 대한 변별력을 기른다.
• 창의적인 사고력과 모양 인식 능력을 기른다.</td></tr>
<tr><th>교육과정
관련 요소</th><td colspan="3">• 사회관계: 사회에 관심 갖기–우리나라에 관심 갖고 이해하기
• 자연탐구: 탐구하는 태도 기르기–탐구 과정 즐기기</td></tr>
<tr><th>대상연령</th><td>만 3세</td><th>활동유형</th><td>수 · 조작 영역</td></tr>
<tr><th>교수자료</th><td colspan="3">칠교놀이(칠교 조각, 칠교 그림판), 게임 규칙판
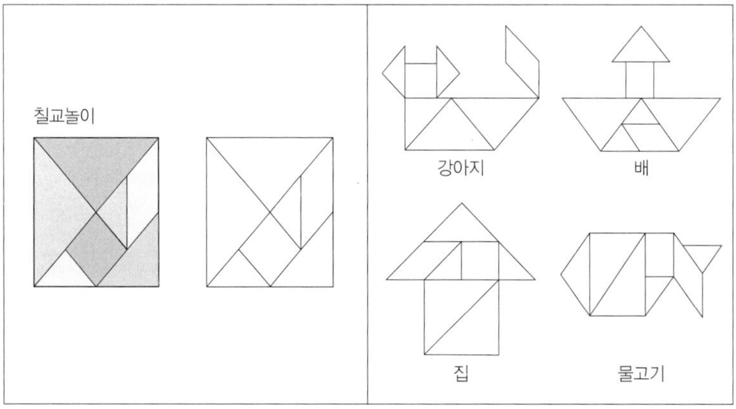
</td></tr>
<tr><th>활동방법</th><td colspan="3">1. 칠교 조각을 가지고 무엇을 할 수 있을지 이야기 나눈다.
–이것을 가지고 무엇을 할 수 있을까?
–칠교로 너희가 만들어 보고 싶은 모양들을 만들어 보는 거야.
2. 칠교 조각을 이용하여 창의적으로 꽃, 동물, 식물, 건축 모양 등 여러 가지 모양을 만들어 본다.
–무엇을 만든 것이니?
–이것을 가지고 또 무엇을 만들어 볼까?
3. 준비된 칠교 그림판 모양을 보면서 만들어 본다.</td></tr>
<tr><th>활동의
유의점</th><td colspan="3">• 유아들이 어려워할 경우 칠교 그림판 위에 모양을 맞추어 보도록 한다.</td></tr>
<tr><th>확장 활동</th><td colspan="3">• 칠교 조각에 빨강, 파랑, 노랑, 초록, 연두, 보라 등의 색을 칠하여 활동해 볼 수 있다.
• 칠교 조각 만들기 활동을 해 본다.</td></tr>
</table>

출처: 보건복지부 · 교육부(2014a).

3. 남생아 놀아라

활동명	남생아 놀아라	생활주제	우리나라
활동목표	• 강강술래의 가락과 춤을 경험한다. • 자신의 느낌을 움직임과 춤으로 창의적으로 표현한다.		
교육과정 관련 요소	• 의사소통: 말하기–느낌, 생각, 경험 말하기 • 사회관계: 사회에 관심 갖기–우리나라에 관심 갖고 이해하기 • 예술경험: 예술적 표현하기–움직임과 춤으로 표현하기		
대상연령	만 3세	활동유형	신체 영역
교수자료	'남생아 놀아라' 동영상, 음원 CD플레이어		
활동방법	1. 강강술래 중 '남생아 놀아라'를 감상한다. –강강술래를 할 때 남생이 놀이는 어떻게 하는 걸까? –남생이가 된 사람은 어떤 춤을 추고 있니? –남생이의 춤을 보니 어떤 동물이 생각나니? –남생이는 거북 또는 자라와 비슷하게 생긴 우리나라에만 있는 민물 거북을 말해. 2. 노랫말을 듣는다. 남생아 놀아라 촐래촐래가 잘 논다. 남생아 놀아라 촐래촐래가 잘 논다. ○○ 나와 놀아라 촐래촐래가 잘 논다. 3. 교사가 먼저 장구소리에 맞추어 불러 준다. –가사를 불러 주면서 한 소절씩 불러 본다. 4. 실외의 넓은 곳으로 나가 '강강술래' 놀이를 한다. 5. 남생이가 되기로 한 유아가 원 안에 들어와 춤을 추면, 다른 유아가 따라서 춤을 춘다. –우리 다같이 ○○의 춤을 따라 춰 보자. 6. 남생이가 되었던 유아가 다음 남생이가 될 유아를 부른 후 자리로 돌아간다. 7. 남생이 놀이를 해 본 느낌이 어떠했는지 이야기 나눈다.		
활동의 유의점	• 노랫말의 의미를 알고 유아들에게 설명해 준 후 함께 불러 보도록 한다. • 남생이가 되기로 한 유아들이 자신의 춤을 재미있게 표현해 볼 수 있도록 교사가 격려한다.		
확장 활동	• 여러 유아가 원 모양으로 손을 잡고 서서 한 명을 지적해 원 안으로 들어가 춤추게 한 후, 그 유아의 행동을 따라한다. 유아 여러 명이 번갈아 하면서 놀이를 진행한다.		

출처: 보건복지부 · 교육부(2014a).

4. 산가지놀이

활동명	산가지놀이	생활주제	우리나라
활동목표	• 산가지놀이에 관심을 가진다. • 산가지를 직접 수집해 보는 경험을 한다. • 산가지를 이용하여 여러 가지 모양을 만든다.		
교육과정 관련 요소	• 신체운동 · 건강: 신체활동에 참여하기–바깥에서 신체활동하기 • 사회관계: 사회에 관심 갖기–우리나라에 관심 갖고 이해하기 • 자연탐구: 탐구하는 태도 기르기–탐구 과정 즐기기		
대상연령	만 3세	활동유형	수 · 조작 영역
교수자료	산가지(작은 나뭇가지류), '산가지놀이를 해요' 동영상  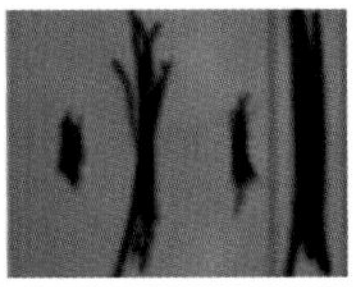 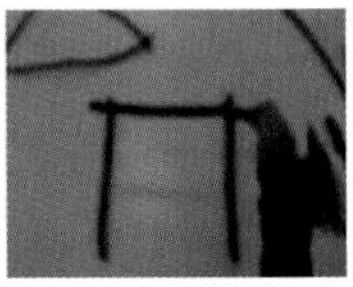		
활동방법	1. '산가지'에 대해서 이야기 나눈다. –'산가지' 라는 말을 들어 본 적이 있니? –'산가지'라는 말을 들었을 때 무엇이 떠올랐니? –어떤 말이라고 생각하니? –'산가지'는 작고 가는 막대기라는 뜻이야. 2. '산가지놀이를 해요' 동영상을 본다. –산가지놀이가 어떻게 노는 놀이인지 보자. 3. 유아들과 산책을 하거나 바깥놀이에서 산가지놀이를 할 수 있는 자연물을 모은다. –산가지는 어디에서 구할 수 있을까? –산가지로 사용하려면 길이가 어느 정도여야 할 것 같니? 4. 유아들이 모아 온 산가지를 보면서 이야기 나눈다. –몇 개의 산가지를 모았니? –산가지를 가지고 어떤 방법으로 놀이를 할 수 있을까? 5. 산가지로 여러 가지 모양을 만들어 본다. –너희가 갖고 온 산가지로 여러 가지 모양을 만들어 보자. 6. 산가지로 놀이를 한 후 활동에 대해 이야기 나눈다. –어떤 모양들을 만들어 보았니? –이 산가지를 가지고 다른 어떤 놀이를 해 볼 수 있을까?		
활동의 유의점	• 산가지를 모으기 어려울 경우, 나무젓가락 등을 이용하여 활동할 수 있다. • 산가지로 모양 만들기를 해 본 후 수세기로 연계하여 활동을 진행할 수 있다.		
확장 활동	• 산가지로 쌓기놀이를 해 볼 수 있다. • 산가지를 이용하여 산가지 윷놀이를 할 수 있다.		

출처: 보건복지부 · 교육부(2014a).

5. 여우야 여우야 뭐하니

<table>
<tr><td>활동명</td><td>여우야 여우야 뭐하니</td><td>생활주제</td><td>우리나라</td></tr>
<tr><td>활동목표</td><td colspan="3">• 전통놀이에 친숙해진다.
• 반복되는 말의 규칙을 즐기며 신체활동을 한다.</td></tr>
<tr><td>교육과정
관련 요소</td><td colspan="3">• 신체운동 · 건강: 신체활동에 참여하기–자발적으로 신체활동에 참여하기
• 의사소통: 말하기–상황에 맞게 바른 태도로 말하기
• 의사소통: 듣기–이야기 듣고 이해하기
• 사회관계: 사회에 관심 갖기–우리나라에 관심 갖고 이해하기</td></tr>
<tr><td>대상연령</td><td>만 3세</td><td>활동유형</td><td>신체 영역</td></tr>
<tr><td>교수자료</td><td colspan="3">여우 그림 자료, 노래 녹음 자료, CD 플레이어</td></tr>
<tr><td>활동방법</td><td colspan="3">1. 그림 자료를 조작하며 녹음기를 이용해 '여우야 여우야 뭐하니' 노래를 듣는다.
2. 여우의 움직임을 흉내 내어 본다.
–여우가 잠자는 모습은 어떨까?
–여우가 밥을 먹을 때에는 어떻게 할까?
3. 유아들과 함께 '여우야 여우야 뭐하니' 노래를 불러 본 후 놀이 방법을 정한다.
–여우가 여우 집을 정하고, 여우 집에서 떨어진 곳 바닥에 선을 긋는다.
–여우를 맡은 유아는 여우 집에 서고, 다른 유아들은 선 앞에 선다.
–다른 유아들이 "여우야 여우야 뭐하니?" 하고 물으면서 여우 곁으로 한 걸음씩 다가가면 여우는 물음에 답한다.
–여우가 "살았다."라고 대답하면 다른 유아들은 선 밖으로 도망갈 수 있지만, 여우는 선 안에서만 쫓아가서 잡을 수 있다.
–여우가 "죽었다."라고 대답하면 다른 유아들은 그 자리에서 움직이지 않는다.
–여우에게 잡힌 유아가 여우가 되어 다시 놀이를 시작한다.
4. '여우야 여우야 뭐하니' 놀이를 하고 난 후에 느낌을 이야기 나눈다.</td></tr>
<tr><td>활동의
유의점</td><td colspan="3">• "여우야 여우야 뭐하니?" 라고 물어보았을 때 유아들이 다양하게 답할 수 있도록 한다.
• 여우 머리띠를 만들어서 팀을 나누어 놀이할 경우, 유아들의 흥미를 더 돋울 수 있다.</td></tr>
<tr><td>확장 활동</td><td colspan="3">• 실외에서 게임으로 활용할 수 있다.
• 여러 가지 동물 인형, 녹음 자료와 함께 언어 영역에 제시할 수 있다.
• 전래동요와 놀이가 혼합된 놀이(예를 들어, 우리 집에 왜 왔니)도 함께할 수 있다.</td></tr>
</table>

출처: 보건복지부 · 교육부(2014a).

6. 사방치기

<table>
<tr><th>활동명</th><td>사방치기</td><th>생활주제</th><td>우리나라</td></tr>
<tr><th>활동목표</th><td colspan="3">• 사방치기 놀이에 즐겁게 참여한다.
• 협응력과 균형감을 기른다.</td></tr>
<tr><th>교육과정
관련 요소</th><td colspan="3">• 신체운동 · 건강: 신체 조절과 기본운동하기－신체 조절하기
• 사회관계: 사회에 관심 갖기－우리나라에 관심 갖고 이해하기</td></tr>
<tr><th>대상연령</th><td>만 3세</td><th>활동유형</th><td>전통놀이</td></tr>
<tr><th>교수자료</th><td colspan="3">사방치기 판(땅 위에 사방치기 판을 그려서 사용 가능), 말(작은 돌, 팥 주머니 등), 마스킹 테이프(실내인 경우), 사방치기 동영상
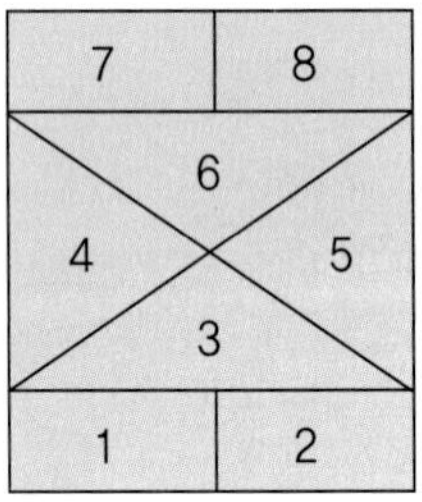
</td></tr>
<tr><th>활동방법</th><td colspan="3">1. 사방치기 판을 보며 이야기 나눈다.
－이것은 무엇일까?
－사방치기를 해 본 적이 있니?
－어떻게 놀이하는 것일까?
2. 놀이 방법에 대하여 이야기 나눈다.
－1번 칸에 말을 던진다.
－숫자가 쓰인 순서대로 사방치기 판 위를 한 발 또는 두 발로 이동한다.
－선을 밟거나 넘어지지 않도록 주의한다.
－7, 8번 칸에서 뒤로 뛰어 다시 한 발 또는 두 발로 출발점으로 돌아온다.
－돌아올 때 1번 칸에 던져 놓은 말을 다시 가지고 온다.
3. 사방치기 놀이를 한다.
4. 사방치기를 한 느낌을 이야기 나눈다.
－사방치기 놀이를 할 때 무엇이 재미있었니?
－어려운 점은 무엇이 있니?
－사방치기를 더 재미있게 하기 위해서 무엇을 더하면 좋겠니?</td></tr>
<tr><th>활동의
유의점</th><td colspan="3">• 말은 가능한 한 낮게 던지도록 한다.
• 실내에서 할 경우에는 안전을 위해 말은 나무토막을 사용한다.</td></tr>
<tr><th>확장 활동</th><td colspan="3">• 사방치기 놀이 방법을 다양하게 바꾸어서 해 볼 수 있다.
• 손으로 사방치기 활동을 할 수 있다.</td></tr>
</table>

출처: 보건복지부 · 교육부(2014a).

7. 비석치기

<table>
<tr><td>활동명</td><td>비석치기</td><td>생활주제</td><td>우리나라</td></tr>
<tr><td>활동목표</td><td colspan="3">• 몸의 각 부분의 특성을 활용하여 비석치기를 한다.
• 비석치기에 관심을 가지고 즐긴다.
• 거리를 가늠하여 신체를 조절한다.</td></tr>
<tr><td>교육과정
관련 요소</td><td colspan="3">• 신체운동 · 건강: 신체 조절과 기본운동하기–신체 조절하기
• 사회관계: 사회에 관심 갖기–우리나라에 관심 갖고 이해하기</td></tr>
<tr><td>대상연령</td><td>만 4세</td><td>활동유형</td><td>전통놀이</td></tr>
<tr><td>교수자료</td><td colspan="3">동영상(비석치기놀이 유래), 비석, 게임 방법 소개 자료, 점수판
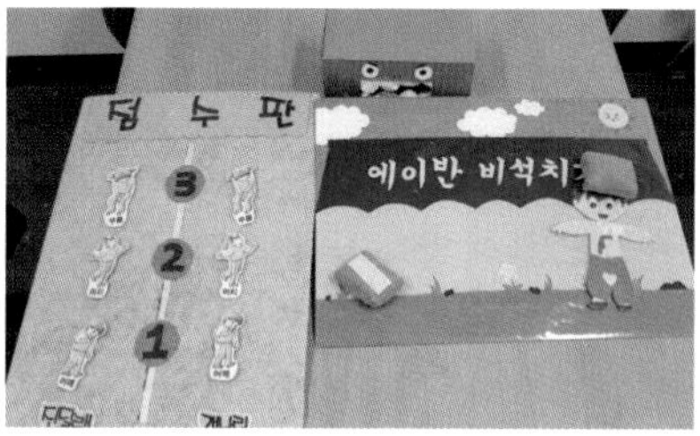 </td></tr>
<tr><td>활동방법</td><td colspan="3">1. 비석치기에 대하여 이야기 나눈다.
–비석치기는 어떻게 생겨났을까?
2. 비석치기 놀이 방법을 동영상을 통해 알아본다.
3. 비석치기 놀이 방법에 대해 이야기 나눈다.
① 5~6m 정도의 거리를 두고 두 줄을 긋는다.
② 두 편으로 나눈다.
③ 놀이 순서를 정한다.
④ 진 편은 맞은 편의 선에 비석을 세워 둔다.
⑤ 이긴 편은 비석을 발등에 올린 후 출발선에 선다.
⑥ 비석을 떨어뜨리지 않고 상대편 비석까지 가서 상대편 비석을 쓰러뜨린다.
4. 비석치기를 진행한다.
5. 다양한 방법의 비석치기에 대해서도 소개한다.
6. 비석치기를 하고 나서 놀이한 느낌에 대해 이야기 나눈다.</td></tr>
<tr><td>활동의
유의점</td><td colspan="3">• 활동 자료를 준비할 때, 나무토막 혹은 블록을 대체 자료로 한다.
• 비석을 다른 유아에게 던지지 않도록 하며, 서로 부딪히지 않도록 충분한 공간을 제공한다.</td></tr>
<tr><td>확장 활동</td><td colspan="3">• 실외에서 다양한 자연물을 이용하여 비석치기 활동을 할 수 있다.
• 유아들이 다양한 방법의 비석치기 놀이 방법을 만들어 활동할 수 있다.</td></tr>
</table>

8. 8자 놀이

활동명	8자 놀이	생활주제	우리나라
활동목표	• 8자 놀이에 관심을 가지고 즐긴다. • 놀이 공간을 활용하며 신체를 조절한다. • 놀이의 방법과 규칙을 이해하며 참여한다.		
교육과정 관련 요소	• 신체운동 · 건강: 신체조절과 기본운동하기-신체 조절하기 • 의사소통: 말하기-상황에 맞게 바른 태도로 말하기 • 사회관계: 사회에 관심 갖기-우리나라에 관심 갖고 이해하기		
대상연령	만 4세	활동유형	게임 영역
교수자료	8자를 그릴 도구나 바닥에 붙일 종이테이프, 8자 놀이 동영상		
활동방법	1. 8자 놀이에 대하여 이야기 나눈다. -8자 놀이가 무엇일까? 2. 8자 놀이의 놀이 방법을 동영상을 통해 알아본다. -8자 놀이를 하는 모습을 보니 어떻니? 3. 8자 놀이의 놀이방법에 대해 이야기 나눈다. ① 가로 3m, 세로 6m 공간에 폭 1m의 8자 모양 그림을 그린다. ② 술래를 1명 정한다. ③ 술래는 8자 모양의 끝에 서고, 다른 유아는 술래를 피해 8자 안에 들어가 멀리 서 있는다. ④ 술래가 "하나, 둘, 셋…, 열!" 하고 큰 소리로 숫자를 외쳐 자신이 술래임을 알리고, 다른 유아를 치러 다니기 시작한다. ⑤ 다른 유아들은 술래를 피해 도망다닌다. ⑥ 이때 술래는 8자 모양의 2곳을 건널 수 없지만 다른 유아들은 건널 수 있다. ⑦ 모든 유아는 8자 그림 안에서만 다닐 수 있다. ⑧ 술래에게 채이거나, 금을 밟거나, 금 밖으로 나간 유아는 술래가 된다. 4. 유아들과 함께 8자 놀이를 한다. 5. 유아들과 8자 놀이를 하고 나서 놀이한 느낌에 대해 이야기 나눈다.		
활동의 유의점	• 8자 안에서 뛰어다닐 때 서로 부딪히지 않도록 한다. • 상대편 유아가 넘어지면 일으켜 주고 경쟁적인 분위기를 조성하지 않도록 유의한다. • 8자 놀이판의 크기는 유아의 수에 따라 조절한다. • 손으로 상대방을 밀거나 붙잡지 않도록 한다.		
확장 활동	• 유아들이 8자 놀이의 방법을 잘 이해하고 놀이에 익숙해지면 2개의 8자 놀이를 연결하여 놀이를 확장해서 진행할 수 있다. • 숫자를 이용하여 몸으로 신체표현 활동을 할 수 있다.		

출처: 보건복지부 · 교육부(2014b).

9. 딱지치기

활동명	딱지치기	생활주제	우리나라
활동목표	• 옛 조상들의 놀이를 통해 전통문화의 소중함을 안다. • 친구들과 즐겁게 활동한다.		
교육과정 관련 요소	• 사회관계: 사회에 관심 갖기–우리나라에 관심 갖고 이해하기 • 신체운동 · 건강: 신체 인식하기–신체를 인식하고 움직이기		
대상연령	만 5세	활동유형	전통놀이
교수자료	딱지 순서도 자료, 딱지, 점수판  		
활동방법	1. 우리나라의 다양한 전통놀이에 대해 이야기 나눈다. 2. 딱지치기에 대해 이야기 나눈다. –딱지치기를 해 본적이 있니? 3. 유아들과 딱지를 접어 본다. 4. 딱지치기를 하는 방법에 대해 알아본다. ① 가위바위보를 해서 진 유아가 딱지를 바닥에 놓는다. ② 이긴 유아는 자기 딱지를 가지고 상대방의 딱지를 힘껏 내려친다. ③ 딱지가 넘어가면 가져갈 수 있다. ④ 딱지가 넘어가지 않으면 치는 순서가 바뀐다. ⑤ 이 놀이는 승부가 따로 없고 상대 딱지를 많이 따는 것으로 끝낸다. 5. 딱지치기를 해 본 느낌을 이야기하고 조상들의 놀이문화에 대해 이야기 나눈다.		
활동의 유의점	• 딱지치기 활동에 적합한 충분한 공간을 제공한다.		
확장 활동	• 딱지치기 뒤집기 방법 외에 '파파먹기' 활동을 할 수 있다.		

10. 투호놀이

<table>
<tr><td>활동명</td><td>투호놀이</td><td>생활주제</td><td>우리나라</td></tr>
<tr><td>활동목표</td><td colspan="3">• 투호놀이를 경험해 본다.
• 투호놀이 방법을 익히고 즐겁게 놀이한다.</td></tr>
<tr><td>교육과정 관련 요소</td><td colspan="3">• 신체운동 · 건강: 신체 조절과 기본운동하기–신체 조절하기
• 사회관계: 사회에 관심 가지기–우리나라에 관심 갖고 이해하기</td></tr>
<tr><td>대상연령</td><td>만 5세</td><td>활동유형</td><td>전통놀이</td></tr>
<tr><td>교수자료</td><td colspan="3">화살, 항아리, 투호놀이 그림 자료</td></tr>
<tr><td>활동방법</td><td colspan="3">1. 투호놀이 하는 그림을 살펴보며 투호놀이에 대해 이야기 나눈다.
–이 놀이를 해 본 적이 있니?
–어떻게 하는 놀이일까?
2. 옛날에는 투호놀이를 어떻게 했을지 이야기 나눈다.
–이 놀이는 누가 많이 했을까?
–옛날 궁 안에서 또는 양반집에서 화살을 항아리 안에 던지며 놀이했단다.
3. 투호놀이 방법을 알아본다.
① 화살을 던질 선을 긋는다. 유아의 5발자국 정도의 거리가 적당하다.
② 차례로 서서 화살을 항아리 안으로 던진다.
③ 유아들이 잘 넣지 못하는 경우에는 선을 앞으로 옮겨 던지도록 한다.
4. 활동을 한 후 생각과 느낌을 이야기 나눈다.
–무엇이 가장 재미있었니?
–어려웠던 점은 어떤 것이니?</td></tr>
<tr><td>활동의 유의점</td><td colspan="3">• 화살을 던지는 활동이므로 실외놀이터의 넉넉한 빈 공간에서 진행한다.
• 투호놀이 도구가 없을 경우, 신문지를 말아 투호를 만들고 항아리 외의 플라스틱 통을 이용할 수 있다.</td></tr>
<tr><td>확장 활동</td><td colspan="3">• 자연물에서 투호놀이를 할 수 있는 재료를 구해서 놀이를 해 본다.
• 가까이 또는 멀리 거리를 조절하여 투호놀이를 해 본다.</td></tr>
</table>

출처: 보건복지부 · 교육부(2014c).

참고문헌

보건복지부(2013). 어린이집 표준보육과정에 기초한 영아보육프로그램 2세.

보건복지부 · 교육부(2014a). 3세 누리과정 교사용 지도서.

보건복지부 · 교육부(2014b). 4세 누리과정 교사용 지도서.

보건복지부 · 교육부(2014c). 5세 누리과정 교사용 지도서.

규칙이 있는 대집단 게임 활동

1. 집을 찾아가요
2. 그림자를 보고 맞춰라
3. 강아지 먹이 주기
4. 교통질서 지킴이 뛰뛰빵빵
5. 은행나무, 단풍나무 꾸미기
6. 자선냄비에 사랑카드를 넣고 와요
7. 나무를 심어요
8. 여름을 찾아라
9. 가뭄을 해결하는 빗방울
10. 가마를 타요
11. 여름과 겨울에 볼 수 있는 것 찾기
12. 벚꽃 붙이고 돌아오기
13. 도움을 주신 분들 퍼즐 맞추기
14. 장바구니를 채워라
15. 여름 과일 샐러드
16. 바다낚시를 해요
17. 다람쥐 알밤 옮기기
18. 신기한 옛날 물건
19. 집 뒤집기
20. 지구를 구하자

NO	연령	주제	활동명
1	3	나와 가족	집을 찾아가요
2	3	동식물과 자연	그림자를 보고 맞춰라
3	3	동식물과 자연	강아지 먹이 주기
4	3	교통기관	교통질서 지킴이 뛰뛰빵빵
5	3	가을	은행나무, 단풍나무 꾸미기
6	3	겨울	자선냄비에 사랑카드를 넣고 와요
7	4	동식물과 자연	나무를 심어요
8	4	여름	여름을 찾아라
9	4	여름	가뭄을 해결하는 빗방울
10	4	우리나라	가마를 타요
11	4	겨울	여름과 겨울에 볼 수 있는 것 찾기
12	5	봄	벚꽃 붙이고 돌아오기
13	5	우리 동네	도움을 주신 분들 퍼즐 맞추기
14	5	우리 동네	장바구니를 채워라
15	5	여름	여름 과일 샐러드
16	5	여름	바다낚시를 해요
17	5	가을	다람쥐 알밤 옮기기
18	5	우리나라	신기한 옛날 물건
19	5	세계 여러 나라	집 뒤집기
20	5	환경과 생활	지구를 구하자

1. 집을 찾아가요

<table>
<tr><td>활동명</td><td>집을 찾아가요</td><td>생활주제</td><td>나와 가족</td></tr>
<tr><td>활동목표</td><td colspan="3">• 게임을 통해 공간을 이동하는 신체 활동에 참여할 수 있다.
• 규칙을 이해하고 지키는 태도를 가질 수 있다.</td></tr>
<tr><td>교육과정 관련 요소</td><td colspan="3">• 자연탐구: 수학적 탐구하기–규칙성 이해하기
• 신체운동 · 건강: 신체 인식하기–신체를 인식하고 움직이기
• 사회관계: 다른 사람과 더불어 생활하기–친구와 사이좋게 지내기</td></tr>
<tr><td>대상연령</td><td>만 3세</td><td>활동유형</td><td>게임(자유 대형)</td></tr>
<tr><td>교수자료</td><td colspan="3">색깔 그림 집, 블루투스 스피커, 호루라기, 신나는 음악 등

</td></tr>
<tr><td>활동방법</td><td colspan="3">1. '우리집' 노래를 부르며 흥미를 유발한다.
2. 게임을 할 것임을 알리고 유희실로 이동한다.
3. 유희실 바닥의 게임활동 자료 바깥으로 둘러앉아 무엇이 보이는지 이야기 나눈다.
4. 어떤 게임을 할 수 있을지 생각하고 발표할 기회를 준다.
5. 게임 방법을 알려 주고 교사가 시범을 보인다(음악에 맞춰 춤을 추다가 음악을 멈춘 후 교사가 호루라기를 불면 유아들은 선생님을 쳐다보고 선생님이 말해 주는 색깔 집을 찾아 들어간다).
6. 게임을 한다. 활동을 반복하면서 유아들 스스로 체험하고 유아들이 규칙을 정할 수 있는 시간을 주고 정리한다.</td></tr>
<tr><td>활동의 유의점</td><td colspan="3">• 사전 활동으로 유아가 만든 집으로 게임을 하는 것도 바람직하다.
• 유아들이 한 명도 빠짐없이 집에 들어갈 수 있도록 집의 크기를 넉넉하게 만들어서 유아가 좌절감을 느끼지 않도록 한다.</td></tr>
<tr><td>확장 활동</td><td colspan="3">• 모양 집 찾아가기, 동물 집 찾아가기 활동으로 확장할 수 있다.</td></tr>
</table>

2. 그림자를 보고 맞춰라

활동명	그림자를 보고 맞춰라	생활주제	동식물과 자연
활동목표	• 그림자를 보고 동물의 모습을 알 수 있다. • 규칙을 지키며 게임을 할 수 있다. • 게임에 즐겁게 참여한다.		
교육과정 관련 요소	• 사회관계: 다른 사람과 더불어 생활하기–친구와 사이좋게 지내기 • 자연탐구: 과학적 탐구하기–생명체와 자연현상 알아보기		
대상연령	만 3세	활동유형	게임(편 대형)
교수자료	동물 그림 복사본, 동물 그림자, 점수판 		
활동방법	1. 동물의 부분 그림을 보며 이야기 나눈다. –어떤 동물일까? 2. 게임 자료를 보고 이야기 나눈다. –이 그림자를 보고 어떤 동물인지 맞출 수 있겠니? 3. 게임 방법을 알아본다. ① 두 팀으로 나누어 앉는다. ② 각 팀에서 한 명씩 나와 출발선에 선다. ③ 출발 신호를 듣고 카드를 한 장 뽑는다. ④ 카드의 그림자를 확인하고 도착점에서 그림자에 알맞은 동물 그림을 찾는다. ⑤ 동물 그림 카드를 들고 출발점으로 돌아온다. 4. 규칙을 지키며 게임을 한다. 5. 활동을 마무리하고 게임을 평가한다. –동물 그림자 중에서 찾기 어려운 것이 있었니? –또 다른 방법으로 게임을 해 볼까?		
활동의 유의점	• 동물들의 특징이 드러나는 그림자 그림 자료를 준비한다.		
확장활동	• 동물 그림을 잘 보고 해당 동물의 퀴즈를 내어 맞혀 보는 활동을 할 수 있다.		

3. 강아지 먹이 주기

활동명	강아지 먹이 주기	생활주제	동식물과 자연
활동목표	• 강아지가 먹을 수 있는 음식과 먹을 수 없는 음식이 있음을 안다. • 일정 거리에서 강아지 입으로 먹이를 던져 넣음으로써 신체 조절 능력이 발달한다. • 규칙을 지키는 태도를 기른다.		
교육과정 관련 요소	• 신체운동 · 건강: 신체 조절과 기본운동하기–신체 조절하기 • 의사소통: 듣기–이야기 듣고 이해하기 • 사회관계: 다른 사람과 더불어 생활하기–사회적 가치를 알고 지키기		
대상연령	만 3세	활동유형	게임(원 대형)
교수자료	궁금이 상자, 강아지가 먹을 수 있는 것, 먹을 수 없는 것, 강아지 2개, 신호 악기   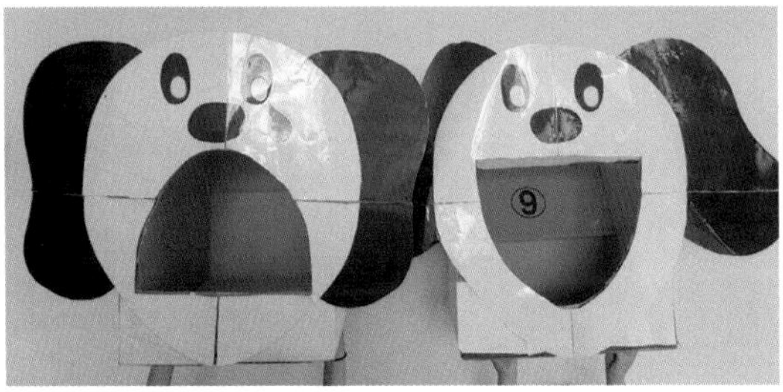		
활동방법	1. 강아지와 먹을 수 있는 음식, 먹을 수 없는 음식을 소개한다. 2. 소개했던 음식들을 준비한 궁금이 상자에 넣는다. 3. 유아들과 규칙을 정한다, 4. 2명의 유아를 나오게 하여 궁금이 상자에서 음식들을 고르게 한다. 5. 고른 음식이 먹을 수 있는 음식이면 웃는 강아지 입에 넣어 주며 칭찬을, 먹을 수 없는 음식이면 우는 강아지 입에 넣어 주며 격려를 한다. 6. 게임을 하고 돌아온 유아가 규칙을 잘 지켰는지 모든 유아에게 물어본다. 7. 게임을 한 유아들은 자리에 돌아간다.		
활동의 유의점	• 개별 유아가 목표를 성취했는지를 중심으로 평가한다. • 사전 활동으로 강아지가 먹을 수 있는 먹이와 먹을 수 없는 먹이에 대해 이야기 나누기를 하여 관련 지식을 습득할 수 있도록 한다.		
유의점	• 강아지와 함께 놀이하는 그림 그리기 활동으로 확장할 수 있다.		

4. 교통질서 지킴이 뛰뛰빵빵

활동명	교통질서 지킴이 뛰뛰빵빵	생활주제	교통기관
활동목표	• 출발, 멈춤, 되돌아가기, 공사 중 등의 교통 신호를 이해하고 교통규칙을 안다. • 규칙을 지키는 태도를 갖는다.		
교육과정 관련 요소	• 신체운동 · 건강: 신체 조절과 기본운동하기–기본운동하기 • 사회관계: 다른 사람과 더불어 생활하기–사회적 가치를 알고 지키기		
대상연령	만 3세	활동유형	게임(편 대형)
교수자료	버스 2대, 반환점용 고깔 2개, 공사 중 표지판 2개, 신호등 1개, 신호 악기 		
활동방법	1. 신호등을 활용하여 흥미를 유발한다. 2. 자료를 함께 살펴본 후 게임 방법을 발표할 기회를 준다. 3. 게임 방법을 알아본다. 〈게임 방법〉 ① 출발선에 서서 신호음이 들리면 반환점을 향해 달린다. ② 신호등이 빨간색이면 멈춘다. 공사 중 표지판이면 옆으로 돌아간다. ③ 반환점을 돌아 출발선까지 돌아온다. *신호등을 조작할 역할의 유아를 정한다. 4. 시범을 보여 준 후 게임 규칙을 함께 정한다. 5. 게임을 한다. 규칙 준수 여부를 중심으로 평가한다. 6. 게임을 모두 마친 후 전체적인 게임 평가를 하고 정리한다.		
활동의 유의점	• 두 명의 유아가 동시에 게임을 하지만 규칙 준수 여부에 중점을 두고 게임을 진행하여 모든 유아가 성취감을 느끼도록 지도한다.		
확장 활동	• 흥미영역(쌓기 영역)에 공간을 마련하고 자료를 제공해 주어 가상놀이로 연계될 수 있도록 한다.		

5. 은행나무, 단풍나무 꾸미기

활동명	은행나무, 단풍나무 꾸미기	생활주제	가을
활동목표	• 단풍잎과 은행잎의 색의 변화를 알 수 있다. • 가을의 특징을 알 수 있다. • 대근육 및 소근육을 발달시킬 수 있다.		
교육과정 관련 요소	• 신체운동 · 건강: 신체활동에 참여하기-자발적으로 신체활동에 참여하기 • 의사소통: 듣기-이야기 듣고 이해하기		
대상연령	만 3세	활동유형	게임(편 대형)
교수자료	자석판을 이용한 나무 판, 단풍잎과 은행잎 자석 자료, 신호 악기, 바구니   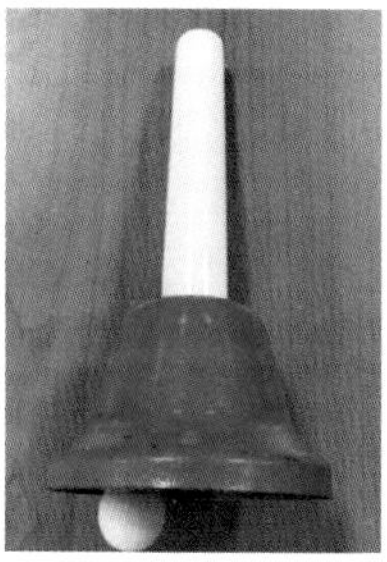		
활동방법	1. 〈가을바람〉 노래로 흥미를 유발한다. 〈가을바람〉 작사 · 작곡: 김규환 살랑살랑살랑 살랑살랑살랑 가을바람 살랑 불어옵니다 뱅글뱅글뱅글 단풍잎 뱅글뱅글뱅글 은행잎 살랑살랑살랑 살랑살랑살랑 가을바람 살랑 불어옵니다 2. 게임 자료를 살펴본다. 3. 어떤 게임을 할 수 있을지 생각하고 발표할 기회를 준다. 4. 게임 방법을 알아본다. -두 편으로 나누어 출발선에서 신호 악기 소리에 맞춰 달려간다. -나무에 나뭇잎을 한 개 붙이고 돌아온다. 5. 시범을 보여 준 후 게임 규칙을 함께 정한다. 6. 게임을 한다. 게임을 하면서 느낀 점과 규칙 준수를 중점으로 평가한다. 7. 게임을 모두 마친 후 나무의 변화에 대해 이야기 나눈다.		
활동의 유의점	• 사전 활동으로 〈가을바람〉 노래를 배운다. • 자석 자료가 잘 붙을 수 있도록 자력이 강한 자석을 사용한다. • 코팅 자료의 모서리 부분이 날카롭지 않도록 준비한다.		
확장 활동	• 가을 나무 그리기, 가을 동산 꾸미기 활동으로 확장할 수 있다.		

6. 자선냄비에 사랑카드를 넣고 와요

활동명	자선냄비에 사랑카드를 넣고 와요	생활주제	겨울
활동목표	• 이웃에게 도움을 주는 기관에 대해 안다. • 친구들과 함께하는 게임에 즐겁게 참여한다.		
교육과정 관련 요소	• 사회관계: 사회에 관심 갖기–지역사회에 관심 갖고 이해하기 • 사회관계: 다른 사람과 더불어 생활하기–공동체에서 화목하게 지내기 • 신체운동 · 건강: 신체활동에 참여하기–자발적으로 신체활동에 참여하기		
대상연령	만 3세	활동유형	게임(편 대형)
교수자료	자선냄비 2개, 사랑카드(하트 모양 종이), 신호 악기, 점수판 		
활동방법	1. 자선냄비 사진을 보며 이야기 나눈다. –이런 모습을 본 적이 있나요? –자선냄비 속에는 무엇이 들어 있을까요? –자선냄비에 모아진 돈으로 무엇을 할까요? 2. 게임 자료를 살펴본다. ① 유아를 두 팀으로 나눈다. ② 각 팀에서 한 명씩 나와서 사랑카드(하트 모양 종이)를 들고 출발선에 선다. ③ 출발 신호가 들리면 반환점에 있는 자선냄비로 달려간다. ④ 자선냄비에 사랑카드를 넣고 돌아온다. 3. 유아가 나와 시범을 보인다. 4. 게임을 진행하고 평가한다.		
활동의 유의점	• 게임을 통해 자선냄비의 의미를 알고 나눔을 경험할 수 있도록 분위기를 조성한다.		
확장 활동	• 다양한 블록을 이용해 자선냄비를 만들어 활동에 사용할 수 있다. • 언어 영역에서 카드에 사랑의 메시지를 적어서 활동에 사용할 수 있다. • 유아들과 직접 자선냄비에 성금을 하는 경험을 할 수 있다.		

7. 나무를 심어요

<table>
<tr><th>활동명</th><td>나무를 심어요</td><th>생활주제</th><td>동식물과 자연</td></tr>
<tr><th>활동목표</th><td colspan="3">• 나무가 우리에게 주는 이로움과 고마움을 안다.
• 규칙을 지키며 게임을 한다.</td></tr>
<tr><th>교육과정
관련 요소</th><td colspan="3">• 자연탐구: 과학적 탐구하기-생명체와 자연환경 알아보기
• 사회관계: 다른 사람과 더불어 생활하기-친구와 사이좋게 지내기</td></tr>
<tr><th>대상연령</th><td>만 4세</td><th>활동유형</th><td>게임(편 대형)</td></tr>
<tr><th>교수자료</th><td colspan="3">동화 그림판, 화분(나무상자), 모형 나무, 신호 악기, 모형 나뭇잎
  </td></tr>
<tr><th>활동방법</th><td colspan="3">1. 동화 그림판을 이용하여 '욕심이와 지킴이' 이야기를 들려 준다.

욕심이: (우드락으로 만든 나무를 쓰러뜨리며) 으하하하! 나는 나무를 쓰러뜨리는 욕심이! 여기 있는 나무, 저기 있는 나무… 으하하하! 모두 모두 베어 버릴 테다.
지킴이: 안 돼, 안 돼, 욕심아! 그렇게 나무를 다 베어 버리면 안 돼.
그렇게 하면 아주 무서운 일이 생긴단다.
욕심이: 괜찮아! 나는 나무가 싫어. 욕심이는 여기 있는 모든 나무를 다 베어 버릴 테다.
지킴이: 얘들아! 욕심이는 생각 주머니가 작은 친구인가 봐.
우리가 나무를 다 베어 버리면 어떤 일이 생길지 너희가 가르쳐 줄 수 있겠니?
(유아에게 질문을 유도한다)
지킴이: 그래, 너희가 잘 알고 있구나. 나무는 우리에게 아주 많은 것을 선물해 줘. 맛있는 과일을 주고, 책상과 의자도 만들어 주고, 맑은 공기도 주고, 새들과 동물이 살 수 있는 집이 되어 주기도 해.
우리 욕심이가 나무를 많이 베어 버렸으니까 우리가 나무를 심어 주자.

2. 게임 방법에 대해 이야기 나눈다.

① 두 팀으로 나누고 한 명씩 나와 출발선에 선다.
② 출발 신호에 출발하여 나뭇잎을 밟으며 모형 나무를 화분(나무상자)에 심고 돌아온다.

3. 시범을 보인 후 게임을 진행한다.</td></tr>
<tr><th>활동의
유의점</th><td colspan="3">• 바닥의 나뭇잎 모양을 밟고 미끄러지지 않도록 주의한다.</td></tr>
<tr><th>확장 활동</th><td colspan="3">• 주변의 나무를 탐색하고 나무의 크기나 둘레 등을 알아보는 활동을 진행할 수 있다.</td></tr>
</table>

8. 여름을 찾아라

활동명	여름을 찾아라	생활주제	여름
활동목표	• 여름에 볼 수 있는 물건과 과일 등에 대해 안다. • 규칙을 지키며 게임을 한다.		
교육과정 관련 요소	• 자연탐구: 과학적 탐구하기–생명체와 자연환경 알아보기 • 사회관계: 다른 사람과 더불어 생활하기–친구와 사이좋게 지내기		
대상연령	만 4세	활동유형	게임(편 대형)
교수자료	수박머리띠 2개, 여름 · 겨울 그림카드 40장, 카드를 붙일 판 2개, 신호 악기 		
활동방법	1. 수박머리띠를 활용하여 흥미를 유발한다. –그림카드를 살펴본다. –여름과 관련이 있는 것과 없는 것으로 나누어 본다. 2. 편을 나누고 이름을 정한다. 3. 게임 방법에 대해 이야기 나눈다. ① 두 팀으로 나누고 한 명씩 나와 출발선에 선다. ② 출발 신호에 출발하여 여름 카드를 하나 고른다. ③ 반환점에 있는 판에 그림카드를 붙이고 돌아온다. 4. 시범을 보인다. 5. 함께 게임 규칙을 정한다. 6. 게임을 한다. 규칙 준수 여부를 중심으로 평가한다. 7. 게임을 마친 후 전체적인 평가를 한다. 8. 게임 자료를 정리한다.		
활동의 유의점	• 사전 활동으로 여름과 관련이 있는 것에 대해 이야기 나누기를 하여 게임 활동 관련 지식을 습득하도록 한다.		
확장 활동	• 게임 자료는 수 · 조작 영역에서 소그룹으로 게임을 하도록 제공할 수 있다(두 명씩 두 팀으로 나누고 판을 나누어 갖는다. 시작 신호에 맞추어 여름 관련 카드만 골라 판에 붙인다. 누가 더 많이 카드를 붙였는지 세어 보고 비교한다).		

9. 가뭄을 해결하는 빗방울

활동명	가뭄을 해결하는 빗방울	생활주제	여름
활동목표	• 세계 여러 나라의 재해에 관심을 가진다. • 가뭄을 해결할 방법을 안다. • 규칙을 지키며 활동에 즐겁게 참여한다.		
교육과정 관련 요소	• 신체운동 · 건강: 신체 조절과 기본운동하기–신체 조절하기 • 자연탐구: 과학적 탐구하기–생명체와 자연환경 알아보기		
대상연령	만 4세	활동유형	게임(편 대형)
교수자료	가뭄을 해결하는 빗방울 자석 자료 30개, 갈라진 땅의 모습판 2장, 젖은 흙과 마른 흙, 점수판과 점수자료(새싹) 		
활동방법	1. 마른 흙과 젖은 흙을 탐색하도록 한 후 어떤 땅에서 식물이 더 잘 자랄 수 있을지 발표할 기회를 준다. 2. 자연재해 중 가뭄에 대해 이야기 나눈다. –가뭄은 왜 일어날까? –가뭄이 들면 어떤 일이 생길까? –가뭄을 해결하는 방법은 무엇이 있을까? 3. '가뭄을 해결하는 빗방울' 게임을 위한 자료를 살펴본다. 4. 어떤 게임을 할 수 있을지 생각하고 발표할 기회를 준다. 5. 게임 방법을 알아본다. 6. 편을 나누고 이름을 정한다. 7. 2명의 유아가 나와 시범을 보여 준 후 게임 규칙을 함께 정한다. 8. 게임을 한다. 1:1 평가를 통해 규칙을 잘 지켰는지를 중심으로 평가한다. 9. 전체 유아가 게임을 한 후 평가한다. 게임을 해 본 소감, 가물어서 변화된 땅의 모습에 대해 이야기 나눈 후, 점수판을 보면서 득점을 확인한다.		
활동의 유의점	• 공정하고 즐거운 게임을 위해 규칙을 지켜야 함을 지도한다.		
확장 활동	• 과학 영역에서 물과 흙을 이용해 가뭄 현상을 유아들이 직접 재현해 보는 활동을 할 수 있다.		

10. 가마를 타요

활동명	가마를 타요	생활주제	우리나라
활동목표	• 옛날에 이용했던 교통수단을 안다. • 친구와 함께 협력하여 가마를 이동한다. • 규칙을 지켜 게임에 즐겁게 참여한다.		
교육과정 관련 요소	• 신체운동 · 건강: 신체 조절과 기본운동하기-기본운동하기 • 사회관계: 다른 사람과 더불어 생활하기-친구와 사이좋게 지내기 • 사회관계: 사회에 관심 갖기-우리나라에 관심 갖고 이해하기		
대상연령	만 4세	활동유형	게임(편 대형)
교수자료	가마, 인형, 반환점, 신호 악기, 점수판 		
활동방법	1. 게임 자료를 살펴보며 게임 방법에 대해 이야기 나눈다. 2. 게임 규칙에 대해 이야기 나눈다. 3. 게임 방법에 따라 게임을 한다. ① 각 팀에서 두 명씩 나와 출발선에 선다. ② 가마에 인형을 태운다. ③ 두 명의 유아가 인형을 태운 가마를 앞과 뒤에서 든다. ④ 출발 신호가 울리면 인형을 태운 가마를 들고 반환점을 돌아온다. 4. 게임을 하고 난 후 평가한다.		
활동의 유의점	• 두 명이 함께하는 게임이므로 서로 협동할 수 있도록 설명한다.		
확장 활동	• 숫자 주사위를 준비하여 숫자만큼 인형을 태우는 방법으로 진행할 수 있다. • 두 명의 유아가 손가마를 만들어 놀이할 수 있다.		

11. 여름과 겨울에 볼 수 있는 것 찾기

<table>
<tr><td>활동명</td><td>여름과 겨울에 볼 수 있는 것 찾기</td><td>생활주제</td><td>겨울</td></tr>
<tr><td>활동목표</td><td colspan="3">• 여름과 겨울에 관련된 놀이, 물건, 생물 등을 안다.
• 질서와 규칙을 지키며 게임을 한다.</td></tr>
<tr><td>교육과정
관련 요소</td><td colspan="3">• 신체운동 · 건강: 신체 조절과 기본운동하기–이동하며 운동하기
• 의사소통: 듣기–이야기 듣고 이해하기
• 사회관계: 다른 사람과 더불어 생활하기–사회적 가치를 알고 지키기</td></tr>
<tr><td>대상연령</td><td>만 4세</td><td>활동유형</td><td>게임(편 대형)</td></tr>
<tr><td>교수자료</td><td colspan="3">여름판, 겨울판, 여름과 겨울의 물건 그림 카드, 신호 악기
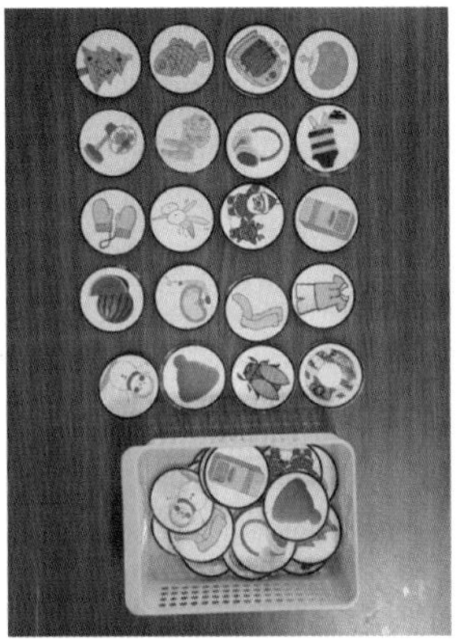 

</td></tr>
<tr><td>활동방법</td><td colspan="3">1. 이전 시간에 배운 내용을 회상한다.
2. 게임을 하기 위해 준비해 온 교구를 소개한 후 교구로 할 수 있는 게임을 유아에게 물어본다.
3. 강당으로 이동하기 위해 유아들을 복도에 2줄로 세운다.
4. 강당 도착 후 유아들을 나누어 앉히고 각 팀의 숫자를 센다.
5. 각 팀의 수가 똑같다면 팀 이름을 정하고, 혹시 수가 다르다면 유아들에게 물어봐 문제를 해결한다.
6. 교사는 게임 자료를 배치한다.
7. 교사가 게임 방법을 말해 주고 유아들 중 한 명과 함께 시범을 보여 준 후 함께 지켜야 할 규칙을 정한다.
8. 게임을 한다. 규칙 준수 여부를 중심으로 평가한다.
9. 모든 게임이 끝나면 전체 마무리 평가를 한 후 정리한다.</td></tr>
<tr><td>활동의
유의점</td><td colspan="3">• 사전 활동으로 여름과 겨울의 날씨 차이, 물건, 놀이, 생물 등을 이야기 나누기를 함으로써 관련 지식을 습득하도록 한다.</td></tr>
<tr><td>확장 활동</td><td colspan="3">• 여름 혹은 겨울에 할 수 있는 놀이를 그림으로 그리는 미술 활동을 제공한다.
• 게임에 사용했던 그림을 활용하여 '나만의 계절 책'을 만들어 볼 수 있는 활동을 제공한다.</td></tr>
</table>

12. 벚꽃 붙이고 돌아오기

활동명	벚꽃 붙이고 돌아오기	생활주제	봄
활동목표	• 봄철 날씨 변화로 인해 벚나무의 꽃잎이 떨어지는 것에 관심을 가진다. • 규칙을 지키며 즐겁게 게임을 한다. • 벚꽃을 이용하여 수를 센다.		
교육과정 관련 요소	• 자연탐구: 과학적 탐구하기–생명체와 자연환경 알아보기 • 자연탐구: 수학적 탐구하기–수와 연산의 기초 개념 형성하기 • 사회관계: 다른 사람과 더불어 생활하기–공동체에서 화목하게 지내기 • 신체운동 · 건강: 신체 조절과 기본운동하기–신체 조절하기		
대상연령	만 5세	활동유형	게임(편 대형)
교수자료	벚꽃이 피어있는 사진, 융판, 벚나무(2그루) 그림 자료, 주사위 2개, 벚꽃 자료, 테이프, 신호 악기, 바구니  		
활동방법	1. 벚꽃을 본 경험을 이야기 나눈다. –이 사진 속에 무엇이 있니? 2. 게임 자료를 살펴보며 게임 방법에 대해 이야기 나눈다. –(융판에 붙어 있는 벚나무와 벚꽃을 보여 주며) 어떤 게임일 것 같니? –벚꽃이 피었을 때 바람이나 비가 오면 어떻게 될까? –숫자가 나왔을 때 어떻게 하면 좋을까? –주사위를 던져 비, 황사바람, 미안미안 그림이 나오면 어떻게 할까? 3. 이야기한 게임 방법을 다시 정리하여 알려 준다. 4. 게임 방법대로 시범을 보여 준 후 게임을 진행한다. ① 출발 장소를 테이프로 표시한다. ② 두 줄로 나누어 앉는다. ③ 편 이름을 정한 후, 각 편의 인원수를 확인한다. ④ 교사가 악기로 출발 신호를 한다. ⑤ 주사위를 던져 나온 숫자만큼 바구니에 담겨진 벚꽃을 벚나무에 붙인다. 비, 황사 그림이 나오면 벚꽃을 떼어 바구니에 담는다. 5. 게임을 평가한다. 양쪽 편의 벚꽃이 각각 몇 개인지 세어 보고 비교해 본다.		
활동의 유의점	• 주사위 그림에 대해 유아들이 자유롭게 규칙을 부여할 수 있도록 한다. • 사전 활동으로 봄에 피는 꽃에 대해 이야기 나누기를 한다.		
확장 활동	• 미술 영역에서 두꺼운 한지에 검지 지문찍기로 벚꽃나무를 완성해 본다. • 과학 영역에서 벚꽃에 관한 책을 보고 벚꽃에 대해 알아본다. • '할아버지의 벚꽃 산' 동화를 읽는다.		

13. 도움을 주신 분들 퍼즐 맞추기

활동명	도움을 주신 분들 퍼즐 맞추기	생활주제	우리 동네
활동목표	• 우리에게 도움을 주시는 분에게 관심과 고마움을 갖는다. • 사물의 부분과 전체의 관계를 안다.		
교육과정 관련 요소	• 사회관계: 다른 사람과 더불어 생활하기-공동체에서 화목하게 지내기 • 자연탐구: 수학적 탐구하기-수와 연산의 기초 개념 형성하기		
대상연령	만 5세	활동유형	게임(편 대형)
교수자료	직업 퍼즐 5종, 비밀주머니, 팀을 나누기 위한 색 카드 20장, 종  		
활동방법	1. '도움을 주신 분들 퍼즐'을 살펴본다. 2. 어떤 게임을 할 수 있을지 생각하고 발표할 기회를 준다. 3. 게임 방법을 알려 주고 편을 나눈다. -5개 팀으로 나누어 앉은 후 교사의 신호에 따라 함께 퍼즐을 맞춘다. -퍼즐을 완성한 팀은 직업의 이름을 외친다. 4. 게임을 한다. 5. 게임을 하고 난 후 평가한다. 규칙 준수 여부를 중심으로 평가한다. 6. 퍼즐을 바꾸어서 게임을 한다. *게임을 한 후 퍼즐 자료는 수·조작 영역에 제공하여 자유선택활동 시간에 활동할 수 있도록 한다.		
활동의 유의점	• 퍼즐을 완성한 팀은 다른 팀이 완성할 때까지 기다려 준다.		
확장 활동	• 도움을 주신 분들을 직접 만나 볼 수 있도록 초청, 혹은 견학 활동으로 확장할 수 있다.		

14. 장바구니를 채워라

활동명	장바구니를 채워라	생활주제	우리 동네
활동목표	• 우리 동네에 있는 시장이나 마트의 역할에 대해 안다. • 물건을 사고 팔 때 사용하는 언어나 행동을 경험한다. • 규칙을 지키며 게임을 한다.		
교육과정 관련 요소	• 사회관계: 사회에 관심 가지기–지역사회에 관심 갖고 이해하기 • 의사소통: 듣기–동요, 동시, 동화 듣고 이해하기		
대상연령	만 5세	활동유형	게임(편 대형)
교수자료	가게 판, 가게에서 파는 물건 그림 자료, 시장바구니 2개, 지갑, 돈, 점수판과 점수 자료 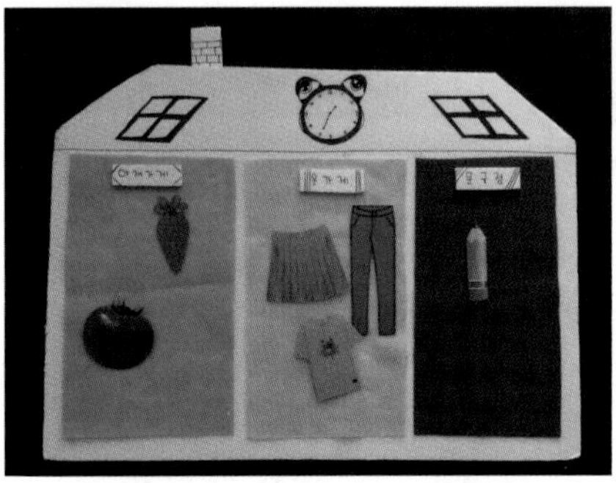 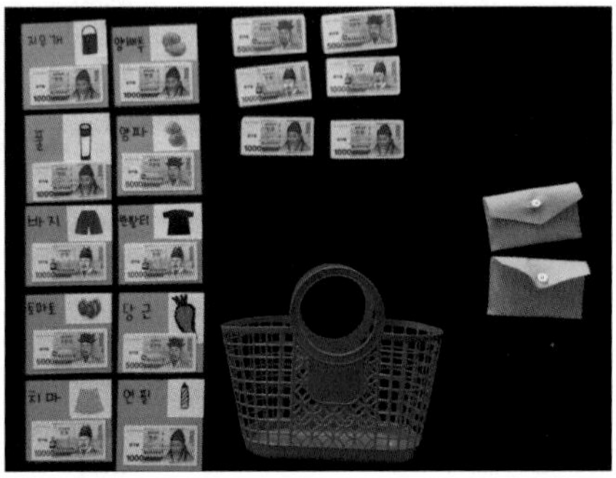		
활동방법	1. 게임 자료를 살펴본다. 2. 어떤 게임을 할 수 있을지 생각하고 발표할 기회를 준다. 3. 게임 방법을 알아본다. 4. 편을 나누고 이름을 정한다. 5. 양편에서 유아 2명씩 나와 시범을 보인다. 6. 게임 규칙을 정한다. 7. 게임을 한다. 규칙 준수 여부를 중심으로 평가한다. 8. 모든 유아가 게임을 마친 후 게임에 대해 평가한다. 게임을 해 본 소감과 어려웠던 점, 규칙을 잘 지켰는지 등을 이야기 나눈 후 점수판을 보면서 득점을 확인하다.		
활동의 유의점	• 물건 값을 올바르게 지불하였는지를 전체 유아와 함께 알아봄으로써 규칙을 잘 지켰는지를 확인한다. • 활동 자료를 교사가 만들어 준비하기보다는 미술 영역에서 돈, 지갑, 장바구니 만들기 활동을 한 후 사후 활동으로 진행하는 것이 바람직하다.		
확장 활동	• 언어 영역에 엄마와 함께 시장에서 사고 싶은 물건 목록 작성하기 활동을 제공하여 실제 장보기 활동을 할 수 있도록 가정 연계활동을 계획할 수 있다.		

15. 여름 과일 샐러드

활동명	여름 과일 샐러드	생활주제	여름
활동목표	• 여름에 주로 먹는 과일 종류에 대해 안다. • 제시된 조건에 따라 몸을 움직인다. • 질서와 규칙을 지키며 게임을 한다.		
교육과정 관련 요소	• 신체운동 · 건강: 신체 조절과 기본운동하기–이동하며 운동하기 • 의사소통: 듣기–이야기 듣고 이해하기 • 사회관계: 다른 사람과 더불어 생활하기–공동체에서 화목하게 지내기		
대상연령	만 5세	활동유형	게임(원 대형)
교수자료	여름 과일 샐러드 PPT, 과일(수박, 참외, 포도, 복숭아, 자두) 막대그림, 신호 악기(호루라기, 종), 바닥에 붙일 과일 그림 5가지, 유아 수만큼의 과일 머리띠 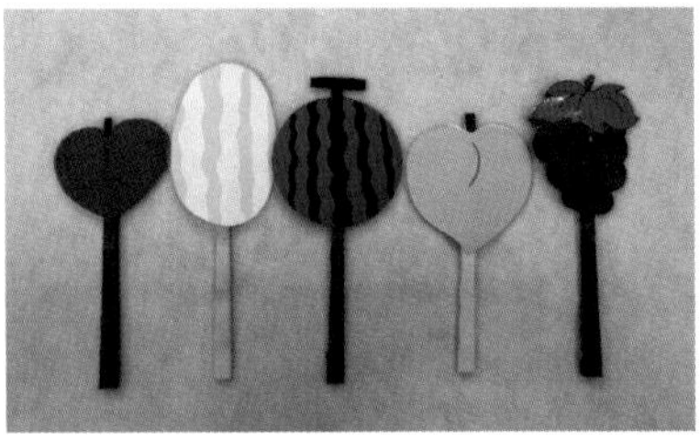 		
활동방법	1. 여름철 과일 샐러드 PPT 자료를 보며 이야기 나눈다. 2. 유아들과 원 대형으로 놓은 의자에 앉는다. 3. 유아들에게 준비된 자료를 보여 주며 게임 방법에 대해 이야기 나눈다. 4. 게임 방법과 규칙에 대해 이야기 나눈다. 〈게임 방법과 규칙〉 ① 과일 머리띠에 있는 과일과 같은 그림이 그려진 의자에 앉는다. ② 먼저 술래를 정한 후 술래의 의자를 뺀다. ③ 술래는 원 가운데로 가서 과일 막대그림을 들고 서 있는다. ④ 노래를 부르다가 신호가 들리면 술래는 원 안에서 과일 중 하나를 선택하여 말하고 그 과일들은 서로 자리를 바꾼다. 5. 유아나 교사가 시범을 보인다. 6. 게임을 진행한다(처음에는 1가지 과일만 선택하여 자리를 이동해 보도록 하고, 점차 과일의 개수를 늘린다. '샐러드'를 외치면 모든 친구가 자리를 이동해야 한다). 7. 게임을 한 후 평가한다.		
활동의 유의점	• 사전 활동으로 다양한 여름철 과일을 탐색해 보는 기회를 갖도록 한다. • 자리 이동 시 유아가 서로 밀치지 않도록 안전사고에 유의한다.		
확장 활동	• 생활 주제에 맞게 꽃, 탈것, 동물 등으로 바꾸어 해 볼 수 있다. • 과일 샐러드 요리 활동을 사후 활동으로 해 본다.		

16. 바다낚시를 해요

활동명	바다낚시를 해요	생활주제	여름
활동목표	• 바다생물의 종류를 안다. • 제시된 조건에 따라 몸을 움직인다. • 질서와 규칙을 지키며 게임을 한다.		
교육과정 관련 요소	• 신체운동 · 건강: 신체 조절과 기본운동하기–이동하며 운동하기 • 의사소통: 듣기–이야기 듣고 이해하기 • 사회관계: 다른 사람과 더불어 생활하기–공동체에서 화목하게 지내기		
대상연령	만 5세	활동유형	게임(편 대형)
교수자료	바다생물 그림카드, 훌라후프 터널, 자석 낚싯대 2개, 바다생물 자석 자료, 바다생물을 붙일 판 2개, 신호 악기 		
활동방법	1. '고기잡이'라는 노래로 흥미를 유발한다. 2. 바다생물에는 어떤 것들이 있을지 생각하고 발표하도록 기회를 준다. 3. 준비된 바다생물 그림카드를 살펴본다. 4. 게임 자료를 살펴본다. 5. 어떤 게임을 할 수 있을지 함께 생각을 공유한다. 〈게임 방법과 규칙〉 ① 양편에서 한 명씩 나와 출발선에서 기다린다. ② 신호에 따라 출발하고 터널을 통과한다. ③ 낚싯대를 이용하여 바다생물 하나를 잡는다. ④ 낚싯대를 제자리에 두고 자기편 판에 바다생물을 붙인다. ⑤ 출발선으로 돌아온다. 6. 편을 나누고 이름을 정한다. 7. 시범을 보이고 게임 규칙을 정한다. 8. 게임을 진행한다. 규칙 준수 여부를 중심으로 평가한다. 9. 게임을 모두 마친 후 전체적인 게임 평가를 하고 정리한다.		
활동의 유의점	• 자석 낚싯대 줄의 길이가 유아발달에 적절하도록 준비한다. • 낚싯대의 자석은 자력이 강한 것을 사용하여 바다생물을 잘 잡을 수 있도록 준비한다.		
확장 활동	• 과학영역에 바다생물과 낚싯대를 제공하여 자유선택활동 시간에 연계하여 활동할 수 있도록 한다.		

17. 다람쥐 알밤 옮기기

활동명	다람쥐 알밤 옮기기	생활주제	가을
활동목표	• 나눔의 의미를 이해한다. • 민첩성, 유연성, 지구력을 기른다. • 다른 사람과 함께 게임하기를 즐긴다.		
교육과정 관련 요소	• 신체운동 · 건강: 신체 조절과 기본운동하기-신체 조절하기 • 사회관계: 다른 사람과 더불어 생활하기-친구와 사이좋게 지내기		
대상연령	만 5세	활동유형	게임(편 대형)
교수자료	게임용 그림 자료(은행잎 · 단풍잎 모양, 바닥 표시 그림 각 5개, 출발 및 도착 표시 각 편당1개, 화살표 편당 6개, 폼폼이(알밤으로 사용할 소품), 알밤을 담을 바구니 2개(플라스틱 컵 2개), 신호 악기  은행마을에 다람이라는 다람쥐가 살고 있었어요. 그리고 단풍마을에는 람돌이라는 다람쥐가 살고 있었어요. 다람이와 람돌이는 아주 사이가 좋은 친구였지요. 다람이와 람돌이는 알밤을 제일 좋아하는데, 이번 가을에는 다람이네 은행마을에 밤이 아주 많이 열렸지요. 그래서 다람이는 알밤을 모으다가 단풍마을에 사는 람돌이가 생각이 났어요. 다람이는 나무 아래 떨어진 알밤을 주워서 람돌이네 집 앞에 두고 왔어요. 그런데 람돌이네 나무 아래에도 알밤이 많이 떨어져 있지 않겠어요? 람돌이네도 나무 아래 떨어진 알밤을 모두 주워서 다람이네 집 앞에 두고 왔지요.		
활동방법	1. 게임 내용을 담은 이야기를 들려 준다. -이야기 속 람돌이와 다람이처럼 알밤을 옮기는 게임을 해 보자. 2. 편 대형으로 나누어 앉는다. 3. 게임 방법을 알아본다. ① 각 편에서 한 사람씩 나와서 바구니를 들고 동그라미 위에 서서 준비를 한다. ② 출발 신호를 하면 자기편 나뭇잎 위의 알밤 5개를 차례대로 주워서 바구니에 담는다. ③ 화살표 방향대로 상대편 나뭇잎 위에 알밤 5개를 차례대로 올려놓고 다시 출발했던 동그라미로 돌아온다. 4. 유아 두 명이 시범을 보인다. 5. 게임 활동 시 지켜야 할 약속을 이야기 나눈다. -알밤을 어디 위에 놓아야 할까? 6. 게임을 모두 마친 전체적인 게임 평가를 하고 정리한다.		
활동의 유의점	• 게임 자료로 사용하는 폼폼이(알밤) 대신 다른 것을 활용해도 좋다.		
유의점	• 본 활동은 민첩성을 기르기 위한 활동으로 유아들이 게임에 익숙해지는 정도, 유아들의 흥미 등에 따라 게임 방법을 바꾸거나 게임의 난이도를 높여서 지속적으로 실시할 수 있다.		

18. 신기한 옛날 물건

활동명	신기한 옛날 물건	생활주제	우리나라
활동목표	• 물건의 변천 과정을 안다. • 옛날 물건과 오늘날의 물건의 쓰임새와 사용법을 안다. • 규칙을 지키면서 게임에 참여한다.		
교육과정 관련 요소	• 의사소통: 말하기–느낌, 생각, 경험 말하기 • 신체운동 · 건강: 신체활동에 참여하기–자발적으로 신체활동 참여하기		
대상연령	만 5세	활동유형	게임(편 대형)
교수자료	아주 오래된 옛날부터 있던 물건(인두, 우물, 부채, 엽전, 사(모래)판, 짚신, 등잔) 카드, 옛날 물건(닭장식 다리미, 펌프, 동전, 공책, 고무신, 남포등) 카드, 오늘날 물건(전기다리미, 수도꼭지, 에어컨, 지폐, 노트북, 운동화, 형광등) 카드, 게임판, 찍찍이, 점수판, 신호 악기 		
활동방법	1. 오늘날 물건 카드를 보며 아주 오래된 옛날부터 있던 물건과 옛날 물건에 대하여 이야기 나눈다. –(오늘날 물건 카드를 보여 주며) 무슨 물건일까? –언제, 어디에 사용하는 물건일까? –왜 이런 물건을 사용했을까? –물건의 사용 용도를 알아보고, 같은 물건 카드를 찾아본다. 2. 게임 방법에 대하여 이야기 나눈다. –융판에 오늘날 물건 카드를 붙인다. –아주 오래된 옛날 물건, 옛날 물건 중 같은 카드를 찾아서 융판에 붙인다. 3. 게임 규칙을 알아본다. 4. 편을 나누어 게임을 한다.		
활동의 유의점	• 유아들이 사용해 본 경험이 있는 물건 위주로 활동을 한다. • 유아들과 함께 규칙을 만들어 게임을 할 수도 있다.		
확장 활동	• 물건 카드와 수수께끼 카드를 언어 영역에 비치하여 같은 것끼리 짝짓기 놀이를 할 수 있다. • 생활사 박물관 견학을 통해 옛날 사람들이 사용하던 생활도구와 현대의 물건을 비교해 보도록 한다.		

19. 집 뒤집기

활동명	집 뒤집기	생활주제	세계 여러 나라
활동목표	• 날씨나 환경에 따라 집을 짓는 재료가 다를 수 있음을 이해한다. • 규칙을 지켜 게임을 한다.		
교육과정 관련 요소	• 사회관계: 사회에 관심 갖기–세계와 여러 문화에 관심 가지기 • 자연 탐구: 과학적 탐구하기–자연현상 알아보기		
대상연령	만 5세	활동유형	게임(편 대형)
교수자료	이글루와 진흙집이 앞뒤로 그려진 카드, 점수판, 신호 악기  		
활동방법	1. 집 카드를 들고 서로 다른 종류의 집에 대해서 간단히 이야기 나눈다. –아주 추운 북극에서는 왜 이글루에서 사는 것일까? –사우디아라비아 같이 더운 나라에서는 왜 진흙집에서 사는 것일까? 2. 준비된 게임 자료를 보며 유아들이 게임 방법을 예측해 본다. 3. 게임 방법을 소개하고 게임을 진행한다. ① 이글루와 진흙집으로 편을 나눈다. ② 교사가 신호 악기로 출발 신호를 하면 양편의 유아들은 자신의 자리에서 출발한다. ③ 출발한 유아들은 자기편의 사진이 보이도록 카드를 뒤집는다. ④ 교사가 신호 악기로 멈춤 신호를 하면 카드 뒤집기를 멈춘다. ⑤ 자기편의 집 사진이 많이 보이는 편이 이긴다. 4. 게임을 하고 개별 평가를 한다. 5. 게임이 끝난 후 양편의 승부를 평가한다.		
활동의 유의점	• 유아들이 관심 있어 하는 다른 종류의 집으로 게임을 변형하여 진행할 수도 있다. • 출발과 멈춤 신호를 정확히 하여 게임이 공정하게 진행될 수 있도록 한다.		
확장 활동	• 게임이 익숙해지면 2~3명씩 조를 짜서 게임을 하는 형식으로 진행할 수 있다.		

20. 지구를 구하자

활동명	지구를 구하자	생활주제	환경과 생활
활동목표	• 쓰레기 분리수거 방법을 안다. • 규칙을 지키면서 즐겁게 게임을 한다.		
교육과정 관련 요소	• 신체운동 · 건강: 신체활동에 참여하기-자발적으로 신체활동 참여하기 • 사회관계: 다른 사람과 더불어 생활하기-사회적 가치를 알고 지키기		
대상연령	만 5세	활동유형	게임(편 대형)
교수자료	지구 판 1개, 쓰레기 그림 24개(비닐류, 캔류, 종이류, 플라스틱류), 게임 설명용 쓰레기 그림 카드 각 1장씩(비닐, 캔, 종이, 플라스틱), 쓰레기통 판 각 1개씩(비닐, 캔, 종이, 플라스틱), 점수판과 점수 자료, 신호 악기     		
활동방법	1. 쓰레기 분리수거 이야기 나누기에 대한 회상하기로 흥미를 유발한다. 2. 자료를 살펴본 후 게임 방법을 발표할 기회를 준다. 3. 게임 방법을 알아본다. 〈게임 방법〉 ① 출발선에 서서 어떤 쓰레기를 떼어갈지 생각한다. ② 교사의 신호에 맞추어 출발한다. ③ 자신이 생각한 쓰레기를 지구 판에서 한 가지를 뗀다. ④ 다시 출발선에 있는 쓰레기통으로 간다. ⑤ 지구 판에서 떼 온 쓰레기를 알맞게 분리수거하여 붙인다. 4. 시범을 보여 준 후 함께 게임 규칙을 정한다. 5. 게임을 한다(분리수거를 바르게 했는지 등의 규칙 준수 여부를 중심으로 평가한다). 6. 게임을 모두 마친 후 전체적인 게임 평가를 하고 정리한다.		
활동의 유의점	• 사전 활동으로 쓰레기 분리수거에 대한 이야기 나누기를 하여 관련 지식을 습득할 수 있도록 한다.		
확장 활동	• 교실 내에 쓰레기 분리수거함을 마련하여 실제 생활에서 실천하도록 기회를 준다.		

찾아보기

인명

내용

저자 소개

원계선 Won, Kye Son

이화여자대학교 사범대학 교육학과(유아교육 전공) 졸업(학사)

이화여자대학교 교육대학원 유아교육 전공 졸업(석사)

단국대학교 대학원 특수교육학과 정서 및 자폐성장애교육 전공 졸업(박사)

前 돈보스꼬유치원 교사

강동대학교 유아교육과 교수

現 제주한라대학교 유아교육과 교수

고선영 Ko, Sun Young

한국방송통신대학교 유아교육학과 졸업(학사)

대구대학교 대학원 특수교육학과 유아특수교육 전공 졸업(석사)

대구대학교 대학원 특수교육학과 정서행동장애아교육 전공(박사 수료)

前 제주한라대학교부설유치원 교사

現 제주한라대학교 사회복지과 교수

영유아를 위한 놀이지도
Play and Early Childhood Education

2019년 3월 20일 1판 1쇄 인쇄
2019년 3월 25일 1판 1쇄 발행

지은이 • 원계선 · 고선영
펴낸이 • 김진환
펴낸곳 • (주)학지사
04031 서울특별시 마포구 양화로 15길 20 마인드월드빌딩
대표전화 • 02-330-5114 팩스 • 02-324-2345
등록번호 • 제313-2006-000265호

홈페이지 • http://www.hakjisa.co.kr
페이스북 • https://www.facebook.com/hakjisa

ISBN 978-89-997-1700-0 93370

정가 19,000원

이 도서의 국립중앙도서관 출판시도서목록(CIP)은 서지정보유통지원시스템 홈페이지(http://seoji.nl.go.kr)와 국가자료공동목록시스템(http://www.nl.go.kr/kolisnet)에서 이용하실 수 있습니다.
(CIP 제어번호: CIP2019008378)